Serie Historia y Ciencias Sociales
Editor General: Greg Dawes
Editor a cargo de la serie: Carlos Aguirre

La Patria Nueva

Economía, sociedad y cultura en el Perú 1919–1930

Editado por

Paulo Drinot

Editorial
A Contra corriente
Raleigh, NC

© 2018 Paulo Drinot

Reservados todos los derechos de esta edición para:
© 2018 Editorial *A Contracorriente*

All rights reserved for this edition for:
© 2018 Editorial *A Contracorriente*
Campus Box 8601
Raleigh, NC 27695-8106

ISBN: 978-1-945234-06-4

Ninguna parte de este libro, incluido el diseño de la cubierta, puede reproducirse sin permiso del editor.

No part of this book, including the cover, may be reproduced without expressed permission from the editor.

Library of Congress Control Number: 2017941671

Library of Congress Cataloging-in-Publication data on file.

ISBN 10: 1-945234-06-7
ISBN 13: 978-1-945234-06-4

Corrección y revisión por Pura Pérez de Arends y Diana Torres
Diseño de interior por Julie Steinbacher
Diseño de cubierta por SotHer

Fotografía de cubierta: "Augusto Leguía durante las celebraciones de los 100 años de la Independencia del Perú (1925)", Museo Jurado Nacional de las Elecciones, Lima, Perú; bajo licencia CC BY-SA 3.0, via Wikimedia Commons.

Esta obra se publica con el auspicio de Departamento de Lenguas y Literaturas Extranjeras de la Universidad Estatal de Carolina del Norte

This work is published under the auspices of the DEPARTMENT OF FOREIGN LANGUAGES AND LITERATURES at NORTH CAROLINA STATE UNIVERSITY

Distributed by the University of North Carolina Press, www.uncpress.org

TABLA DE CONTENIDO

Presentación	vii
Introducción: la Patria Nueva de Leguía a través del siglo XX PAULO DRINOT	1
El Estado de la "Patria Nueva" o la victoria de las estructuras PABLO F. LUNA	35
Cielo azul, nubes oscuras: La seducción de la aviación y la desorientación de la modernidad durante el "Oncenio" de Leguía WILLIE HIATT	83
Modernización y colonialismo en la "Patria Nueva": La perspectiva de los delincuentes indígenas "semi–civilizados" LIOR BEN DAVID	115
Leguía y la política indigenista: Movilizaciones alrededor de la ciudadanía indígena, décadas de 1910 a 1930 FIONA WILSON	139
Por un imperio de ciudadanos: El movimiento "Tahuantinsuyo" en el Ayacucho de los años 1920 JAYMIE PATRICIA HEILMAN	169
La Patria Nueva y el reestreno de la ópera *Ollanta*: Lima 1920 DAVID RENGIFO CARPIO	199
Los nuevos descontentos del Perú: José Carlos Mariátegui y la política y poética de cambio MELISA MOORE	235
Sobre los autores	275

Presentación

Respondiendo a la pregunta de un periodista, Víctor Raúl Haya de la Torre sostuvo hacia el final de su vida que el mejor presidente peruano del siglo XX había sido Augusto B. Leguía. Luis Alberto Sánchez compartía su opinión. La declaración de Haya es muy llamativa, porque él, durante su juventud, consideró a Leguía —quien en 1923 lo envió al exilio, del que no pudo regresar hasta después de la caída del dictador— su peor enemigo y le prodigó todo tipo de ataques, señalándolo como un tirano despiadado, cerrado defensor de la oligarquía y el imperialismo.

Posiblemente influyó en el cambio de actitud de Haya el viraje ideológico que de sus posiciones antimperialistas primigenias lo llevó a la política de entendimiento con el imperialismo, resumida en la consigna de "interamericanismo democrático sin imperio", y la alianza con la oligarquía. Pero seguramente existieron otros factores que podrían explicar este cambio en su valoración de Leguía y el Oncenio.

La década de 1920 constituye un periodo excepcional dentro de la historia peruana contemporánea. En ella se desarrolló el primer intento de modernización consistente, la expansión del estado, el cambio de hegemonía imperial -de la dominación británica a la norteamericana-, etc. Pero quiero subrayar otro elemento peculiar: la gran explosión político cultural de esta década, que tuvo por protagonista a la "generación del Centenario", denominada así porque en 1921 se conmemoró el primer centenario de la Independencia. Se puede asegurar que se trató de la década más creativa del siglo XX en el Perú. Basta revisar la lista de los intelectuales que animaron ese periodo para constatar su relevancia histórica: Julio C. Tello en arqueología; Hildebrando Castro Pozo, José Antonio Encinas, Luis E. Valcárcel, Uriel García en el ensayo indigenista; César Vallejo, José María Eguren, Martín Adán en la poesía; José Sabogal y Julia Codesido en pintura; Jorge Basadre, Raúl Porras

Barrenechea, Jorge Guillermo Leguía en historia; Luis Alberto Sánchez en la crítica literaria; José Carlos Mariátegui y Víctor Raúl Haya de la Torre en la política, para sólo citar a los más destacados.

No se trata simplemente de la confluencia de grandes creadores en un mismo momento histórico. La producción de este periodo tuvo una marcada organicidad, de tal manera que las distintas obras formaron parte de un denso tramado intertextual (que algunas veces tomó la forma de ásperas polémicas) que tenía referentes comunes, como la preocupación por la construcción de la nación, la modernidad, la condición del indio, el socialismo, etc. Este *horizonte generacional* compartido obliga a revisar la producción cultural del periodo como un todo orgánico, más allá de la evidente calidad de las obras singulares que lo animaron.

Ayuda a relievar el carácter excepcional de este periodo al compararlo con la atmósfera cultural imperante durante las tres décadas siguientes (lo que Basadre denominó el "tercer militarismo") en que, a pesar de que los mismos creadores de la década anterior continuaban vivos, con la excepción de Mariátegui, ese impulso creador se extinguió, produciéndose un repliegue de los intelectuales particularmente evidente en la historia, cuyos cultores se refugiaron en las monografías eruditas, desconectadas de cualquier intento de crítica, o de una visión que trascendiera los estrechos límites de la aproximación monográfica. La autocensura entonces imperante contrasta con la libertad creativa desplegada durante el Oncenio, y lleva a preguntarse por aquellos elementos que hicieron posible tan excepcional coyuntura intelectual.

Creo que aquí se hace patente uno de los rasgos más notables del Oncenio de Leguía: su carácter profundamente contradictorio. Un régimen con una lógica dictatorial, que se inició con un golpe de mano realizado a pesar de que Leguía había ganado las elecciones presidenciales, pero de esa manera aseguró poder controlar el parlamento, que buscaba perpetuarse en el poder (el "Siglo de Leguía"), que desmanteló el poder del civilismo y que puso en prisión o envió al exilio a sus adversarios. Pero que permitió, al mismo tiempo, el despliegue de tal efervescencia creativa, que dictó la primera legislación republicana que, con todas sus limitaciones e imperfecciones, encaró la problemática de los millones de indígenas no reconocidos por el sistema legal peruano, que en sus primeros años cultivó un indigenismo oficial, patrocinó la reunión de líderes indígenas en Lima, cuando las comunidades venían soportando una larga ofensiva terrateniente, así como permitió la gestación de los proyectos políticos populares que mayor influencia tendrían durante el siglo siguiente: el aprismo y el socialismo. Periodo en que la polémica indigenista alcanzó sus más elevadas cotas, cuando pudo desarrollarse un proyecto político cultural como las Universidades Populares González Prada y donde pudo surgir una revista como *Amauta*, considerada sin discusión una de las mejores de América, contribuyendo a poner al Perú en el mapa cultural continental.

Por supuesto no se trató de un fenómeno lineal. El mismo Leguía que permitió inicialmente el funcionamiento del Comité Pro Derecho Indígena Tahuantinsuyo se convirtió luego en un firme perseguidor de los líderes indígenas y de quienes colaboraban con ellos, a partir de 1924, y fue el inventor del primer "complot comunista", que en 1927 sirvió de pretexto para poner en prisión a un conjunto de intelectuales opositores, entre los que se encontraban Mariátegui y Basadre, y para cerrar los medios de prensa críticos del régimen. Periodo en que un personaje como Celestino Manchego Muñoz, el ministro de gobierno leguiísta que reprimió el "complot", podía ejercer un poder omnímodo. Manchego Muñoz encarna lo peor del leguiísmo. Era un gamonal huancavelicano de quien se dice que tuvo tanto poder como para conseguir que el ferrocarril que debía unir a Huancayo con Ayacucho (como un regalo para la cuna de la libertad americana por el Centenario) se desviara y terminara en Huancavelica, donde quedaba su hacienda Cinto. Quien viaje a Huancavelica hoy podrá ver todavía los restos del trazo del ferrocarril que debía extenderse hasta Castrovirreina, donde Manchego Muñoz tenía sus dominios, y que quedó inconcluso por la caída del régimen de la "Patria Nueva".

Pretendo llamar la atención sobre la importancia de este periodo histórico y lo paradójico que resulta que no se le haya prestado la atención que merece. Por fortuna, el libro que Paulo Drinot ha compilado constituye un importante aporte para reparar esta omisión. Desde muy diversas entradas, que cubren la economía, la política, la cultura, las mentalidades, los imaginarios, etc., los excelentes ensayos que forman este volumen se constituyen desde ya en un referente obligado para reabrir este *dossier* histórico imprescindible.

Nelson Manrique

Introducción: la Patria Nueva de Leguía a través del siglo XX

Paulo Drinot[1]

El 14 de julio de 1930, el Conde de Sillac, representante diplomático francés en el Perú, invitó al Presidente Augusto B. Leguía, a los ministros de estado, y al cuerpo diplomático, a una proyección de la película titulada "El capitán de la guardia".[2] Esta película era una interpretación de Hollywood del origen del himno nacional francés, la Marsellesa. Según el ministro británico, la magnitud del error que había cometido de Sillac no tardó en hacerse evidente:

> Esa tarde el publicó, que había con anterioridad expresado su disgusto frente a la muy tardía llegada del Presidente [al teatro], mezclaba silbidos con los aplausos iniciados por los espías de la policía, que habían sido cuidadosamente introducidos entre el publicó, cuando se tocó el himno nacional peruano en el momento de la llegada del Presidente, y aclamaban descarnadamente, por lo contrario, el himno nacional francés. A medida que avanzaba la película, con sus escenas de sufrimiento y, por último, de rebelión del proletariado, cada incidente que podía ser aplicado a alguna condición tópica local, como por ejemplo la búsqueda de armas o municiones escondidas por el gobierno, la llegada de revolucionarios "desde el sur", los pedidos de libertad y las referencias al tirano en el palacio, etc., se convertía en una ocasión para una nueva y vocifera aclamación. Cabría notar que los públicos limeños suelen ser críticos y abstemios en el aplauso, de manera que el corte político de la manifestación era aún más evidente.

El ministro añadía en su misiva a la Foreign Office: "Parece que Sillac no se percató de la rapidez de la mente peruana para captar y utilizar referencias tópicas o del posible impacto sicológico de una película tan revolucionaria sobre la población, que se encuentra ya en un estado de agitación somnolienta".³

La función cinematográfica en el teatro, como sugiere el diplomático británico, había producido una segunda función, una "performance" si se quiere, por parte del público, que nos invita a una lectura, quizás una "descripción gruesa", de los últimos días del gobierno de Leguía.⁴ El incidente en el teatro era en cierto modo un caso de "transcripción escondida" de las que nos habla James C. Scott.⁵ El relativo anonimato de los individuos en el teatro, debido tanto a la oscuridad como a la cantidad de personas asistentes, creó una situación donde reclamos "populares" podían expresarse sin correr el riesgo de represalias. La temática de la película también ofrecía cierta seguridad: las pifias y las aclamaciones se dirigían a lo que ocurría en la pantalla, aunque era evidente que las pifias por lo menos estaban dirigidas a Leguía. Como bien lo entendió el ministro británico: "los estudiantes no demoraron en aprovechar la oportunidad para expresar su descontento sin mucho riesgo de ser detectados, ya que muchas personas presentes en el cinematógrafo simpatizaban con ellos y hicieron causa común". La razón de las quejas de los estudiantes era la clausura de la universidad que había ocurrido hacía poco tiempo. Pero el descontento era generalizado:

> Entre las clases pobres de Lima, la pobreza y el alto costo de la vida así como el aumento de los impuestos están creando un aumento de malestar. En las provincias la situación es aún peor. Las minas están cerrando y las empresas están despidiendo a sus empleados. Los agricultores de algodón y caña de azúcar se ven obligados a contratar a menos personas o a reducir los jornales, en algunos casos en un 100 por ciento. Las clases altas, comerciales, e incluso los círculos oficiales están igualmente afectados [...]. La reducción de circulante provoca el descontento hacia el gobierno y siempre ha anticipado disturbios políticos en el Perú.⁶

Como bien señalaba el ministro británico, peruanos de todos los estratos sociales tenían razones de sobra para quejarse.

A las pocas semanas, Leguía sería derrocado por la "Revolución de Arequipa" liderada por Luis Miguel Sánchez Cerro. Este acto ponía fin al "Oncenio" o la "Patria Nueva", es decir los once años que correspondieron al segundo gobierno de Augusto B. Leguía, aún el gobierno más largo de la historia republicana, de 1919 a 1930. También inauguraba un nuevo periodo en la historia republicana que vería el surgimiento de nuevas fuerzas políticas y sociales que transformarían radicalmente la historia del país y cuyos gérmenes se encuentran en la década de 1920. Por ésta, y por otras razones, el segundo gobierno de Leguía es reconocido como un periodo clave en la historia moderna peruana tanto por historiadores como por el público más amplio. Sin embargo, a pesar de la existencia de un consenso amplio sobre la importancia de la Patria Nueva para la historia del siglo XX peruano sabemos relativamente poco sobre esos años, y mucho de lo que sabemos es producto de una "leyenda negra" que comenzó a formarse apenas se derrumbó la dictadura en 1930, si no antes. En 1994, Marta Irurozqui publicó un breve artículo que apuntaba a una serie de posibles avenidas de investigación sobre la Patria Nueva.[7] Más de dos décadas más tarde es poco lo que se ha avanzado. Hoy, como entonces, "el Oncenio de Leguía continúa siendo un periodo de mitos, de opiniones polarizadas e incluso de especulaciones oportunistas".[8] Este libro reúne ensayos que buscan ofrecer nuevas miradas sobre la Patria Nueva. Son producto de investigaciones, basadas en un trabajo tanto empírico como teórico, que reflejan perspectivas nuevas, así como nuevas preguntas, sobre un periodo que merece ser estudiado más detalladamente por su evidente importancia para la historia peruana moderna.

Este capítulo introductorio tiene dos funciones. En un primer momento, presenta un breve recuento de corte historiográfico sobre la Patria Nueva, basado en un grupo de fuentes que no pretende ser exhaustivo ni necesariamente representativo. Como veremos, la Patria Nueva fue ampliamente discutida tanto por adherentes como detractores de Leguía y de su gobierno. Estas discusiones, sostengo, reflejan no solo las posiciones particulares de cada participante en el debate, sino, quizás de manera más interesante, el hecho que en distintos momentos de la historia del siglo XX peruano los debates en torno a la Patria Nueva de Leguía reflejaron, y en cierto modo ayudaron a conformar, otros debates, tanto políticos como culturales, propios a esos momentos. Así, sugiero, estudiar la historiografía de la Patria Nueva, término que uso de manera muy amplia para abordar todos los escritos que contribuyeron en diferentes momentos a la constitución discursiva de la Patria Nueva, nos abre una ventana no sólo sobre la Patria Nueva, sino también, y quizás preferentemente, sobre la historia política y cultural del siglo XX peruano. En un segundo momento, el capítulo introduce los estudios que conforman este libro. Este libro, es evidente, no pretende de modo alguno presentar una interpretación exhaustiva, ni uniforme, ni, muchos menos, definitiva de la Patria Nueva. Más bien, a través de estudios concretos, basados en metodologías dispares evidenciando influencias teóricas variadas, esta colección busca mostrar distintas maneras de pensar y escribir la historia de este periodo clave de la historia peruana y sugerir nuevos horizontes de investigación.

Discutir la Patria Nueva

Las evaluaciones críticas de la Patria Nueva, tanto positivas como negativas, comenzaron a aparecer casi al mismo tiempo que se consolidaba el poder de Leguía. Quizás el defensor y propagandista más prolífico del oncenio fue el mismo Leguía. En efecto, si se me permite usar un término algo anacrónico, Leguía fue el gran "publicista" de su gobierno, como revelan tanto las publicaciones como los discursos que propagandizaban su régimen. La autoconstrucción de Leguía, y de su gobierno, resaltaba su carácter emancipador, transformador, e incluso revolucionario. En el discurso que pronunció en torno a la creación de el "Día de Leguía", el 8 de setiembre, Leguía declaraba: "Mi acción gubernativa, rebasando moldes caducos, penetra en lo más íntimo de la conciencia del país y genera en ella un sentimiento creciente de vitalidad y liberación".[9] Para Leguía, la transformación del país, el establecimiento de una "Patria Nueva", pasaba necesariamente por su acaparamiento físico, producto de su dominio por la ciencia y la técnica, lo que hacía posible su desarrollo material: "hemos vencido la pretendida fatalidad geográfica, horadando los Andes y salvando los abismos para tender rieles y carreteras; mientras nuestros aviadores cruzan orgullosamente sobre las vírgenes selvas orientales; y en la puna, antes misérrima, nuestra voluntad triunfa ahora aclimatando los mejores rebaños del mundo".[10] Por último, Leguía se auto–proyectaba como un constructor de conciencias, de identidades nacionales. El indio, sostenía Leguía, "no es un peso muerto: es un motor al que falta combustible emocional". Mismo mecánico, o como veremos, jardinero, Leguía se veía a sí mismo como el redentor del indio: "yo estoy haciendo germinar en la oscura conciencia indígena la idea de que puede esperar en la justicia de los hombres, de que puede obtener cuando menos el respeto de sus hermanos blancos. Y cuando esa idea se arraigue, nuestros indios, con su camino, con sus tierras, con sus escuelas, serán el pedestal más sólido de la grandeza nacional".[11]

Estos temas se verán reflejados en una serie de textos de corte hagiográfico publicados durante las décadas de 1920 y 1930. En *Leguía o el renacimiento del Perú*, por ejemplo, Carlos Bahamonde hacía hincapié en la idea de la refundación de la nación: "he aquí la parte más ardua y esencial de la labor [de Leguía]: levantar los escombros política–social [sic] para echar las bases de una nueva nacionalidad, afectando así costumbres instintivas y corrigiendo vicios precursores de nuestra cadencia nacional, representados en aquellos elementos políticos que desde nuestra vida independiente sentaron cátedra en los poderes del Estado, aniquilando el organismo de la Nación". De esto se desprendía, necesariamente, que "bien puede calificarse a Leguía como el padre de nuestra nacionalidad".[12] Leguía es así transformado en el padre de la nación y al mismo tiempo elevado a un nivel casi mítico. El poema de Diógenes Paredes, publicado en 1926, termina con las siguientes estrofas: "Hay un hombre, que la voz de los siglos/ Saludará, con el canto triunfal de lo grandes … / Ese nombre, glorioso, tan nuestro como Bolívar, es: LEGUIA!!!".[13] Por su lado, en *La epopeya titánica y triunfal*, publicada en 1929, Luis Villarán insistía en la idea de renacimiento, anclando este renacimiento en una referencia a "las glorias del pasado", un pasado no identificado pero posiblemente Inca: "La Patria está de pie/ Sobre el cuadrante milenario del Tiempo se ha marcado/ Veinticinco años de labor gigante, de evangélica fe, de sacrificio abnegado, sereno e incesante por revivir las glorias del pasado y un esfuerzo titánico y sagrado al Perú colocan en su epinicio".[14]

Leguía utilizó el indigenismo de manera instrumental, incorporando de manera selectiva el pasado Inca como parte constituyente de su visión de un país moderno y glorioso al tiempo que desarrollaba una política paternalista hacia el indio a través de instituciones como la Sección de Asuntos Indígenas del Ministerio de Fomento y el Patronato de la Raza Indígena. Un texto de Alberto Guillén publicado en 1927, aunque obviamente una obra de propaganda, sirve para entender cómo Leguía buscaba proyectar su esfuerzo por redimir al indio. Guillén hace un recuento del besamanos tradicional de 28 de julio, el día de la independencia. Dice Guillén que "un indio cacique de rostro de bronce, luciendo el poncho de colores vibrantes y el bastón con borlas y puño de plata" había venido a saludar al "viracocha" Leguía. Cuando el cacique se arrodilló para besar la mano del presidente, Leguía levantó al hombre arrodillado y le dijo: "No, hijo, así no, como hombre". La frase expresa perfectamente la relación ambigua que Leguía, y gran parte del indigenismo peruano de comienzos de siglo XX estableció con lo indígena: una relación que casi invariablemente se basaba en la aceptada inferioridad del indio ("hijo") a la vez que el indigenista lo erigía como el que hace adulto al indio ("como hombre"). Guillén, a quien las palabras de Leguía "dejaron pensativo", celebra el gesto de Leguía precisamente en esos términos: Leguía no sólo levanta al cacique arrodillado sino que eleva al indio como "raza": "Así lo quería Leguía a ese indio. Vertical. Libre. De pie ante la vida y con su propia personalidad frente a la personalidad del Presidente. No doblado por el pasado, no doblegado por el desprecio del gamonal, no hundido en las alfombras coloniales por trescientos años de vasallaje. Quería un indio con yo. No un indio sin alma y con la cabeza doblada sobre el pecho como un 2". Empero, el gesto de Leguía no sólo era redentor sino creador, ya que producía "un indio robusto, alegre, sano y satisfecho de su día" que nada tenía en común con el indio de antaño:

> Este indio quechua fatigado de una antigua gloria inútil, que ya hay que guardar con 7 llaves en el cofre de los museos para convertirlo a él, el indio, en el arando de los días que vendrán. Así quería Leguía al indio nuevo: libre de seguir rumiando la coca anestesiadora de los viejos días de humillación y servidumbre, para ofrecerse al presente como el surco fecundo donde hay que sembrar ya la almáciga de la nacionalidad futura.[15]

Leguía, en efecto, es presentado aquí como posesor del poder de dar muerte y dar vida: de matar al indio viejo y hacer nacer al indio nuevo.

A la par que Leguía se auto–constituía como un visionario revolucionario, como arquitecto de la modernidad, y como redentor del indio, temas como hemos visto retomados por sus adalides, sus detractores insistían en su mediocridad. Así, Federico More, en el prologo a un libro de J. Antonio Andía titulado *El tirano en la jaula* publicado en 1926, señalaba que "Leguía nunca fue otra cosa que un comerciante. Manejó a Perú con el criterio y la audacia de un jugador de bolsa, de un gerente de compañía de seguros. 'Profesional en siniestros', le llamó Piérola, en lapidaria sentencia".[16] Para More, el régimen de Leguía se apoyó en un sector de la población enfermo y degenerado: "publicistas oscuros y hambrientos, folletineros monstruosamente fecundos, adjetivadores sin pudor y sin sentido, aventureros de todas las raleas, asesinos, proxenetas, homosexuales, tahures, son los cortesanos de la dictadura".[17] Esta idea hace eco en los escritos de Dora Mayer. Según Mayer, Leguía pudo conseguir el apoyo de buen numero de los peruanos porque prometía hacer grande un país que se creía con el derecho de ser grande. Para Mayer, Leguía sería un reflejo, o hasta el producto necesario, de un país enfermo: "Leguía hizo y dijo siempre lo que más les agradaba a las gentes; su método fue como el del cantinero que escandía [sic] sin reserva alcohol al alcohólico. Leguía sació la sed de los enfermos de megalomanía, o sea delirio de grandezas".[18]

Es interesante notar que tanto More como Mayer responsabilizaban en buena medida a sus conciudadanos peruanos del advenimiento de Leguía. En su introducción al texto de Andía, More señalaba que los peruanos se habían dejado cegar por las obras públicas del dictador:

> Para civilizar al Perú hay que quitarle la adoración bestial por las obras públicas y enseñarle el culto humano y civilizado por las obras espirituales. Un juez íntegro vale más que todas las carreteras de Leguía. Nada sacamos con la capital llena de avenidas y palacios, si cualquier criado de Leguía tiene derecho para matar a un hombre y luego, gracias al asesinato, instalarse re-

giamente en un hospital, y allí, montar una oficina y una secretaría, y dirigir un periódico...[19]

Para estos críticos del régimen de la década de 1920 no tenía sentido negar las obras públicas que había llevado a cabo el régimen. Más bien, su crítica se enfocaba en el costo moral de esas obras. Las obras, ellos argüían, eran el reflejo no de un país encaminado hacia el progreso como sostenía Leguía, sino de la bancarrota moral del país, y de su ciudadanía, la que aplaudía las obras mientras que su integridad moral se veía mermada.

Estas críticas sin duda resonaron en el ambiente intelectual peruano. Ello explica que en 1928, en un discurso pronunciado en el Palacio Municipal de Lima, Mariano H. Cornejo, uno de los arquitectos intelectuales del leguiísmo, hiciera notar que era un error resaltar únicamente los logros materiales de Leguía. Para Cornejo, el logro principal de Leguía era precisamente de orden moral: "todos incurrimos en el error de ver solamente la obra material, magnífica y de no ver la obra moral que es, sin embargo la que hiere nuestros oídos y nuestra vista con el esplendor de exclamaciones que no podemos explicarnos".[20] Cornejo señalaba que si bien la obra material de Leguía era inmensa, su obra más grande era una obra de educación política: "más difícil que crear riqueza es educar pueblos". Así, Cornejo presentaba una visión del leguiísmo en la que la democracia aparecía como la piedra angular del régimen:

> Esta obra de educar pueblos y formar ciudadanos es más penosa que la otra porque el corazón humano tiene a veces malezas más tenaces que la tierra. Pues en esta obra también habéis triunfado. Con el ejemplo tratáis de convertir en normas de conducta los grandes principios de la moral política. Queréis demostrar que la democracia tiene como base el orden y la estabilidad; que la libertad no es el concurso de los apetitos, sino la energía moral para disciplinarse a si mismo, a fin de no ser disciplinado por los otros; que la política no puede ser el tapete verde en que los dardos de la intriga alternen Gobiernos de carnavales, sino una labor constructiva y continua de abnegación; que las rivalidades y las envidias son una traición al Jefe y el sabotaje de su obra.[21]

De esta manera, Cornejo redefinía la democracia de tal manera que coincidiera con lo que el gobierno de Leguía había devenido. Cornejo, hombre positivista, reinventaba la dictadura leguiísta como una democracia verdadera, caracterizada por un orden moral y político superior. Este se sostenía, insistía Cornejo, no en un artificio retórico sino en la naturaleza misma: "sobre todo enseñáis que la única manera de suprimir la jerarquía constructora del favoritismo es reconocer la jerarquía creadora y luminosa de las capacidades por que la jerarquía de las capacidades es la condición del equilibrio social, así como la jerarquía proporcional de las fuerzas, que la gravitación impone, es la condición del equilibrio mecánico del universo".[22]

Cornejo no era el único en sostener que, lejos de implantar una dictadura en el país, Leguía había creado una verdadera democracia. Ya en 1924, Pedro A. Ríos Bermeo, que insistía ser un observador imparcial, había planteado que Leguía entendía que los partidos existentes en el país "constituían una rémora para democratizarlo y conducirlo por el camino del progreso, puesto que esos partidos estaban vaciados en moldes arcaicos y, por consiguiente, sus tendencias eran conservadoras". Ríos Bermeo sostenía de esta manera que Leguía había sabido "fundir" esos partidos "en el crisol de este hermoso nombre: PATRIA" y "sacar de toda esa amalgama fosilizada, algunas partículas utilizables para la gran obra de redención nacional". El Partido Democrático Reformista era, entonces, el vehículo político que haría posible esa redención y reorganización de la patria. Irónicamente, dado que Leguía había accedido al poder gracias a un golpe de estado, Ríos Bermeo sostenía que la democratización del país efectuada por Leguía implicaba el fin definitivo de una forma de hacer política en la que los golpes de estado eran cosa común:

> Con esta reorganización que, por primera vez, se ve en el Perú y que está encausada la soberana voluntad de la Nación se ha desterrado, para siempre, las revoluciones y los golpes de Estado que tenían a la república en constante zozobra y hacían vivir horas de amargura a nuestra querida patria. Hoy en cambio el nuevo partido político está sustentado en doctrinas democráticas y sus tendencias están encaminadas a hacer una labor nacionalista.[23]

En otras palabras, según Ríos Bermeo el acto anti–democrático de Leguía había creado las condiciones para la depuración de los actos anti–democráticos.

En otras interpretaciones, la democratización del país encabezada por Leguía era un proceso revolucionario de formación del aparato estatal (de burocratización, si se quiere), pero quizás aún más del estado como comienzo y fin del orden social, que socavaba y derruía las estructuras tradicionales del poder que habían sostenido a la oligarquía civilista. Para Sebastián Lorente, médico, la revolución de Leguía conllevaba el abandono de la caridad como principio de organización de los servicios médicos, principio que había caracterizado a los gobiernos civilistas anteriores, y su remplazo por la idea, incorporada en el orden constitucional, de la obligación del estado de proveer servicios de salud a la ciudadanía. Así, Lorente sostenía, "este régimen que preside *el más genial de los hombres de Estado de la historia patria* (sic), tiene sobre el problema médico social, como sobre todos los problemas del país, un concepto propio y nuevo, acorde con la viva realidad nacional y con las orientaciones de los Estados modernos".[24] La revolución de Leguía, para Lorente, era entonces una revolución en la idea misma del Estado y de su función, una idea que abandona la noción del Estado oligarca "que se siente llamado a salvaguardar los intereses de una casta, más bien que los del pueblo", que no asume la responsabilidad por la salud de la ciudadanía, sino que la delega a "personas e instituciones privadas", y la remplaza con la noción de un "Estado fuerte, que obra en nombre no de pequeños conciliábulos familiares, sino en nombre de la colectividad y en servicio no de los intereses de una pretendida aristocracia egoísta, sino de los grandes y sacros intereses de la Nación".

En la década de 1930, las lecturas del gobierno de Leguía se dan a la luz del conflicto político polarizado entre el Sanchezcerrismo y la dictadura de Benavides por un lado y el APRA y, en menor medida, los partidos Comunista y Socialista por el otro. Para Abelardo Solís por ejemplo, el APRA representaba la continuidad del leguiísmo, dada su oposición tanto al civilismo como al comunismo. Sin embargo, en un texto muy crítico del oncenio, Solís hace hincapié tanto en la dimensión represiva del leguiísmo como en su carácter corrupto. Solís pinta un cuadro de represión que alude a un sistema totalitario:

> Toda la república se hallaba infestada por la plaga de "soplones" que había destacado el leguiísmo. En Lima era insoportable la vigilancia policiaca. En los cafés, en las cantinas, en los clubs, en las iglesias, en los cuarteles, en los colegios, en las escuelas, en la Universidad, en todas partes, los "agentes de la secreta" pululaban descaradamente y desvergonzadamente imponiendo silencio y temor. La "soplonería" abarcaba a todos los sectores sociales, desde la "distinguida" dama del salón aristocrático, hasta la vendedora de frutas y las cocineras, desde el clubman hasta el hortera y el rufián de prostíbulos.[25]

Según Solís, en este clima toda iniciativa progresista era descalificada como subversiva: "quien se atreviera a propugnar reformas sociales, sea en lo referente a la cuestión obrera o a la cuestión agraria, era 'comunista'".[26] Para él, el gobierno leguiísta estaba volcado en entorpecer todo intento de reforma social con la finalidad de contrarrestar el surgimiento de las nuevas fuerzas sociales y políticas: "lo esencial era evitar que se pensara en el mejoramiento colectivo y en la necesidad de eliminar o anular esas fuerzas nuevas que ascendían a la vida política nacional".

Es así que Solís, quien, recordemos, escribía en el contexto de la dictadura de Oscar Benavides (1933-1939), retrata un gobierno totalitario y reaccionario. Añade a este cuadro una imagen de un régimen cuya razón de ser es robar del pueblo:

> La dictadura peruana [...] no ha tenido ningún contenido espiritual, ningún idealismo político. Todo lo contrario: ha revelado una turbia sensualidad del poder, una sed de riquezas y de honores falsos, una megalomaniaca vanidad. La facción leguiísta no ha sido una legión de idealistas acertados o equivocados, agitados por el urgido reclamo de llevar a cabo un gran programa; no ha sido el grupo de unzados del patriotismo sino la parrada de silenciosos cuervos insaciables caída sobre el presupuesto y sobre la nación misma como sobre despojos inertes y sanguinolentos. Voluntad de dominio, sensualidad, baja tendencia parasitaria, de ahí su exclusivismo, su odioso y plúmbeo espectro sobreviviente aún a la revolución. Asociación de mercenarios y *parvenus* que consideran la política como la mejor empresa, la mejor aventura para ser ricos, para ser millonarios, y alzarse de tal suerte contra los demás instaurando para eso y por eso mismo una dictadura...[27]

Solís expresa aquí una idea que el mismo Leguía buscó responder en su texto "Yo tirano, Yo ladrón", aunque no sabemos si efectivamente el texto es de la autoría del ex presidente.[28] En este texto, Leguía rechaza las acusaciones de enriquecimiento ilícito, y apunta más bien a la serie de obras que se realizaron durante su gobierno, invitando al lector a juzgarlo por las obras.

Es este, el de las obras, un tema que domina las lecturas de los que buscaban defender a Leguía en la década de 1930. Así Victor Larco Herrera escribía en 1934 que "es necesario recordar que hasta 1919 no existieron caminos, sino los trazados por los autóctonos en épocas del Incanato, que en el rico departamento de Loreto no existía colegio de instrucción secundaria, no obstante su importancia demográfica, social y económica; que las ciudades del Perú se asfixiaban por estrechas y por las deficiencias de todo orden. Lima era solo unas cuantas casas de señores feudales y algunos cientos de callejones en los cuales vivía el pueblo como en ratoneras".[29] El libro de Alberto Ulloa Cisneros publicado el mismo año e irónicamente titulado *Escombros* presenta, como el de Larco Herrera, las muchas obras de Leguía, desde la aviación hasta las obras de irrigación. El mensaje de Clemente Palma seguía las mismas líneas:

> [Leguía modeló] una nueva, fuerte y brillante patria y con un dinamismo que asombró al mundo, surcó todo el país de caminos, irrigó su costa árida convirtiéndola en emporios de fabulosa riqueza para el porvenir, llevó el progreso a los rincones más apartados, hizo de la soñolienta y desaseada capital de la república una ciudad digna de figurar entre las más bellas,

limpias, y fastuosas del continente; mantuvo con mano firme pero sagaz la paz pública, dio trabajo y bienestar a las gentes, dio fisonomía territorial al Perú arreglando sus pleitos de fronteras y transformó totalmente la vida engendrando en el alma de las gentes la confianza en el esfuerzo, y la fe en el progreso dándoles el ejemplo, con su persona y su acción constructiva, de todo lo que se puede conseguir cuando se pone al servicio de la patria toda la voluntad y toda la resolución de superarse y triunfar en la vida.[30]

En esta visión, Leguía aparece como una fuerza modernizante que no solo transforma lo material sino también la manera misma de ser de los peruanos. Es la idea del gobierno de Leguía como una revolución cultural.

Si bien muchos de los textos favorables a Leguía enfatizan la institucionalización producto de la "modernización" iniciada por Leguía, también suelen hacer hincapié en el hecho que los cambios eran consecuencia de la labor personal del dictador. Esta idea está muy presente en un discurso pronunciado en 1938 por Luis Ernesto Denegri, en el que aparece la idea que Leguía constituyó una fuerza modernizante y civilizadora cuyo mayor valor residía en su empiricismo y su rechazo de lo teórico.[31] En su discurso, Denegri "corporalizaba" la Patria Nueva en Leguía: aparece Leguía, cual Ulises, asumiendo personalmente la transformación del país: "Leguía se consagró durante once años al rudo trabajo agobiante, de organizar, construir, educar, para elevar la dignidad y el prestigio de su pueblo, luchando contra todas las fuerzas regresivas de la barbarie, exponiéndolo todo: su libertad, su fortuna, su honor y su vida". Esta lucha personalizada por modernizar y civilizar al país, sugiere Denegri, se caracterizó por una aproximación singular a la resolución de los problemas que enfrentaba el Perú: el empiricismo. Así Leguía había roto con el estéril teoricismo para enrumbar el país en el camino del progreso: "[Leguía] había arrebatado los destinos del Perú a manos ineptas e hizo marchar el progreso. ¿De acuerdo con las formulas teóricas de nuestros intelectuales? No. Como pudo, intuyendo la realidad, usando medios existentes para conseguir fines asequibles, como se lo permitieron las circunstancias, con la colaboración de hombres que tuvo al alcance, leales y abnegados. El hecho es que hizo marchar el progreso, ese progreso que ha cambiado el ritmo vital de nuestra historia".

Para otros, como Federico More, lejos de ser una fuerza modernizante, Leguía representó un retroceso en relación al progreso y en particular al desarrollo democrático del país. En un texto publicado en la década de 1930, More retoma algunos de los temas ya expuestos en la década anterior:

El señor Leguía deshizo instituciones: convirtió en sombra el parlamento,

> y en una ficción el Poder Judicial, burló el electorado, desdeñó la ciudadanía, hizo tabla rasa del poder municipal, heredado de España; destruyó el Habeas Corpus, convirtió la democracia en obras públicas y nos hizo creer que la República era una carretera. Infelices los estadistas que suponen que un país es un camino; infelices los hombres de gobierno que presumen que el correr de un automóvil en caminos fáciles puede sustituir a la marcha del espíritu a través de los difíciles caminos de la ilusión política.[32]

Para More, la política vertical y autocrática de Leguía sería directamente responsable del surgimiento del APRA, partido que él consideraba como un peligro para la nación. En un juego retórico More contrapone la multitud, que él asocia al APRA, al pueblo: "la multitud aparece el momento en que el pueblo se hunde".[33] Para More, la multitud y el pueblo están en necesaria confrontación: "la multitud ensangrienta al pueblo. Solo hay un remedio: que el pueblo sofrene a la multitud".[34] La multitud, es decir el APRA, sostiene More, nace de la destrucción de las instituciones democráticas: "Leguía deshace las instituciones. Con su genio aventurero y su alma violenta de jugador, con su prestigitar de estadista y su escamotear de criollo, se mete en el alma del pueblo y lo persuade y lo corrompe [...]. Así nace la multitud".[35]

En *Problema y Posibilidad*, publicado en 1931, Jorge Basadre dedicó un capítulo a "Leguía y el Leguíismo". En una edición posterior del libro, Basadre calificaría de "páginas inmaduras" a sus reflexiones sobre la Patria Nueva. En una autocrítica severa, Basadre indicaba que su capítulo "sufrió el efecto de las pasiones bullentes en esa primavera cívica".[36] Basadre asemejaba en 1931 el gobierno de Leguía a los de Irigoyen en Argentina y Alessandri en Chile: "es la marea ascendente de las clases medias y populares rompiendo la valla oligárquica y cayendo por su ignorancia política, en el caudillaje".[37] En efecto, la Patria Nueva que representa Basadre en 1931 es un régimen con cara de Jano. La primera cara, de corta duración fue "parlamentaria, oratoria y constitucionalista". La segunda fue una cara de "fuerza" y de caudillaje, pero un caudillaje distinto al caudillaje tradicional del siglo XIX: "El Señor Leguía no tenía del caudillo antiguo la vida aventurera y arriesgada, pero sí la leyenda viril, la seducción y la inescrupulosidad". Basadre pinta a un hombre oportunista:

> Careciendo del lastre de las ideologías, podía maniobrar ágilmente por los altibajos de la política, apoyarse en elementos heterogéneos y cambiar de política. Siendo masón grado 33 tuvo el apoyo del clero, con el cual siempre fue deferente. Habiendo sido chauvinista hizo la paz con Chile, país de cuyo odio hizo plataforma, y con Colombia, con cuyas fuerzas combatieron en el

río Caquetá, cedido ahora, las tropas en el primer gobierno leguiísta. Siendo oligarca, habló en algunos discursos de socialismo. Ajeno a las reivindicaciones de la raza oprimida, exaltó a "nuestros hermanos los indios".[38]

Como otros críticos de la Patria Nueva, al describir el régimen Basadre resalta la corrupción, la debilidad y venalidad del legislativo, la "penetración capitalista", el no–desplazamiento de la élite económica civilista, el fortalecimiento del Estado y de su aparato represor, y la veneración a las obras públicas. Termina calificando a Leguía de "jugador".[39]

En las décadas de 1940 y 1950 encontramos una serie de textos que reproducen en buena medida los temas ya desarrollados en décadas anteriores. Así, el discurso de Álvaro de Bracamonte Orbegoso del Partido Democrático Reformista, titulado *Leguía: Su vida y su obra*, publicado en 1953, retoma los temas de obras publicas, integridad nacional y modernidad:

> Al conjuro de su visión, de su patriotismo y de su fe, se hacen puentes sobre los ríos, se cortan y perforan las cordilleras y surgen y se multiplican como por arte de magia las carreteras y los ferrocarriles que unen unos pueblos con los otros. Y las bocinas de los automóviles y los camiones y los silbidos de las locomotoras llenan por primera vez la clarinada del progreso a apartadas regiones de nuestra sierra y despiertan a la civilización lugares antes accesibles sólo a lomo de mula por sendas tan difíciles como peligrosas.[40]

Pero al mismo tiempo encontramos textos que interpretan el oncenio desde una perspectiva más enfocada en una dimensión de reforma o incluso revolución social. Por ejemplo, en un discurso pronunciado el 19 de febrero de 1940, Alberto Salomón, antiguo Ministro de Relaciones Exteriores de Leguía, sostenía que el principal afán de Leguía "al desarrollar la capacidad productiva del país era el de poder aumentar con ello el bienestar de los necesitados. No le preocupaba la suerte de los ricos, por más que nunca hirió sus intereses respetando el derecho de cada uno y no saliéndose jamás de los cánones legales. Pero eran los pobres y los que pasaban dificultades quienes eran objeto preferente de sus desvelos".[41] Salomón pinta un retrato de un Leguía comprometido en una lucha social por el pobre, de un hombre profundamente comprometido con la justicia social: "no concebía que solo un grupo limitado pudiese vivir en la opulencia mientras que el resto de la comunidad seguía sufriendo en la escasez y en la desesperanza. Quería sinceramente la redención de nuestros olvidados compatriotas en las regiones andinas por medio de la instrucción y educación".[42]

Es Manuel Capuñay el que ofrece, en su libro *Leguía: Vida y obra del constructor del gran Perú*, publicado en 1951, la visión más completa de un

Leguía como espejo de una sociedad en pleno cambio. Es una visión en la que se asoma de manera evidente la Argentina peronista. De hecho, Capuñay cita a Perón en el texto: "tengo un solo compromiso construido con mi pueblo y en mi vida no haré sino lo que el pueblo decida, ni serviré otro interés que el suyo".[43] Capuñay rescata aquí, o quizás construye, al Leguía revolucionario, anti–oligarca, impulsor y líder del pueblo. Capuñay compara a Leguía a un caudillo, pero es una comparación positiva, no negativa como en el caso de Basadre:

> El leguiísmo representa la adhesión a un legítimo conductor de pueblo. A un Caudillo. Su importancia no radica en lo [que] fue como fuerza ciudadana, sino en la prestancia que como acontecimiento cívico–político tiene a través de nuestra historia. Y esa trascendencia es un formidable movimiento de reacción nacional contra el civilismo, como nunca habíase visto antes. Por primera vez se luchará contra el civilismo con lealtad a las grandes aspiraciones ciudadanas y a los supremos intereses del país. Por primera vez también se proscriben las transacciones y los pactos con la oligarquía. Esta actitud política en esencia es del Leguía revolucionario, que en el plano económico–social levanta la bandera del pueblo contra el viejo orden social.[44]

Capuñay escribe, no lo olvidemos, a pocos años de iniciada la dictadura de Odría, el "ochenio". Como Leguía, Odría inició una serie de obras de orden social y "modernizantes". Capuñay hace alusión a estas obras como elementos que hacen del caudillo un ser amado por el pueblo:

> … hoy el pueblo […] empieza a revalorar a Leguía, lo rehabilita en realidad. Lo vindica. Por todas partes el ciudadano peruano ve a Leguía. En las avenidas, en las urbanizaciones, en los balnearios, en los paseos públicos, en las plazas, en los grandes edificios de la capital. En las carreteras, en las líneas férreas, en el mar y en el aire. En los ríos llevando agua a las tierras de cultivo, en las maquinarias y los alambres que en el territorio ofrecen trabajo, seguridad y comodidades. En el indio que siembra su pedazo de tierra, en los niños que van a las escuela, en las gente que tienen donde cobijarse. Y cuando esto último falta, entonces el pueblo grita; ¡Falta un Leguía![45]

Capuñay es quizás uno de los primeros autores en enmarcar su discusión en un paradigma interpretativo: asemeja el régimen de Leguía a una revolución "democrático–burguesa" que "cancela la etapa del régimen feudal". Pero a diferencia de las lecturas de la Patria Nueva inspiradas por el marxismo (detalladas más adelante), Capuñay ve esta revolución burguesa como una meta en sí misma: "Porque la revolución burguesa es el fenómeno que arrasa con todo el proceso primitivista y retardatario del orden feudal; porque ella crea liberadoras y progresistas condiciones de vida y de trabajo, y fecundas y más propicias estructuras e instituciones colectivas; y porque en su impulsión hacia adelante conquista el porvenir para la humanidad".[46] Es una visión que corresponde en buena medida a lo que se suele llamar la "teoría de la modernización" y las ideas de W. W. Rostow.

En las década de 1960 comienzan a aparecer interpretaciones de la Patria Nueva por parte de historiadores extranjeros.[47] Para Fredrick Pike, autor de una historia general del Perú publicada en 1967, el objetivo principal de Leguía había sido "hacer que el país fuese más ventajoso para la operación del capitalismo".[48] Pike reconocía que la Patria Nueva había sido un "momento decisivo [watershed]" en la historia peruana. Sin embargo, la evaluación de Pike sobre el gobierno de Leguía era bastante negativa y evidenciaba una visión políticamente conservadora: sólo había conseguido polarizar el país y permitir el surgimiento de fuerzas revolucionarias y violentas. Es interesante notar que el libro de Pike se publicó un año antes de los famosos sucesos "revolucionarios" de 1968. Quizás este contexto explique su juicio sobre el error de Leguía en impedir que los "que abogaban por un cambio gradual, moderado y evolucionario" se constituyeran en un partido político "verdadero" y terminaran marginalizados permitiendo así el surgimiento de "una nueva generación de revolucionarios, ansiosos por destruir todo para después reconstruir". Estos "iracundos jóvenes violentos" habían contribuido a que se paralizara "el avance del Perú hacia devenir una nación de verdad, un cuerpo integrado de grupos de intereses étnicos, culturales, económicos, sociales y funcionales, atados por algún_elemento de consenso en torno a los temas principales".[49]

La Patria Nueva empieza a captar el interés de estudiosos extranjeros de manera sostenida en la década de 1970. Tres tesis universitarias no publicadas abordan el estudio de la Patria Nueva desde perspectivas distintas pero en cierto modo complementarias. Howard Karno interpreta el oncenio como un proceso de "modernización" fallido.[50] Para Gary Garrett el oncenio correspondió a una prematura irrupción política de las clases medias.[51] Carl F. Herbold concluye, en su valioso estudio de la burocratización del estado que cubre tanto el periodo de Leguía como la década de 1930, que la modernización del aparato estatal empezada por Leguía se caracterizó por la permanencia de características "tradicionales" en el manejo político y administrativo del país.[52] En estas tesis subyace de forma evidente la teoría de la modernización (aunque sea para criticar su capacidad explicativa, como en el caso de Herbold), según la cual el desarrollo económico y político de un país depende de su capacidad de emular procesos supuestamente ineludibles y análogos a la experiencia de países "avanzados" como serían Estados Unidos o el Reino Unido. Desde una perspectiva algo similar, en una historia general del Perú publicada en 1978, David Werlich señalaba que desde los años 1920 los historiadores habían tenido dificultad en abordar a Leguía "despasionadamente". El problema era el carácter "desconcertante" del dictador: "se ha descrito a Leguía como liberal y como conservador; como herramienta de los ricos y defensor de los pobres, un hombre de visión y un payaso; un nacionalista y un traidor; un hombre de estado y un pillo". Para Werlich, Leguía habría tenido algo de todas estas cosas, pero una cosa era clara: "para bien o mal, Leguía fue el primer presidente moderno del Perú".[53]

El tema de la "modernización" como piedra angular de la Patria Nueva es un elemento central en el famoso estudio de Peter Klarén sobre los orígenes del APRA en las haciendas azucareras del norte.[54] Sin embargo, Klarén desarrolla una interpretación más sofisticada que las anteriores y da impulso a una tradición historiográfica que se reafirma en las décadas siguientes: la historia regional. Para Klarén la "modernización" económica, consecuencia de la inserción de la costa norte en los circuitos internacionales de materias primas (el azúcar, principalmente), tuvo consecuencias de orden social y político que conllevaron el desarrollo de un proyecto político como el APRA. En el estudio de Klarén el oncenio no aparece como un "momento decisivo", pero sí como el periodo cuando se agudizan las tensiones entre el sector moderno y el sector tradicional ya entrado en decadencia. Otros estudios importantes publicados en esta década incluyen *Indian Integration in Peru* en el que Thomas Davies resalta el carácter contradictorio de la política "indigenista" de Leguía y *Populism in Peru* de Steve Stein en el que la Patria Nueva es interpretada como un proceso de división y de debilitamiento de las élites que abre paso a la irrupción de las masas; las mismas masas que formaran la base de los partidos populistas de la década de 1930.[55]

En el Perú también, varios estudiosos, armados de nuevos paradigmas científico–sociales, en particular la teoría de la dependencia, se tornan a la Patria Nueva. Baltazar Caravedo publica en 1977 un breve pero importante análisis del oncenio desde una perspectiva estructuralista e influenciada por la teoría de la dependencia. Caravedo ve en cierta medida la Patria Nueva como expresión del surgimiento de una burguesía industrial que, en alianza con el "capital norteamericano" intenta desplazar a la burguesía agro–exportadora.[56] Este argumento es retomado por Julio Cotler en su famoso libro *Clases, estado y nación en el Perú*, donde la Patria Nueva es interpretada como un proceso que "acabó por subordinar políticamente la clase dominante al Estado, mientras lo asociaba con el capital financiero norteamericano que le proporcionaba los recursos económicos para lograr ese propósito".[57] Aníbal Quijano reproduce casi exactamente el mismo argumento. Para Quijano, la lucha intra–hegemónica entre sectores de la élite tradicionales y modernizantes y el temor a que esta lucha generase condiciones para una irrupción de fuerzas contra–hegemónicas lleva a que "el régimen de Leguía solo podía sostenerse plenamente por medio de una completa sumisión a la hegemonía imperialista del capitalismo norteamericano, obteniendo de él recursos financieros para sostener su administración y entregando en cambio los recursos productivos más significativos del país en ese momento".[58] Aunque construido con base en un estudio empírico mucho mayor que en los casos de Cotler o Quijano, en *Apogeo y crisis de la República Aristocrática* Manuel Burga y Alberto Flores Galindo ofrecen un marco interpretativo similar: "El oncenio de Leguía, de 1919 a 1930, fue el intento sistemático, a veces temerario y maquiavélico, de construir la 'Patria Nueva' quitando el poder político a la antigua oligarquía civilista y entregándolo a un nuevo grupo que iba surgiendo y ampliándose a medida que avanzaba el proceso leguiísta".[59]

Un texto algo sui generis pero no por ello menos interesante es el relato sobre la caída de Leguía de Víctor Villanueva publicado en 1977.[60] *Así cayo Leguía* está basado tanto en una reconstrucción de los eventos a partir de los recuerdos del autor sobre los hechos como en una serie de fuentes primarias y secundarias (como periódicos y la obra de Basadre) aunque no siempre es posible saber sobre qué tipo de información se basan diferentes aspectos del relato. Sin embargo, el texto ofrece una mirada valiosa sobre los últimos días de la Patria Nueva y propone una serie de interpretaciones novedosas, además de una reflexión sobre el papel de ese proceso en la historia peruana posterior.[61] Para Villanueva, por ejemplo, la Patria Nueva puso en marcha dos procesos que marcarían el siglo XX peruano: "El ejercito entró en una etapa de anarquía única en el presente siglo, y si de ella pudo emerger después de varios años, nunca le fue posible superar ciertas prácticas establecidas por la dictadura, como el ascenso por razones políticas. Al país tampoco le fue posible escapar a la dependencia extranjera cuyos capitales echaron tan profundas raíces durante el oncenio".[62] En varias oportunidades, Villanueva establece vínculos entre procesos propios a la década de 1920 y los gobiernos de Odría y Velasco. Así, Villanueva "lee" la Patria Nueva desde la perspectiva del momento político de fines de la década de 1970 y en particular de la segunda fase del gobierno militar "revolucionario" (también lo hacen los editores: en la carátula preguntan "¿Cómo se monta y se desbarata un complot militar?"): no es de extrañar que algunos aspectos de la caída de Leguía toman particular importancia en su relato: la división dentro de las fuerzas armadas, la corrupción, la enemistad entre el APRA y el ejercito (y la incomprensión del primero hacia el segundo).

Los análisis de las década de 1970 y 1980 corresponden en buena medida a una lectura marxista de la Patria Nueva.[63] El surgimiento de una burguesía capaz de desplazar a la oligarquía tradicional señalaba que en el Perú también el proceso histórico trazado por Marx en el contexto Europeo se estaba perfilando. La Patria Nueva era vista como la antesala burguesa de la revolución popular. De ahí que muchos de estos estudiosos, que, no lo olvidemos, militaban en grupos políticos cuya finalidad era propiciar un proceso revolucionario en el país, se tornaran a la "crisis revolucionaria" de la década de 1930 para explicar, precisamente, por qué las fuerzas populares emergentes no habían podido llevar a cabo una revolución. Caravedo, por ejemplo, concluía su estudio sobre la Patria Nueva en estos términos: "¿Fue una situación revolucionaria la de 1930–1933? Sí lo fue, pero no en los términos de una revolución de conducción proletaria, sino en los de un movimiento pequeño burgués radical, cuyo ingreso en el poder hubiera significado nuevas situaciones políticas y sociales. Lo cierto es que la emergencia del APRA no se hubiera podido entender sin el gobierno de Leguía".[64] Burga y Flores Galindo concluían de manera análoga, aunque introduciendo una nota de optimismo revolucionario: "En el corto plazo, la crisis [de comienzos de la década de 1930] terminó con un desenlace favorable a la reacción: la rebeldía popular fue ahogada en sangre y fuego. Pero en el largo plazo, a pesar de su sinuosa alianza con el militarismo, se inicia la crisis orgánica de la oligarquía en el Perú".[65]

En la década de 1990, la Patria Nueva de Leguía fue leída inevitablemente a la luz del gobierno de Alberto Fujimori. Las comparaciones entre los dos regímenes en la esfera pública fueron constantes. En el ámbito académico, sin embargo hubo escasos esfuerzos por presentar estudios explícitamente comparativos.[66] Luis Alberto Sánchez publicó un año antes de su muerte un libro sobre Leguía breve y, por lo general, de escaso interés, en el que sin embargo presagiaba una característica del autoritarismo fujimorista: "todas las dictaduras han basado su mermado prestigio en la obra material que realizaban, que corría paralela a su desahucio intelectual y moral [...] Leguía no escapó a este funesto requisito de los dictadores, cifró todo su empeño en la obra material".[67] Estos paralelos forman parte de una serie de evaluaciones que comprenden el libro de Pedro Planas, *La República autocrática* y un artículo de Roger Atwood, en el que el autor avanza el concepto oximorónico "dictadores democráticos" para referirse a líderes autoritarios que buscan mantener una semblanza de constitucionalidad.⁶⁸ Quizás en estos estudios podemos avizorar la influencia de las perspectivas sobre procesos de democratización y la llamada "transitología" desarrollados por la ciencia política comparativa en las décadas de 1980 y 1990.

Es posible entrever nuevas o más completas interpretaciones de la Patria Nueva en una serie de estudios publicados en la década de 1990, y en particular en la siguiente, algunos de los cuales reflejan un "giro cultural" en la historiografía peruana. Sin embargo, por lo general el Oncenio como tal no recibe un estudio sistemático en estas publicaciones, sino que es incorporado a una interpretación mayor que abarca el periodo "aristocrático" u "oligárquico" largo, es decir 1895 a 1930. Así, la Patria Nueva es estudiada desde una serie de perspectivas nuevas: desde las políticas urbanísticas y de organización del espacio, incluyendo la formación del barrio rojo limeño en el contexto de las políticas de control de la prostitución y de las enfermedades venéreas, hasta las políticas y culturas de reclusión penal pasando por las políticas fiscales y monetarias, el surgimiento de la clase media, las políticas sanitarias y la conformación de un saber médico, las políticas educativas, las políticas y el desarrollo de visiones indigenistas, y las políticas y actitudes hacia los protestantes. Algunos historiadores, por otro lado, ofrecen innovadores estudios de la Patria Nueva desde una perspectiva regional.⁶⁹ El hecho que pocos historiadores intentaran ofrecer un análisis sistemático de la Patria Nueva se debe, quizás en parte, al hecho que fueron décadas en las que las visiones totalizantes de la historia estaban pasando de moda.⁷⁰ O quizás refleje de manera más simple el hecho que los historiadores hoy en día basan sus estudios cada vez más en el trabajo de archivo y privilegien de esta manera la especialización en temáticas o preocupaciones específicas.

La década de 2000 nos ofrece un estudio de interés anecdótico: el libro publicado en 2001 por Enriqueta Leguía Olivera, hija del presidente. La finalidad del libro, explica la autora es "rescatarlo [a Leguía] para la historia, que es donde le corresponde estar; porque se ha ganado ese derecho, pues todo lo que hizo Leguía fue para la Patria y por la Patria". Es interesante notar que el libro, escrito unos 70 años después de la caída del régimen, reproduce y combina muchos de los mismos argumentos utilizados por los autores, tanto los que podríamos identificar como siendo de izquierda como los que identificaríamos como siendo de derecha, que, con anterioridad, habían escrito sobre la Patria Nueva:

> ¡Jamás deben olvidar los peruanos que él fue el forjador y constructor de la Patria Nueva! Leguía arranca la patria de las garras del feudalismo retrogra-

do y la impulsa hacia el desarrollo y el progreso. Y si el Perú de hoy no es más rico, más poderoso y más hermoso, es porque los Civilistas de mentes estrechas y egoístas, dejándose llevar de sus bajezas, se encargaron de destruir todo lo que este presidente había iniciado y dejado en marcha; en esos fructíferos e incansables 15 años de lucha y obras de gobierno [la autora suma el gobierno de 1908–1912 al de 1919–1930], en los que transformando al Perú, lo hizo conocer del mundo, demarcó sus linderos y lo convirtió en el país más rico y adelantado de Sud América.[71]

Reaparecen entonces mucho de los temas ya vistos. No es de sorprender que, como muchos textos ya revisados, este libro también contenga una larga lista de las obras públicas realizadas en el periodo de Leguía.

Particular importancia toma, en la interpretación que hace Enriqueta Leguía del papel de su padre en la historia peruana, la idea del sacrificio personal por la Patria:

> ¡Leguía nos dejó un país floreciente, de renombre en el extranjero, con límites definidos, con economía bien saneada y sin deudas externas, porque hasta su último empréstito, para la construcción de la carretera Lima Cañete, lo garantiza con su propia póliza de Seguro de Vida, que es lo último de su fortuna personal que pudo dar a la Patria, no quedando sino su cuerpo consumido por el dolor y la humillación, lo que yace sepultado en suelo patrio.

De esta manera, un acto que en otro contexto sería visto como prueba de la de–institucionalización y personalización del poder que caracterizan a muchos gobiernos de la historia peruana es re–imaginado como un acto de sacrificio personal por la Patria. El libro concluye con una "Anécdota" [sic], contada a la autora por su madre:

> Cuando se cambió el nombre de la "Av. Leguía" a Av. Arequipa dicen que un serranito subió al ómnibus y dijo al conductor: mi avesa en la cdra 10 de la Av. Leguea, el conductor de mal talante le contestó: ya no se llama Leguía, ahora es Arequipa, el serranito se sentó y rascándose la cabeza musitó: piro si ¡yo no sabea qui a uno lo bautizaban Pidro y dispues lo llamaban Juan! En su simplicidad e inocencia demostró una gran verdad.

La anécdota se inserta en un llamado por parte de la autora a que se revierta a los nombres originales de las obras públicas creadas en la Patria Nueva. Pero la inclusión en el libro de esta anécdota de tono evidentemente racista ilustra como algunas cosas, a diferencia de los nombre de las calles, no cambian en el Perú.

La visión hagiográfica de Enriqueta Leguía Olivera, que se ha ampliado a otras publicaciones y en la reimpresión de algunos textos de Leguía, contrasta con estudios más serios que han aparecido últimamente. Entre ellos, sin pretender ofrecer un panorama exhaustivo, merece resaltar algunos para hacer hincapié en la manera en que abordan la temática. El estudio de Mario Meza sobre la conscripción vial en el Oncenio, por ejemplo, apunta a la importancia de las autoridades locales en implementar una política del estado central que reflejaba en su alcance, las aspiraciones pero también las limitaciones del proyecto modernizador de Leguía.[72] De manera análoga, las tensiones dentro del proyecto leguiísta son estudiadas por Johanna Hamann en su investigación sobre la política monumental de Leguía en Lima, donde, concluye, los monumentos sirvieron para expresar y ejercer el poder del Presidente y no como elementos de un proyecto nacional.[73] El ejercicio del poder ejecutivo es también central al análisis del papel que cumple el derecho en el proyecto modernizador de Leguía, como plantea Carlos Ramos Núñez. Según el autor, el Oncenio presencia una gradual subordinación del poder judicial al proyecto de Estado leguiísta.[74] Una visión más amplia del ejercicio del poder de Leguía también aparece en el estudio de Carlos Camacho Arango sobre las relaciones civiles–militares durante el Oncenio, que, según muestra, eran bastante más complejas de lo que se ha sostenido hasta ahora.[75] Por último, el trabajo que viene realizando Ombelyne Dagicour merece especial atención, ya que ofrece una reinterpretación de la Patria Nueva desde varias vertientes, entre ellas el simbolismo político y las estrategias discursivas del proyecto de Leguía así como el uso del conocimiento geográfico y de su enseñanza como elemento de un proyecto estatal en el Oncenio.[76]

Por último, es interesante notar cómo algunos textos de síntesis recientes representan el periodo de Leguía como un momento decisivo de modernización económica y de transformación política en una forma que combina y reproduce algunas interpretaciones anteriores. Para Peter Klarén, por ejemplo, Leguía se embarcó en "un nuevo programa de modernización nacional y de reformas".[77] Carlos Contreras y Marcos Cueto sostienen que "Leguía representó la aparición de nuevos grupos e intereses locales, empresariales, burocráticos, profesionales y estudiantiles que habían incrementado las clases medias urbanas". Por otro lado, señalan que "la Patria Nueva [...] significó una modernización del Estado, al que se consideró limitado, con personal insuficiente y mal entrenado, paralizado por las concepciones caritativas, y desfinanciado. Para ello se incrementó los impuestos a la exportación, se expandió la burocracia estatal, se pactó empréstitos en el exterior y se realizó acuerdos técnicos, sobre todo con agencias y expertos norteamericanos, para modernizar la salud, la educación, la tecnología agrícola, y otras actividades publicas".[78] Augusto Ruiz Zevallos, por su parte, argumenta que en los cambios que resultaron de los eventos de 1919, es decir la huelga general por las ocho horas de trabajo, la campaña por el abaratamiento de la subsistencias, y la candidatura de Leguía apoyada por la clase obrera urbana, "se encuentran los atisbos del Estado populista y allí se pueden hallar las raíces históricas y sociales de las ofertas programáticas de los principales movimientos políticos del siglo XX —como el APRA, la Democracia Cristiana–PPC, Acción Popular y las izquierdas".[79]

No todos comparten esta idea de la Patria Nueva como ruptura con el pasado o como un periodo de transformación política y económica. Una voz disonante, por ejemplo, es la de Nelson Manrique, quien sostiene que Leguía representó la continuidad del Civilismo. Según Manrique, "[El triunfo de Leguía] en las elecciones presidenciales de 1919 constituyó la expresión de una marea ascendente de las clases medias y populares que cuestionaban a la oligarquía, pero que serían cuadradas por Leguía dentro de una política neo-caudillista que proseguiría la orientación plutocrática civilista". Por otro lado, sostiene, "contra lo que frecuentemente se ha afirmado, la política económica de Leguía no fue antiliberal e intervencionista".[80] Desde una perspectiva más enfocada en la "cultura política", Carmen Mc Evoy complementa esta visión cuando señala que "a pesar de su autoproclamada novedad la 'Patria Nueva' no pudo disimular su inocultable aire de familia con el patrimonialismo autoritario que modeló tempranamente a la cultura política peruana".[81] Quizás, más que visiones diametralmente opuestas, lo que vemos desarrollarse en los intentos de síntesis, o incluso en estudios más puntuales como los que presento a continuación, son divergencias entre los diferentes autores sobre la medida en qué la Patria Nueva representó un cambio fundamental en la trayectoria histórica del país.

Nuevas perspectivas

Los estudios que siguen se nutren y, al mismo tiempo, divergen de las perspectivas reseñadas en el acápite anterior. Comenzamos con el estudio de Pablo F. Luna, un aporte importante a la historia económica de la Patria Nueva, basado en fuentes recopiladas en archivos peruanos y franceses. Por un lado, Luna muestra que existió cierta continuidad entre el periodo de hegemonía civilista y la Patria Nueva en el sentido que muchas de las ideas económicas que caracterizarían al oncenio, en particular en relación al mayor papel que el Estado debía asumir en el ámbito económico, ya figuraban en las discusiones en el seno del Partido Civil antes de 1919. Por otro lado, sostiene Luna que los supuestos cambios en el ámbito económico de la Patria Nueva fueron una "ilusión óptica" más que a una realidad. Así, lejos de percibirse la "modernización" pregonada por Leguía, lo que evidencia la Patria Nueva es una continuidad en la estructura económica del periodo anterior, sin mayores cambios en la estructura de la recaudación de impuestos, en su composición (se mantiene la importancia de los impuestos indirectos en relación a los directos), en la estructura de endeudamiento (marcada por una creciente proporción de deuda externa), y en la estructura bancaria. El discurso de "modernización" reformista, quizás incluso de modernización revolucionaria, en el ámbito económico de Leguía, concluye Luna, no pasó de ser un discurso. La realidad fue otra.

De manera análoga, aunque desde una perspectiva metodológica y teórica completamente distinta, Willie Hiatt explora en el capítulo siguiente la precariedad del proyecto de modernización de la Patria Nueva. El original e innovador estudio de Hiatt se enfoca en el desarrollo de la aviación durante el oncenio y en los años anteriores. Hiatt muestra cómo el desarrollo de la aviación en el Perú fue entendido como un elemento necesario de la participación del país en una modernidad entendida como "occidental", es decir principalmente europea. El vivo interés de la población peruana por las hazañas de los pilotos nacionales apunta, más allá de una natural curiosidad por lo nuevo, a un deseo de participar en, y demostrar, la modernidad a la que accedía el país a través de su participación en la aeronáutica, una nueva y poderosa tecnología que permitiría unificar y aprehender el país de una manera previamente inimaginable. Sin embargo, por lo mismo, la aviación y sus iniciales traspiés generaban ansiedades en la población peruana, y en particular en los líderes modernizadores de la Patria Nueva, provocadas por el supuesto carácter fallido, insuficiente, e inferior de la modernidad del país frente a la más completa modernidad de los países europeos. De esta manera, Hiatt utiliza el desarrollo de la aviación en el Perú de la Patria Nueva para explorar desde un ángulo singular las aspiraciones y ansiedades que generan los procesos "modernizadores" en las llamadas periferias latinoamericanas, muchas veces imaginadas como extensiones imperfectas de la modernidad europea.

Los tres siguientes capítulos abordan una dimensión central de la Patria Nueva: la política leguiísta hacia la población indígena y las reacciones que ella provocó en ésta. El excelente estudio de Lior Ben David aborda este tema desde una perspectiva que combina la historia del derecho con la historia del indigenismo. A diferencia de otros investigadores, para Ben David el Código Penal de 1924 sí significó un cambio importante en el estatus legal de los indígenas en el Perú. El Código, según Ben David, reflejó la influencia en la jurisprudencia de las ideas y los planteamientos de los intelectuales indigenistas, que tuvieron una acogida "oficial" en los primeros años de la Patria Nueva. Entre otras medidas que apuntaban a la creación de un nuevo régimen legal exclusivo para la población indígena, el Código instaba a los jueces a reducir las penas de los indígenas ya que se consideraba que éstos por ser supuestamente "semi–civilizados" no podían ser plenamente culpables de actos de delincuencia. Para Ben David esta innovación en el Código Penal reflejaba la confluencia de ideas sobre el estatus legal del indígena que provenían por un lado de la legislación colonial y por otro de la criminología positivista. Gracias a un estudio cuidadoso de causas criminales concretas, Ben David muestra cómo esta innovación en el Código tuvo consecuencias reales para los indígenas que fueron enjuiciados en la década de 1920. No sólo los jueces pasaron sentencias que reducían la pena carcelaria de supuestos delincuentes indígenas, sino que el Código fue interpelado por enjuiciados que buscaban que se les redujese la pena.

En el capítulo siguiente, Fiona Wilson utiliza diversas fuentes, incluyendo documentos de archivos regionales, periódicos locales, y testimonios, para estudiar los cambios que suscitaron la política de indigenismo "oficial" de Leguía en Tarma. Según Wilson el indigenismo "desde arriba" de los años anteriores a la Patria Nueva, ejemplificado por la Asociación Pro–Indígena de Pedro Zulen y Dora Mayer, hizo poco para modificar las relaciones entre las élites regionales y la población indígena en Tarma, y, más bien, sirvió para reproducir una visión racista de ésta última. Por lo contrario, el surgimiento de un indigenismo "desde abajo" en los años 1920, ejemplificado por el Comité Pro Derecho Indígena "Tahuantinsuyo", que recibió en un primer momento apoyo desde el estado central, representó un desafío real a las estructuras de poder regional. Los intentos por parte del sub–Comité regional de Tarma del Comité "Tahuantinsuyo" de establecer escuelas para la población indígena fueron vistos por las elites regionales como un acto subversivo y como un ataque directo a sus intereses económicos. Como es sabido, la labor del Comité "Tahuantinsuyo" fue duramente reprimida por Leguía en 1927. Pero, según Wilson, es posible percibir su influencia a nivel regional en Tarma a través de las memorias de líderes indígenas cuyas trayectorias políticas en las décadas posteriores reflejan el intento por parte de los miembros del Comité "Tahuantinsuyo" de desafiar, a través de la alfabetización y otros mecanismos, la "invisibilización" de la población indígena en el Perú.

Siguiendo el enfoque regional, Jaymie Patricia Heilman utiliza el caso de Ayacucho para mostrar que el impacto que tuvo el Comité "Tahuantinsuyo" fue distinto no sólo según la región o departamento donde actuó a través de sus sub–Comités sino también a nivel local o distrital. Heilman estudia dos distritos ayacuchanos, Luricocha y Carhuanca, sumamente diferenciados por su ubicación relativa a los centros urbanos principales del departamento y por las características locales de tenencia de la tierra. Mientras que Luricocha estaba estrechamente vinculada a los circuitos comerciales de Huanta e incluso de la ciudad de Ayacucho y se caracterizaba por la presencia de grandes haciendas, Carhuanca tenía pocas conexiones con los centros comerciales del departamento y se caracterizaba por la casi ausencia de haciendas y la preponderancia de minifundios campesinos. El estudio de Heilman se basa en documentos del Archivo Histórico Militar, en fuentes prefecturales, es decir la correspondencia recibida por el prefecto de Ayacucho tanto de autoridades provinciales (sub–prefectos) o distritales (gobernadores) como de personas privadas, en documentos judiciales, y en relatos testimoniales conseguidos a través de entrevistas. Estas diversas fuentes muestran que en Luricocha el impacto del Comité Tahuantinsuyo fue mínimo y de orden pacífico ya que los indígenas que resistían las imposiciones desde el gobierno central, como la Conscripción Vial o nuevos impuestos, prefirieron establecer alianzas con los poderosos hacendados locales. Por el contrario, el impacto en Carhuanca fue mayor, llevando a una rebelión violenta que, según Heilman, incorporaba un proyecto de política nacional que cuestionaba el orden establecido y pregonaba la inclusión política de la población indígena. Sin embargo, como demuestra Heilman, es interesante notar que los testimonios de esta rebelión revelan que los carhuanquinos recuerdan la rebelión en otros términos, de corte menos radical y más local.

La política indigenista de la Patria Nueva cumple un papel central en el capítulo siguiente, aunque el enfoque es bastante distinto al de los anteriores. El estudio de David Carlos Rengifo Carpio se enfoca en un episodio sumamente paradigmático de la política cultural leguiísta: el re–estreno de la ópera *Ollanta* en Lima en 1920. Esta obra, inspirada en el drama colonial *Ollantay*, había sido representada en Lima en el año 1900 sin mayor éxito. En el año 1920, su éxito fue rotundo: la élite limeña acudió a las funciones en masa y la ópera fue aplaudida por la crítica. Más aún, como demuestra Rengifo Carpio, la ópera se convirtió en un elemento importante de la política cultural indigenista de exaltación nacional de Leguía: el gobierno subvencionó la obra e incluso pagó para que se hicieran funciones especiales a las que asistieron personas no pertenecientes a la élite, como militares, obreros y escolares de escuelas fiscales. Rengifo Carpio utiliza una amplia gama de fuentes, en particular revistas y periódicos, para trazar la historia de la ópera, notar sus variaciones, y explicar las razones del éxito de la ópera. Muestra que, el mismo año del éxito de *Ollanta*, otras obras de corte indigenista representadas por grupos teatrales cuzqueños no tuvieron tanta acogida por la elite y crítica limeña. El éxito de *Ollanta*, sostiene Rengifo Carpio, se debió en buena medida al hecho que la obra fue puesta en escena por un grupo teatral extranjero. Así, la élite limeña rechazaba el teatro cusqueño pero aceptaba una representación estilizada por parte de un grupo extranjero de un pasado incaico glorioso. La ópera, en este sentido, ilustra perfectamente el carácter ambiguo del la política cultural promovida por indigenismo "oficial" de la Patria Nueva y refleja la frase hecha famosa por la historiadora Cecilia Méndez, "Incas sí, indios no".

En el último capítulo, la política cultural de la Patria Nueva es abordada por Melisa Moore desde una perspectiva metodológica y disciplinaria distinta marcada por los estudios culturales y el análisis semiótico. Para Moore los profundos cambios socio–económicos y culturales de la Patria Nueva se vieron reflejados en lo que llama el "campo intelectual", caracterizado por una profunda heterogeneidad a su vez reflejo del surgimiento de nuevos grupos intelectuales que desarrollaban "hegemonías" alternas. Moore plantea de manera sugerente que a la vez que se cerraba el campo de acción político en la medida en que la represión leguiísta aumentaba, se percibe un desplazamiento de la oposición de la esfera contextual a una esfera crecientemente textual. Es, sin duda, José Carlos Mariátegui la figura más importante e interesante de este proceso. Para Moore, Mariátegui entendió que para pensar un proyecto de reformación de la nación era necesario desarrollar un nuevo léxico o una nueva poética capaz de sostener y contener ese nuevo pensamiento. Este nuevo "paradigma conceptual", Moore demuestra, se nutrió a la vez de ideas culturales vanguardistas y de planteamientos políticos marxistas. Así el análisis de Moore nos permite entender cómo las posiciones poéticas y políticas de Mariátegui se constituían mutuamente y por qué su particular paradigma caló en mayor medida que cualquier otro en la intelectualidad y el mundo artístico peruano. De esta manera, Moore ofrece un innovador y valioso análisis de la política cultural de la Patria Nueva, así como de su impacto sobre la historia peruana, que demuestra la necesidad de tomar en cuenta el campo semiótico como una dimensión adicional, y quizás fundamental, de su conformación por, y negociación entre, diferentes actores.

A modo de conclusión, me parece importante repetir que este libro no pretende presentar una interpretación exhaustiva de la Patria Nueva o representativa de las distintas maneras posibles de aprehender este periodo clave y relativamente poco estudiado de la historia peruana. Sí pretende presentar algunos ejemplos concretos, y sustentados en investigaciones originales, de cómo investigar y reflexionar acerca de algunas de las múltiples problemáticas que presenta la Patria Nueva y su historiografía. Su función, quizás, es sugerir algunos temas y métodos para una reinterpretación o, mejor, para varias reinterpretaciones, y, a través de sus muchas omisiones temáticas, metodológicas y teóricas, invitar a otros a complementar y superar este particular intento de reflexión.

Notas

1. Agradezco los comentarios a una versión anterior de este texto de Carlos Aguirre, Nelson Manrique, José Ragas y José Luis Rénique.
2. Según la base de datos de cine IMDB, la película, dirigida por John S. Robertson, se estrenó el 29 de marzo de 1930. Vale notar la rapidez con la que se distribuyó al Perú la cinta. Ver: http://www.imdb.com/title/tt0020741/
3. National Archives (Reino Unido)/Foreign Office papers/371/14251, Gurney a Henderson, 17 de julio de 1930.
4. Sobre el concepto de "descripción gruesa" ver, Geertz, Clifford, *The Interpretation of Cultures*.
5. Scott, James C., *Domination and the Arts of Resistance*.
6. NA/FO/371/14253, Gurney to Henderson, 2 de julio de 1930.
7. Irurozqui, Marta, "El Perú de Leguía", 85–101.
8. Irurozqui, Marta, "El Perú de Leguía", 98.
9. Ver Bonilla, José E., *El siglo de Leguía*, 63.
10. Bonilla, José E., *El siglo de Leguía*, 64.
11. Bonilla, José E., *El siglo de Leguía*, 64.
12. Bahamonde, Carlos., *Leguía o el renacimiento del Perú*, 11.
13. Paredes, Diógenes, ¡Gloria al Triunfador!.
14. Villarán F., Luis F., *La epopeya titánica y triunfal*.
15. Guillén, Alberto, *Leguía*, 25–27.
16. Andía, J. Antonio, *El tirano en la jaula*, 8.
17. Andía, J. Antonio, *El tirano*, p. 8.
18. Mayer de Zulen, Dora, *El oncenio de Leguía*, 3.
19. Andía, J. Antonio, *El tirano*, 27.
20. Cornejo, Mariano H., *La filosofía de la Patria Nueva*, 13.
21. Cornejo, Mariano, *La filosofía*, 21
22. Cornejo, Mariano, *La filosofía*, . 21–22.
23. Ríos Bermeo, Pedro A., *El Perú grande y fuerte*, 5.
24. Discurso pronunciado en el Circulo Médico, 12 de febrero de 1927, en Lorente, Sebastian, *La obra medico-social*.
25. Solís, Abelardo, *Once años*, 55.
26. Solís, Abelardo, *Once años*, 117.
27. Solís, Abelardo, *Once años*, 107.

28 Leguía, Augusto B., *Yo tirano, Yo ladrón.*
29 Larco Herrera, Víctor, *Leguía*, 23.
30 Palma, Clemente, *Había una vez una hombre*, 14.
31 Denegri, Luis Ernesto, *Leguía y la historia.*
32 More, Federico, *Una multitud.*, 155.
33 More, Federico, *Una multitud*, 7.
34 More, Federico, *Una multitud*, 10.
35 More, Federico, *Una multitud*, 156.
36 Basadre, Jorge, *Problema*, 388.
37 Basadre, Jorge, *Problema*, 174.
38 Basadre, Jorge, *Problema*, 176.
39 Basadre, Jorge, *Problema*, 189.
40 de Bracamonte Orbegoso, Alvaro, *Leguía*, 6.
41 Panfleto. Discurso de Alberto Salomón, 19 Febrero 1940. Lima? s.f., 13.
42 Panfleto. Discurso de Alberto Salomón, 17.
43 Capuñay, Manuel, *Leguía*, 58.
44 Capuñay, Manuel, *Leguía*, 136.
45 Capuñay, Manuel, *Leguía*, 137.
46 Capuñay, Manuel, *Leguía*, 160.
47 Lo que no significa que en el Perú se deje de publicar sobre Leguía. Ver Hooper Lopez, René, *Leguía: Ensayo biográfico.*
48 Pike, Fredrick B., *The Modern History of Peru*, 217.
49 Pike, Fredrick B., *The Modern History of Peru*, 219–20.
50 Karno, Howard Laurence, "Augusto B. Leguía".
51 Garrett, Gary Richard, "The Oncenio of Augusto B. Leguía".
52 Herbold, Carl F., "Developments in the Peruvian Administrative System, 1919–1939".
53 Werlich, David, *Peru.*
54 Es interesante notar que el termino "modernización" aparece únicamente en el título de la versión en inglés del libro. Ver Klarén, Peter, *La formación de las haciendas azucareras*; Klarén, Peter, *Modernization, Dislocation and Aprismo.*
55 Davies Jr., Thomas M., *Indian Integration in Peru*; Stein, Steve, *Populism in Peru.*
56 Caravedo Molinari, Baltazar, *Clases, lucha política y gobierno en el Perú.*
57 Cotler, Julio, *Clases, estado y nación en el Perú*, 186.
58 Quijano, Aníbal, *Imperialismo, clases sociales y estado*, 95. José Luis Rénique proporciona una base empírica a esta interpretación teórica dependentista al estudiar los informes de los cónsules norteamericanos en Rénique, José Luis, "La burguesía peruana y la penetración imperialista, 1910–1930".
59 Burga, Manuel y Alberto Flores Galindo, *Apogeo y crisis*, 203.
60 Villanueva, Víctor, *Así cayó Leguía.*
61 Por ejemplo, según Villanueva, la "revolución" de Sánchez Cerro fue bien recibida en Arequipa no tanto porque la ciudad siempre ha sido revolucionaria, como señalaron algunos contemporáneos y repiten algunos historiadores, sino porque Arequipa fue más víctima que beneficiaria de los cambios que introdujo la Patria Nueva.

62 Villanueva, Víctor, *Así cayó Leguía*, 86.
63 Sin embargo, en esta década aparecen también textos como el de Charles Walker, en el que se anticipa una lectura más bien "cultural" del periodo. Ver Walker, Charles, "Lima de Mariátegui: los intelectuales y la Capital durante el Oncenio". Vale la pena señalar que la Patria Nueva es tratada indirectamente en la gran cantidad de estudios sobre Mariátegui, y sobre los orígenes del APRA, que comienzan a publicarse a partir de la década de 1970 y que merecerían un estudio aparte.
64 Caravedo, Baltazar, *Clases, lucha política y gobierno en el Perú*, 118.
65 Burga, Manuel y Alberto Flores Galindo, *Apogeo*, 331. Ver, sin embargo, la crítica de Flores Galindo al documental "Once años decisivos", donde sostiene "quizá limitaciones de tiempo (apenas 31 minutos) han conducido a que los realizadores terminen resumiendo el carácter decisivo de esos once años en un pretendido tránsito del anarquismo al socialismo. Visión triunfalista, que, como cualquiera puede constatarlo, no fue refrendada por la realidad". Flores Galindo, Alberto, "La clase obrera entre 1919 y 1930", 287.
66 Sí hay estudios comparativos en un sentido distinto. Ver Martínez Riaza, Ascensión "El Perú y España durante el Oncenio". La dimensión "inter–" o "trans–nacional" de la Patria Nueva es tratada en una serie de estudios que reflejan los debates sobre el "imperialismo informal". Ver, en particular para los Estados Unidos, Clayton, Lawrence A., *Peru and the United States*.
67 Sánchez, Luis Alberto, *Leguía el dictador*.
68 Planas, Pedro, *La República autocrática*.; Atwood, Roger, "Democratic Dictators".
69 Ver, entre otros, Portocarrero Maisch, Gonzalo, Eduardo Cáceres, y Rafael Tapia Rojas, eds. *La aventura de Mariátegui*; del Águila Peralta, Alicia, *Callejones y mansiones*; de la Cadena, Marisol, *Indigenous Mestizos*; Jacobsen, Nils, *Mirages of Transition*; Leibner, Gerardo, *El mito del socialismo indígena*; Mannarelli, María Emma, *Limpias y modernas*; Cueto, Marcos, *El regreso de las epidemias*; Nugent, David, *Modernity at the Edge of Empire*; Panfichi, Aldo, y Felipe Portocarrero (eds.), *Mundos Interiores*; Parker, D. S., *The Idea of the Middle Class*; Quiroz, Alfonso W., *Domestic and Foreign Finance*; Rénique C., José Luis, *Los sueños de la sierra*; Fonseca Ariza, *Misioneros y Civilizadores*, Aguirre, Carlos, *The Criminals of Lima and their Worlds*; Contreras, Carlos, *El aprendizaje del capitalismo*; López Lenci, Yazmín, *El Cusco, paqarina moderna*; Peloso, Vincent, *Peasants on Plantations*; Sala i Vila, *Selva y Andes*; Skuban, William, *Lines in the Sand*; Pereyra Chávez, Nelson, "Los campesinos y la construcción vial"; Drinot, Paulo, "Moralidad, moda y sexualidad".
70 Es quizás interesante resaltar el valioso análisis de la Patria Nueva en el libro, recientemente publicado aunque basado en una investigación realizada en los ochenta y comienzos de los noventa, de Margarita Giesecke, sobre la 'revolución' Aprista de 1932. Ver Giesecke, Margarita, *La insurrección de Trujillo*.
71 Leguía Olivera, Enriqueta, *Un simple acto de justicia*, 13–14.
72 Meza, "Caminos, campesinos y modernización vial en el Perú".
73 Hamann, *Leguía, el Centenario y sus monumentos*.

74 Nuñez, *Ley y justicia en el Oncenio de Leguía*.
75 Camacho Arango, "Relaciones entre civiles y militares durante el Oncenio de Augusto Leguía (Perú, 1919-1930)".
76 Ver Dagicour, "Le 'mythe' Leguía. Images et pouvoir sous le 'Oncenio' au Pérou, 1919-1930; Dagicour, "Political Invention in the Andes: The Peruvian Case".; Dagicour, " Construir el Estado, forjar una nación".
77 Klarén, Peter F., *Peru*, 242.
78 Contreras, Carlos y Marcos Cueto, *Historia del Perú Contemporáneo*, 190.
79 Ruiz Zevallos, Augusto, *La multitud, las subsistencias y el trabajo*, 213.
80 Manrique, Nelson, *Historia de la República*, 208 y 235.
81 Mc Evoy, Carmen, *La Utopía Republicana*, 435.

Bibliografía

Aguirre, Carlos. *The Criminals of Lima and their Worlds: The Prison Experience 1850-1935*. Durham: Duke University Press, 2005.

Andía, J. Antonio. *El tirano en la jaula*. Buenos Aires: Imprenta Elzeveriana, 1926.

Atwood, Roger. "Democratic Dictators: Authoritarian Politics in Peru from Leguía to Fujimori". *SAIS Review* 21.2 (2001): 155-176.

Bahamonde, Carlos *Leguía o el renacimiento del Perú*. Lima: Imprenta la Revista, 1930.

Basadre, Jorge. *Problema y posibilidad*. IV edición. Lima: COTECSA 1984.

Bonilla, José E. *El siglo de Leguía*. Lima: sin editorial, sin fecha.

Burga, Manuel y Alberto Flores Galindo. *Apogeo y crisis de la República Aristocrática*. En Alberto Flores Galindo, *Obras Completas II*. Lima: Fundación Andina/SUR, 1994 [1980].

Camacho Arango, Carlos. "Relaciones entre civiles y militares durante el Oncenio de Augusto Leguía (Perú, 1919-1930)". *Historia Crítica* 60 (2016): 103-122.

Capuñay, Manuel. *Leguía: Vida y obra del constructor del gran Perú*. Lima: Enrique, Bustamante y Ballivián, 1951.

Caravedo Molinari, Baltazar. *Clases, lucha política y gobierno en el Perú*. Lima: Retama Editorial, 1977.

Clayton, Lawrence A. *Peru and the United States: The Condor and the Eagle*. Athens: University of Georgia Press, 1999.

Contreras, Carlos. *El aprendizaje del capitalismo: Estudios de historia económica y social del Perú republicano*. Lima: IEP, 2004.

Contreras, Carlos y Marcos Cueto. *Historia del Perú Contemporáneo*. Lima: Red para el desarrollo de la ciencias sociales en el Perú, 1999.

Cornejo, Mariano H. *La filosofía de la Patria Nueva*. Lima: Imprenta Torres Aguirre, 1928.
Cotler, Julio. *Clases, estado y nación en el Perú*, Lima: IEP, 1992 [1978].
Cueto, Marcos. *El regreso de las epidemias: Salud y sociedad en el Perú del siglo XX*. Lima: IEP, 1997.
Davies Jr., Thomas M. *Indian Integration in Peru: A Half Century of Experience, 1900–1948*. Lincoln: University of Nebraska Press, 1974.
Dagicour, Ombelyne. "Le 'mythe' Leguía. Images et pouvoir sous le 'Oncenio' au Pérou, 1919–1930". *Bulletin de l'Institut Pierre Renouvin* 33 (2011): 13–25.
Dagicour, Ombelyne. "Political Invention in the Andes: The Peruvian Case. An Essay on President Augusto B. Leguía's Strategies and Practices during the Oncenio, 1919–1930". En *Jahrbuch für Geschichte Lateinamerikas / Anuario de Historia de América Latina* 51 (2014): 59–86.
Dagicour, Ombelyne. "Construir el Estado, forjar una nación. La 'nueva geografía' y su enseñanza en el Perú del Presidente Leguía (1919–1930)". *Caravelle* 106 (2016): 79–96.
de Bracamonte Orbegoso, Alvaro. *Leguía: Su vida y su obra*. Lima: Cía. Impresora Comercial, 1953.
de la Cadena, Marisol. *Indigenous Mestizo : The Politics of Race and Culture in Cuzco, Peru, 1919–1991*. Durham, NC: Duke University Press, 2000.
del Águila Peralta, Alicia. *Callejones y mansiones : espacios de opinión pública y redes sociales y políticas en la lima del 900*. Lima: Pontificia Universidad Católica del Perú, Fondo Editorial, 1997.
Denegri, Luis Ernesto. *Leguía y la historia*. Lima: Imprenta Lux, sin fecha.
Drinot, Paulo. "Moralidad, moda y sexualidad: el contexto moral de la creación del barrio rojo de Lima". En Scarlett O'Phelan Godoy y Margarita Zegarra Flórez eds., *Mujeres, Familia y Sociedad en la Historia de América Latina, siglos XVIII–XXI*. Lima: Cendoc/Instituto Riva Agüero, 2006. 333–354.
Flores Galindo, Alberto. "La clase obrera entre 1919 y 1930". En Alberto Flores Galindo, *Obras Completas V*, Lima: SUR, 1997. 287–289.
Fonseca Ariza, Juan. *Misioneros y Civilizadores: Protestantismo y modernización en el Perú (1915–1930)*. Lima: PUCP, 2002.
Garrett, Gary Richard. "The Oncenio of Augusto B. Leguía: Middle Sector Government and Leadership in Peru, 1919–1930". Tesis doctoral, Universidad de New Mexico, 1973.

Geertz, Clifford. *The Interpretation of Cultures: Selected Essays*. New York: Basic Books, 1973.
Giesecke, Margarita. *La Insurrección de Trujillo. Jueves 7 de Julio de 1932*. Lima: Fondo Editorial del Congreso del Perú, 2010.
Guillén, Alberto. *Leguía*. Lima: Talleres Gráficos de "La Revista", 1927.
Hamann, Johanna. *Leguía, el Centenario y sus monumentos. Lima: 1919–1930*. Lima: Fondo Editorial de la PUCP, 2015.
Herbold, Carl F. "Developments in the Peruvian Administrative System, 1919–1939: Modern and Traditional Qualities of Government under Authoritarian Regimes". Tesis doctoral, Universidad de Yale, 1973.
Hooper López, René. *Leguía: Ensayo biográfico*. Lima: Ediciones Peruanas, 1964.
Irurozqui, Marta. "El Perú de Leguía: Derroteros y extravíos historiográficos". *Apuntes* 34 (1994): 85–101.
Jacobsen, Nils. *Mirages of Transition: The Peruvian Altiplano, 1780–1930*. Berkeley: University of California Press, 1993.
Karno, Howard Laurence. "Augusto B. Leguía: The Oligarchy and the Modernization of Perú, 1870–1930". Tesis doctoral, Universidad de California – Los Angeles, 1970.
Klarén, Peter F. *Peru: Society and Nationhood in the Andes*. Oxford: Oxford University Press, 2000.
Klarén, Peter. *La formación de las haciendas azucareras y los orígenes del APRA*. Lima: IEP, 1970.
Klarén, Peter. *Modernization, Dislocation and Aprismo: Origins of the Peruvian Aprista Party, 1870–1930*. Austin: University of Texas Press, 1973.
Larco Herrera, Víctor. *Leguía: El Mártir de la Penitenciaría*. Santiago: Imprenta Nascimento, 1934.
Leguía Olivera, Enriqueta. *Un simple acto de justicia: La verdad desnuda sobre los gobiernos y obras de Leguía*. Lima: Editorial Horizonte, 2001.
Leguía, Augusto B. *Yo tirano, Yo ladrón: Memorias del presidente Leguía*. Lima: Editorial "Ahora", sin fecha.
Leibner, Gerardo. *El mito del socialismo indígena de Mariátegui*. Lima: Pontificia Universidad Católica del Perú, 1999.
Lorente, Sebastian. *La obra medico–social del gobierno del señor Augusto B. Leguía*. Lima[?]: sin editorial, sin fecha.
López Lenci, Yazmín. *El Cusco, paqarina moderna: Cartografía de una modernidad e identidades en los Andes peruanos (1900–1935)*. Lima: Fondo Editorial San Marcos/Concytec, 2004.

Mannarelli, María Emma. *Limpias y modernas: género, higiene y cultura en la lima del novecientos*. Lima: Ediciones Flora Tristán, 1999.

Manrique, Nelson. *Historia de la República*. Lima: COFIDE, 1995.

Martínez Riaza, Ascensión. "El Perú y España durante el Oncenio. El hispanismo en el discurso oficial y en las manifestaciones simbólicas (1919–1930)". *Histórica* XVIII:2 (1994): 335-363.

Mayer de Zulen, Dora. *El oncenio de Leguía*. Callao: Tip. Pena, sin fecha.

Mc Evoy, Carmen. *La Utopía Republicana: Ideales y realidades en la formación de la cultura política peruana (1871–1919)*. Lima: PUCP, 1997.

Meza Bazán, Mario M. "Caminos, campesinos y modernización vial en el Perú. Debate político y la aplicación de la Ley de Conscripción Vial, 1900–1930". En Dino León Fernández, Alex Loayza Pérez y Marcos Garfias Dávila eds., *Trabajos de historia: Religión, cultura y política en el Perú, siglos XVII–XX*. Lima: Fondo Editorial de la Universidad Nacional Mayor de San Marcos, 2011.301-334.

More, Federico. *Una multitud contra el pueblo*. Lima[?] sin editorial, sin fecha.

Nugent, David. *Modernity at the Edge of Empire: State, Individual and Nation in the Northern Peruvian Andes, 1885–1935*. Stanford University Press, 1997.

Palma, Clemente. *Había una vez una hombre (escritos políticos)*. Lima: CIP, 1935.

Panfichi, Aldo y Felipe Portocarrero. eds., *Mundos Interiores: Lima 1850–1950*. Lima: Universidad del Pacífico, Centro de Investigación, 1995.

Panfleto. Discurso de Alberto Salomón, 19 Febrero 1940. Lima[?] sin fecha.

Paredes, Diógenes. ¡Gloria al Triunfador! Lima: Imprenta Americana, 1926.

Parker, D. S. *The Idea of the Middle Class: White–Collar Workers and Peruvian Society, 1900–1950*. University Park, Pa.: Pennsylvania State University Press, 1998.

Peloso, Vincent. *Peasants on Plantations: Subaltern Strategies of Labor and Resistance in the Pisco Valley, Peru*. Durham: Duke University Press, 1999.

Pike, Fredrick B. *The Modern History of Peru*. New York: Frederick A. Praeger, 1967.

Pereyra Chávez, Nelson. "Los campesinos y la conscripción vial: Aproximaciones al estudio de las relaciones estado–indígenas y las relaciones de Mercado en Ayacucho (1919–1930)". En Carlos Contreras y Miguel Glave, *Estado y Mercado en la Historia del Perú*. Lima: PUCP, 2002.

Planas, Pedro. *La República autocrática*. Lima: Fundación Friedrich Ebert, 1994.

Portocarrero Maisch, Gonzalo, Eduardo Cáceres, y Rafael Tapia Rojas, eds., *La aventura de Mariátegui: nuevas perspectivas*. Lima, Perú: Pontificia Universidad Católica del Perú, Fondo Editorial, 1995.

Quijano, Aníbal. *Imperialismo, clases sociales y estado en el Perú, 1890–1930*. Lima: Mosca Azul editores, 1980 [1978].

Quiroz, Alfonso W. *Domestic and Foreign Finance in Modern Peru, 1850–1950: Financing Visions of Development*. Pittsburgh, Pa.: University of Pittsburgh Press, 1993.

Nuñez, Carlos Ramos. *Ley y justicia en el Oncenio de Leguía*. Lima: Fondo Editorial de la PUCP, 2015.

Rénique C., José Luis. "La burguesía peruana y la penetración imperialista, 1910–1930". *Socialismo y Participación* 33 (1986): 47–64.

Rénique C., José Luis. *Los sueños de la sierra: Cusco en el Siglo XX*. Lima: CEPES, 1991.

Ríos Bermeo, Pedro A. *El Perú grande y fuerte bajo el régimen nacional presidido por Don Augusto Bernardino Leguía*. Lima: Imprenta del Estado, 1924.

Ruiz Zevallos, Augusto. *La multitud, las subsistencias y el trabajo. Lima, 1890–1920*. Lima: Pontificia Universidad Católica del Perú, 2001.

Sala i Vila, Nuria. *Selva y Andes: Ayacucho (1780–1929): Historia de una región en la encrucijada*. Madrid: CSIC, 2001.

Sánchez, Luis Alberto. *Leguía el dictador*. Lima: Editorial Pachacutec, 1993.

Scott, James C. *Domination and the Arts of Resistance: Hidden Transcripts*. New Haven and London: Yale University Press, 1990.

Skuban, William E. *Lines in the Sand: Nationalism and Identity on the Peruvian–Chilean Frontier*. Albuquerque: University of New Mexico Press, 2007.

Solís, Abelardo. *Once años*. Lima: San Martí y Cía, 1934.

Stein, Steve. *Populism in Peru: The Emergence of the Masses and the Politics of Social Control*. Madison: University of Wisconsin Press, 1980.

Villanueva, Víctor. *Así cayó Leguía*. Lima: Editorial Retama, 1977.

Villarán F., Luis F. *La epopeya titánica y triunfal*. Lima: Imprenta Torres Aguirre, 1929.

Walker, Charles. "Lima de Mariátegui: los intelectuales y la Capital durante el Oncenio". *Socialismo y Participación* 35 (1986): 71–88.

Werlich, David. *Peru: A Short History*. Carbondale: Southern Illinois University Press, 1978.

El Estado de la "Patria Nueva" o la victoria de las estructuras

Pablo F. Luna

En la perspectiva de este artículo se intenta situar el leguiísmo en el mediano plazo. Nuestra hipótesis de partida asume que más que ruptura o transformación el leguiísmo representa, al final de cuentas, el producto final del civilismo peruano, su expresión más acabada antes de su extinción. Para demostrarlo, hemos optado por examinar en primer lugar la forma como el grupo leguiísta se constituye en el seno del civilismo, en torno a Augusto B. Leguía, insertándose en la propia lógica del partido Civil, en particular desde el punto de vista de su política económica concreta, enfatizando su especificidad y prolongando y aplicando de manera práctica sus postulados —es decir, llevándolos a ejecución. Si la emergencia del leguiísmo no se operó sin fricciones ni divisiones en el seno del partido Civil, ellas se produjeron y resolvieron bastante antes del inicio de la "Patria Nueva". En ese entonces, es decir en la coyuntura 1918–1919 de las postrimerías de la guerra mundial, ya el leguiísmo lideraba y asumía a las mayorías del civilismo peruano.

En seguida, dentro de este contexto, proponemos analizar la forma en que el leguiísmo toma las riendas de la administración del Estado, en particular en lo relativo a la relación fiscal de éste con la sociedad civil, poniendo de realce tres elementos significativos: la recaudación de impuestos, la evolución de la estructura impositiva y el recurso al endeudamiento. Sus intentos de modernización sin reforma profunda se estrellarán contra la solidez de las estructuras de mediano plazo. Finalmente revisaremos la evolución del sistema bancario (y financiero) durante el oncenio y trataremos de cuantificar las ventajas obtenidas por los bancos, gracias a los proyectos implementados por la "Patria Nueva" y a las condiciones creadas por dicho régimen. Durante ese periodo, el sostén al leguiísmo por parte de las fuerzas vivas económicas y financieras dominantes fue efectivo.

La documentación primaria que nos ha servido de base para este trabajo se encuentra en el Archivo General de la Nación (AGNP), en particular en los documentos del antiguo archivo del ministerio de Hacienda. También nos hemos valido del conjunto documental producido por el Tribunal de Sanción Nacional (TSN).[1] Hemos consultado igualmente un número significativo de libros, revistas, periódicos, diarios de debates parlamentarios, expedientes y panfletos, del periodo y sobre el periodo del oncenio, depositados en diferentes bibliotecas, en particular en la Biblioteca Nacional y en la Biblioteca Pedro Benvenutto (de la Universidad del Pacífico). Finalmente, nos ha parecido útil completar la información recopilada gracias a las múltiples referencias encontradas en el Archivo Nacional de Francia (ANF), en el Archivo del Ministerio de Economía y Finanzas de Francia (AEF), en el Archivo del Ministerio de Asuntos Extranjeros de Francia (ADF) y en el Archivo del Ejército de Francia (AHAT).[2]

Nuestro trabajo intenta prolongar los esfuerzos hechos por los especialistas de historia económica y financiera del país y por quienes, antes que nosotros, encontraron en este periodo algunas de las claves para entender la historia contemporánea peruana.[3] Más que ofrecer una óptica de conjunto, nuestro enfoque desea escoger dos o tres problemáticas específicas y profundizar su estudio a partir de la documentación disponible, cuestionando de paso algunas de las certidumbres acuñadas en torno al régimen de la "Patria Nueva".

Vale la pena subrayar que dentro de los numerosos vacíos de la historiografía peruana contemporánea, el análisis histórico del civilismo se inscribe en primera línea. Si existen trabajos, algunos más recientes que otros, que han intentado periodizar dicho "producto" de la sociedad peruana decimonónica (con su prolongación hasta el siglo XX) y examinar sus características, no es inútil recordar que su ángulo de enfoque se ha centrado casi exclusivamente en la esfera política —o sociopolítica—, esto es, en estrecha relación con el partido Civil y la cultura política de sus clanes dirigentes.[4] No son avances menores, desde luego. Sin embargo, es inocultable al mismo tiempo el hecho de que la sociología del civilismo, la imbricación de sus segmentos de intereses regionales y nacionales, su lógica oligárquica de clase, así como su práctica económica concreta, más allá del examen de proyectos, discursos o declaraciones formulados, siguen constituyendo interrogantes de peso, a la espera de un enfoque de conjunto, global e integral.

Nos queda mucho por saber respecto a la agrupación de círculos y familias civilistas y sus diferentes componentes de actividad lucrativa y reproductiva: terratenientes, mercantiles, bancarias, inmobiliarias urbanas y aseguradoras, o los denominados "negocios fiscales", a los que el civilismo fue tan propenso. Como respecto a las formaciones sociales dominantes del Perú colonial, también nos hace falta saber cómo se amplían (por qué conductos de integración) las esferas iniciales guaneras para absorber a los *nouveaux venus*, autóctonos y extranjeros, aprendices de civilismo práctico y concreto. Desconocemos asimismo cómo se define su proyecto económico (que algunos no dudan en calificar de burgués, aunque sin aportar las pruebas suficientes y necesarias); esto es, cómo el civilismo peruano encara el desafío productivo y su relación con el territorio y la población.[5] en un espacio en el que se había erigido esencialmente como élite intermediaria —o extractiva, si se nos permite el término.

Si a este respecto el artículo que aquí presentamos proporcionará en las páginas siguientes algunos elementos para comprender el influjo de la Gran Guerra Europea (1914–1918) en las conciencias de los últimos civilistas (esto es, los *leguiístas*), nuestro propósito será necesariamente limitado a sólo tres aspectos de un amplio abanico de cuestiones que tendríamos que conocer para mejor entender la cuestión, es decir, para *pensar históricamente* el civilismo. Así, vamos a limitarnos a examinar, en primer lugar, la problemática del costo del Estado (cuya ampliación aparece como una exigencia de la posguerra), dentro de la lógica presupuestaria del leguiísmo civilista. En segundo lugar, nos ocuparemos de las necesidades de la balanza de pagos y los préstamos contratados, en el nuevo contexto financiero y monetario mundial. En tercer lugar, se darán algunas pautas de lo que se podría denominar la versatilidad de los medios financieros y bancarios que se iban configurando desde hacía tres o cuatro décadas en nuestro país. Digámoslo con toda claridad : el civilismo leguiísta se enfrentará durante los años 1920 a nuevos desafíos y se verá obligado a configurar una nueva forma (más *nacional*) de administración de la realidad peruana. El choque será un encontronazo mortal.

El leguiísmo, producto final del Civilismo y de su política económica

La entrada definitiva de Augusto B. Leguía S. a la actividad política puede fecharse en el 8 de setiembre de 1903, cuando el presidente Manuel Candamo le propone que sea su ministro de hacienda. Con 40 años de edad, ya es en ese entonces un hombre de negocios confirmado, con amplia experiencia en varios sectores. La biografía del personaje queda aún por reconstituir de manera minuciosa. Lambayecano, nacido en 1863, Leguía frecuenta el Colegio Nacional de su ciudad, antes de estudiar en Chile, en el Goldfinch & Blüm —la misma escuela que a la que asistiera G. Billinghurst. De regreso a Lima, en 1879, inicia sus actividades comerciales y de representación en E. & C. Prevost, las mismas que prosigue luego de la guerra del salitre. Corredor de seguros y agente de The New York Life Insurance Co., Leguía asume la subdirección de la sucursal de dicha compañía para los tres países andinos, Perú, Ecuador y Bolivia, hasta el cierre de la misma; la compañía neoyorkina respondió así al presidente Nicolás de Piérola quien promulgaba, en 1896, un conjunto de medidas para estimular la creación de empresas de seguros nacionales. Lo que permite, dicho sea de paso, que cinco años más tarde, ya bajo la presidencia de López de Romaña, Leguía funde la compañía nacional de seguros Sudamérica. En el mismo año de 1896, Leguía participa en la asamblea de reconstitución del partido Civil promovida por M. Candamo y F. Rosas. Casado con Julia Swayne en 1890, asume la administración de la considerable Testamentería de Enrique Swayne, al tiempo que la Locket London le confía la creación y la gerencia de la British Sugar Co. Ltd. Algunos años más tarde, Leguía creará su propia sociedad agrícola. Desde 1899, integra el comité consultivo agrícola del presidente de la república.[6]

Vale la pena precisarlo desde ahora: se trata de un personaje que no oculta su preferencia por un Estado que interviene en los asuntos económicos y financieros. Un Estado que debe de aumentar sus ingresos, mejorar el sistema impositivo y dotarse de los medios de acción necesarios. Es toda una corriente en el seno del civilismo reconstituido la que va a expresarse a través de sus intervenciones y acciones. Los "jóvenes civilistas" capitaneados por José Pardo llegan directamente al gobierno en 1904; Leguía forma parte de ellos, otra vez como ministro de hacienda. Sus ideas y principios sorprenden hasta cierto punto, sobre todo porque vuelven explícitas muchas consideraciones tácitas: en materia económica, más vale practicar el eclecticismo en vez de la rigidez de la doctrina; si el oportunismo es inmoral en política, precisa Leguía, de ninguna manera lo es en economía; no hay un solo renglón de la riqueza pública, agrega, que no se haya desarrollado a la sombra del proteccionismo fiscal; hace falta para el futuro económico del país un proteccionismo diferenciado y una unificación aduanal, sinónimo de unidad política. Aunque miembro de los clanes civilistas, se trata de un hombre político más o menos distinto, sin título universitario y relativamente alejado de las familias oligárquicas tradicionales, quien suscita tanto admiración como recelo: "Por fin tenemos un ministro de hacienda" dice Joaquín Capelo; "[…] este hombre es peligroso", acota Francisco García Calderón.[7]

En los debates que se producen en esta primera década del siglo XX y en particular durante la campaña electoral de 1908,[8] el leguiísmo empieza a formalizar, sin salirse no obstante del esquema tradicional del civilismo, su propia especificidad proteccionista y de búsqueda de transformación del Estado en instrumento de fomento productivo; y ello, sin la necesidad de abandonar la perspectiva de un enriquecimiento privado (o personal) ligado al amparo estatal. Progresivamente el proyecto se amplía; la noción de un Estado mínimo aparece cuestionada. A partir de ahora, el Estado debe construir infraestructura, integrar el territorio (incluso la selva), desarrollar los medios de transporte (rutas y ferrocarriles) y estimular la actividad económica. Al ser interrogado sobre los medios de su proyecto, Augusto Leguía no vacila en declararse partidario del endeudamiento del Estado con fines productivos, el mismo que sabe crear a su vez, explica Leguía, futuras fuentes de ingresos fiscales.[9] Evidentemente, tales propuestas no podían pasar desapercibidas ni dejar de suscitar la reacción (de desconfianza) de la guardia vieja civilista, heredera de las tragedias financieras de la posguerra del Pacífico. La respuesta del leguiísmo, joven civilismo en vías de consolidación, no podía ser menos explícita —casi como un reproche generacional—: la nueva dirección del Estado, la que él propone y encarna, no puede ser comparada con aquellas en que los préstamos se concertaban para cubrir déficits presupuestarios ordinarios; ahora iban a gobernar los mejores, los más aptos, los que habían aprendido, los que sabían.

Como en una antigua familia, el civilismo asistía al ascenso de un grupo innovador. No sin cierta desazón. "¿Quién garantiza que los hombres actuales han de perdurar en el Perú? ¿Quién garantiza a los que vendrán después de ellos?", lanzaba el diputado civilista Enrique Riva-Agüero, en plena campaña electoral.[10] Luego de su victoria electoral, en mayo de 1908, con el apoyo de las mayorías del partido Civil, Augusto Leguía confirma sus propuestas y proyecto, situando la "cuestión económica", la reforma proteccionista del arancel, la ampliación de las redes de comunicación, la reforma del Estado y el aumento de sus medios financieros, en el centro de sus preocupaciones. Si la administración del presidente Leguía no introduce cambios notables ni en la gestión ni en sus mecanismos tradicionales, la puesta en aplicación de algunas de las medidas anunciadas, incluso bajo la forma de proyecto inicial o de estudios de factibilidad, y sus consecuencias, así como la manera en que se ejerce la acción gubernamental durante los cuatro años del primer gobierno del leguiísmo agudizarán la oposición en el seno del civilismo.

Dentro de las medidas propuestas podemos citar la creación de diversos centros de experimentación para la explotación de algodón, caña de azúcar y uva; los proyectos de irrigación en las pampas de Imperial; los estudios de factibilidad de varias líneas ferroviarias (al Ucayali, desde Paita hasta el Marañón), confiados a compañías norteamericanas y alemanas;[11] los trabajos de saneamiento y salubridad efectuados en determinadas ciudades (Iquitos, Cajamarca, Cuzco, Huancayo, Huánuco, Puno, etc.); la creación de la compañía administradora del guano, con el fin de reglamentar su uso y precio, bajo control del Estado; las gestiones para estatizar la empresa y el muelle y dársena del Callao, por donde pasaba la mayor parte del comercio exterior peruano, que estaba entonces bajo el control del banco francés *Société générale*.[12]

Sin nuevos recursos financieros y sin la libertad —o la voluntad, de alterar la estructura impositiva—, el leguiísmo busca las soluciones posibles; así, algunos elementos de su alternativa de política económica se precisan y concretizan, en particular respecto al manejo del endeudamiento del Estado. Pero la margen de maniobra era muy reducida: respecto a la deuda interna, la creación de bonos de la deuda consolidada estaba prohibida por ley y los de la deuda amortizable ya habían aumentado enormemente en los años precedentes. Dos proyectos sucesivos de conversión del conjunto de la deuda pública interna fueron rápidamente rechazados.[13] La idea de un "gran empréstito" extranjero de liquidación, concertado en Francia o en Alemania, también se integra desde ese entonces en los planes del leguiísmo.[14] Si las negociaciones no llegaron a buen término respecto a dicho gran empréstito (por desacuerdos en particular entre los bancos franceses, a la sombra de las reclamaciones Dreyfus y otras), por lo menos lograron procurar algunos recursos financieros suplementarios y centralizar un conjunto de deudas anteriores.[15] Aparte de inscribir definitivamente en el credo leguiísta la necesidad de obtener el mencionado empréstito extranjero como pieza clave de su política económica. Conversión de la deuda interna y gran empréstito de liquidación del conjunto de la deuda pública: se trataba, como en otras épocas no muy lejanas, de la ilusión de procurarse en el extranjero los recursos financieros del Estado, sin cambiar la estructura de su fiscalidad y aplazando *sine die* su modernización.

Dentro de la misma lógica, la renegociación de la función de recaudación de impuestos, confiada hasta entonces a grupos privados bancarios y financieros, fue igualmente examinada como fuente probable de ingresos suplementarios. Entre las propuestas de los bancos extranjeros (especialmente franceses y alemanes, dispuestos a entreabrir las válvulas del financiamiento al Estado a cambio de la administración de la recaudación fiscal) y las presiones opuestas de la Peruvian Co. y los agentes diplomáticos británicos, el leguiísmo no logró esta vez su cometido de asociar arrendamiento de la recaudación de impuestos y aumento de recursos financieros. No es difícil diagnosticar el fracaso de este primer leguiísmo. La desconfianza suscitada en el seno del civilismo financiero no fue sólo doctrinal.[16] A ella vinieron a sumarse las presiones diplomático–financieras.[17] El anacronismo del Estado peruano encerró y eliminó, temporalmente, la tímida vocación reformista.[18] Si el leguiísmo sin Leguía iba a proseguir su trayectoria política, otros factores, derivados de la evolución internacional e interna peruana, replantearían rápidamente en los años venideros, como la repetición de un eco cercano, los postulados defendidos, en particular respecto al papel del Estado y su intervención en los asuntos económicos y financieros.

No cabe dentro de los límites de este artículo el analizar los complejos procesos que se produjeron en los años anteriores e inmediatamente posteriores al desencadenamiento de la Primera Guerra Mundial, tanto a nivel peruano como a nivel internacional. Tratemos no obstante de poner de relieve algunos de los aspectos relacionados con nuestra problemática, utilizando algunos de nuestros trabajos previos. Si el gobierno de "pan grande" Billinghurst (1912-1914) representó la irrupción de las masas plebeyas, principalmente en Lima y Callao, y la exigencia de un programa social que apelaba a una mayor intervención del Estado,[19] los debates e inquietudes suscitados en el seno del personal político y parlamentario apuntaban a la necesidad de una verdadera reforma institucional, especialmente electoral,[20] a la ampliación de la representatividad del Estado —y de su extensión nacional y sociológica, y a la renovación de la actividad política. Las críticas del Perú real al Perú oficial cuestionaban directamente el Estado realmente existente.

Si las soluciones monetarias y financieras adoptadas luego de la declaración de la guerra mundial, ante las consecuencias de la ocultación de la moneda metálica y la escasez de numerario, fueron ampliamente inspiradas por los bancos nacionales y extranjeros establecidos en el país, fue bajo la dirección del ministerio de Hacienda y el gobierno que los parlamentarios aprobaron la emisión de los "cheques circulares" (agosto y octubre de 1914), el nuevo papel moneda representativo de la libra peruana de oro que serviría desde entonces de moneda. Encargado de la puesta en aplicación de la medida adoptada, el poder político vigilaba a partir de ese momento y al lado de los organismos bancarios (en el seno de la Junta de Vigilancia), el comportamiento de la masa monetaria en circulación y su garantía en oro metálico y valores certificados. Si la Convención de Partidos Políticos de marzo de 1915 escogió por consenso al futuro presidente de la república, José Pardo (cuya elección se produjo en mayo de 1915), dicho resultado se obtuvo gracias a la fuerte iniciativa de centralización y unificación adoptada por las autoridades del Estado (y el ejército, en particular), en unos momentos en que la crisis por la que atravesaba cada uno de los partidos los había vuelto incapaces de promover, en las cruciales circunstancias de la guerra mundial, una alternativa coherente.[21] El Estado imponía la unidad al personal político y parlamentario.

A estos factores internos, que modificaban poco a poco las actitudes (y mentalidades) respecto al papel del Estado y a la necesidad de la reforma, vino a agregarse, desde el exterior, el importante trastorno que el conflicto mundial habría de producir en un mundo en donde las reacciones nacionalistas frenaban brutalmente el ímpetu de la primera mundialización liberal del siglo 20. Los resultados serían tangibles, tanto en el discurso como en la práctica gubernamental. Las ideas–fuerza desarrolladas por el leguiísmo, entre 1908 y 1912, y otras forjadas durante los años del conflicto mundial, sesgaban progresivamente la política civilista, consolidando en su seno la conciencia (y la necesidad) de configurar de allí en adelante un Estado peruano rector e interventor. Mencionemos sólo algunos elementos de dicho cambio, en particular sobre el plano económico y fiscal.

Las consecuencias fiscales de la alteración del comercio internacional, es decir la baja de ingresos aduanales —por disminución de las importaciones, impulsó al gobierno de José Pardo a aplicar desde 1916 un conjunto de gravámenes progresivos a las exportaciones, en función del alza de sus precios, a pesar de las protestas de los exportadores.[22] Si no se gravaban directamente sus beneficios[23] —y si no se trataba de una medida inédita o revolucionaria—, no es inútil subrayar que el Estado se decidía a imponerle una participación en sus gastos a un sector económico dominante. Incluso si la destinación efectiva de los fondos recaudados se volvería, algunos años más tarde, fuente de conflicto en el seno del bloque político en el poder.

Sin embargo, y también desde 1916, era el conjunto de la fiscalidad y su organización (injusta y retrasada) las que eran abiertamente cuestionadas desde el parlamento:

> Vivimos en esta materia exactamente lo mismo que en el siglo 16. Vivimos todavía bajo el imperio de la sisa general de Carlos V [...] Todo el impuesto de la fortuna y la renta nacional no representa permanentemente más del 5% o 6% de las entradas generales [...] Los indios, los trabajadores de la costa, los empleados, los profesores y los que viven exclusivamente de su labor personal pagan en el pan, el azúcar, la sal, los fósforos, [...] el 95% de la renta fiscal. La administración está sostenida por ellos [...] para que el productor minero se lleve al exterior los metales preciosos, para que el propietario y el industrial aumenten sus provechos sin contribuir proporcionalmente a las cargas del Estado [...]. Seguimos siendo el país del consumo.

Así se expresaba el diputado Víctor Maúrtua, el 19/09/1916, antes de ser designado ministro de hacienda por el presidente Pardo. Y ello, para no hablar de otras características de la fiscalidad y la organización del Estado, que aparecían constantemente bajo la mirada crítica de parlamentarios de distintas tiendas políticas: la inexistencia de un catastro de posesiones urbanas y rurales, la ausencia de fiscalidad sobre las tierras incultas y ociosas, la carencia de estadísticas de productividad y de la capacidad real de las industrias, el anacronismo del sistema de arrendamiento de la recaudación.[24]

Desde 1916 igualmente, el presidente Pardo evocaba las "nuevas orientaciones internacionales" en los asuntos económicos y la vocación de los pueblos de reconstituir el mercado interno y defender la producción nacional. Y ello, antes de recordar la importancia para el Perú de proteger las industrias nacionales, desarrolladas al amparo del arancel, gracias a diversas medidas como la disminución de tarifas de transporte interno, la ayuda técnica estatal, el fomento arancelario a la importación de bienes de equipo, etc. No sería exagerado hablar de la constitución, durante los años de la guerra mundial, en particular después de 1916, de una fuerte corriente parlamentaria proteccionista, la que lejos de preconizar medidas abstractas o generales, insistía en particular en la protección de los productos de la región o circunscripción que representaban. Un hecho que tal vez convendría analizar en relación con el estímulo que la disminución de las importaciones ejercía sobre las producciones nacionales sucedáneas de tales importaciones. Por otro lado, y aunque opositor a Leguía, durante el primer gobierno de éste, el propio presidente José Pardo incorporaba también en su discurso y práctica (y para el conjunto del civilismo, podríamos agregar) el controvertido proyecto de "gran empréstito" de liquidación, consolidación y pago de todas las deudas del Estado.[25] La reorientación del civilismo proseguía su marcha.

Las nuevas tendencias mundiales y sus repercusiones, así como la propia evolución que se experimentaba en el personal político y parlamentario peruano, quedaron sintetizadas en el mensaje que Javier Prado dirigiera simbólicamente a la juventud del país, en 1917.[26] Prado hablaba del presente y el futuro, señalando que desde ahora prevalecía en el mundo el principio de las nacionalidades, el empeño de cada país, de cada nación, para afirmarse y desarrollarse, marcando las fronteras en los territorios y en las almas. Desde el punto de vista económico:

> [L]os pueblos seguirán una política económica abiertamente proteccionista y se considerará controversia inútil la del libre cambio. Todos los países tratarán de alcanzar su autonomía económica, procurando producir y

mantener en su propio suelo cuanto puedan obtener para su subsistencia […]. El régimen tributario gravará de preferencia el capital y sus beneficios. El Estado tomará en ellos muy considerables participaciones y organizará a la vez grandes intereses y servicios públicos e industriales, que él regulará y explotará. El espíritu del mundo será el del trabajo […]. El Estado presidirá el movimiento. Su intervención se ejercitará como propulsor, como regulador, como cooperador y como protector. (Prado, 1917)

Por ello hacía falta para el país, según Javier Prado, una "gran reforma nacional", una reorganización integral de sus instituciones. No es ocioso recordar que Prado será elegido, sólo dos años más tarde, en octubre de 1919, presidente de la asamblea constitucional de la "Patria Nueva" leguiísta, encargado de la presentación del proyecto de nueva constitución que incorporaba las 19 reformas plebiscitarias que el nuevo presidente Augusto Leguía había propuesto y hecho aprobar.

Así, al cabo de varios años de inflexión política e ideológica operadas en el seno del partido Civil y del personal político, al leguiísmo se le reabrirían amplias las compuertas para su regreso a la dirección del Estado, asumiendo un nuevo consenso. Los comités leguiístas, muy activos desde 1917, efectuarían el trabajo político necesario, preparando el retorno del líder, su campaña política y su nueva elección como presidente de la república.[27] De su lado, el ejército —activo en golpes de Estado y (en lo civil) para la convención de 1915—, no impondría obstáculo mayor a su retorno, bien al contrario.

El vínculo fiscal del Estado con la sociedad civil, 1919–1930: la modernización pasmada

Recurriendo a un vocabulario de gran exaltación, los hombres de la "Patria Nueva" leguiísta daban la impresión, en los inicios constitucionales del nuevo gobierno, de estar transformando el Perú o de querer hacerlo. La imputación al gobierno de José Pardo de todos los males que padecía el país creaba una auténtica "ilusión óptica": un gran número de personalidades del civilismo, asiduos del parlamento o de gobiernos anteriores —como el propio presidente Leguía, aparecían ahora— al haberse desligado formalmente del "clan Pardo", como "hombres nuevos", de ideas originales, como actores radicales del cambio, y empleaban fórmulas que describían su acción como "fase constitucional de la revolución", "apertura del nuevo régimen contra el antiguo", etc. Se puede afirmar que la ilusión envolvía incluso a sus propios protagonistas. Sin embargo, la confrontación del discurso con la realidad nos lleva a conclusiones bastante más discretas.

a. La recaudación de impuestos

Al llegar la "Patria Nueva" persistía la práctica de arrendar por contrato la recaudación de impuestos a sociedades anónimas, peruanas o extranjeras, creadas por bancos o grupos financieros privados. Podía incluso ocurrir que la creación de algún banco estuviese estrechamente asociada a la creación de una sociedad de recaudación. Sus beneficios consistían en la retención de un porcentaje de las sumas recaudadas, según se estipulaba en los contratos, en el acceso a sumas considerables de liquidez monetaria, con las que podían actuar en los mercados financieros a corto plazo, incluso prestándoselas al mismo Estado, a altas tasas de interés, cuando éste lo requería, ya fuera por déficit fiscal o por otras razones. Sin hablar de la influencia política directa que tales sociedades y grupos podían ejercer sobre el gobierno de turno. Así, los ingresos del Estado eran objeto de pugnas y pujas privadas cuando llegaba el momento de la renovación de contratos; una práctica que, por supuesto, suscitaba críticas, al considerarse que actuando así el Estado perdía el control de parte de su soberanía, quedaba maniatado cuando había que formar la matrícula de contribuyentes, designar a funcionarios locales, e incluso en los casos de irregularidades durante los procesos electorales.

Es posible detectar, desde fines del siglo XIX, algunos momentos claves en la evolución de dicha actividad. Intentaremos sintetizar su significado.[28] Desde antes de la guerra del salitre, y fuera de la recaudación de los ingresos aduanales, entregados a grupos financieros extranjeros —consecuencia de compromisos y deudas anteriores—, la percepción de los otros impuestos (generalmente indirectos, sobre el consumo, los monopolios y estancos, o la contribución personal) se arrendaba a grupos de negociantes a veces de forma individualizada, mediante remates más o menos públicos.

Luego de un animado debate parlamentario,[29] el gobierno de Piérola le encarga a la Cámara de Comercio de Lima el estudio de factibilidad y luego la fundación de la Sociedad Anónima Recaudadora de Impuestos, con el fin de confiarle la percepción de las rentas fiscales. Creada en enero de 1896, dicha compañía arrendataria reunía en su directorio a los representantes más connotados de los bancos y sociedades comerciales, nacionales y extranjeros, que se distinguían entonces en el resurgimiento económico de la posguerra del salitre.[30] Si asistíamos a un primer intento de centralización de la fiscalidad, no se trataba todavía de confiarla a un sólo grupo bancario o financiero sino a una asociación de intereses privados de variado origen. Además que se proseguía con la práctica de arrendar la recaudación y con su lógica inherente.[31]

En diciembre de 1899 se abriría una nueva fase en el arrendamiento de la percepción de las rentas fiscales. La Sociedad Nacional de Recaudación, creada por el Banco Popular,[32] asumía sus funciones y se encargaba del cobro de los impuestos por cuenta del Estado, luego de liquidar el pasivo con la anterior Sociedad Anónima. La esfera de acción de la Sociedad Nacional fue ampliándose poco a poco. En 1912, un año antes de su reemplazo por una nueva compañía recaudadora, la Sociedad Nacional recaudaba los impuestos al consumo de azúcar, de fósforos, de alcohol, el impuesto al capital "móbil", los derechos de timbres y registro diverso, la tasa profesional en Lima y Callao, los derechos de transferencia de la propiedad, diversos impuestos comerciales y administrativos, los impuestos a la propiedad de las minas y a la explotación minera, el mojonazgo y otros impuestos a la circulación de productos. Es decir, casi la totalidad de cargas fiscales, fuera de las aduanales. De esta manera, la centralización de la recaudación se proseguía, entre manos privadas, con la diferencia de que ahora era un sólo grupo financiero (el del Banco Popular) quien se beneficiaba de las ventajas del arrendamiento; o de los "negocios fiscales", como ya se denominaba entonces a este tipo de operación.

En febrero de 1913, la Sociedad Nacional de Recaudación era reemplazada por la Compañía Recaudadora de Impuestos, luego de un acuerdo firmado entre el gobierno y el Banco del Perú y Londres gracias al cual la nueva compañía otorgaba un préstamo al gobierno para liquidar su pasivo con la anterior Sociedad Nacional de Recaudación. El acuerdo había sido negociado durante el primer gobierno de Augusto Leguía, quien había manifestado su vocación de favorecer al "capital nacional" en este tipo de negocios. Entre las cláusulas del contrato aparecían nuevos dispositivos que hacían más estrechas las relaciones entre la compañía arrendataria y el gobierno: el derecho de éste de satisfacer sus consumos corrientes mediante instrumentos de pago cargados sobre los ingresos futuros de la Compañía (dentro del límite de tres meses de recaudación). La obligación de la Compañía de reconocer y servir los empréstitos que el gobierno podía contraer en el extranjero (para los que daba en garantía alguno de los ramos administrados por la propia Compañía). Todo ello, claro está, compensado con tipos de interés elevados, nuevos impuestos provinciales o departamentales por recaudar y exoneraciones fiscales negociadas a favor de la Compañía. La centralización fiscal y la expansión de los "negocios fiscales" continuaban afianzándose: ahora ya era el más importante grupo financiero del país, el de José Payán y el Banco del

Perú y Londres, quien asumía la recaudación de la casi totalidad de las rentas fiscales, con excepción de las aduanales. El endeudamiento del Estado respecto a la Compañía también aumentaba, con contratos que se renovaban tácita o explícitamente.

Tal era el estado de la recaudación de impuestos al iniciarse la "Patria Nueva", en 1919. Ante esta situación, los hombres más radicales del leguiísmo propusieron rápidamente la necesidad de nacionalizar y centralizar completamente la fiscalidad del Estado peruano, yendo incluso más allá de lo que el presidente Leguía había considerado durante su primer mandato.[33] Los informes de la comisión parlamentaria encargada, en agosto de 1921, de investigar las actividades de la Compañía Recaudadora de Impuestos fueron implacables:[34] existían serias dudas sobre la seriedad de su contabilidad y estadísticas, sobre el uso de los fondos recaudados, sobre la honestidad de su personal y directorio. Había que poner punto final à la práctica del arrendamiento y al contrato con la Compañía.

Sin embargo, de lo dicho a lo hecho hay mucho trecho: los intereses de los hombres del "nuevo régimen" en la Compañía eran numerosos (y viceversa), tanto como enorme era la deuda del Estado para con ella, si se pensaba en una nacionalización negociada. Además del hecho de que la Compañía podía continuar proporcionando dinero a corto plazo (e incluso a mediano plazo) al nuevo gobierno para financiar sus planes. Lo que quiere decir que, en materia de recaudación de impuestos, el realismo se impuso durante los primeros años de la "Patria Nueva", dejando de lado las declaraciones de principios y optando simplemente por los mecanismos existentes de lo que ya funcionaba.

Si la Compañía y el Banco del Perú y Londres fueron desplazados de los "negocios fiscales" en 1926–1927, las causas hay que buscarlas en sus propias limitaciones financieras, confrontadas con la oferta de los bancos norteamericanos, y en las crecientes necesidades de endeudamiento del gobierno. Y no en los presuntos afanes de la "Patria Nueva" de recuperación de la soberanía del Estado y la centralización de sus funciones. La operación se produjo en varias etapas y en estrecha relación con el proyecto del leguiísmo de obtener el "gran empréstito" de liquidación del endeudamiento del Estado (como durante el primer mandato de Leguía), para el que ni la Compañía ni el Banco del Perú y Londres (ni ninguna otra entidad financiera nacional) contaban con los medios necesarios ni deseaban comprometerse.

Primero, fueron los bancos norteamericanos Blythe, Witter & Co. y White, Weld & Co. los que, gracias al "empréstito de contribuciones" de agosto de 1926, permitieron al gobierno el pagar su endeudamiento de corto plazo para con la Compañía, al tiempo que se le retiraba a ésta su derecho a la recaudación de las rentas fiscales El gobierno se comprometía a liquidar el resto de su endeudamiento con la fenecida Compañía y desdoblaba temporalmente la recaudación fiscal en dos segmentos: una Compañía Administradora de Rentas S.A., conducida por agentes de los bancos norteamericanos prestamistas, asumía la recaudación del conjunto de impuestos dados en garantía por dicho préstamo (compuesto por una buena parte de los recaudados por la antigua Compañía); por otra parte, una Administración Nacional de Recaudación, efímera entidad gubernamental, se encargaba de recaudar el resto. Una solución que duraría sólo algunos meses.

En segundo lugar, el "empréstito del tabaco" de marzo de 1927, firmado con los bancos neoyorkinos J.W. Seligman & Co. y F.J. Lisman & Co. se tradujo, en términos de percepción fiscal, en la cesión a la Caja de Depósitos y Consignaciones[35] de la recaudación de los impuestos confiados algunos meses antes a la Administración Nacional de Recaudación, contando con el acuerdo de los bancos norteamericanos. Si el gobierno pudo presentar este hecho fiscal como una muestra de la confianza de dichos bancos en la administración del presidente Leguía, es muy probable que la gestión de la recaudación y la administración de rentas no formaran parte de las actividades de "nuevos" banqueros a la búsqueda sobre todo de colocaciones rentables. Finalmente, la aprobación del "Empréstito Nacional Peruano" (sobre el que volveremos más adelante) y el primer contrato firmado con J.W. Seligman & Co. y el National City Bank de Nueva York, en diciembre de 1927, permitieron liquidar las deudas anteriores y ampliar las funciones de la Caja de Depósitos y Consignaciones, reunificando la recaudación de impuestos.

Si el gobierno lograba entonces volver a centralizar la percepción de impuestos, luego de un temporal desdoblamiento, estábamos lejos no obstante de los planteamientos soberanistas del inicio de la "Patria Nueva". El reemplazo de la Compañía y el Banco del Perú y Londres por la Caja de Depósitos y Consignaciones no era la recuperación por el Estado de su función recaudadora. Tanto más cuanto que el contrato firmado con ella se asemejaba al establecido con la antigua Compañía (pago de comisiones, avances de dinero al gobierno, garantía para el pago de empréstitos). Con el acuerdo (o bajo el impulso) de sus acreedores norteamericanos, y a la búsqueda del "gran empréstito" de liquidación, el gobierno no hacía más que dotarse de un ente único para sus operaciones de crédito y reembolso de la deuda.

b. Estructuras impositivas comparadas

El décimo punto de las reformas plebiscitarias que el presidente Leguía propusiera en agosto de 1919, al inicio de su mandato, insistía en la necesidad de reformar el sistema impositivo, introduciendo el principio de los gravámenes directos a la renta y las utilidades, en un país en donde predominaban los impuestos indirectos al consumo, e imponiendo la aplicación de cargas progresivas, en función de la capacidad contributiva. Tal como se produjo para la recaudación de impuestos, los primeros meses de la "Patria Nueva" fueron fecundos en proyectos para reformar el sistema de imposición fiscal en vigor.

En septiembre de 1920, el propio ministro de hacienda, Fernando Fuchs, presentaba un proyecto de ley para crear un impuesto progresivo sobre los beneficios del capital, con tasas que oscilaban entre 3% y 10%, y un impuesto al trabajo personal y las profesiones liberales, por definirse. Según el ministro, había que aumentar el número de unidades tributarias y establecer una superficie mayor sobre la que hacer recaer la carga presupuestal. El ministro apuntaba a cuatro tipos de ingresos o utilidades: los de las empresas productivas, comerciales o financieras, los de acciones o títulos, los de salarios y otras remuneraciones y los de la propiedad rural y/o urbana.[36]

La reacción contra dicho proyecto no se hizo esperar, tanto por parte de los representantes de los capitalistas y propietarios como por parte de los asalariados y empleados.[37] Cada sector trataba de intervenir o incidir para modificar o posponer su aprobación y discusión, lo que obviamente retardaba su aprobación. Además, el gobierno carecía de la información estadística necesaria para fundamentar su propuesta.[38] Poco a poco el proyecto empezó a perder su forma original. El gobierno optó entonces por aumentar ligeramente cada uno de los gravámenes ya existentes, a menudo con destino de uso especificado, posponiendo la aplicación de una reforma global. Por ejemplo, el impuesto sobre la renta del capital móvil,[39] que afectaba a los dividendos de acciones, los beneficios hipotecarios, los intereses bancarios, los intereses de los bonos estatales o la negociación de las letras de cambio, pasó de 4 a 6 por ciento, en abril de 1924. La tasa de los impuestos sobre la propiedad rural y urbana, pasó de 5 a 7 por ciento, en enero de 1924, con el fin de aumentar los fondos para la defensa nacional. Lo mismo ocurrió con los impuestos sobre las herencias y sucesiones o los yacimientos petrolíferos y mineros.

La ley aprobada en diciembre de 1926, más de 6 años después del proyecto del ministro Fuchs, no fue sino una pálida imagen de la propuesta inicial: bajo el título de "impuesto a la renta" se agrupaban diversas contribuciones preexistentes y algunas nuevas. Algunos elementos novedosos : se aplicaban impuestos a las utilidades anuales de bancos, compañías de seguros y sociedades comerciales e industriales, que sobrepasaran 10% de los capitales realmente invertidos ; lo mismo que a los salarios y remuneraciones personales anuales que sobrepasaran las Lp 1 000.[40]

Con el fin de presentar la reducida incidencia de la "Patria Nueva" sobre las estructuras impositivas, vamos a examinar los ingresos ordinarios del Estado en tres momentos determinados, en función de nuestras disponibilidades estadísticas. En primer lugar, entre 1912–1913, al final del primer mandato del presidente Leguía y antes del inicio de la guerra mundial; en segundo lugar, entre 1922–1924, ya durante la "Patria Nueva", en los momentos de la primera reelección de Leguía; finalmente, entre 1928–1930, es decir, durante los tres últimos años del régimen leguiísta y después de la aprobación de la ley de 1926.

(i) *1912–1913*

En 1912–1913, entre 43 y 44 por ciento de los ingresos del Estado tienen origen aduanal, principalmente de importaciones (ver Cuadro 1, página 51).[41] Si se adicionan el conjunto de ingresos procedentes del consumo o la circulación de mercancías (aduanas, impuestos al consumo, estancos y monopolios, e impuestos indirectos), se puede afirmar que este género de gravámenes origina entre 82 y 83 por ciento de los ingresos fiscales anuales ordinarios. No aparecen en estas estadísticas elementos significativos para evaluar los impuestos directos a la propiedad, la riqueza, el trabajo o las utilidades;[42] es probable que se encuentren en las rúbricas sobre otros ingresos.

Esta estructura de ingresos permanecería inalterada durante los primeros años de la Primera Guerra Mundial: las medidas adoptadas al inicio del conflicto para enfrentar la baja de ingresos aduanales[43] consistieron principalmente en el aumento de las tasas sobre los impuestos ya existentes. La novedad sería, como ya lo señalamos anteriormente, la imposición de gravámenes progresivos, a partir de 1916, a las exportaciones agrícolas y minerales, en función del alza de los precios internacionales.[44] La codificación de la legislación aprobada al respecto se produjo en 1918, creando dos grupos de productos: los que pagaban impuestos progresivos en función de sus cotizaciones internacionales (azúcar, algodón, lanas, cauchos, plata, cobre y plomo) y los que no tomaban en cuenta dicha evolución (oro, petróleo, pieles, aceite y "cake" de algodón, entre otros).[45]

Cuadro 1 — Ingresos ordinarios del Estado, 1912-1913. En Libras Peruanas y porcentajes

INGRESOS ORDINARIOS ANUALES	1912	%	1913	%
ADUANAS	1 533 656	44,3	1 471 535	42,8
IMPUESTOS AL CONSUMO	467 030	13,5	488 635	14,2
Alcohol	335 158		353 796	
Azúcar	102 642		99 246	
Fósforos	29 230		35 593	
ESTANCOS Y MONOPOLIOS	723 910	21,0	761 588	22,1
Sal	247 694		264 043	
Tabaco	436 899		460 044	
Opio	19 047		17 617	
Alcohol desnaturalizado	20 270		19 884	
IMPUESTOS INDIRECTOS	111 734	3,2	117 821	3,4
Mojonazgo	108 488		114 371	
Venta de guano a nacionales	3 246		3 450	
VARIOS	59 276	1,7	279 094	8,1
Multas de tribunales	38 597		4 585	
Ingresos departamentales	14 021		19 491	
Muelle y Dársena	6 658		4 795	
Impuestos consulares	nd		68 501	
Correo y Telégrafo	nd		181 722	
OTROS INGRESOS	565 537	16,3	322 519	9,4
TOTAL	3 461 143	100,0	3 441 192	100,0

Fuente: Luna, P.F., *Etat*, 1991, 119a. Elaborado a partir de Rowe, L.S., *Early*, 1920, 12-15. La conversión en Libras Peruanas se hizo en función del tipo de cambio promedio anual.

(ii) 1922–1924

Después de la crisis comercial que se produce al final de la guerra mundial, 1923 y 1924 son años de recuperación, lo que le da un significado particular a las cifras presentadas. El nuevo arancel, aprobado en junio de 1923, había sancionado un aumento general de los impuestos a las importaciones, lo que aparece visible en el peso de los ingresos aduanales, los mismos que sobrepasan 44% de los ingresos totales, en 1924 (ver Cuadro 2, página 52).[46] Tal vez valga la pena subrayar la disminución relativa de los impuestos al consumo, con respecto al periodo 1912–1913, e incluso el declive de

Cuadro 2 – Ingresos ordinarios del Estado, 1922-1924. En Libras Peruanas y porcentajes

INGRESOS ORDINARIOS ANUALES	1922	%	1923	%	1924	%
ADUANAS	*2 179 612*	*33,1*	*3 254 707*	*42,9*	*4 068 484*	*44,3*
Importaciones	1 577 141		2 229 617		2 966 523	
Exportaciones	602 471		1 025 090		1 101 961	
IMPUESTOS AL CONSUMO	*679 852*	*10,3*	*172 621*	*2,3*	*334 685*	*3,6*
Alcohol	503 112		Nd		135 993	
Azúcar	141 806		131 622		162 620	
Fósforos	34 934		40 999		36 072	
ESTANCOS Y MONOPOLIOS	*1 300 113*	*19,8*	*1 836 972*	*24,2*	*1 855 214*	*20,3*
Sal	343 533		348 957		349 982	
Tabaco	901 645		910 434		986 091	
Opio	13 173		7 214		1 966	
Alcohol desnaturalizado	41 762		46 180		50 423	
Alcohol de consumo			524 187		466 752	
Impuestos indirectos	321 088	4,9	324 376	4,3	370 081	4,0
Mojonazgo	99 661		43 791		nd	
Venta de guano a nacionales	221 427		280 585		370 081	

continúa ...

los impuestos indirectos. Señalemos también la posibilidad de evaluar esta vez los impuestos directos, sobre el patrimonio, el trabajo o los beneficios, los mismos que sobrepasan el 7% de los ingresos totales. Como hemos dicho anteriormente, no se trataba de impuestos nuevos —al haber suscitado el proyecto Fuchs rechazos diversos, sino de un aumento de las tasas de los impuestos preexistentes.

Sin embargo, es posible reafirmar, como en 1912–1913, que sigue siendo ampliamente preponderante la fiscalidad sobre el consumo y la circulación de las mercancías. La adición de este tipo de impuestos oscila entre 72 y 74 por ciento, para los años 1923 y 1924.

(iii) 1928–1930

Las cifras utilizadas esta vez, también de ejecución presupuestaria, son más bien globales y menos precisas que las del Cuadro 3 (página 54).[47] Vamos a utilizarlas con cautela, matizando los resultados obtenidos con refe-

Cuadro 2 continuado

IMPUESTOS DIRECTOS	*411 534*	*6,2*	*540 978*	*7,1*	*670 485*	*7,3*
Renta del Capital Móvil	46 263		50 647		71 655	
Patente profesional, Lima y Callao	116 930		166 299		167 088	
Minas y terrenos petrolíferos	65 338		65 169		71 157	
Producción de petróleo			48 156		65 768	
Propiedad rural y urbana	67 316		63 143		61 692	
Transferencia de la propiedad	74 855		84 456		138 667	
Herencias y sucesiones	40 832		63 108		94 458	
VARIOS	*654 578*	*9,9*	*858 969*	*11,3*	*1 139 923*	*12,4*
Muelle y Dársena	22 115		27 674		35 780	
Impuestos consulares	244 706		377 820		504 890	
Correo y Telégrafo	154 045		177 488		225 584	
Registro público y timbres fiscales	126 038		168 666		251 414	
Empresa fiscal de ferrocarriles	107 674		107 321		122 255	
OTROS	*1 037 923*	*15,8*	*596 014*	*7,9*	*745 156*	*8,1*
TOTAL	6 584 700	100,0	7 584 637	100,0	9 184 028	100,0

Fuente : Luna, P.F., *Etat*, 1991, 129a. Elaborado a partir de McQueen, Ch., *Peruvian*, 1926,46-57.

rencias recogidas en otras fuentes. La desaparición de la rúbrica "Impuestos indirectos" proviene del hecho de la desaparición del Mojonazgo, en 1925, y de la transferencia del impuesto sobre el guano vendido a nacionales al ítem "Dominio público". Paralelamente a la recuperación de los impuestos al consumo y a un aumento relativo de los ingresos procedentes de impuestos de naturaleza administrativa (rúbrica "Varios") y de los impuestos directos, se observa una disminución relativa de los ingresos aduanales, particularmente perceptible en los impuestos a las exportaciones. Esto último se explica por el declive de los precios internacionales de los productos afectados con gravámenes progresivos.[48] Si los impuestos directos representan 12,8% en 1928, luego de la codificación del impuesto a la renta de diciembre de 1926, en los años siguientes experimentan un sensible declive.

Conviene no obstante interrogarse sobre la naturaleza efectivamente directa de los impuestos clasificados en esta rúbrica. Por ejemplo, el Fondo Defensa Nacional, establecido en enero de 1924, comprendía ciertamente el impuesto sobre las propiedades rurales y urbanas, pero incluía también un

Cuadro 3 – Ingresos ordinarios del Estado, 1928-1930. En Libras Peruanas y porcentajes

INGRESOS ORDINARIOS ANUALES	*1928*	%	*1929*	%	*1930*	%
ADUANAS	*4 250 000*	*34,8*	*4 880 000*	*34,8*	*3 660 000*	*30,8*
Importaciones	3 440 000		3 890 000		2 930 000	
Exportaciones	810 000		910 000		730 000	
IMPUESTOS AL CONSUMO	*1 330 000*	*10,9*	*1 360 000*	*9,7*	*1 280 000*	*10,8*
Alcohol	810 000		850 000		770 000	
Azúcar	320 000		310 000		310 000	
Fósforos	200 000		200 000		200 000	
ESTANCOS Y MONOPOLIOS	*1 740 000*	*14,3*	*1 870 000*	*13,3*	*1 880 000*	*15,8*
Sal	400 000		430 000		420 000	
Tabaco	1 260 000		1 360 000		1 370 000	
Opio	30 000		30 000		30 000	
Alcohol desnaturalizado	50 000		50 000		60 000	
IMPUESTOS DIRECTOS	*1 560 000*	*12,8*	*1 690 000*	*12,0*	*1 240 000*	*10,4*
Impuesto a la renta	750 000		870 000		600 000	
Minas y terrenos petrolíferos	90 000		120 000		50 000	
Producción de petróleo	120 000		120 000		80 000	
Transferencia de la propiedad	140 000		140 000		110 000	
Herencias y sucesiones	180 000		180 000		140 000	
Fondo especial Defensa Nacional	280 000		260 000		260 000	

continúa...

conjunto de rentas cuyo carácter directo resulta muy discutible: el impuesto al consumo de coca, el impuesto al envío de comunicaciones por cable, los ingresos del estanco de naipes, los timbres de pasaporte, el impuesto a los automóviles y bebidas alcohólicas importados, etc. En particular, el diagnóstico de la Misión Kemmerer respecto al impuesto a la renta existente es bastante explícito. Luego de cuestionar y poner en tela de juicio el carácter de auténtico impuesto a la renta de cada uno de los gravámenes allí incluidos, la misión señala también el declive de su peso relativo.[49]

Es muy difícil entonces, en estas condiciones, defender la idea de una transformación por la "Patria Nueva" de la estructura de los ingresos ordinarios del Estado. Esta siguió caracterizándose por el peso ampliamente mayoritario de una fiscalidad indirecta, fundada en el consumo y la circulación de las mercancías; a lo que cabría agregar, durante el oncenio, el precio

Cuadro 3 continuado

INGRESOS ORDINARIOS ANUALES	1928	%	1929	%	1930	%
VARIOS	2 300 000	18,9	2 920 000	20,8	2 350 000	19,8
Dominio público	450 000		600 000		750 000	
Correo y telégrafo	290 000		330 000		320 000	
Registro, timbres e imp. Consulares	860 000		980 000		740 000	
Empresa fiscal de ferrocarriles	190 000		170 000		150 000	
Contribución personal de rutas	80 000		80 000		40 000	
Multas y penas	430 000		760 000		350 000	
OTROS	1 018 100	8,3	1 315 800	9,4	1 469 200	12,4
TOTAL	12 198 100	100,0	14 035 800	100,0	11 879 200	100,0

Fuente : Luna, P.F., *Etat*, 1991, 143a. Elaborado a partir de AEF Série B. 32898. *Rapport financier sur le Pérou 1928-1937*, Société des nations, Genève, 1939. La rúbrica "Dominio público" comprende los impuestos a la venta de guano a nacionales y los derechos de muelle y dársena. La rúbrica "Impuesto a la renta" reúne, según la ley de diciembre de 1926, los impuestos sobre las utilidades industriales y comerciales, las patentes y remuneraciones y el impuesto sobre el capital móvil. La rúbrica "Fondo especial Defensa nacional" comprende los impuestos sobre las propiedades rurales y urbanas.

de los servicios de una extendida maquinaria administrativa y burocrática. No es inútil subrayar que, acosado por las dificultades financieras de la última fase del oncenio, el leguiísmo echó mano a una serie de iniciativas fiscales de corte tradicional o civilista (muchas de las cuales quedaron sin aplicación efectiva, al producirse el golpe de Estado de agosto de 1930) : aumento de los impuestos aduanales (exportación e importación), al consumo de cigarrillos, al consumo de cemento, al consumo de gasolina, a los timbres fiscales, a la entrada de los cines o salas de juego, etc.[50]

c. *Estructuras del endeudamiento*

Sin la posibilidad—o la voluntad, de modificar durable y sensiblemente la relación fiscal del Estado con la sociedad, la "Patria Nueva" recurrirá resueltamente al endeudamiento como alternativa para financiar sus proyectos. Tal como lo hemos señalado anteriormente, Augusto Leguía lo había anunciado desde la primera década del siglo 20, incluso antes de su primer mandato presidencial: el endeudamiento no era criticable si se le contractaba con fines productivos y no para sanear déficits presupuestarios. En las páginas siguientes, vamos a reconstituir la evolución del endeudamiento del Estado peruano, interno y externo , entre 1900 y 1930, poniendo especial énfasis en los cambios que se producen durante el oncenio.[51]

Tal como lo hemos hecho para el análisis de los impuestos, y en función de nuestras disponibilidades estadísticas, empezaremos situando el fenómeno del endeudamiento peruano antes del oncenio, para introducirnos luego en dos coyunturas particulares de la "Patria Nueva", conservando las misma rúbricas de clasificación, con el fin de hacer que la comparación sea fructífera. En primer lugar, observaremos las características cuantitativas y cualitativas del endeudamiento del Estado peruano, entre 1912 y 1915. Luego examinaremos su situación entre 1923 y 1924, antes de situarnos en 1930, al final del gobierno leguiísta.

Vale la pena indicar que al irrumpir la "Patria Nueva", en 1919, y luego de varias operaciones anteriores de empréstito y cancelación de deuda, el Estado peruano mantenía tres tipos de obligaciones de endeudamiento interno y cuatro de endeudamiento externo. Las obligaciones del endeudamiento interno eran: los bonos de la Deuda Interna Consolidada,[52] el empréstito Colegio de Guadalupe[53] y los bonos de la Deuda Interna Amortizable.[54] Las obligaciones del endeudamiento externo eran: el empréstito hipotecario de la Compañía Peruana de Vapores,[55] el segundo empréstito de la sal,[56] el empréstito del alcohol[57] y los empréstitos municipales de Lima y Callao.[58]

Al término de la "Patria Nueva", en 1930, y luego de varias operaciones anteriores de empréstito y cancelación de deuda, existían doce tipos de obligaciones de endeudamiento interno y ocho de endeudamiento externo. Los del endeudamiento interno eran:

- los bonos de la Deuda Interna Consolidada;
- los títulos de la Deuda Interna Amortizable;
- los bonos de la deuda interna, que reagrupaban un conjunto de títulos redimidos, convertidos y reagrupados por el gobierno, en la segunda parte del oncenio;
- los bonos de los trabajos de saneamiento de Huacho, de 1923, cuyo servico era asegurado por la Caja de Depósitos y Consignaciones (CDC) y que estaban garantizados con los impuestos sobre la propiedad urbana y rural de Chancay y un impuesto local sobre el algodón y el azúcar exportados por Huacho;
- los bonos postales, de 1924, para pagar deudas anteriores del Correo de Lima, servidos también por la CDC y garantizados con un impuesto aplicado sobre los bultos postales;
- los bonos bancarios especiales, de 1924, resultado de una operación efectuada

con el conjunto de los bancos existentes en el país, para uso estatal, servidos por la CDC y garantizados con los impuestos sobre timbres y papel sellado;
- los bonos hipotecarios de las haciendas Huando y La Esperanza, de 1926, emitidos por el Banco Italiano, en favor de Antonio Graña, para las irrigaciones del valle de Chancay, garantizados con las mismas haciendas Huando y La Esperanza, de propiedad de Graña;
- los bonos de la Caja de Depósitos y Consignaciones, de 1927, de la misma CDC, para uso estatal, sin otra garantía que la del Estado;
- los bonos del Hospital del Niño, de 1929, emitidos por el Banco Italiano, para terminar los trabajos de construcción y de equipamiento del hospital y garantizados con las rentas sobre las bebidas alcohólicas y la hipoteca sobre el mismo hospital;
- los bonos de la República, de 1929, emitidos por la CDC, para uso estatal, garantizados por las rentas de la misma CDC;
- los bonos de deuda interna, cuyo objetivo era financiar obras públicas;
- los títulos de deuda interna reconocidos por el gobierno durante el oncenio y que databan de años anteriores a la "Patria Nueva".

Los del endeudamiento externo eran:
- los del empréstito del Guano, de 1922, firmado con los bancos londinenses Baring Brothers & Co. y J. Schroder & Co., para uso estatal diverso y garantizado con el impuesto al guano vendido a nacionales y con 50% de las acciones de la Compañía Administradora del Guano;
- los pagarés en favor de The Electric Boat Co., de 1926, firmados por el Estado contra la CDC, para la compra de submarinos en EEUU, con la garantía de los ingresos del Fondo Especial Defensa Nacional;
- los títulos del empréstito del tabaco, de 1927, firmado con J.W. Seligman & Co. y F.J. Lisman & Co., para varios usos (creación del Banco Agrícola, trabajos de irrigación, cancelación del empréstito del tabaco, etc.) y con la garantía de los ingresos de estanco del tabaco;
- los títulos del empréstito del Callao, de 1927, firmado con los bancos Alvin H. Frank & Co. y J.W. Seligman & Co., para cancelar el empréstito municipal del Callao (de 1910) y garantizado por las rentas municipales chalacas y una subvención anual del Estado;
- los títulos del empréstito de Lima, asumidos por el Estado;

Cuadro 4 – El endeudamiento público del Estado, 1912 y 1915. En Libras Peruanas y porcentajes

RÚBRICAS DE LA DEUDA	1912	%	1915	%
DEUDA INTERNA	729 471	11,5	1 127 997	13,1
Bonos de la deuda interna consolidada*	385 793		419 052	
Títulos Amortizables*	134 607		102 422	
Certificados de censos, capellanías e intereses*	27 826		27 826	
Créditos reconocidos por el gobierno*	23 350		23 350	
Acuerdo avec Puch y Cía.	130 000		130 000	
Deuda Herklotz	21 381			
Deuda Remant	6 514			
Subvenciones impagas a la Compañía de Vapores			380 595	
Empréstito del tabaco			44 752	
DEUDA EXTERNA	1 313 361	20,6	1 669 610	19,5
Empréstito *Société Générale*	169 784			
Empréstito externo Compañía de Vapores			250 000	
Segundo empréstito de la sal	1 143 577		1 110 160	
Empréstito del alcohol			309 450	
DEUDA CON BANCOS Y ENTIDADES DEL PAÍS	386 010	6,0	1 132 890	13,2
Bancos y la Caja de Depósitos y Consignaciones	386 010		1 132 890	
DEUDA CON LA COMPAÑÍA RECAUDADORA	636 543	10,0	1 621 664	18,9
Deuda *Sociedad Nacional de Recaudación*	636 543			
Deuda *Compañía Recaudadora de Impuestos*			1 621 664	
DEUDA CON EMPRESAS Y OTRAS COMPAÑÍAS			119 880	1,4
Peruvian Co., otras recaudadoras, etc.			119 880	

continúa…

- y, finalmente, las tres series del Empréstito Nacional Peruano, de 1927–1928, firmado con los bancos J.W. Seligman & Co., The National City Co. y The National City Bank, es decir, el "gran empréstito" de liquidación, para cancelar las deudas del estado y garantizado por la CDC.

(i)   *1912 y 1915*

Con el fin de hacer más inteligible la estructura del endeudamiento (ver Cuadro 4, página 58), vamos a clasificar el conjunto de la deuda

Cuadro 4 continuado

Rúbricas de la deuda	1912	%	1915	%
Deuda flotante	2 303 403	36,2	1 917 638	22,3
Déficits presupuestarios, desde 1908	432 114		1 308 673	
Deudas de ministerios	207 148			
Obligaciones y letras del Tesoro	156 861		143 965	
Intereses de títulos del ferrocarril a Huacho	72 034		75 000	
Deuda Schneider y Cía	411 368		300 000	
Compra de material para la Marina Peruana	974 500			
Deudas de los ministerios de Guerra y Fomento	41 537			
Anualidades impagas a la Peruvian Co.			80 000	
Deudas postales			10 000	
Reclamos varios	7 841			
Reclamos franceses	1 000 000	15,7	1 000 000	11,6
TOTAL	6 368 788	100,0	8 589 679	100,0

Fuente : Luna, P.F., *Etat*, 1991, 183a-b.

* Las sumas reconocidas como deuda en estas cuatro rúbricas sólo corresponden al valor efectivo y no nominal de los títulos indicados. Como si el monto de los capitales de dichas obligaciones (de un total de Lp. 4 518 478), heredadas del siglo anterior, ya formara parte de deudas definitivamente anuladas por el Estado (y pérdidas por sus titulares) y que sólo importara su valor mercantil. El perfil social de tales acreedores (y perdedores) queda aún por reconstituir.

pública en 6 rúbricas, atendiendo a su formalización mediante títulos garantizados por la firma del Estado: 1) la deuda interna propiamente dicha, de obligaciones contraídas con particulares y reconocidas por el Estado; 2) la deuda externa propiamente dicha, de obligaciones contraídas con bancos y entidades extranjeras, con emisión de títulos que circulan en plazas extranjeras; 3) la deuda para con bancos y entidades instalados en el país, avances en cuenta corriente, generalmente de corto plazo; 4) la deuda con la compañía recaudadora de impuestos de turno, de corto y mediano plazo; 5) la deuda con empresas extranjeras instaladas en el país, o con otras compañías arrendatarias de la recaudación de impuestos; y 6) la "deuda flotante" impaga, generalmente de origen presupuestario (deudas de ministerios, intereses impagos, reclamaciones diversas).[59]

Para los años 1912 y 1915, vamos a utilizar dos documentos relativamente completos sobre los montos y la composición del endeudamiento público: en primer lugar, para 1912, el mensaje al congreso del presidente G. Billinghurst, del 4 de octubre de 1912, algunas semanas después de su

Cuadro 5 – El endeudamiento público del Estado, 1923-1924. En Libras Peruanas y porcentajes

Rúbricas de la deuda	1923	%	1924	%
Deuda Interna	*3 810 657*	*31,0*	*4 312 004*	*31,3*
Bonos de la deuda interna consolidada	331 169		331 169	
Títulos Amortizables	393 565		253 730	
Empréstito Colegio Guadalupe	26 800		21 100	
Bonos de la deuda interna	2 400 160		2 384 170	
Bonos de saneamiento, serie A	325 000			
Bonos de saneamiento de Huacho	28 500		26 100	
Bonos postales			97 500	
Empréstito del tabaco			108 000	
Bonos bancarios especiales			500 000	
Créditos reconocidos por el gobierno	305 463		590 235	
Deuda Externa	*4 374 177*	*35,6*	*5 956 642*	*43,3*
Segundo empréstito de la sal	849 140		811 460	
Empréstito municipal del Callao	63 300		57 100	
Empréstito municipal de Lima	557 400		553 300	
Bonos de oro, República del Perú	677 380		670 090	
Reclamos franceses	441 243		417 452	
Empréstito del petróleo, número 1	535 714		491 250	
Empréstito del guano	1 250 000		1 231 300	
Empréstito saneamiento, serie 1924-44			1 724 690	
Deuda con bancos y entidades del país	*401 836*	*3,3*	*295 909*	*2,1*
Bancos	401 836		295 909	
Deuda con la compañía recaudadora	*1 440 968*	*11,7*	*1 751 227*	*12,7*
Deuda Compañía Recaudadora de Impuestos	1 440 968		1 751 227	
Rúbricas de la deuda	*1923*	*%*	*1924*	*%*
Deuda con empresas y otras compañías	*250 976*	*2,1*	*93 919*	*0,7*
Empresas, otras recaudadoras, etc.	250 976		93 919	

continúa...

designación como presidente de la república. Para 1915, utilizaremos el informe que presentara al congreso el ministro de hacienda A. García–Lastres, el 31/12/1915, sobre los orígenes del endeudamiento del Tesoro Público.[60]

El peso relativo de la deuda externa es todavía reducido: si se agregan los reclamos franceses al endeudamiento externo propiamente dicho se alcan-

Cuadro 5 continuado

DEUDA FLOTANTE	1 998 818	16,3	1 361 513	9,9
Déficits presupuestarios	1 021 530		516 604	
Intereses impagos de empréstitos	467 200		214 469	
Obligaciones, letras y otros del Tesoro	404 374		484 726	
Otros	105 714		145 714	
TOTAL	12 277 432	100,0	13 771 214	100,0

Fuente: Luna, P.F., *Etat*, 1991, 186a-b. Se ha efectuado la conversión monetaria del monto total del Empréstito saneamiento, serie 1924-1944, utilizando el tipo de cambio de 1924 (US$ 4,05 = 1 Libra Peruana).

za un porcentaje cercano a 35%; el resto corresponde a deudas contraídas en el país. Aparte del aumento del endeudamiento total (35%) en 1915 respecto a 1912,[61] vale la pena señalar que son la deuda interna propiamente dicha y especialmente las contraídas con bancos y entidades establecidas en el país —en particular la operación que permitió la emisión de "cheques circulares" luego del inicio de la guerra mundial y la desaparición del dinero metálico—, así como con la Compañía Recaudadora de Impuestos,[62] las que explican dicho crecimiento. La deuda externa permanece relativamente estable, en 1915 respecto a 1912, lo que también puede explicarse por el hecho del conflicto bélico europeo; todavía en ese entonces, se buscaban en Europa las fuentes de financiamiento exterior. A pesar de varias tentativas —y en un contexto de condiciones financieras internas más bien favorable por el hecho del aumento de las exportaciones—, no se concretarán, durante los años de la guerra mundial, empréstitos extranjeros. La deuda flotante, aunque en disminución, sigue siendo la más importante rúbrica del endeudamiento público.[63]

(ii) 1923–1924

El monto del endeudamiento público total alcanza, en 1924, 144% de los ingresos fiscales[64] y prosigue su progresión (ver Cuadro 5, página 60). Sin embargo, conviene poner de relieve algunos cambios estructurales que se van produciendo en su composición. La deuda externa por obligaciones ya es la primera rúbrica del endeudamiento (43,3%) y, contrariamente a lo que se podría imaginar, la deuda interna también se ha vuelto significativa, sobrepasando 30% de participación. Si el leguiísmo se esfuerza por ampliar la participación de la comunidad financiera peruana en sus proyectos, también se puede afirmar que ésta acepta sus propuestas.[65] Se puede decir también que la tendencia se orienta hacia la reducción de la dispersión de las fuentes del

Cuadro 6 – El Endeudamiento Público del Estado, 1930. En Soles, convertidos en Libras Peruanas, y porcentajes

RÚBRICAS DE LA DEUDA	1930 (SOLES)	1930 (LP)	%
DEUDA INTERNA	77 053 631	6 332 730	14,7
Bonos de la deuda interna consolidada	3 609 036		
Títulos Amortizables	914 167		
Bonos de la deuda interna	38 013 601		
Bonos de saneamiento de Huacho	97 336		
Bonos postales	821 273		
Bonos bancarios especiales	6 970 150		
Bonos hipotecarios de Huando y La Esperanza	1 700 850		
Bonos de la CDC, sección de recaudación	3 633 066		
Bonos del Hospital del Niño	699 603		
Bonos de deuda interna de la República	13 247 430		
Bonos de la deuda interna para obras públicas	5 459 211		
Créditos reconocidos por el gobierno	1 887 908		
DEUDA EXTERNA	367 280 533	30 185 318	70,0
Empréstito municipal de Lima	8 200 765		
Empréstito del guano	18 097 378		
Pagarés a favor de la *Electric Boat Co.*	3 720 845		
Empréstito del tabaco	49 699 400		
Empréstito municipal del Callao	4 296 560		
Empréstito Nacional Peruano. 1a. serie	166 437 520		
Empréstito Nacional Peruano. 2a. serie	84 175 080		
Empréstito Nacional Peruano. 3a. serie	32 652 985		
DEUDA CON BANCOS Y ENTIDADES DEL PAÍS	11 599 517	953 318	2,2
Préstamos bancarios diversos	5 599 517		
Empréstito a favor del *Banco del Perú y Londres**	6 000 000		
RÚBRICAS DE LA DEUDA	1930 (SOLES)	1930 (LP)	%
DEUDA CON LA COMPAÑÍA RECAUDADORA	5 817 807	478 142	1,1
Deudas varias con la CDC	5 817 807		

continúa...

endeudamiento: la deuda flotante va disminuyendo, lo mismo que la deuda de corto plazo con bancos, empresas y entidades financieras;[66] la misma deuda con la compañía recaudadora, aunque manteniendo su importancia en términos absolutos, disminuye su participación en el endeudamiento total. Es evidente que el leguiísmo prosigue su búsqueda de centralización y concen-

Cuadro 6 continuado

Deuda con empresas y otras compañías	*29 862 626*	*2 454 290*	*5,7*
Crédito a corto plazo J.P. Seligman & Co.	4 551 254		
Préstamo Cerro de Pasco Copper Co.	5 600 320		
Préstamos International Petroleum Co. 1929-1930	8 316 017		
Préstamo United Aircraft Exports Inc.	2 423 824		
Préstamo Frederick Snare Co.	3 935 360		
Deuda Midland Bank of London	11 823		
Préstamo Sociedad Agrícola Paramonga Ltda.	413 473		
Préstamo Sociedad Agrícola San Nicolás Ltda.	414 140		
Préstamos Peruvian Co.	1 340 941		
Deuda Compañía Administradora del Muelle de Supe	42 074		
Deuda empresa constructora del ferrocarril de Pisco a Castrovirreyna	1 673 164		
Deuda Empresa del Muelle de Cerro Azul	718 325		
Deuda Empresa del Muelle de Tambo de Mora	56 771		
Deuda Empresa estatal administradora de muelles	365 140		
Rúbricas de la deuda	*1930 (soles)*	*1930 (Lp)*	*%*
Deuda flotante	*32 961 910*	*2 709 008*	*6,3*
Déficits presupuestarios, antes de 1930	6 174 148		
Déficit presupuestario de 1930	5 057 380		
Deudas acumuladas de ministerios	18 483 923		
Obligaciones, letras y otros del Tesoro, 1922-1930	364 326		
Obligaciones del Tesoro	1 370 500		
Títulos del Tesoro	1 511 633		
TOTAL	524 594 047	43 114 286	100,0

Fuente: Luna, P.F., *Etat*, 1991, 191a-b-c. Elaborado a partir de Banco de la Reserva del Perú, *Misión*, 1931, anexos. El cambio oficial de unidad monetaria de libra peruana a sol de oro se produce en febrero de 1930, todavía bajo la "Patria Nueva". La conversión de soles a Libras Peruanas, con el fin de hacer comparables los tres cuadros, se ha hecho tomando en cuenta el tipo de cambio establecido (S/. 1 = Lp. 0,1) pero también considerando que la nueva unidad monetaria tenía 18,126% menos de oro que la décima parte de la Libra Peruana anterior, lo que da un tipo de cambio de S/. 12,167 = Lp. 1. Para las sumas en divisas, se ha utilizado el tipo de cambio en vigor al 31/12/1930, es decir US$ 1 = S/. 3,44 y £ 1 = S/. 16,675.

* Empréstito concedido al gobierno por los bancos establecidos en el país, en 1929, con el fin de apoyar al *Banco del Perú y Londres*, el mismo que conocía en ese entonces serios problemas de liquidez. Las deudas directas del Estado para con dicho banco eran considerables.

tración del endeudamiento del Estado, con vistas a lograr el "gran empréstito" de liquidación y consolidación.

(iii) 1930

El endeudamiento público alcanza en 1930 (ver Cuadro 6, página 62) un nivel hasta entonces desconocido: su total sobrepasa el 331% de los ingresos fiscales.[67] Si el endeudamiento de 1920 —como lo hemos reseñado anteriormente—, sobrepasa ligeramente los 7 millones de Libras Peruanas, se puede afirmar que la "Patria Nueva" multiplica por 6 el monto de la deuda pública peruana. El endeudamiento externo, luego de las tres series del Empréstito Nacional Peruano, representa ahora el 70% de la deuda pública. Dicho "gran empréstito", contratado principalmente con bancos neoyorkinos y norteamericanos, al 6% anual y por una duración de 30-35 años, había servido para redimir y consolidar en títulos del Estado un conjunto de obligaciones anteriores de la deuda externa e interna y tendría que haber permitido también el financiamiento de obras públicas. Es decir, todo un amplio espectro de aplicaciones y usos, con lo que no es muy difícil imaginar que la corrupción y la malversación, consuetudinarias en la práctica del Estado, hayan podido encontrar también aquí un terreno fértil.

El endeudamiento interno se había reducido relativamente, aun cuando su monto absoluto sobrepasara los 6 millones de Libras Peruanas. La diferencia con respecto a 1924 era que la Caja de Depósitos y Consignaciones (CDC) se había vuelto ahora el organismo centralizador, garante y servidor de la deuda interna. El compromiso de la comunidad de intereses o tal vez la confianza que las fuerzas económicas y financieras del país, o por lo menos una buena parte de ellas, habían depositado en el régimen leguiísta queda nuevamente reflejada en la importancia de los préstamos concedidos a corto plazo.

* * *

Aparte de las diferencias estadísticas y la evolución experimentada por las rúbricas consideradas —sobre las que se podría abundar aún más—, la comparación de los tres cuadros de endeudamiento, puestos en relación con el examen de la recaudación de impuestos y la evolución de las estructuras impositivas efectuado anteriormente, permite poner de relieve algunas ideas generales. Si hay aumento del endeudamiento público, también se puede hablar de una mayor institucionalización en el financiamiento del Estado; una institucionalización mediante obligaciones de mediano plazo, en detrimento de los avances en cuenta corriente y el dinero de corto plazo. La deuda externa e interna con obligaciones pasa de 32,6% en 1915, à casi 85% en 1930.

Pero también se puede notar que dicha institucionalización se efectúa gracias a la oferta financiera extranjera, especialmente norteamericana. Es innegable que ambas se refuerzan: el leguiísmo perseguía dicha institucionalización (el "gran empréstito"); los banqueros norteamericanos requerían garantías institucionales para sus operaciones.[68] Sin embargo —y como en el pasado reciente—, la esperada y preconizada modernización de la relación fiscal del Estado con la sociedad siguió siendo embrionaria y quedó finalmente pospuesta o pasmada. ¿Cómo no ver una relación entre dicha disponibilidad financiera extranjera y el fracaso de la mencionada modernización interna? Si la crisis financiera internacional de 1929–1930 puede explicar las dificultades del leguiísmo (e incluso su derrocamiento), el fracaso de la modernización fiscal del Estado, es decir, el rechazo de asumir el costo de un Estado moderno, no debería ser desestimado; y no es exagerado afirmar que fue la responsabilidad del conjunto de los medios y grupos sociales dirigentes (y dominantes) del país.

La comunidad financiera peruana y el Leguiísmo

Si hasta poco antes del golpe militar de agosto de 1930, los medios económicos y financieros del país apoyaron al leguiísmo fue también por que sus intereses se vieron favorecidos durante la "Patria Nueva".[69] Las posibilidades de enriquecimiento durante dicho periodo, para quienes contaban con los medios y el acceso a los mecanismos de poder necesarios, habían prolongado —aunque en otro contexto—, el ciclo económico y financiero abierto desde la última década del siglo 19.

Aparte de las exportaciones primarias, que la guerra mundial había propulsado hasta elevados niveles,[70] la puesta en aplicación de la política leguiísta abría o consolidaba otros sectores de actividad: las obras públicas, la construcción urbana, el saneamiento de las ciudades, los proyectos agropecuarios y de irrigación, etc., con intervención del Estado. El financiamiento de estas operaciones, el crecimiento del presupuesto estatal y el recurso a los empréstitos al extranjero, se constituyeron en yacimientos de beneficios para una comunidad financiera que, desde inicios del siglo 20, se afianzaba paulatinamente. Por otro lado, la intensa compenetración de intereses entre banqueros, grandes comerciantes y exportadores, con predominio de los primeros, ya era un hecho notorio, antes del inicio de la "Patria Nueva". En los límites de este artículo es imposible analizar la evolución durante el oncenio de los diferentes componentes de la comunidad financiera[71] y su compromiso con el régimen leguiísta. Vamos a concentrarnos en el examen de la actividad bancaria de las instituciones que se desempeñaban a escala nacional.

Los bancos en particular se habían desarrollado de manera considerable. Sin intervención del Estado (de banco central u organismo regulador), sin legislación restrictiva (sólo algunos artículos del código de comercio de 1902 o la ley de "bancos de ahorro" de 1901) y actuando dentro del régimen liberal del patrón–oro, la actividad bancaria peruana se había consolidado paralelamente al auge de la "mundialización" de comienzos de siglo. Desde fines del siglo XIX, capitales de origen nacional o extranjero se unían, a veces en el seno de un mismo organismo bancario, para practicar operaciones de descuento y negociación de letras de cambio, ahorros y depósitos, préstamos hipotecarios, comercio internacional y crédito comercial. Y, por supuesto, en función de la cercanía del banco al gobierno de turno, en los siempre beneficiosos "negocios fiscales".[72]

A inicios de los años 1920, el Banco del Perú y Londres se había vuelto el primer banco del país, controlado principalmente por el grupo financiero de José Payán.[73] Sus sectores de inversión, fuera de las operaciones bancarias propiamente dichas, eran variados: la producción de electricidad y el tranvía urbano de Lima, ferrocarriles locales, explotaciones agrícolas y mineras, etc. Desde 1913, el Banco controlaba la *Compañía Recaudadora de Impuestos* e intervenía activamente en los "negocios fiscales". Su estrecha relación con el presidente Leguía y la "Patria Nueva" le serían fatales: su quiebra y desaparición coincidieron con el fin del oncenio.

El Banco Italiano había empezado y desarrollado sus actividades en relación con la colonia italiana del país.[74] Una de sus primeras actividades en Lima fueron los seguros, participando en la creación de varias compañías en ese ramo. Luego se diversificó hacia otros sectores: hipotecas, ahorros, el tranvía de Arequipa (junto con el Banco del Perú y Londres y la W.R. Grace & Co.), préstamos a municipalidades y negocio de valores del Estado; más tarde hacia las producción de manufacturas y los servicios públicos. Su política de crédito era más bien conservadora, mostrando preferencia por niveles de liquidez elevados. Su importancia crecerá progresivamente durante el oncenio, a imagen de su rentabilidad anual,[75] extendiendo sus actividades más allá del círculo de la colonia italiana. Desempeñó, por ejemplo, en 1929, un papel central para la compra de la mayoría de acciones de la compañía de teléfonos de Lima por la ITT & Co.

El Banco Internacional, constituido por capitales de origen peruano, nació ligado a operaciones de financiamiento del comercio internacional, con bancos británicos y norteamericanos. Su rentabilidad será muy alta durante el oncenio; y como otros bancos de origen peruano, pasará bajo control extranjero (en 1928, a manos de la W.R. Grace & Co.), luego de varias operaciones de aumento de capital. El Banco Popular también había sido creado por capitales de origen peruano, bajo la forma de sociedad cooperativa de crédito.[76] Administrando un gran número de cuentas corrientes, su política de crédito fue al inicio conservadora: otorgaba préstamos a muy corto plazo, con prenda, o con promesas de cosecha—o extracción de minerales.[77] Su diversificación no fue tan importante como la de otros bancos, si bien asumió, el mismo año de su fundación, la creación de la *Sociedad Nacional de Recaudación* por cuenta del gobierno y constituyó, en 1904, la Compañía Popular de Seguros. Si sus operaciones se concentraban en Lima, al cabo de cierto tiempo logró articular un conjunto de agentes financieros en las principales plazas del país.

El Banco Alemán Transatlántico permitió en 1906, como ya lo dijimos, la reapertura del crédito internacional al Estado. Hasta 1914, dicha entidad tendrá como una de sus actividades principales las operaciones de préstamo al Estado a corto plazo. Después, durante la guerra y como consecuencia de ella, el banco disminuirá su volumen de actividades, para recuperarse luego durante el oncenio. El Banco Anglo–sudamericano abrió una sucursal en Lima a comienzos del oncenio, luego de retirarse del capital del Banco del Perú y Londres y participó en varias operaciones de financiamiento con el gobierno. La sucursal limeña del National City Bank of New York fue abierta también a inicios de la "Patria Nueva", luego de una ronda de discusiones y negociaciones más o menos secretas entre emisarios del banco neoyorkino, representantes del gobierno y particulares.[78] Su presencia en la plaza de Lima, más que como banco de negocios propiamente dicho, fue clave para la negociación de diferentes préstamos concertados con el gobierno y, en particular, para las tres series del Empréstito Nacional Peruano. El Royal Bank of Canada, el más reciente de todos, fue el resultado de la compra de la sucursal peruana de la Mercantile Bank of The Americas, creada en 1916.

Al 31 de diciembre de 1930 había 8 bancos (ver Cuadro 7, página 68)establecidos a escala del territorio nacional, de los cuales 4 eran sucursales directas de bancos extranjeros. Desde el inicio de la "Patria Nueva", el leguiísmo invitó formalmente al capital bancario a integrarse plenamente en los planes del nuevo gobierno y a establecer una nueva alianza entre los intereses públicos y privados (nacionales y extranjeros). La forma concreta que adoptó su proyecto, desde julio de 1920, fue su propuesta para la cons-

Cuadro 7 – Bancos establecidos en Perú, 1930. En Libras Peruanas

BANCOS	FECHA DE CREACIÓN	CAPITAL Y RESERVAS	VALOR DE ACTIVOS	INVERSIONES Y PROPIEDADES	UTILIDADES
Banco del Perú y Londres	1897	1 090 505	7 683 742	1 349 297	7 768
Banco Italiano	1889	1 609 269	15 421 793	741 315	111 253
Banco Internacional	1897	388 771	1 776 535	170 167	21 021
Banco Popular	1889	228 553	1 508 763	166 019	8 285
Banco Alemán Transatlántico	1905	208 535	4 502 834	87 958	20 558
Banco Anglo-sudamericano	1920	171 618	2 285 875	72 807	2 968
National City Bank	1920	164 400	3 886 586	10 243	10 741
Royal Bank of Canada	1925	169 061	3 658 285	19 178	5 556
TOTAL		4 030 712	40 724 413	2 616 984	188 150

Fuente: Luna, P.F., *Etat*, 1991, 44a, 60a, 61b. Elaborado a partir de los *Informes Anuales de la Inspección Fiscal de Bancos*, 1921-1930. Los Bancos Gibson y Commercial Bank of Spanish Ltd., de actividad regional, no han sido tomados en cuenta. Las cifras son presentadas en libras peruanas, utilizando el tipo de conversión descrito en el cuadro n° 6.

titución de un gran Banco de la Nación Peruana.[79] Un banco de emisión y de dirección y control de la masa monetaria, de ejecución presupuestaria, de inversión en asociación con el Estado y sus proyectos, de reforma fiscal y de recaudación centralizada de impuestos. Sabemos que dicho proyecto fue rechazado por el conjunto de bancos del país,[80] en un contexto de intensas negociaciones, incluso con misiones financieras norteamericanas. Ello no fue óbice, sin embargo, para que dichas entidades participasen ampliamente en diferentes proyectos del régimen y lograran elevadas tasas de rentabilidad durante el oncenio. El siguiente cuadro, elaborado a partir de los informes de la Inspección Fiscal de Bancos (1921–1930), presenta algunos indicadores (de rentabilidad, de liquidez y solvencia) que permiten apreciar dicha evolución favorable.

La rentabilidad de los bancos se mantiene elevada, a lo largo de los años 20 (ver Cuadro 8, página 70), alcanzado 20,5% en 1926 (34,5% para el Banco Italiano)[81], sabiendo además que el monto total de los capitales bancarios invertidos en el país pasa de 2,4 millones de libras peruana, en 1921, à 4,0 millones en 1930. Si hasta antes del oncenio, el mantenimiento de un alto volumen de liquidez era una práctica bancaria generalizada, se puede afirmar que dicho comportamiento cede paulatinamente durante los años 20. Con excepción de 1930, año de crisis, la cobertura líquida del pasivo exigible en moneda nacional baja de manera tendencial durante toda la década.[82] Paralelamente a este cambio, también se puede observar que aumenta la participación en sus activos (en particular para los cuatro primeros bancos) del monto de créditos concedidos por dichas entidades.[83]

Así, los años 20 constituyen un periodo de prosperidad y desarrollo de la actividad bancaria, con aumentos importantes en el volumen de activos, de capitales invertidos y de utilidades; paralelamente a una intensificación de la actividad crediticia. Si puede ser exagerado hablar de una total identificación con la "Patria Nueva" por parte del conjunto del sistema bancario,[84] sobre todo delante de las primeras proposiciones intervencionistas del gobierno, es inobjetable que los bancos supieron ampliamente acompañar al régimen y sacar provecho de la política económica del leguiísmo y del entorno económico y financiero creado. Y ello, durante un periodo excepcional de la historia económica (y no exclusivamente) peruana, caracterizado por una mayor intervención del Estado y una afluencia masiva de la oferta financiera extranjera. Aunque sin verdaderas reformas de fondo.

Nota final

Luego de haber articulado en torno a su programa a las mayorías del civilismo (en doctrina y en política) y de aparecer, al final de la guerra mundial, como el hombre providencial para el Perú, en las nuevas circunstancias de la posguerra mundial, Augusto Leguía y el leguiísmo fundan la "Patria Nueva". La "ilusión óptica" de 1919 y el verbo solemne de sus fundadores se confrontaron rápidamente con las realidades estructurales, con la pétrea inercia del mediano plazo. No es difícil diagnosticar la modestia de los resultados de un régimen cuyas limitaciones eran inherentes a la voluntad social y política de sus dirigentes, a las necesidades de los medios económicos y financieros dominantes y a las posibilidades efectivas de cambio en el seno del Perú oficial de los años 20. En el terreno de la relación fiscal del Estado con la sociedad civil triunfaron claramente las estructuras; si crecieron la burocracia y la cobertura institucional, se pospuso en cambio la modernización del Estado. Como en épocas anteriores, aunque en diferente contexto, la oferta financiera extranjera se impuso como alternativa a la reforma y supo (y pudo), por su lado, provocar la concentración y la centralización necesarias de los aparatos estatales para asegurar sus intereses. Si las "grandes realizaciones" del leguiísmo se volvieron sus "grandes errores" y fuentes de peculado y corrupción, luego de su derrocamiento por el ejército, no es inútil recordar que la comu-

Cuadro 8 – Evolución de los bancos establecidos en el país, 1921-1930.

BANCO DEL PERÚ Y LONDRES	1921	1922	1923	1924	1925	1926	1927	1928	1929	1930
Rentabilidad*	6,9	8,7	16,3	17,0	15,2	19,9	11,6	9,8	9,8	0,6
Liquidez**	27,4	24,0	19,6	19,1	22,6	20,6	21,1	14,7	13,8	14,1
Crédito***	18,8	22,0	20,0	22,4	27,0	25,9	28,6	26,0	25,1	28,0
BANCO ITALIANO	1921	1922	1923	1924	1925	1926	1927	1928	1929	1930
Rentabilidad*	20,2	28,8	18,1	16,4	17,0	34,5	29,0	16,3	12,8	7,7
Liquidez**	25,3	20,8	16,3	21,1	22,0	20,1	18,0	17,0	17,9	18,9
Crédito***	22,0	23,2	23,1	26,6	25,4	24,8	25,6	26,6	27,0	23,7
BANCO INTERNACIONAL	1921	1922	1923	1924	1925	1926	1927	1928	1929	1930
Rentabilidad*	7,4	6,4	6,4	8,7	7,2	5,8	7,1	8,4	9,6	5,6
Liquidez**	38,7	26,1	21,6	22,2	26,9	28,6	22,8	18,2	18,1	12,3
Crédito***	20,4	50,1	23,6	27,7	22,2	24,0	34,4	36,5	33,8	35,9
BANCO POPULAR	1921	1922	1923	1924	1925	1926	1927	1928	1929	1930
Rentabilidad*	9,9	13,2	13,0	21,8	16,4	19,2	17,2	11,4	9,9	3,8
Liquidez**	31,3	20,3	19,7	27,0	20,9	18,0	22,9	15,2	21,6	22,9
Crédito***	12,1	24,1	25,4	23,0	22,9	23,4	26,4	23,9	27,9	24,2
BANCO ALEMÁN TRANSATLÁNTICO	1921	1922	1923	1924	1925	1926	1927	1928	1929	1930
Rentabilidad*	15,0	18,2	10,0	10,2	13,7	12,5	11,3	12,5	6,0	1,1
Liquidez**	42,3	21,1	20,7	19,1	17,9	15,9	17,6	18,3	21,9	34,2
Crédito***	20,8	25,6	26,6	28,0	31,5	31,7	29,4	24,5	19,9	15,5
ROYAL BANK OF CANADA****	1921	1922	1923	1924	1925	1926	1927	1928	1929	1930
Rentabilidad*	0,4	Neg.	4,7	3,8	nd	11,3	7,9	6,2	6,6	3,3
Liquidez**	71,7	91,5	144,0	62,4	31,2	24,1	19,7	22,0	19,2	25,0
Crédito***	29,1	22,3	10,7	15,8	20,6	17,9	18,8	17,9	18,3	17,4
BANCO ANGLO-SUDAMERICANO	1921	1922	1923	1924	1925	1926	1927	1928	1929	1930
Rentabilidad*	5,3	4,6	Neg.	Neg.	0,2	5,1	2,5	nd	0,6	1,8
Liquidez**	75,6	28,3	29,7	52,2	77,7	18,1	29,9	21,6	19,5	24,1
Crédito***	21,4	16,0	17,0	16,3	15,4	17,1	13,8	14,7	14,9	17,5

continúa...

Cuadro 8 continuado

NATIONAL CITY BANK	1921	1922	1923	1924	1925	1926	1927	1928	1929	1930
Rentabilidad*	0,5	Neg.	1,0	5,6	7,0	14,7	4,8	11,8	14,7	6,6
Liquidez**	75,3	37,8	33,7	40,6	38,8	31,8	27,4	32,2	22,6	25,1
Crédito***	28,7	17,2	21,4	21,2	26,0	18,8	18,7	13,0	13,5	17,0
TOTAL	1921	1922	1923	1924	1925	1926	1927	1928	1929	1930
Rentabilidad*	17,5	14,3	12,2	13,1	12,8	20,5	16,3	11,1	10,3	4,7
Liquidez**	38,0	26,2	24,1	24,3	25,5	24,8	20,5	16,9	17,5	20,4
Crédito***	21,0	22,9	21,1	23,6	25,1	25,0	25,2	24,0	23,8	22,5

Fuente: Luna, P.F., *Etat*, 1991, 61c, 62a, 63b. Elaborado a partir de los *Informes Anuales de la Inspección Fiscal de Bancos*, 1921-1930.

* Corresponde al ratio: Utilidades/Capital y Reservas, en porcentaje.

** Corresponde al ratio: Caja y Bancos en el país/Pasivo exigible en moneda nacional, en porcentaje.

*** Corresponde al ratio: Descuentos, cuentas corrientes deudoras y avances de dinero/Valor de Activos, en porcentaje.

**** Sucursal del Mercantile Bank, antes de 1925.

nidad financiera peruana conoció durante el oncenio un periodo floreciente; las ventajas obtenidas y la defensa de sus intereses la llevaron naturalmente a acompañar y sostener al régimen.

Notas

1   Creado por decreto–ley (n° 7040, del 31/08/1930), dicho organismo debía investigar los delitos de concusión, peculado y malversación cometidos por los hombres del "antiguo régimen" leguiísta, revisar los contratos firmados por el Estado con particulares, entre el 04/07/1919 y el 31/08/1930, así como la realización misma de los trabajos públicos emprendidos durante el oncenio. La ley autorizaba el embargo de bienes, libros de cuentas, documentos, etc. de los inculpados. Las iniciativas de denuncia podían proceder de todo el territorio nacional. No entraban en cuenta las operaciones o acuerdos internacionales. Más tarde, luego de la declaración de moratoria del Estado peruano, el Senado norteamericano sí se interesaría en dichas operaciones. Si los expedientes del AGNP son numerosos, cabe no obstante subrayar que la documentación disponible del TSN se caracteriza por la ausencia de los *dossiers* relativos a personalidades mayores de la "Patria Nueva".

2   La totalidad de la documentación consultada sirvió para la realización de nuestra tesis doctoral sobre la "gestión nacional" del régimen leguiísta durante la "Patria

Nueva"; tesis defendida en la universidad Denis Diderot, Paris 7 (Luna, P.F., *Etat*, 1991).
3   Sin pretender ser exhaustivos, citemos a M. Burga y A. Flores Galindo, *Apogeo*, 1980; E. Yepes del Castillo, *Perú*, 1972; G. Bardella, *Setenta*, 1964; R. Miller, "The Coastal", 1982; R. Thorp. y G. Bertram, *Peru*, 1978; Quiroz, A, *Financial*, 1986; P. Drake, *The Money*, 1989.
4   Sin entrar en las polémicas suscitadas, ver, entre otros, U. Mücke, *Política*, 2010; "Poder", 2008; C. McEvoy, *Utopía*, 1997, *Proyecto*, 1994.
5   Más allá del inicial apoyo a los artesanos y pequeños manufactureros citadinos, que esbozaron los fundadores del partido. Ver U. Mücke, *Política*, 2010, 243 y ss.
6   Luna, P.F., *Etat*, 1991, 597–598.
7   Belaúnde, V.E., *Obras*, 1987, III, 188.
8   El ministro Leguía abandona sus funciones en agosto de 1907, con el fin de preparar su campaña electoral para las presidenciales de 1908, contienda en la que resultará vencedor.
9   El primer préstamo extranjero desde el final la guerra del salitre había sido obtenido por el ministro de Hacienda Augusto Leguía en 1906, por un monto de 600 000 Libras Peruanas (Lp). Un proyecto de nuevo préstamo, por Lp. 3 000 000, previsto con el mismo Banco Alemán Transatlántico del primer préstamo, no obtuvo el apoyo del gobierno ni del partido Civil.
10 Leguía, A.B., *Discursos*, 1924, 340.
11 La legación francesa en Lima seguía muy de cerca estos asuntos, en los que le parecía ver, ya en ese entonces, un gran interés personal por parte del propio presidente Leguía. ADF. NS Pérou, Affaires commerciales 1908–1914.
12 Las gestiones de Leguía habían comenzado antes de su elección. ADF. NS Pérou, Finances 1900–1908. Nota de M. Brière, director de la *Société générale*, al ministro de asuntos extranjeros, 24 de agosto de 1908. Los sectores más liberales del civilismo, a través del diario *El Comercio* (edición del 10 de enero de 1909), se oponían a las opciones de financiamiento avanzadas por el gobierno y especialmente al control estatal de la empresa del puerto del Callao; se trataba de un monopolio que podía ser más nefasto, señalaban, que el propio monopolio privado.
13 Su puesta en ejecución conllevaba una declaración de bancarrota parcial en detrimento de los acreedores, incluso si el tipo de interés de los nuevos títulos propuestos era mayor (Luna, P.F., *Etat*, 1991, 209–212). Leguía podía argumentar, en vano, que la retribución real anual de sus detentores aumentaba, con valores mejor garantizados. Los proveedores, que constituían la mayoría de los acreedores, rechazaron su propuesta y el gobierno tuvo que contentarse con declarar que la conversión anunciada sólo sería voluntaria. ADF. NS Pérou, Finances 1900–1910; Politique intérieure 1912–1914.
14 Conviene recordar desde ahora que no se trata verdaderamente de una novedad en el credo del civilismo tradicional. Ya en 1872, cuando los recursos del guano empezaban a agotarse, Manuel Pardo (fundador del partido Civil) había propuesto la idea de un gran empréstito extranjero de liquidación de deudas.

15 Se trataba de préstamos en cuenta corriente, de variado montaje, en donde participaban bancos franceses y británicos (sin distinción de origen nacional). El gobierno proseguía no obstante sus gestiones por el "gran empréstito de liquidación", sin lograr vencer las reticencias en particular de los bancos franceses. ADF. NS Pérou, Finances 1900-1910.
16 La perspectiva de una renegociación del arrendamiento de la recaudación de impuestos provocó el resuelto rechazo del grupo financiero constituido en torno al Banco Popular, el mismo que controlaba entonces la existente Sociedad Nacional de Recaudación.
17 El conflicto en torno al gran empréstito de liquidación aparece visible en la correspondencia diplomática francesa, entre los bancos franceses y los mismos agentes de su representación diplomática en Lima. Por otro lado, en Berlín, el ministro chileno amenazó con represalias en perjuicio de los bancos alemanes establecidos en Chile, si se le concedían más ayudas financieras al gobierno peruano desde la capital del Imperio Alemán. ADF. NS Pérou, Finances 1900-1910.
18 El propio Leguía abandonaba el país, en agosto de 1913, luego de haber consumado su ruptura con el nuevo presidente G. Billinghurst, cuya elección por el congreso —vale la pena recordarlo—, se había operado con los votos del leguiísmo (Luna, P.F., *Etat*, 1991, 219).
19 Sus manifestaciones se prolongarían en los años siguientes, especialmente hacia finales de la guerra mundial, estimulando las reivindicaciones obreras y artesanales por la jornada de las 8 horas y el aumento de salarios.
20 Si el número de votos del candidato victorioso en las elecciones presidenciales había pasado de 56 000 en 1899, a 90 000 en 1904 y a 143 000 en 1908 (con un número de electores inscritos de 108 000, 147 000 y 184 000 respectivamente), ello no dejaba de denunciar la debilidad de la representación electoral en un país que avanzaba hacia los 4 millones de habitantes (Luna, P.F., *Etat*, 1991, 321-322).
21 Si dicha convención, convocada por el propio presidente Benavides, reunió a representantes de los partidos (Civil, Constitucional, Liberal y Demócrata), fue el conjunto del personal político peruano de ese entonces (incluso personalidades ya alejadas de la vida pública) el que participó en ella (Basadre, J., *Historia*, 1968-1969, XII, 362).
22 Algunos parlamentarios (Ulloa, Secada, Tudela, Escardó, etc.) llegaron incluso hasta proponer un nuevo sistema fiscal íntegramente basado en los impuestos a las exportaciones. Estas aumentaban considerablemente, alcanzando importantes niveles, en particular entre 1917 y 1919.
23 El futuro ministro de hacienda leguiísta, Fernando Fuchs, decía en la cámara de diputados, el 25/10/1916, que la imposición indirecta, a través de la evolución de los precios internacionales de los productos peruanos exportados, era por el momento "[...] lo único aceptable mientras no avancemos en nuestra organización administrativa, mientras no contemos con estadísticas precisas, mientras no tengamos legislación especial al respecto" (Luna, P.F., *Etat*, 1991, 372).
24 Luna, P.F., *Etat*, 1991, 373-380.

25 Las gestiones del gobierno del presidente Pardo para obtener tal préstamo, negociadas ya desde entonces con bancos norteamericanos, no dieron los resultados esperados.
26 Personalidad del civilismo intelectual y político, profesor y rector de la universidad de San Marcos, presidente de la Convención de Partidos Políticos de 1915, Javier Prado había sido designado "maestro de la juventud" por la federación universitaria, la misma que inauguraba de esta manera una práctica que se prolongaría durante varios años. Dato interesante: el segundo "maestro de la juventud", elegido en 1918, no sería otro que el futuro presidente Augusto Leguía.
27 Queda todavía por reconstituir, sobre el plano sociopolítico, la manera como el leguiísmo, luego de su llegada a la cima del Estado, se constituye progresivamente en partido de gobierno, gracias a la fundación del partido democrático reformista, incorporando a las mayorías del civilismo que apoyaban el programa de gobierno de Leguía y a nuevos sectores y personalidades que no provenían del partido civil.
28 Para mayores detalles, Luna, P.F., *Etat*, 1991, 157–180.
29 El ministro de hacienda, F. Bresani, había presentado un informe que propugnaba la percepción directa estatal de todos los impuestos y estancos, fiscales y municipales (alcohol, tabaco, opio, etc.) y la creación de una Oficina Central de Contribuciones para tal efecto (Bardella, G., *Setenta*, 1964, 74).
30 Entre otros: J. Payán del Banco del Perú y Londres; G.B Isola y J.J. Figari, del Banco Italiano; los comerciantes B. Wells, L. Delaude, E.F. Ayulo, etc.
31 Ya desde 1897, la *Sociedad Anónima Recaudadora* concedía préstamos al gobierno para cubrir los déficits presupuestarios de 1895 y 1896. Para ello, el gobierno le había autorizado previamente el aumento de su capital.
32 Dicha *Sociedad Nacional de Recaudación*, con un capital tres veces superior al de la antigua *Sociedad Anónima Recaudadora*, se constituía paralelamente a la creación del Banco Popular cercano a la familia Prado y Ugarteche.
33 Diversas intervenciones parlamentarias, de variado origen, apuntaban a la necesidad de proceder rápidamente, con el fin de hacer que el Estado recuperase su derecho de recaudar y administrar sus finanzas (Luna, P.F., *Etat*, 1991, 171).
34 Los diputados más radicales en su condena contra la *Compañía* eran: J.A. Encinas, A. Maúrtua, A. Nosiglia, J. Mármol y J.M. Rodríguez.
35 Organismo de compensación interbancaria (*clearing house*) y de depósitos judiciales y administrativos, en donde confluían intereses privados y públicos (con amplia presencia de representantes de los bancos), la Caja de Depósitos y Consignaciones creaba entonces un departamento de recaudación de impuestos. Sus funciones de origen, es decir las de servir de centro de intercambio de letras, pagarés y otros documentos entre banqueros y grandes comerciantes, con el mínimo desplazamiento de liquidez, habían disminuido desde la creación, en 1922, del Banco de Reserva del Perú.
36 Luna, P.F., *Etat*, 1991, 495.
37 La Sociedad de Empleados de Comercio, por ejemplo, que había apoyado la elección del presidente Leguía (tal como se lo recordaba por carta al ministro de desarrollo, Lauro Curletti) y que ahora rechazaba la idea de poner impuestos so-

bre los ingresos del trabajo artesanal y manual, de la pequeña empresa, así como los sueldos y salarios, las remuneraciones del trabajo liberal o las pensiones de jubilados y cesantes. AGNP. OL 805–614–628. Ministerio de Hacienda 1921. Leg. n° 1453.

38 Organismos como la Sociedad Nacional Agraria, baluarte de exportadores y propietarios de tierras, rechazaban los pedidos de información de las autoridades gubernamentales (sobre su costo de producción o sus ingresos efectivos), aduciendo los pretextos más diversos: falta de contabilidad, diversidad de condiciones climáticas, accidentes, etc. Sus esfuerzos se concentraban, en cambio, en la supresión de los impuestos a las exportaciones instaurados por José Pardo durante la guerra mundial. AGNP. OL 829–308. Ministerio de Hacienda 1924. Leg. n° 1501

39 Su creación remontaba a 1879, al comienzo de la guerra del salitre; su finalidad había sido procurar recursos nuevos, ante la crisis financiera del Estado. Desde entonces, su rayo de acción se había ampliado progresivamente, aunque manteniendo su tasa a 4%.

40 Lo que correspondía por ejemplo, en 1926, a la remuneración de los dos grados más altos de oficiales del Ejército, es decir, general de división y general de brigada. AGNP. OL 844–103. Gabinete Militar 1926. Leg. n° 1536.

41 Aparte de los productos de lujo, las importaciones más castigadas eran: vinos y licores, fósforos, muebles, textiles, azúcar, arroz, manteca, trigo y harina de trigo. En ese entonces, los únicos bienes de exportación que pagaban impuesto eran los cauchos y el oro.

42 En el Manual de la Compañía Recaudadora de Impuestos de 1913 se pueden hallar referencias sobre determinados impuestos al capital móvil, a las herencias o a las posesiones rurales, pero su importancia parece ser débil. Recordemos que el diputado Maúrtua los estima, en 1916, a 5–6 por ciento.

43 Los ingresos de los cuatro primeros meses de 1915 representaban el 40% de los de un año normal (Rowe, L.S., *Early*, 1920, 18).

44 Los ingresos fiscales empezaron entonces a crecer significativamente, pasando de Lp. 3 007 600, en 1915, a 3 984 900, en 1916, a 4 674 900, en 1917, y a 4 988 600, en 1918. Para seguir aumentando y alcanzar su punto culminante en 1920, ya durante la "Patria Nueva", con 8 402 600 libras Peruanas. Los años de 1916 y 1917 fueron años excepcionales: el Estado peruano registró superávits fiscales que no se volverían a producir (Luna, P.F., *Etat*, 1991,115a).

45 Los impuestos se pagaban en letras de cambio contra Londres o Nueva York; gracias a esta modalidad de pago y al aumento de las exportaciones, el "cheque circular" de Libra Peruana, emitido en 1914, se había convertido en moneda fuerte, con aprecio sobre la libra esterlina y el dólar (McQueen, Ch., *Peruvian*, 1926, 49).

46 A notar el peso específico relativo de los impuestos a las exportaciones: 27% del total de ingresos aduanales y 12% del total de los ingresos del Estado, en 1924. Eran los impuestos progresivos, en función de las cotizaciones internacionales de las exportaciones, los que más rentas aportaban al fisco: entre 72 y 79 por ciento del total (Luna, P.F., *Etat*, 1991, 131).

47 Ello proviene de generalidad que caracteriza la fuente utilizada, a saber, el Archivo Económico y Financiero francés (AEF). Pueden observarse, sin embargo, algunas evoluciones en la estructura de los ingresos ordinarios del Estado, resultantes de la aplicación de la ley de 1926.

48 Entre 1928 y 1930, la fuente más dinámica de ingresos fiscales por exportaciones era la de petróleo, que no formaba parte de los productos con gravámenes progresivos. AEF Série B. 32898. *Rapport financier sur le Pérou 1928–1937*, Société des nations, Genève, 1939, 6.

49 Si las rúbricas del impuesto a la renta representaban, en 1925, 3,5% de los ingresos ordinarios del Estado y si llegan a representar 6,3% en 1928, su proporción recae en 1930 à 5,4% (Banco de la Reserva del Perú, *Misión*, 1931, 74)

50 Luna, P.F., *Etat*, 1991, 152–153.

51 Para ello utilizaremos ampliamente el capítulo III de la segunda sección: pp, 181–194, de nuestra tesis doctoral, a la que ya hemos hecho referencia. Ver también, para los años anteriores, Palacios M., C., *La deuda*, 1983.

52 Por reconocimiento de deudas fiscales diversas, desde comienzos del siglo XX y por la conversión de los Vales de Consolidación de 1889; garantizados con la renta de los impuestos al consumo del alcohol. Había sido recientemente convertida, en 1918.

53 Para equipar el colegio; garantizado por el impuesto a la propiedad urbana de Lima. Pasó a formar parte, por decisión de la "Patria Nueva", del endeudamiento interno del Estado, siendo al comienzo deuda con la CDC.

54 Por deudas a abastecedores de gobiernos sucesivos; garantizados por el Estado.

55 Para construir barcos de la Compañía, firmado con la sociedad *Chantiers et Ateliers de Saint–Nazaire* (Penhoët), en 1909. Luego de varios años de incumplimiento por los gobiernos sucesivos de sus obligaciones de subvención anual y al haber tenido que pagar intereses por tales subvenciones impagas, la Compañía se había vuelto un acreedor más del Estado.

56 Con los bancos franceses *Société Générale* y *Banque de Paris et des Pays–Bas*, en 1909, con la mediación del Banco del Perú y Londres; garantizado con el impuesto a la sal, administrado por la Compañía Salinera del Perú.

57 Firmado con bancos franceses, británicos y neoyorkinos, en 1913–1914; garantizado con los ingresos del alcohol y una subvención anual del Estado.

58 Con bancos británicos, en 1910 y 1911, con la mediación del Banco del Perú y Londres; garantizado con los ingresos de las propiedades de ambas municipalidades.

59 Para 1912 y 1915, agregaremos una rúbrica específica sobre las reclamaciones francesas (en particular las de Dreyfus), procedentes del siglo XIX. Luego las reintegraremos en la deuda externa.

60 Aparte de su importancia estadística, vale la pena recalcar que ambos documentos evocan la necesidad del "gran empréstito" de liquidación y centralización de la deuda pública, ya propuesto por Leguía durante su primer mandato (1908–1912). Lo que refleja el consenso que poco a poco suscitaba esta idea.

61 No es inútil recordar que, para fines de 1908, Basadre estima el endeudamiento público (con exclusión de la deuda interna reconocida) en Lp. 1 824 000, es decir tres veces menos que en 1912 (Basadre, J., *Historia*, 1968–1969, XII, 356).

62 Luego de la firma del contrato con dicha compañía, en 1913, el Estado había recibido un préstamo de 1 245 000 Libras Peruanas.

63 Durante la guerra mundial, según MacQueen, el total del endeudamiento público habría disminuido (McQueen, Ch., *Peruvian*, 1926, 83). La Misión Kemmerer confirma la disminución y cuantifica dicho endeudamiento, para junio de 1920, en aproximadamente 7 millones de libras peruanas (Banco de la Reserva del Perú, *Misión*, 1931, anexos). Si se puede hablar de una política de desendeudamiento aplicada por el gobierno de José Pardo, en un contexto de ingresos considerables de divisas, también es posible constatar que durante los primeros años de la "Patria Nueva", el gobierno se vio obligado a reconocer obligaciones internas contraídas por el Estado en los años anteriores (incluso antes de 1915). Pero vale la pena considerar que era tradicional por parte del civilismo el reconocer deudas internas al inicio de los gobiernos, con el fin de ampliar su espectro social de apoyo (Luna, P.F., *Etat*, 1991, 187).

64 Los mismos que alcanzan en dicho año la cifra record de Lp. 9 574 497, sin lograr no obstante compensar los gastos ni el déficit acumulado desde los inicios de la "Patria Nueva". Sin embargo, los déficits fiscales de la segunda parte de la década serían aún superiores.

65 Los Bonos de la Deuda Interna, emitidos por la CDC a nombre del Estado, entre 1923 y 1924, habían sido suscritos por los bancos y entidades financieras establecidos en el país; éstas había optado por mantenerlos bajo su control, en sus cajas fuertes, sin hacerlos circular entre el público.

66 Sin embargo, MacQueen indica que en 1924, un buen número de sociedades peruanas o establecidas en el país (Gildemeister & Co., British Marconi Wireless, Peruvian Foundation Co., International Petroleum Co, la Compañía Sueca de Fósforos, etc.) continuaban realizando avances de dinero al gobierno "en cuenta corriente", por más de 500 000 Libras Peruanas (McQueen, Ch., *Peruvian*, 1926, 76).

67 Según nuestros cálculos, los ingresos fiscales de 1930 fueron de Lp. 13 025 869 (Luna, P.F., *Etat*, 1991, 115a).

68 Esta problemática requeriría un estudio más profundo, a partir de las fuentes documentales de la negociación entre el Estado y los bancos norteamericanos relativas al denominado Empréstito Nacional Peruano.

69 Aún en abril de 1929, la comunidad económica y financiera peruana rendía un "homenaje grandioso" al presidente Leguía. Los futuros "grandes errores" del régimen eran todavía sus "grandes realizaciones": el desarrollo del crédito, el crecimiento del presupuesto del Estado, su política de endeudamiento exterior, el auge de la construcción, su política vial, etc. Entre los anfitriones del homenaje, fuera del personal político y parlamentario, algunos de los personajes claves del mundo económico y financiero de los años 1920, entre exportadores, hacendados, mineros, banqueros y constructores: R. Gubbins, P. La Rosa, E. Proaño, E.

Fernandini, J. Gildemeister, G. Salocchi, J. Ludowieg, T. Marsano, A. Oechsle, G. Klinge, etc. (*Banquete*, 1929).

70 Entre 1914 y 1919, el valor de las exportaciones (principalmente azúcar, algodón, cobre, lanas, cueros y petróleo) se triplicó (Albert, B. y P. Henderson, "Latin", 1981, 717–134; entre otros). El *Office nationale du commerce extérieur* de Francia evaluaba, en 1919, que los intercambios entre Perú y EEUU se habían multiplicado por 4 durante la guerra. ANF. F12 9765.

71 Para mayores detalles, ver nuestra tesis doctoral (título capítulos I–IV, primera sección, pp. 37–112). Allí examinamos la evolución de la actividad de los bancos y cajas de ahorro, las compañías de seguros (riesgos y vida) y las compañías urbanizadoras.

72 Entre 1914 y 1919, los beneficios bancarios triplicaron; la rentabilidad anual del capital bancario alcanzó 17,5% en 1919 (Bardella, G., *Setenta*, 1964, 124).

73 Antes de la guerra mundial, el banco era controlado por capitales franceses y británicos. El retiro de accionistas británicos y la entrada de accionistas peruanos, ligados a la "Patria Nueva", a comienzos de los años 20, cambiarían su estatuto. Entre 1900 y 1913 su rentabilidad creció a un ritmo anual de 7,3% (Banco del Perú y Londres, *Breve*, 1927, 16–17). En 1919 sus beneficios fueron de Lp. 177 440; cifra record (la mitad de beneficios del conjunto de bancos), no igualada posteriormente durante el oncenio (Bardella, G., *Setenta*, 1964, 124).

74 En actividades comerciales, artesanales, de descuento, seguros y la producción de vino. En 1900, 261 accionistas italianos poseían el 78% de sus 20 000 acciones (Pirrone, G., "La Reppublica", 1903, 32–33).

75 En 1926, los comentarios de los representantes diplomáticos franceses eran elocuentes al respecto, en momentos en que se seguía pensando en la necesidad de la implantación de un banco francés en Lima; un asunto constante, desde comienzos de siglo, en la mente de los encargados de la legación francesa en Lima. AEF. B 32896.

76 Sus fundadores querían crear un organismo que proporcionara a sus socios servicios de montepío y ahorro (Camprubí, C., *Un Siglo*, 1968, 84).

77 Sólo excepcionalmente otorgaba crédito por más de tres meses (Lough, W.H., *Banking*, 1915, 95).

78 Si los representantes diplomáticos franceses en Lima imputaron la creación de la sucursal del Anglo–sudamericano a la competencia *nacional* cada vez más grande entre los bancos y a las perspectivas abiertas por la "Patria Nueva", en cambio, la creación de la sucursal del National City Bank fue la consecuencia, según ellos, de la intención de Leguía de constituir un Banco Nacional con capitales norteamericanos y la participación de los banqueros neoyorkinos en particular. AEF. B 32896.

79 No se trataba de un proyecto nuevo. La idea de crear un gran banco peruano estatal, de orientación agrícola, con el fin de dar ocasiones de inversión a los capitales nacionales que progresivamente se acumulaban, había sido lanzada en 1917 por el entonces presidente de la república, José Pardo.

80 Incluso el Banco del Perú y Londres, cuyos vínculos con el leguiísmo se estrecharían en los años venideros, rechazó la propuesta. El presidente de su Consejo

de Administración, Manuel Vicente Villarán, calificó dicho proyecto de anticonstitucional y no viable. Hemos analizado en nuestra tesis doctoral (capítulo III, tercera sección: pp. 249–279) el proceso que lleva de la propuesta del Banco de la Nación Peruana, a su rechazo y a la constitución, en 1922, de Banco de la Reserva del Perú.

81 Ese año, sus utilidades (Lp. 328 119) representan más de la mitad del total de utilidades de los bancos del país. Pero no está demás señalar que, a lo largo de la década, sus utilidades se situarán siempre entre 40 y 58 por ciento del total del sistema bancario. Es indudablemente la institución bancaria más rentable durante el oncenio.

82 Con un pasivo exigible que se mantiene, durante la década, a un nivel de 23–27 por ciento del pasivo total (Luna, P.F., *Etat*, 1991, 62a).

83 A partir de 1925, en particular, el crédito activo (descuentos, cuentas corrientes deudoras y avances de dinero) se vuelve superior al pasivo exigible en moneda nacional. Por otro lado, la proporción de dicho crédito activo con respecto a la cuenta Caja y bancos en el país pasa de 2,36 en 1921, a 5,20 en 1926 y a 5,36 en 1930.

84 El Banco del Perú y Londres, "reperuanizado" a comienzos del oncenio, comprometido en casi todos los proyectos financieros, agrícolas e industriales del leguiísmo económico, y contando en su Consejo de Administración con personalidades del régimen (o cercanas a él, por diferentes vínculos), será el espejo en el que la "Patria Nueva" observará primero su prosperidad, luego su declive y finalmente su desaparición (Luna, P.F., *Etat*, 1991, 80–112; Quiroz, A., *Banqueros*, 1990, 254–296).

Fuentes primarias:

—Archivo General de la Nación (AGNP)
        Ministerio de Hacienda.
        Tribunal de Sanción Nacional.
—Colección histórica: Archivos y Biblioteca "Pedro Benvenuto M".
Universidad del Pacífico
—Archivo Nacional de Francia (ANF)
—Archivo del Ministerio de Economía y Finanzas de Francia (AEF).
—Archivo del Ministerio de Asuntos Extranjeros de Francia (ADF).
—Archivo del Ejército de Francia (AHAT).

Bibliografía:

Albert, B. *South America and The First World War*. Cambridge: Cambridge University Press, 1988.

Albert, B. y P. Henderson: "Latin America and The Great War". *World Development*, 9:8(1981): 717–734.
Banco de la Reserva del Perú. *Misión de Consejeros Financieros*. Lima: Torres Aguirre, 1931.
Banco del Perú y Londres. *Breve reseña histórica de la fundación y desarrollo del BPyL*. Lima: Gil, 1927.
Banquete al Presidente de la República. Lima: Torres Aguirre, 1929.
Bardella, G. *Setenta y cinco años de vida económica del Perú, 1889–1964*. Lima: Vanzetti y Vanoletti, 1964.
Basadre, J. *Historia de la República del Perú*. Lima: Universitaria, 1968–1969.
Belaúnde V.A. *Obras completas*. Lima: Lumen, 1987.
Burga, M. y A. Flores Galindo. *Apogeo y Crisis de la República Aristocrática*. Lima:
 Rikchay Perú, 1980.
Camprubí, C. *Un siglo al servicio del ahorro 1868–1968*. Lima: Caja de Ahorros de Lima–Villanueva, 1968.
Drake, P. *The Money Doctor in The Andes*. Duke University Press, Durham, London, 1989.
Dunn, W.E. *Peru, A Commercial and Industrial Handbook*, BFDC–DC, TPS n° 25, Washington, 1925.
Halsey, F.M. *Investments in Latin America and The British West Indies*. BFDC–DC, SAS n° 169, Washington, 1918.
Informes anuales de la Inspección Fiscal de Bancos, Cajas de Ahorros y Compañías de Seguros. Lima, 1921–1930.
Leguía S., A.B. *Discursos y mensajes*. Lima: Garcilaso, 1924.
Lough, W.H. *Banking Opportunities in South America*. BFDC–DC, SAS n° 106, Washington, 1915.
Luna, P. F. "1914. Sociedad y Parlamento: Reflexiones en torno a una crisis". *Apuntes*, 24, Lima, 1989: 179–199.
Luna, P. F. *Etat, fiscalité et finances au Pérou, à la fin des années vingt*. Tesis de doctorado en Historia, Université Paris Denis Diderot, Paris 7, Paris : 1991. 2 vols. 1–287, 288–633.
Luna, P. F. L"irruption de la "plèbe" liménienne ou les contradictions du "Pan Grande". 2005. (inédito).
Manual de la Compañía Recaudadora de Impuestos. Lima: Gil, 1913.
McEvoy, C. *La utopía republicana: ideales y realidades en la formación de la cultura política peruana, 1871–1919*. Lima: PUCP, 1997.
McEvoy, C. *Un proyecto nacional en el siglo XIX. Manuel Pardo y su visión del Perú*. Lima: PUCP, 1994.

McQueen, Ch *Peruvian Public Finance*, BFDC–DC, TPS n° 30, Washington, 1926.

Miller, R. "The Coastal Elite and Peruvian Politics 1895–1919". *Journal of Latin American Studies*, 14, 1, London, 1982:97–120.

Mücke, Ulrich. "Poder y política. El partido civil antes de la guerra con Chile". *Histórica*, XXXII, 2(2008): 73–122.

Mücke, Ulrich. *Política y burguesía en el Perú. El partido civil antes de la guerra con Chile*. Lima: IFEA/IEP, 362 p, 2010.

Palacios M., C. *La deuda angloperuana, 1822–1890*. Lima: Studium, 1983.

Pirrone, G. "La Reppublica del Peru e l'"immigrazione italiana". *Bollettino dell"emigrazione*, 15, Roma: (1913): 32–33.

Quiroz, A. *Financial Institutions in Peruvian Export Economy and Society, 1884–1930*. Tesis PHD, Columbia University, 1986.

Quiroz, A. *Banqueros en conflicto: estructura financiera y economía peruana, 1884–1930*. Lima: CIUP, 1990.

Rowe, L. S. *Early Effects of The War upon The Finance, Commerce and Industry of Peru*. New York: OUP, 1920.

Thorp, R. y G. Bertram. *Peru 1890–1977: Growth and Policy in a Open Economy*. New York, London: CUP– Mac Millan Press, 1978.

Yepes del Castillo, E. *Perú: 1820–1920: Un siglo de desarrollo capitalista*. Lima: IEP– Campodónico, 1972.

Cielo azul, nubes oscuras: La seducción de la aviación y la desorientación de la modernidad durante el "Oncenio" de Leguía

Willie Hiatt

La maravillosa aparición de los aviones en los cielos de Lima generó una emoción incomparable en la vida moderna peruana durante los primeros años del "Oncenio" de Augusto B. Leguía (1919–1930). Miles de limeños salían a las calles para ver las últimas pruebas de lo que un observador llamó "las elegantes navecillas, que semejaban grandes aves fantásticas".[1] Grupos tan distintos como las alumnas del colegio de los Sagrados Corazones, trabajadores del Matadero General y miembros de la Cámara de Diputados, organizaron erogaciones para contribuir con fondos y donar aviones al ejército —la manifestación de un verdadero fenómeno popular que se extendió a departamentos en todo el país. Sin embargo, la fascinación por la aviación ocultó graves dificultades de una iniciativa que requería tanto experiencia técnica como recursos económicos para implantar un programa aéreo nacional. En 1922, una dramática investigación del Congreso reveló el pésimo estado de casi todos los aspectos de un programa que incluso carecía de hangares para proteger los aviones de la intemperie limeña. En este ensayo sostengo que el capítulo del inicio de la aviación desenmascaró la posición paradójica del Perú frente a la modernización occidental. Por un lado, los modernizadores peruanos ya se concebían a sí mismos como parte de la emocionante corriente de la historia universal encarnada por la aviación, pero por otro lado, lamentaban su estado atrasado y su lugar marginado en la escena mundial. La apasionada búsqueda de esta nueva tecnología revela la ansiedad que marca la condición moderna en la supuesta periferia —el simultáneo deseo de participar de un fenómeno universal y el temor de que el país nunca cerrara la brecha entre él y lo que percibían como el "verdadero" Occidente.

Aunque Leguía no inició la formalización de la aeronavegación peruana, la iniciativa correspondía con su ambiciosa campaña de modernizar caminos, ferrocarriles, estaciones radiotelegráficas, muelles y túneles, entre otros medios de comunicación.[2] Sin embargo, para un periodo tan importante en la modernización del Perú, entendemos poco sobre el énfasis de Leguía en la expansión de la red de comunicaciones y las implicaciones de la afluencia del capital, la cultura y la modernización extranjeros. Si un rasgo principal de la modernidad es la creencia en una ruptura completa con el pasado, no hay nada más moderno que la "Patria Nueva" y el arquitecto que creía que la historia lo había escogido para reinventar a la nación peruana.[3] La aviación ofrece un vehículo analítico no sólo para atisbar detrás de la cortina del Oncenio, sino también para entender mejor por qué la modernidad ha sido un principio organizador tan poderoso en un país que lamentaba su estado de subdesarrollo. La imitación de Europa y Estados Unidos a través de la aviación esclarece el hondo pesimismo y las inseguridades que existían en el Perú al momento del Centenario de la independencia de España (1921–1924). Mi análisis de la "copia" de la modernidad —o por lo menos, lo que las élites limeñas consideraban que era lo moderno— revela la precariedad del proyecto de modernización durante el Oncenio.[4]

El análisis de la aviación registra la gran desorientación que el Perú experimentó frente a la modernización mundial. Las élites se pensaban a sí mismas como parte del Occidente, pero al mismo tiempo reconocían que ocupaban una posición marginada, conscientes de lo que Walter Mignolo denomina "diferencia entre igualdad". Uno de los legados del colonialismo es que se imaginó a Latinoamérica como la extensión de Europa, no como su diferencia, como en el caso de las colonias de Asia y África.[5] El pensamiento intelectual, reportajes periodísticos, debates en el Congreso y documentos políticos y militares que utilizo en este estudio sugieren el reconocimiento de una posición nebulosa que borra las fronteras entre la división binaria centro/periferia, original/copia y moderno/premoderno.

Aunque rechazamos el mito de una "gran narrativa" universal que se originó en Europa y luego se difundió al resto del mundo, la aviación demuestra la complicidad de las élites de la periferia en la hegemonía del proyecto moderno. La necesidad de copiar lo que estaba ocurriendo en Europa y Estados Unidos demuestra hasta qué punto los supuestos guardianes de la modernización del Perú experimentaban el sentido de carencia y deficiencia asociadas con la modernidad fuera de Europa. En el ambiente moderno del Oncenio, la aviación se conformaba con la búsqueda de lo universal que sirviera de remedio a un país cuyas élites se avergonzaban de la falta de integración económica, racial y política. Jorge Basadre, José Carlos Mariátegui, Víctor Andrés Belaúnde y Emilio Romero, además de centenares de observadores periodísticos y políticos, revelaban por un lado las tensiones entre una fe perdurable en la promesa universal del modelo democrático y económico occidental, y por otro lado la esperanza de un peruanismo auténtico. Lo revelador del proyecto de aviación es que, en gran parte, los modernizadores entendían que su imitación de la modernización extranjera era deficiente en comparación a lo que consideraban "lo original".

Para entender la relevancia de la aviación en el Perú, es importante subrayar el papel prominente de los pilotos peruanos durante los primeros años de la iniciativa. Las hazañas de Jorge Chávez y Juan Bielovucic en competencias aéreas en Europa sólo siete años después de los primeros vuelos de los hermanos Wright, estimularon conversaciones en tertulias limeñas e inspiraron cartas de felicitaciones del Congreso.[6] En 1910, Chávez, nacido de padres peruanos en París, llegó a ser el primer piloto en cruzar los Alpes, pero antes de aterrizar en Domodosolla, Italia, su frágil biplano "Blériot" se estrelló y el piloto murió cuatro días después. A pesar de la trágica conclusión, la hazaña heroica de Chávez inspiró a las élites limeñas en la búsqueda de la aviación, a la que veían como una solución casi mágica para superar la brecha geográfica en el Perú. Leguía apoyó el programa aéreo iniciado por su predecesor, José Pardo, pero la etapa más importante del desarrollo de la aviación pertenece al Oncenio. El hijo del Presidente, Juan Leguía, era piloto y llegó a ser el director de la Escuela de Aviación de Las Palmas. En 1925, el Presidente declaró "satisfactorio" el estado de la aviación como un arma de guerra y declaró que continuaría utilizando su odiada Conscripción Vial en la construcción de nuevos campos de aterrizaje en el norte y el sur del país.[7]

Sin embargo, la hermosa vista de aviones sobre Lima ocultó una realidad mucho más desalentadora en los inicios de la iniciativa. Además del intenso peligro del "deporte", que seguía costando la vida a un número escalofriante de pilotos peruanos y extranjeros, dos episodios claves en la primera mitad del Oncenio revelan tanto sobre las inquietudes de la modernización de Leguía como de la precariedad del programa aéreo. En 1921, al ser acusado de no haber producido los resultados esperados, los oficiales de la Misión Francesa de Aviación en el Perú respondieron que, por falta de dinero, la escuela había sufrido un estado de parálisis tan fuerte que los pilotos tenían que comprar su propia gasolina para sus vuelos. El programa sufrió otro duro golpe un año después, cuando se reveló que la Escuela de Aviación carecía de agua corriente, electricidad, hangares suficientes y un campo de aterrizaje adecuado. Peor todavía, de los más de 25 aviones adquiridos, muchos por donaciones populares o privadas, sólo un puñado seguía funcionando y otros habían sido destruidos intencionalmente o por falta de hangares. El ardiente debate en el Congreso y el aluvión de artículos en la prensa revelaron la grave falta de recursos económicos, el choque de opiniones sobre la manera de organizar esta iniciativa naciente, y la existencia precaria de la aviación en un país subdesarrollado. La diferencia entre apariencia y realidad indignó a un visitante de la Escuela de Hidroaviación, quien después de ver el mal estado de la escuela, dijo que hubiera preferido conservar "la ilusión".[8]

Aunque el capítulo del desarrollo de la aviación peruana subraya las expectativas poco realistas por esta nueva tecnología, también nos ayuda a entender el poder de la modernidad tecnológica y cómo se escribe este "guión" de la historia universal en un caso específico. En primer lugar, analizo la promesa de la aviación como una solución para la brecha geográfica, y la fascinación con la iniciativa entre todos los niveles socioeconómicos. En segundo lugar, examino los peligros enfrentados por los pilotos, el escándalo de la Misión Francesa y la investigación del Congreso para destacar las dificultades de implantar la aviación en un país que contaba con pocos recursos económicos y técnicos. Finalmente, demuestro que a pesar del enorme costo en términos humanos, económicos y hasta psicológicos, la aviación marchaba hacia adelante en la forma de vuelos exitosos a lo largo de la costa y al interior del país, y en 1928, la fundación de dos compañías comerciales. En cada etapa subrayo las tensiones entre la emoción de participar en la historia universal y la ansiedad provocada por el sentimiento de pertenecer a una parte jerárquicamente inferior de la modernidad.

La intensa fe en la aviación peruana

El análisis de la aviación revela la seducción intensa de la modernidad en el Perú y cómo esta tecnología transformó la manera en la cual los peruanos imaginaron su posición en la escena mundial. Una de las características más poderosas de la modernidad tecnológica es la honda fe en su universalidad. Tanto en el Perú como en otras partes de Latinoamérica, la aviación participó de este optimismo. José Vasconcelos previó el papel de los aviones para educar "a las gentes para su ingreso a la sabiduría" derivada de la fusión racial que el intelectual mexicano llamó "la raza cósmica".[9] En el Perú, los políticos, periodistas, intelectuales y militares que ponían tanto énfasis en la contribución de la ciencia positivista en la modernización del país entendían que, si en el séptimo día de la creación Dios *destruyó* el Perú, la aviación ofrecía la promesa de superar este "accidente" geográfico.[10] Pero más allá de su uso práctico, la aviación tocó algo mucho más espiritual en la identidad peruana. La prominencia de los peruanos Chávez y Bielovucic en la primera década de la aviación no escapó a la atención de los modernizadores. La visibilidad del Perú en la iniciativa estimuló la creencia de que esta tecnología podía despertar y movilizar la grandeza latente dentro del ser peruano.

  El optimismo por la aplicación de las corrientes universales a la realidad latinoamericana infundió el pensamiento intelectual y político en las primeras décadas del siglo XX. La elaboración de un programa de desarrollo económico y consolidación democrática puso en evidencia las tensiones entre la atracción de un modelo extranjero y el deseo de articular una solución auténticamente hispanoamericana. El uruguayo José Enrique Rodó criticó fuertemente el utilitarismo estadounidense al mismo tiempo que elogió la originalidad, laboriosidad y la libertad del gigante del norte.[11] Se puede leer su obra como el deseo de un cosmopolitismo que buscaba la conciliación entre una totalidad universal y una identidad nacional auténtica.[12] Después de la Revolución Rusa de 1917, el pensamiento socialista y comunista influyó en los movimientos sociales peruanos como el indigenismo y la movilización obrera. Los conflictos entre lo europeo y lo andino surgieron en el intento de Mariátegui, el verdadero fundador del marxismo latinoamericano, de crear un espacio ideológico para el marxismo en el Perú —un proceso que Alberto Flores Galindo llamó "la agonía de Mariátegui".[13] Belaúnde, un miembro de la generación del 900 con fuertes vínculos con la oligarquía, rechazó el marxismo pero propuso una alternativa con aspiraciones no menos universales: el catolicismo, que según él, solucionaría los problemas de la economía, la educación y la modernización de modo que "no desintegra la nacionalidad, sino que la salva".[14] La influencia del capital extranjero y la intervención imperialista, sobre todo durante el Oncenio, provocaron grandes debates sobre cuál era el mejor camino para superar el estado atrasado del Perú.

  Desde los primeros años de la aviación, esta nueva iniciativa estimuló por todas partes la promesa casi mesiánica de la perfección de la humanidad y las relaciones humanas. El aparato volante se vio como un instrumento de reforma y regeneración, un heraldo de la democracia y libertad, y un agente de civilización.[15] Las noticias del éxito de Chávez y Bielovucic en competencias aéreas a partir de junio de 1910, fascinaron a los periodistas y políticos limeños y estimularon sueños de progreso nacional. *El Comercio* señaló la locura de un deporte tan peligroso como la aviación, pero reconoció al mismo tiempo que se había convertido en "una verdadera monomanía" en Europa.

El deseo de progreso diferenciaba a los seres humanos de los animales, y los que no sentían la necesidad de renovación estaban muertos, "momificados en las redes de un rutinarismo inmóvil".[16] Las hazañas de sus compatriotas en la aviación revelaron la potencia que residía dentro de la sangre y el carácter peruanos.

En 1910, se formó el Aero Club Peruano y La Liga Peruana Pro–Aeronavegación con el fin de adquirir aparatos, entrenar pilotos y formar aeroclubs en todo el país.[17] Apenas tres décadas depués de la desastrosa guerra con Chile (1879–1883), los peruanos reconocieron los beneficios de la aviación como un arma de guerra. Pedro E. Muñiz, el fundador de la Liga Pro–Aviación, apuntó que el mejor avión costaba menos que los más baratos barcos de guerra y se podía comprar docenas de aeroplanos por lo que era "preciso para sostener en un año un solo regimiento".[18] El entusiasmo no desapareció con la muerte de Chávez, quien demostró que la aviación formaba "un ilimitado y luminoso horizonte para las energías nacionales y ¡cuántas esperanzas fecundas, cuántos sueños patrióticos, cuántos contenidos anhelos se ligan con él!"[19] La Liga Pro–Aviación inmediatamente ofreció a Bielovucic 25.000 francos para que regresara al Perú con dos biplanos Voisin, dos técnicos y la pericia para fundar la primera escuela de aviación en Lima.[20] En enero de 1911, miles de personas se reunieron en el puerto del Callao para saludar a Bielovucic, que fue celebrado en una procesión y ceremonia en el centro de Lima. Los artículos sobre Bielovucic y Carlos Tenaud, otro aviador peruano que llegó a Lima al mismo tiempo, crearon la impresión de que la historia mundial había llegado al Perú usando un gorro de aviador y manejando aparatos delicados pero hermosos. La ciudad brindó toda forma de apoyo a Bielovucic, construyendo dos hangares y convirtiendo el Hipódromo de Bellavista en el primer centro de aviación, donde miles de personas asistieron a exhibiciones aéreas durante las siguientes seis semanas.

Sin embargo, la seducción de la tecnología cegó a los modernizadores en cuanto a la fragilidad del proyecto. A pesar de todo el optimismo de que los pilotos peruanos pudieran transplantar un programa de aviación a suelo peruano, la ventana de oportunidad pareció cerrarse rápidamente. A diferencia de Bielovucic, Tenaud nunca pudo demostrar su capacidad de piloto y sufrió dos accidentes en choques con los alambres del tranvía eléctrico. Su segundo accidente en diez días lo dejó paralizado, y el piloto murió siete meses después. A pesar del éxito de Bielovucic, su accidente, sólo un día antes de su regreso a Europa, provocó un conflicto entre el piloto y la Liga Pro–Aviación, que se quejó de que el piloto partiera sin dejar un solo aparato en buenas condiciones. El flirteo con la aviación resultó efímero. Un capítulo que comenzó con tanto optimismo terminó con Bielovucic regresando a Europa, Tenaud paralizado en el hospital, el único avión de la Liga Pro–Aviación destruido, y los aspirantes a pilotos peruanos sin otra opción que viajar a Europa para aprender este nuevo arte. Incluso el General Pedro E. Muñiz, fundador de la Liga Pro–Aviación y luego candidato a la presidencia del Perú, moriría cuatro años después.[21]

El proyecto aéreo avanzó poco entre la partida de Bielovucic y la conclusión de la Primera Guerra Mundial, pero al terminar el conflicto bélico, el Perú reanudó su búsqueda de la aeronavegación con nueva energía. La aviación había madurado, y aunque la devastación de la guerra debilitaría la fe en que los hombres dominarán la tecnología, el avión voló muy arriba de las nubes de gases venenosos en el suelo y emergió llevando la promesa de cambios drásticos en las relaciones humanas.[22] En enero de 1919, menos de siete meses antes del golpe del 4 de julio que instaló a Leguía en el Palacio, el Presidente José Pardo fundó el Servicio de Aviación Militar. Además de enviar a estudiantes peruanos a Argentina para entrenarlos en un programa más avanzado, Pardo contrató los servicios de oficiales franceses para brindar a la escuela peruana pilotos, instrucción técnica y experiencia.[23] La Misión Francesa llegó con grandes expectativas. La distancia entre el Perú y Europa permitió que una guerra tan dolorosa fuera vista con romanticismo en el Perú, y la llegada de la aviación en manos europeas posibilitaba que los modernizadores peruanos se imaginaran una conexión más tangible con la moderna Europa. En informes periodísticos y debates políticos se expresó la admiración por los participantes y su experiencia de combate durante la gran guerra. *Variedades* pregonó que el sargento mayor Louis Coudouret, director francés de la Escuela Militar de Aviación, había destruido once aviones enemigos durante la guerra, y después elogió el patriotismo del "joven y valiente militar" en la cobertura de su matrimonio con la hija de una respetable familia limeña.[24]

En medio de la emoción que la modernización del Oncenio trajo, no es sorprendente que el país recibiera con entusiasmo una tecnología percibida como la más moderna de la historia. El pésimo estado de las vías de comunicación había sido fuente de gran pesimismo durante gran parte del período republicano. Incluso en la era del vapor, el ferrocarril y el automóvil, era difícil imaginar la integración del Perú. En un discurso cáustico en 1922, Miguel A. Morán, un diputado de Huaraz, recibió aplausos en la cámara por su ardiente defensa de la necesidad de la aviación:

> si algún país necesita mucho de este nuevo servicio de aviación, este país no puede ser otro que el Perú, que no tiene ferrocarriles, porque los que tiene

son pequeños, que no tiene caminos, porque los que tiene son trochas y desfiladeros, y que no tiene servicio de correos, porque el malo que tenía ha sido bastardeado por una compañía mercantil extranjera [the Marconi Company] [...] País de esta clase, señor, ¿no necesita un servicio de aviación que salve las distancias, que reemplace los caminos y todas las vías de comunicación que nos faltan?[25]

A principios de los años 20, un senador del departamento de Loreto se quejó de que el correo demorara más de 80 días en llegar desde Iquitos, una de las principales ciudades amazónicas, a la capital.[26] Un viaje al Cusco, situado a casi 3.400 msnm en la sierra sur, requería dos o tres días en barco desde el Callao hasta Mollendo, y otros dos o tres días más en tren por Arequipa, Juliaca y Puno antes de llegar a la antigua capital de los Incas.[27] La aviación generó tal esperanza de que el país pudiera superar su fragmentación geográfica que las cámaras aprobaron premios de entre 500 y 2.000 libras para estimular los vuelos entre Lima y distintas regiones del país.

El hecho de que la aviación sedujera tanto a las masas peruanas como a las élites, nos enseña mucho sobre el poder de la modernidad. Varios estudios de historia latinoamericana han demostrado que otras campañas positivistas dirigidas en particular a la criminalidad, la salud pública, la sanidad, la sexualidad y la diferencia racial, no pudieron inspirar el mismo optimismo que la aviación.[28] Las masas no asociaron esta tecnología con los intentos elitistas de controlar, civilizar y educar. En la década antes de que Charles Lindbergh electrizara al mundo al cruzar el Atlántico en 1927, la aviación capturó la imaginación peruana en casi todos los niveles sociales. Los artículos y fotógrafos captaron la diversidad de la gente que inundaba los campos de aterrizaje y los miles de personas atraídos a las calles por la vista y el sonido de los aviones arriba. No sólo los diarios como *El Comercio*, *La Prensa*, *La Crónica* y *El Tiempo*, sino también las revistas gráficas como *Variedades* y *Mundial* se mostraron completamente cautivadas por el proyecto. Aunque la naturaleza visual de los aviones se prestaba al tratamiento fotográfico de la prensa, las fotos en blanco y negro no podían comunicar la visión descrita por un periodista, que se maravilló de las alas amarillas gigantes de los hidroaviones.[29] Además de publicar incontables retratos de los aviadores dentro y delante de sus aparatos, caracterizándolos casi como extensiones humanas de ellos, las revistas comenzaron a publicar fotos aéreas de Lima tomadas desde los mismos aviones. Estas imágenes ofrecían una novedosa perspectiva de una ciudad que experimentaba cambios drásticos, incluyendo la construcción de nuevas calles, plazas, monumentos y otros proyectos públicos apoyados por Leguía.[30]

Con la llegada de la Misión Francesa en 1919, los peruanos demostraron un gran deseo de participar de este fenómeno mundial, donando hasta 1.300 libras para la adquisición de aparatos. Las alumnas del colegio de los Sagrados Corazones organizaron una velada en el Teatro Colón, donde presentaron bailes indígenas y una zarzuela para reunir fondos de apoyo a la misión y los pilotos nacionales.[31] En una reunión del Matadero General en 1920, cuando acordaron que se destinaría cinco reses al fondo pro-aviación, "la sala prorrumpe en aclamaciones en favor de la aviación nacional y en entusiastas hurras a la patria".[32] Varios individuos acomodados como Santiago González y Pablo Nosiglia contribuyeron con aviones. La pasión patriótica no se limitaba a Lima: el departamento de Apurímac, las provincias de Pasco e Ica, el distrito de San Ramón en la provincia de Tarma, los comités de Chancay y Lobitos, y los obreros de Cerro de Pasco Investment Company, donaron aviones que casi siempre llevaban el nombre del grupo donante. Los departamentos de Cusco y Huánuco reunieron fondos por erogaciones populares y corridas de toros.[33] Hasta las colonias peruanas en Buenos Aires y París contribuyeron con aviones.[34]

La emoción por la aviación y el deseo de superar la división geográfica unificó el país como pocas causas podían hacerlo. Mariátegui consideraba que los medios de comunicación modernos podrían mejorar la circulación y regenerar el cuerpo nacional.[35] El joven historiador Basadre expresó un profundo sentido de insularidad en *La multitud, la ciudad y el campo*, en el que destacó la interrupción histórica y la ruptura entre lo urbano y lo rural, por lo que el país requería una nueva articulación.[36] La geografía del Perú también apareció como un verdadero personaje en un estudio de Emilio Romero, quien propuso el concepto de la "geografía del trabajo" para subrayar el papel de la composición física del país en su producción industrial, la transformación de materias primas, los transportes, el funcionamiento del mercado y los cambios de materia prima. Al final Romero propuso nuevas demarcaciones para el Perú, basadas no en la estructura colonial o eclesiástica, sino en tres nuevas zonas que conformarían mejor las ventajas económicas del país.[37] Con gran optimismo el autor representaba al Perú como una tabula rasa que, con la llegada de medios de comunicación modernos, podía lograr la integración a través de una nueva organización económica.

Al coincidir con el Oncenio, la aeronavegación se insertó dentro de un contexto ideológico marcado por las tensiones en el pensamiento modernizador. Una de los características más conocidas y criticadas del régimen de Leguía, quien se había educado en Chile y después de su primera presidencia vivió en el exilio en Inglaterra y Estados Unidos, es que el Presidente miró hacia fuera en busca de modelos de desarrollo occidental. A pesar de profundas diferencias ideológicas, los diversos modernizadores peruanos podían coincidir en que, en el momento introspectivo del Centenario, el proyecto republicano peruano había fracasado por la incapacidad de superar la fragmentación geográfica, política y racial. Pero la fe en la universalidad de la tecnología moderna a veces desarraigó la aviación de su contexto andino. A pesar de la discusión activa sobre el problema del indio en los años 1920, es interesante notar que el discurso público sobre la necesidad de la aviación casi nunca se refiriera a la composición étnica del país. Con excepción de la descripción de la geografía, había poco específicamente andino en el debate. Sin embargo, sugiero que leamos el debate sobre la necesidad de integración, en la cual la aviación tenía un papel de suma importancia, como una suerte de lenguaje cifrado que aludía a la fragmentación étnica del Perú. Después de todo, Leguía dio a las comunidades indígenas una apertura inédita, por más ilusoria que fuera, para presentar demandas en contra de los abusos a manos de los hacendados ante el Patronato Indígena, y promulgó leyes en pro de los derechos de la población indígena mayoritaria.

La búsqueda de la aviación estimuló una fascinación inédita y permitió que los peruanos se imaginaran un país unificado y, simultáneamente, a sí mismos como participantes relevantes en la historia universal. También permitió que el país enfrentara el futuro con optimismo, después de los presuntos fracasos del primer siglo de la república y un pesimismo que se reflejaba incluso en la historiografía tradicional. El vínculo entre las obras hispanistas como las de José de la Riva Agüero, la historia de "lo que pudiera haber sido" por Basadre, y los estudios marxistas de los años 1960 y 1970 es la centralidad de fracaso —la ausencia de una clase dirigente, oportunidades perdidas para la integración racial, una incapacidad de desarrollar una clase y mercado capitalistas legítimos.[38] Pero, como demuestro en la próxima sección, dos acontecimientos ocurridos durante la primera mitad del Oncenio expusieron la precariedad del proyecto de aviación y crearon grandes dudas sobre la posibilidad de redención a través de la modernidad tecnológica.

El peligro, el imperialismo y la deficiencia de la "copia" peruana

Para demostrar el mito de la "gran narrativa" universal que se originó en Europa y luego se difundió al resto del mundo, los críticos de la modernidad han señalado que 1) lo moderno se construye sólo en contacto con las regiones fuera del Occidente, y 2) la periferia a veces articula una modernidad "alternativa", vinculando su modernización a una esencia nacional supuestamente más auténtica —que se observa, por ejemplo, en la apropiación de la antigua ciencia hindú para el proyecto nacional de India.[39] Timothy Mitchell caracteriza lo universal como un proceso que nunca cumple su promesa de extender a todo el mundo la inclusión igualitaria. En cambio, lo universal construye diferencias, excluyendo lo que no es occidental, capitalista, blanco o "moderno".[40] Por eso hay países que se encuentran "fuera" de la historia universal, ocupando una posición inferior en el continuo entre lo moderno y lo premoderno.[41]

Si el poder de la modernidad se expresa en la imitación de modelos occidentales, la influencia de Francia, Italia, Inglaterra y Estados Unidos demuestra la atracción irresistible de corrientes extranjeras en el Perú —para el ejército en general y el proyecto aéreo peruano en particular. Al visitar el Perú en 1921, el general francés Charles Mangin se maravilló de la presencia de sus compatriotas en la dirección del puerto del Callao y la cámara de comercio, la influencia francesa en la caballería peruana, y las oportunidades que se presentaban para el tutelaje civilizador francés.[42] Desde los primeros años de la formalización de la aviación por José Pardo en 1919, los extranjeros contribuyeron con instructores, pilotos, experiencia técnica y aviones. Sin embargo, los constantes accidentes, el divorcio con la Misión Francesa y las revelaciones de la investigación del Congreso, expusieron la aparente fragilidad del proyecto. Si la mímesis es el deseo de ser el "otro", en las palabras de Walter Benjamin, el capítulo de la aviación revela los poderes casi mágicos del referente que inspira la imitación —en este caso, la aviación europea y norteamericana.[43] Homi Bhabha ha señalado que para ser efectiva, la imitación debe "producir continuamente su deslizamiento, su exceso, su diferencia". Es decir, la copia peruana sería "casi lo mismo, pero no exactamente" que la de los países considerados más avanzados.[44] Aunque reconozco que la idea de una "copia" peruana corre el riesgo de naturalizar la noción de una sola modernidad, la búsqueda de la aviación demuestra hasta qué punto los peruanos, por sí mismos, reconocieron la deficiencia de su iniciativa. El hondo pesimismo en la sociedad germinaba en la brecha entre lo que los peruanos querían ser y lo que temían que fueran.

A pesar de toda la emoción y optimismo generados por la nueva iniciativa, fue imposible olvidarse del omnipresente peligro. Desde el momento del fracaso del frágil aparato de Chávez en 1910, la mala suerte parecía perseguir a la aviación en la nación andina. Antes del fin del Oncenio, no menos de diecisiete peruanos, entre ellos militares y civiles, murieron en accidentes aéreos, y esta cifra no incluye a todos los extranjeros que fallecieron durante el mismo periodo.[45] No es una exageración decir que la aviación temprana fue una actividad suicida. En los inicios del proyecto, los accidentes ocurrían con tanta frecuencia que los titulares de los periódicos se referían al "último accidente de aviación", como si anticiparan que más pilotos morirían. Los aviadores fallecieron por varias razones —imprudencia, falta de capacitación, fallas mecánicas, mal clima, pésimo estado de los campos de aterrizaje, y choque con líneas eléctricas y otros obstáculos.

En febrero de 1920, las muertes del periodista y piloto Octavio Espinoza, el piloto norteamericano Walter Pack y dos mecánicos peruanos en una colisión en el aire, conmocionaron a la comunidad limeña. Un testigo reportó que, por una maniobra de "increíble audacia" de parte del norteamericano, la hélice del aparato de Espinoza chocó con la cola del avión de Pack. Los detalles del accidente eran horrorosos. Se descubrió un diente de una de las víctimas incrustado en el tablero del avión, y en diversas partes se vio "fragmentos de masa encefálica y girones de carne despedazada".[46] Las noticias del accidente estremecieron a Leguía. Antes de que llegaran los detalles del accidente, se especuló que el hijo del Presidente, el piloto Juan Leguía, habría sido una de las víctimas. Los temores del Presidente se disiparon sólo después de hablar por teléfono con su hijo, quien afortunadamente no había tomado el vuelo con Pack.[47] En una entrevista con *Mundial* en 1921, le preguntaron a Juan Leguía por qué la aviación peruana había sufrido tantos "fracasos y pérdidas de vidas". El aviador atribuyó gran parte de la responsabilidad a las "imprudencias temerarias" de los pilotos y sugirió que "con un poco de juicio y cuidado, es muy raro, casi imposible, el desastre".[48] Pero en los años siguientes, los titulares continuaron anunciando accidentes fatales. Un avión no emergió intacto de su inauguración. En una ceremonia para la entrega de un avión al ejército por los obreros de Cerro de Pasco, el aparato "Curtiss" chocó contra una muralla después de su vuelo de ensayo. *El Comercio* reportó que el avión "quedó seriamente lesionado, pero el entusiasmo del público no decayó por eso".[49]

A pesar del peligro, el público y los pilotos compartían la emoción por su participación en este fenómeno universal. En el momento de la muerte de Carlos Hildebrandt en 1921, *Mundial* consideró los riesgos de la aviación y razonó que "el vuelo seguro y agradable es la excepción, lo natural el accidente". Pero al mismo tiempo reconocía que el "optimismo humano" tendía a concluir que cada accidente "fue un caso original" y que "el problema de la seguridad en el aire está resuelto".[50] Traicionó su fe en la promesa universal de la aviación cuando concluyó, "¡Bendita y noble idea que hace que nuevas juventudes y nuevos entusiasmos mantengan el culto a esa divinidad que se llama el 'dominio del aire!'"[51] Después de la muerte del cusqueño Alejandro Velasco Astete en un accidente en 1925 en Puno, los diarios elogiaron al piloto quechuahablante como un "hombre de ciencia en su laboratorio, ensayando una máquina nueva y peligrosa con el verdadero heroísmo de los sabios".[52] Las élites cusqueñas entendían el alto precio del progreso —un término cinético que expresó el optimismo por un futuro mejor y el miedo a lo desconocido— pero nunca dudaron de la importancia de los riesgos de la aviación en nombre de los adelantos humanos.[53]

Sin embargo, la ruptura con los franceses y la investigación del Congreso demuestran que el proyecto no siempre inspiró la confianza de que el Perú hubiera ascendido a los altos rangos de lo moderno. En febrero de 1921, a menos de un año y medio después de la llegada de la Misión Francesa, un debate acalorado que estalló en los periódicos y en el Congreso sugiere que los peruanos cuestionaban el proyecto de la aviación. Un escritor de *La Crónica*, escribiendo bajo el pseudónimo "Ivanstoff", disparó el primer tiro cuando afirmó que la misión había producido "efectos nulos" a pesar de las "pingües rentas que tenía asignadas". La prueba fue la muerte de dos pilotos franceses en un accidente atribuido a la "impericia" del coronel Paul DuBeaudiez, el jefe de la misión. Según Ivanstoff: "Un balance de los accidentes realizados en la Escuela de Aviación y de la forma como se ha malogrado la mayor parte de los aparatos que se han inutilizado, nos bastará para darnos cuenta de la impericia o del mal hado de los franceses, que han venido a nuestro país". En una aguda crítica, Ivanstoff se quejó de la "poca preparación de algunos de los elementos" y de la "indisciplina" de los franceses.[54]

Es comprensible que esta condena escandalizara a los pilotos franceses, quienes, en cartas a los periódicos no sólo se defendieron de las acusaciones, sino criticaron duramente al gobierno peruano por no haber brindado el apoyo prometido. El teniente José Romanet señaló "las dificultades que sistemáticamente se han puesto en nuestro camino" y la constante paralización de la operación de la escuela "por una presión antifrancófila". El Ministro de Guerra, Antonio Castro, les había privado de los recursos pedidos hasta tal punto que el piloto tuvo que "vender cajones vacíos para comprar gasolina" para su viaje Lima–Ica. Incluso no habían pagado al director su salario. El teniente Emile Damideaux afirmó que estaba de acuerdo con que los resultados de la misión "son nulos o casi nulos", pero lo atribuyó a la falta de apoyo económico. La escuela había recibido sólo 435 libras para sus operaciones y, además de no tener gasolina para sus vuelos, los pilotos tenían que pagar sus propios pasajes por los constantes viajes entre Lima y Maranga.[55]

Seguramente el ejército no contaba con los recursos económicos que requería la operación de una escuela de aviación, pero la fricción entre peruanos y franceses también resultó del rencor sobre el papel de los extranjeros en las Fuerzas Armadas. Las misiones militares extranjeras habían ejercido una enorme influencia sobre los países sudamericanos desde las últimas décadas del siglo XIX —los alemanes en Chile (1886) y Argentina (1899) y los franceses en el Perú (1896) y Brasil (1919).[56] *Variedades* atribuyó la ruptura entre el Perú y los franceses al hecho de que el Ministro no quisiera entregar la dirección del proyecto a oficiales extranjeros. Entre los militares peruanos que se instruyeron en Europa o en la Escuela Militar en el Perú, el país contaba con "los elementos necesarios para establecer la disciplina y la organización elemental del ejército". Sin embargo, lamentó no sólo la crítica pública de los franceses en contra del Ministro, sino también el incumplimiento, de parte del Ministro, del contrato de brindar el apoyo y los recursos que necesitaba la Misión.[57] A "la misión francesa le faltaba aquí la materia prima de toda organización militar. En una palabra no nos hemos preocupado mucho por tal organización, y los militares franceses se han visto obligados a no tener nada sustancial que hacer".[58] Las acusaciones provocaron la renuncia del Ministro de Guerra, pero el gobierno de Leguía la rechazó.[59]

Por más relevador que fuera el rompimiento con la Misión Francesa, más grietas en la fachada del proyecto aéreo se presentaron al año siguiente. La revelación de detalles escandalosos sobre el pésimo estado de la Escuela de Aviación provocó una investigación por el Congreso y terminó con la aparición durante varios días del nuevo Ministro de Guerra, Germán Luna Iglesias, delante de la Cámara de Senadores. Por una semana en febrero de 1922, el Congreso y la prensa limeña —con titulares tan fuertes como "La debacle de la aviación nacional" en primera página— palpitaban con un debate emotivo y crítico.[60] El senador de Ica, Luján Ripoll, asumió un perfil visible y con frecuencia recibió aplausos dentro de la cámara por su crítica al Ministro, su indignación ante el mal manejo de las erogaciones populares, y su deseo patriótico de revelar la verdad sobre lo que no podía ser denominada una "escuela" de aviación, sino una "vergüenza nacional".[61]

En virtud de todas las acusaciones vertidas durante el escándalo, el retrato que emergió de la escuela fue el de un proyecto precario que operaba en medio de una carencia espantosa de recursos económicos. Los descubrimientos más escandalosos del reporte fueron la insuficiencia del campo de aterrizaje, la falta de electricidad y agua potable, la deficiencia de los talleres de mecánica, la ausencia de un cerco de seguridad, y el pésimo estado de las oficinas, el comedor de oficiales y los alojamientos estudiantiles, que en realidad eran "cajones de naves aéreas disfrazadas de habitaciones". Incluso la ubicación del campo en Maranga, cerca del mar y vulnerable a la neblina limeña, creó "condiciones atmosféricas" inapropiadas para la escuela. Pero sin duda la revelación más dañina fue el deterioro de los aviones mismos. El informe concluyó que de los 28 aparatos que tenía la escuela, menos de cinco funcionaban. Varios otros —incluso los donados por erogaciones populares, entre ellos uno por Pablo Nosiglia, un diputado de Cañete— habían sido destruidos, sea por negligencia o por exposición a las inclemencias del tiempo, debido a la falta de hangares. Además, el informe concluyó que el avión donado por la comunidad peruana en París no funcionaba por falta de un tanque que costaba no más de 30 soles.[62]

El debate esclarece la dificultad de desarrollar la aviación en el Perú y nos permite sacar varias conclusiones sobre el Oncenio. En primer lugar, la indignación de Ripoll por la indiferencia de parte del ejército a "la colaboración entusiasta de todo el país en forma de erogaciones y obsequio de aparatos" demuestra hasta qué punto el patriotismo y el nacionalismo sustentaron el proyecto de aviación y la búsqueda de la modernidad tecnológica. Desde el primer momento el proyecto aéreo fue politizado. Su desarrollo coincidió con la misión diplomática de recuperar las provincias de Tacna y Arica, territorios perdidos en la guerra con Chile cuatro décadas antes. Una afrenta al patriotismo especialmente atroz fue el tratamiento al aparato italiano obsequiado por Nosiglia —un avión "Caproni" que costó 400.000 liras.[63] *Variedades* reportó que la degeneración de la tela del fuselaje y las alas, imposibilitaba su operación y que "dentro de pocas semanas estaría convertido en un dormidero de lechuzas".[64] A las acusaciones de que sus ataques en contra del Ministro de Guerra se debían a su rencor personal, Ripoll respondió: "Sí, señor Senador, odio al señor Ministro, pero lo odio con ese odio que levanta la indignación de hechos censurables que no han debido realizarse nunca, porque dañan al país! ¡Con odio patriótico que me levanta y enaltece!" Su respuesta fue recibida con aplausos en la cámara.[65]

Es obvio que la aviación peruana se desarrolló a la sombra de Chile, Ecuador y Argentina, países con los cuales el Perú siempre se comparaba. Mucho del ímpetu del proyecto se originó en el rencor contra el vecino del sur. En 1919, cuando le preguntaron a un niño en Tacna sobre lo que quería ser cuando fuera grande, respondió que aspiraba a ser piloto, "para ir a Santiago a tirar bombas".[66] Para un país con complejo de inferioridad como resultado de la derrota con Chile, la aviación servía de barómetro de su modernización. Las negociaciones diplomáticas, mediadas por Estados Unidos, para recuperar Tacna y Arica hicieron posible que la "cuestión del sur" mantuviera la atención del público durante casi todo el Oncenio.[67] El entusiasmo por la aviación sugiere que los peruanos reconocieron las posibilidades de un capítulo militar más optimista, una nueva época lejos de los fracasos de la marina y el ejército en la desastrosa guerra con Chile (1879–1883). Una caricatura de *Variedades* en 1926 mostró las figuras bárbaras de los soldados chilenos en las playas del Morro de Arica, la escena de una gran derrota del Perú en la guerra. Pero la diferencia más de 40 años después fue la orgullosa presencia de un avión, con las banderas del Perú y Bolivia, mirando amenazadoramente desde lo alto del acantilado.[68] El mensaje era claro: la tecnología de la aviación podía actualizar el pasado, eliminar el pesimismo del colapso en la guerra y permitir que el Perú se imaginara el día que derrotara a Chile en el campo de batalla.

Los éxitos aéreos de Chile durante este período no escaparon de la atención del Perú. Peor todavía, el escándalo de la escuela de aviación recordó los fracasos tecnológicos en las batallas de Angamos, Arica, San Juan y Miraflores durante la guerra con Chile. Un reportero lamentó, con exageración, la completa destrucción de todos los aviones y su inutilidad como armas de combate:

> La historia se repite! En Angamos nuestros buques se encontraron imposibilitados para combatir porque las balas estaban huecas! En Arica, manos traidoras, cortaron los hilos eléctricos de las minas! En San Juan y Miraflores, nuestros batallones fueron aniquilados porque las municiones estaban cambiadas! ¡En el Alto de la Alianza, los cierres de los cañones estaban inutilizados […]. Hoy en Maranga hay una veintena de aparatos inservibles; malogrados unos, acuchillados otros.

Durante el escándalo un informe decía que Chile contaba con más de trescientas máquinas para la guerra y que incluso Ecuador estaba listo para recibir el primer lote de treinta máquinas, construir hangares y preparar escuelas. El escritor apuntó "que mientras nuestros enemigos organizan magníficamente su aviación, en el Perú, se destruyen y acuchillan los pocos aparatos que tenemos".[69]

En segundo lugar, el proyecto subraya la manera en la cual la modernidad jerarquiza a los países fuera del Occidente, y la ansiedad provocada por la falta de recursos. En su defensa ante el Senado, el Ministro de Guerra presentó el ejemplo del estado de la aviación en Argentina y Chile para dilucidar el caso peruano. Su retrato de los programas de los países del sur se diferenciaba del de los otros informes publicados. Lo significativo no es la manera distinta en la cual los observadores caracterizaron la aviación chilena, sino la necesidad de hacer una comparación con los demás. El Ministro citó informes de periódicos de Santiago que habían calificado el programa de aviación chilena como "un completo desastre" con la destrucción de aparatos y la falta de talleres y mecánicos. Mientras tanto Argentina, que había iniciado su programa aéreo una década antes, sólo organizó su escuela militar en 1920 y con un presupuesto pequeño de 600,000 pesos al año. Añadió:

> Nosotros en nuestra pobreza y cuando la aviación no tiene de vida sino desde el año [19]18 hasta la fecha, ¿podemos aspirar a más de lo que tenemos? ¿Con qué elementos? El patriotismo y la abnegación de los peruanos, indudablemente, no puede ceder en nada a las cualidades de otros pueblos del nuevo o del viejo Continente; pero ¿son ellos bastantes para que puedan improvisarse aparatos, improvisarse hangares, improvisarse maestros? No, señores Senadores.[70]

De hecho, la saga de la escuela de aviación demuestra la frustración con un ambiente económico muy duro, sobre todo en las primeras décadas del siglo XX.[71] El estudio de la reforma carcelaria por Carlos Aguirre y de la campaña de salud pública por David Parker, entre otros, demuestran las limitaciones económicas en la modernización del país antes y durante el Oncenio. La imitación de países europeos por parte del Perú fue difícil, especialmente dada la naturaleza ambiciosa del proyecto de aviación en cualquier país. Luna Iglesias admitió que para desarrollar el programa "se necesita ser una nación rica y bien gobernada, ser un país de excelente situación económica para atender a todos los gastos que demanda un buen servicio en materia de aviación".[72] El Ministro reconoció que el Centenario creó estímulos de parte del Gobierno por la aviación, pero admitió que el estado de la escuela no era lo que esperaba. En efecto, el Ministro plantea la pregunta: ¿Vale la pena intentar el desarrollo de un programa de aviación aquí en el Perú?

En tercer lugar, la mezcla confusa de instructores, pilotos y aparatos de varias nacionalidades en la Escuela de Aviación demuestra no sólo la fe en lo extranjero, sino también el estado nebuloso de la naciente iniciativa. La frecuencia con la que los observadores de la aviación insertaban en su discurso, de una manera casi casual, el nombre y la nacionalidad de los modelos específicos de aviones, sugieren la fascinación no sólo con la tecnología, sino también con la presencia extranjera tangible en el Perú. Pero, por otro lado, la gran variedad de aparatos creó la impresión de desorden en el programa, como si el Perú hubiera invitado de forma indiscriminada el apoyo de cualquier país. Un observador apuntó "la desorientación" creada por "la más extraña confusión de nacionalidades en las diversas misiones de pilotos y hasta en los aparatos dedicados a la enseñanza".[73]

A pesar de la gran variedad de marcas internacionales en la Escuela de Aviación, los críticos culparon a Leguía por tratar con favoritismo a ciertos países en perjuicio del programa. No era un secreto que a Leguía no le gustaba la presencia de los franceses, que representaban una amenaza a su poder ya que los asociaba con el período de los civilistas, sus predecesores.[74] Nosigli, por ejemplo, alegó que el avión italiano que él había donado al ejército fue destruido intencionalmente por la fidelidad del gobierno a Inglaterra: "En Maranga no se quiere nada que no sea inglés. Los aparatos franceses averiados han sido destruidos y me han dicho que los que la colonia peruana en París regaló al gobierno, fueron intencionalmente rotos o quemados".[75] Para refutar esta acusación, el Ministro de Guerra sostuvo que Leguía quería "máquinas de todas las nacionalidades para realizar una verdadera selección".[76] Las críticas no se detuvieron en los aviones. Ripoll también implicó el vínculo de Leguía con Inglaterra cuando criticó la selección del coronel Carlos Eduardo Lembeck, un héroe de la gran guerra en el ejército inglés, como director de la escuela de aviación en 1922. No negó que el director fuera un caballero, pero la escuela necesitaba un "verdadero especialista" y no un militar sin la capacitación técnica.[77]

La desorganización inicial se debió no sólo a la falta de recursos de un país en la periferia, sino también a la novedad de un proyecto con tantas consecuencias para las Fuerzas Armadas y el transporte de carga, pasajeros y correspondencia. El debate sobre la organización del programa comenzó temprano en el Oncenio. ¿Cómo se debe estructurar lo que ya no tenía un plan de desarrollo? En 1922, la Cámara de Diputados debatió una propuesta para colocar a la aviación militar y civil bajo la misma estructura. Se anticiparon preguntas claves: ¿Tendrán los pilotos civiles la misma disciplina que los militares? ¿Qué ciudades deben recibir las primeras rutas aéreas? ¿Se debe ofrecer un contrato de 20 años a la compañía civil en una iniciativa que cambia radicalmente casi todos los días?[78]

En 1923, la Escuela de Aviación se trasladó de Maranga a Surco, donde se inauguró la Escuela de Aviación Militar "Jorge Chávez". En 1924, el ejército se encargó del programa, cuyo nombre cambió de Servicio de Aviación Militar a Arma de Aviación. Cinco años más tarde se fusionó el Cuerpo de Aviadores Navales con el Arma de Aviación del Ejército para formar el Ministerio de Marina y Aviación.[79] El Perú, como cualquier otro país que trataba de construir un proyecto de aviación en la misma época, carecía de un plan de desarrollo y tenía que aprender conforme avanzaba la inciativa. Hasta el final de la década, la iniciativa era tan nueva y amorfa que los organizadores sólo estaban comenzando a entender lo que se requería para implementar un programa exitoso. En 1929, por ejemplo, el creciente tráfico comercial internacional en los cielos del Perú, provocó el pedido oficial de que las iglesias en ciudades por todas partes del país, marcaran en el techo de la iglesia principal, "con letras grandes y claras, el nombre del pueblo, a fin de orientar a los aviadores que por primera vez cruzan nuestro cielo".[80] No era exactamente una solución de alta tecnología.

En 1922, Ripoll alegó que por falta de 30 soles un avión quedaba sin reparación mientras el Ministro de Guerra destinaba 600 libras para erigir un monumento al soldado desconocido, "como si nuestros héroes pudieran conformarse, después de cuarenta años de nuestros desastres, con un obsequio de esa naturaleza, mientras se deja abandonada la defensa del país, desatendiendo servicios reales y efectivos de nuestros organismos militares".[81] El Ministro respondió que Leguía quería "dar preferencia a esa obra cuyo alto significado comprendió", y que el costo del monumento no ha afectado el presupuesto de la aviación.[82] Al final de la investigación, el Senado no logró los votos necesarios para censurar al Ministro de Guerra, pero en todo caso fue una vergüenza para el ejército.[83] Este episodio demuestra, por lo menos en ciertas esferas, el carácter superficial de la modernización del Oncenio y la delgada franja en la cual funcionaba la entera iniciativa aérea.

Sin embargo, el hecho de que los éxitos de la aviación en el Perú sobrepasaran los fracasos y dieran ímpetu al programa, demuestra el poder y la seducción de la modernidad. A pesar de todos los contratiempos, el programa aéreo peruano continuaba formándose a lo largo del Oncenio. Antes del final del régimen de Leguía, el Perú contaba con dos compañías comerciales exitosas y Lima se convertiría en un punto clave de la red de aviación internacional. El mundo casi literalmente pasó por el Perú, demostrando la participación del país en un fenómeno que evolucionaba día tras día.

¿Llega la modernidad en avión?

Con todos los contratiempos en el camino al desarrollo de la aviación, vale la pena preguntarse por qué el público peruano fue tan entusiasta y optimista por esta iniciativa. Lo que este estudio ha demostrado es que la participación en lo que he denominado la corriente de la historia universal, no era una cosa intangible, imaginaria o ficticia. A pesar del costo en términos humanos, económicos y psicológicos, los pilotos nacionales y extranjeros experimentaron un éxito tremendo. Entre 1920 y 1925 lograron conectar Lima con ciudades y regiones como nunca antes había sido posible. Con cada vuelo sobre la ciudad de Lima, con la publicación de cada foto de un aviador delante de su aparato, con cada titular de periódico proclamando el último éxito de aviación, fue posible imaginarse una nueva integración —por lo menos geográfica— del país. Con un simple guión, los titulares señalaban una nueva conexión entre la capital y el resto del país y el continente: Lima–Trujillo y Lima–Piura en 1920; Lima–Chincha, Lima–Cerro de Pasco, Lima–Cusco, Lima–Huancayo, Lima–Huaraz y Lima–Iquitos en 1921; Lima–Buenos Aires en 1924; y Lima–Arequipa en 1925. El hecho de que los éxitos de los pilotos peruanos y extranjeros continuaran animando el proyecto de la aviación, señala la seducción que ejercía la participación en la modernidad.

En los cinco años después de la vergonzosa investigación del Congreso, la aviación peruana experimentó cambios dramáticos. A partir de 1927, el mismo año que Lindbergh cruzó el Atlántico, los pilotos en todas partes del planeta comenzaron a cruzar continentes, océanos, montañas, desiertos y selvas, conectando los puntos del globo de maneras nuevas y emocionantes. Aunque la aviación continuaba siendo muy peligrosa, la iniciativa se había elevado a otro nivel. El Perú no quedó aislado de este fenómeno. La prensa limeña palpitaba con la emoción de nuevas conquistas aéreas y anunciaba con entusiasmo la llegada de pilotos franceses, italianos, norteamericanos y argentinos. La simultánea euforia y desorientación creadas por la modernidad tecnológica, se vio en la nueva organización del espacio global. Por un lado, Lima se convirtió en un nexo internacional para la llegada de aviones de Europa por Buenos Aires y Santiago, desde el sur, y de Estados Unidos por el Caribe y América Central, por el norte. Pero, por otro lado, la aviación creaba un nuevo mundo atlántico que aisló a los países en la costa pacífica de Sudamérica. Varios observadores peruanos expresaron ansiedad sobre cómo el Perú podría conectarse, por una ruta amazónica hasta la costa de Brasil, con un propuesto servicio de dirigible que vinculara España con Brasil y Argentina.[84]

Pero el Perú llegó a ser un participante activo y relevante en este nuevo orden. En diciembre de 1927, la llegada de los pilotos franceses Diudonne Costes y Joseph María Le Brix, como muchos otros extranjeros en la época, electrificó a Lima. Los teléfonos de *El Comercio* sonaron sin cesar con las llamadas de la gente que buscaba noticias sobre los pilotos, y el periódico bromeaba que los jóvenes que llamaban habían suspendido "la preparación de sus exámenes" con el fin de seguir el progreso del vuelo. Gentes de todos los niveles socioeconómicos, incluso personas "de condición humilde, cuyos recursos económicos no les permitía darse el lujo de contratar un automóvil o de pagar el pasaje en un ómnibus" marcharon al campo de aterrizaje en Surco para ver a los pilotos. Un reportero apuntó el acento "marcadamente francés" de los pilotos cuando decían "¡Muchas gracias! ¡Muchas gracias!" al bajarse del avión. En ese momento los limeños pudieron ver y tocar la evidencia de su papel en la historia mundial, una participación que contaba con su propio tema musical: "La Marsellesa", tocada por la banda de la Escuela Militar en el campo de aterrizaje.[85]

A finales de 1928, la aviación comercial peruana disfrutaba de tanto éxito como cualquier otro país sudamericano. En la selva, el Servicio de Hidroaviación vinculó San Ramón con Iquitos en sólo seis horas, con escalas en Puerto Bermúdez y Masisea. Aunque un viaje de Lima a Iquitos todavía requería tomar el tren y el automóvil hasta San Ramón, era mucho más fácil que antes, cuando la expedición demandaba "muchos transbordos y el empleo de ferrocarril, automóvil, mula, lancha, canoa y balsa".[86] La ruta aérea acortó el tiempo de viaje entre Lima e Iquitos de un promedio de 22 días, antes de la aviación, a sólo tres días.[87] Además, en septiembre de 1928, dos aerolíneas privadas comenzaron su servicio —la compañía que llegaría a ser Panamerican Grace Airways y la Compañía de Aviación Faucett S.A. El progreso de la aviación desde los finales de la Primera Guerra Mundial fue casi increíble. *El Comercio* apuntaba que,

> No ha sido una marcha lenta y ordenada la que este nuevo elemento de progreso ha seguido en su desarrollo, sino, más bien, una carrera desenfrenada en la cual han tomado parte activa los fabricantes de aeroplanos, y todas aquellos que por el nuevo medio de transporte se han interesado.[88]

El progreso de la aviación era especialmente aparente en el Perú, dado los adelantos conseguidos desde los inicios del Oncenio.

Es importante señalar que la emoción por la participación en la historia mundial se manifestó de distintas maneras dentro del Perú. En 1925, Velasco Astete causó sensación en su Cusco nativo cuando llegó a ser el primer peruano en cruzar los Andes y conectar Lima con la antigua capital de los Incas. Su celebrada llegada, durante el apogeo del movimiento indigenista, tocó distintas corrientes. En una celebración que duró todo el mes de septiembre, las élites cusqueñas celebraron la autenticidad serrana, la ascendencia de nobleza española e incaica, y la vitalidad, masculinidad y habilidad de este piloto quechuahablante. Al menos para los cusqueños, este aviador era la prueba innegable de que Cusco pertenecía a la vanguardia de un país dividido étnica y geográficamente. El discurso en los periódicos sugiere que la imagen de un "cholo" controlando un avión denominado "Cusco" permitió que actualizaran un noble pasado prehispánico que se había interrumpido por la conquista. A través de la tecnología de la aviación en las manos de un piloto de la sierra, los cusqueños podían afirmar que en la sierra residía el verdadero Perú.[89]

Sin embargo, como este ensayo ha demostrado, la dinámica en Lima fue completamente distinta. Debido a una posición percibida como dentro, pero en los márgenes de Occidente, las élites no quisieron ni pudieron apelar a un pasado más auténtico, a una modernidad "alternativa" basada en el pasado incaico. La posibilidad no existía porque ya se consideraban a sí mismos modernos, o por lo menos, en la periferia de lo que consideraban moderno. Lo importante para los modernizadores limeños no era una esencia más peruana, sino un estado de modernización más avanzado, que correspondiera con lo que ocurría en otros países occidentales. En un sentido, la búsqueda de la aviación era un *performance* ante una audiencia internacional que incluía a Inglaterra, Estados Unidos, Francia e Italia —un intento de demostrar que el Perú pertenecía al rango de lo moderno. Lo revelador es que el Perú se diera cuenta de que su programa de modernización era sólo una fachada.

En 1921, cuando las escuadras navales estadounidenses visitaron el Perú en el crucero "Pennsylvania", Lima experimentó la emoción de la presencia de una de las mejores armadas del mundo. Para impresionar a los huéspedes extranjeros se organizaron carreras de caballos, corridas de toros, bailes, champañadas, acontecimientos sociales en el Jockey Club y comidas especiales en el Restaurante del Parque Zoológico. *Variedades* reconocía que el Perú quería crear "la sensación de un pueblo feliz y próspero", pero apuntó, con sarcasmo, la falacia del intento de un país con tantos problemas:

> Sin duda el Perú es uno de los países más ricos del universo, pensarán nuestros visitantes; aquí no hay crisis de subsistencias, aquí no hay crisis económica, no hay problemas graves, no hay distanciamientos políticos de grupos y partidos que se traduzcan en manifestaciones ostensibles, no hay nada de los que turba el deslizamiento tranquilo y grato de la vida en otros pueblos latino–americanos. De nuestra vida íntima no han podido los americanos percatarse de nada desagradable, sino que, por el contrario, sólo han visto el aspecto brillante y jocundo de una raza dispuesta a la diversión y a la molicie.[90]

Este pasaje capta muy bien el sentido de la desorientación experimentada por el Perú a través de la modernización del Oncenio —el miedo profundo a que el país no fuera tan moderno como se quería, y de hecho, tal vez fuera tan atrasado como se temía. Desafortunadamente, durante una exhibición aérea para la marina estadounidense, el piloto Carlos Huguet murió cuando su hidroavión se cayó al mar.[91] Lo importante de este capítulo no es si la aviación peruana fue una imitación inferior a la de otros países, sino hasta qué punto los peruanos *pensaban* que su modernización a veces era no más que un *performance* que ocultaba otra realidad.

Los artículos del peruano César Falcón desde Europa durante los años 20, ilustran la ambigüedad de la posición peruana frente la modernidad. Gracias a una "beca de exilio" de Leguía, Falcón fue a Europa y vio de primera mano la importancia de la aviación. Desde la otra orilla del Atlántico, Falcón se quedó impresionado por la modernización que observaba en Europa. Sus artículos para *Mundial* expresaban el verdadero sentimiento de la modernidad, subrayando la ruptura completa con el pasado, "una profunda escisión" entre el siglo XIX y el siglo XX.[92] Para Falcón, Latinoamérica pertenecía a Europa, pero ocupaba un espacio apartado y un tiempo atrasado. El intelectual peruano estuvo en Alemania para ver las preparaciones del vuelo del dirigible alemán Hugo Eckener a través del Atlántico. Falcón imaginó que cuando el dirigible, llevando periódicos actuales, cruzara el Atlántico de Sevilla a Buenos Aires, un viaje que tomaba hasta 25 días en barco, "será sin duda, el acontecimiento más importante de la época". Según Falcón:

> Lo más trascendente que ocurrirá enseguida será la unificación de la cultura occidental. Porque, hasta ahora, la América española es un fragmento de la cultura europea, excluido de Europa. Esto lo sabe quien sepa que muchas ideas de nuestra edad no han pasado todavía el mar, y esto ocurre por la sencilla razón de que hace cincuenta años la vida espiritual de los pueblos de Europa se elabora en los periódicos, y nadie, ni en América ni en ninguna parte del mundo, es capaz de leer un periódico con un mes de retraso. Para que América sienta íntegramente a Europa es necesario que la multitud americana —la multitud, no unos cuantos escogidos— lea los periódicos europeos, y para que los lea es indispensable que lleguen a ella vaho de las prensas.[93]

En la visión de Falcón, la historia universal tenía una dirección definida —de Europa hacia afuera, trazando más o menos la misma ruta del dirigible en camino a Buenos Aires. La modernidad también tenía una dimensión temporal, un desarrollo a través de etapas. Pero tenemos la impresión de que si la modernidad llegaba con el dirigible, Latinoamérica siempre quedaba un paso, una etapa o una tendencia detrás. Falcón creía fuertemente en la universalidad de lo europeo, en un pensamiento avanzado propagado por el periódico, otro vehículo moderno. Pero no reconoció que en su visión de la historia, lo universal siempre relega lo no europeo a una posición posterior, marginada, y externa.

A pesar del progreso de la aviación militar y comercial durante el Oncenio, hay evidencia de que el mismo Presidente no tenía confianza en los pilotos peruanos.[94] En un intento de suprimir la insurrección de Sánchez Cerro, quien asumió el control del país en el golpe de 1930, Leguía ordenó que dos aviones, incluso uno pilotado por el comandante norteamericano Harold Grow, ejercieran el bombardeo de los insurgentes en Arequipa. Pero cuando averiguaron del aterrizaje de los dos aviones en Camaná, en ruta al sur, despacharon a doce hombres de la guardia civil para detener a los pilotos. Al acercarse al avión, Grow trató de encender el motor y luego ofreció al líder de sus captores cuatro mil soles si se dejaba llevar a Lima en el avión.[95] Inicialmente Sánchez Cerro asumió una posición dura en contra de Grow, llamándolo "un mercenario y un vulgar agente de la dictadura" que tenía la misión "de bombardear desde el aire la indefensa ciudad de Arequipa en las horas angustiosas en que nos debatíamos por la libertad".[96] Hasta en su caída, Leguía traicionó su afinidad por los norteamericanos. Carecía de una fé acérrima en el proyecto peruano.

A diferencia de otros estudios que se centran en el desarrollo intelectual, el análisis de la aviación peruana demuestra el poder de la modernidad, la fe en su universalidad y la manera en la cual se articula en un país desesperado por la modernización. El sinnúmero de artículos que proclamaron, día tras día, la nueva conquista del país por el aire desde Lima; la primera plana de un periódico que anunciaba el último accidente de aviación, las fotos del presidente Leguía en la cabina de un hidroavión usando un gorro de aviador, las imágenes en blanco y negro de los miles de limeños que llenaron las calles durante el velorio de la muerte de Guillermo Protzel, las leyes en el Congreso que eximieron a los aviones de impuestos —todos estos documentos escriben el "guión" de la historia universal, que dejó sus huellas en todos los aspectos del Oncenio.

Notas

1   *Variedades*, 17 de enero de 1920, 26.
2   Un informe de Erasmo Fernández, el subprefecto de Quispicanchis, provincia de Cuzco, ilustra el énfasis en las vías de comunicación durante el Oncenio. Además de construir la carretera, "Augusto B. Leguía", de Urcos a Marcapata, este oficial había implementado "la pavimentación general de todas sus calles, la apertura de un ramal carretero por medio de la población y, finalmente, la reparación de su hermoso puente. En el distrito de Oropeza, la apertura del camino carretero que partiendo de Huatun empalma con el de Calca y la colocación de un puente provisional de vigas de eucalipto sobre el río Huatanay, para el paso libre de ve-

hículos: En el distrito de Ccatcca, la colocación de dos puentes de rieles, sobre el río del mismo nombre. ... y para el distrito de Marcapata, siempre he dedicado mi atención procurando en la esfera de mis facultades la conservación y ensanche de sus caminos". Archivo General de la Nación, Prefecturas, Ministerio del Interior, Legajo 268, 9 de octubre de 1927.

3   Los estudios de la modernidad más importantes para este estudio son: Mitchell, Timothy "Introduction," en *Questions of Modernity*; Prakash, Gyan, *Another Reason*; Chakrabarty, Dipesh, *Provincializing Europe*; y Lowenhaupt Tsing, Anna, *Friction*.
4   Para una buena discusión sobre la imitación a través de la modernidad, vea Ahiska, Meltem, "Occidentalism: The Historial Fantasy of the Modern".
5   Mignolo, Walter, *Local Histories/Global Designs*, 52.
6   En 1910, Bielovucic voló de Issy a París, sobrevoló la Torre Eiffel y volvió a su punto de partida. Cuatro peruanos —Chávez, Bielovucic, Roberto Marinet y Carlos Tenaud— recibieron diplomas del Aero Club de Francia en 1910. Tenaud nació en París en 1884, Marinet en Ancón en 1885, Chávez en París en 1887 y Bielovucic en Lima en 1889. Vea De la Jara, Carlos, *Historia Aeronáutica*, tomo 1, 239–245.
7   Leguía, Augusto B., *Mensaje del Presidente del Perú*, y De la Jara, Carlos, *Historia Aeronáutica*, tomo 1, 250.
8   *Mundial*, 10 de noviembre de 1922, 33.
9   Vasconcelos, José, *La raza cósmica*, 23–24.
10 Javier Iguíñiz ofreció esta descripción de la geografía del Perú en "Aplanar los Andes y enderezar los ríos", 7.
11 Rodó, José Enrique, *Ariel*.
12 Vargas Llosa, Mario, "Prologue", *Ariel*, 18.
13 Flores Galindo, Alberto, *La agonía de Mariátegui*, "Mariátegui resaltaba de esta manera la especificidad de nuestro pasado y nuestro presente y, desde el interior de la historia andina, busca fundar una manera peculiar de pensar el marxismo," p.70
14 Andrés Belaúnde, Víctor, *La realidad nacional*, 33.
15 Corn, Joseph J. *The Winged Gospel*, 30–34.
16 *El Comercio*, 21 de junio de 1910, edición de la tarde, 1.
17 *El Comercio*, 29 de setiembre de 1910, edición de la tarde, 1.
18 *El Comercio*, 24 de setiembre de 1910, edición de la mañana, 2.
19 *El Comercio*, 29 de setiembre de 1910, edición de la tarde, 1. El artículo continuaba, "Con aeroplanos podemos lograr lo que nunca lograremos ni con escuadra ni con ferrocarriles: salvar las distancias, vencer los obstáculos del terreno, hacer del Perú, en fin, lo que debe ser un país que tenga sus riquezas —¡y qué riquezas!— al alcance de la mano. Todo esto va a emprenderlo la liga peruana pro–aeronavegación".
20 *El Comercio*, 25 de noviembre de 1910, edición de la mañana, 1.
21 *Variedades*, 20 de noviembre de 1915, 2861–2862.

22 Durante la Primera Guerra Mundial, la guerra en el aire fue vista como más pura, más caballerosa, que lo que pasaba en las trincheras. Corn, Joseph J., *The Winged Gospel*, 11.
23 De la Jara, Carlos, *Historia Aeronáutica*, 7–11.
24 *Variedades*, 4 de octubre de 1919, 828, y 24 abril de 1920, 410.
25 Morán, Miguel A., *Diario de los Debates*, 29 de diciembre de 1922, 400.
26 Arana, Julio C., *Diario de los Debates*, 1 de setiembre 1922, 226.
27 Tamayo Herrera, José, *El Cusco del Oncenio*, 131.
28 Aguirre, Carlos, *The Criminals of Lima and their Worlds*; Piccato, Pablo, "Cuidado con los rateros"; Parker, David, "Civilizing the City of Kings"; Adamo, Sam, "The Sick and the Dead"; Caulfield, Sueann, *In Defense of Honor*; y De la Cadena, Marisol, *Indigenous Mestizos*.
29 *Mundial*, 21 de octubre de 1921, 20–21.
30 Ramón Joffré, Gabriel, "The Script of Urban Surgery".
31 *Variedades*, 1 de noviembre de 1919, 932.
32 *La Prensa* (Lima), 5 de febrero de 1920, edición de la tarde, 2.
33 Archivo Histórico, Municipalidad de Cuzco, Legajo 75, 1920; y AGN, Prefecturas, Ministerio de Interior, Legajo 222, 1921.
34 *La Prensa* (Lima), 7 de febrero de 1922, edición de la mañana, 5.
35 Mariátegui, José Carlos, *Siete ensayos*, sobre todo el capítulo "Regionalismo y centralismo".
36 Basadre, Jorge, *La multitud, la ciudad y el campo*.
37 Romero, Emilio, *Geografía económica del Perú*, 498–503.
38 Los debates historiográficos vienen de Chocano, Magdalena, "Ucronía y frustración", 43–60; Drinot, Paulo, "Historiography, Historiographic Identity, and Historical Consciousness in Peru,"; Méndez, Cecilia G, "Incas Sí, Indios No"; y Flores Galindo, Alberto, *Buscando un Inca*.
39 Prakash, Gyan, *Another Reason*. Vea también Mitchell, Timothy, *Questions of Modernity*, y Trouillot, Michel–Rolph, *Global Transformations*.
40 Mitchell, Timothy, "Introduction", xiii.
41 Vea, entre otros, Prakash, Gyan, *Another Reason*; Chakrabarty, Dipesh, *Provincializing Europe*; Mitchell, Timothy, *Questions of Modernity*; y Berman, Marshall, *Todo lo sólido se desvanece en el aire*.
42 Nunn, Frederick, *Yesterday's Soldiers*, 251–252.
43 Taussig, Michael, *Mimesis and Alterity*, xviii.
44 Bhabha, Homi K., *El lugar de la cultura*, 112.
45 *Aviación*, 23 de setiembre de 1936, 27.
46 *La Prensa* (Lima), 18 de febrero de 1920, edición de la mañana, 3.
47 *La Prensa* (Lima), 15 de febrero de 1920, 6. *El Tiempo* reportó este cambio entre Leguía y su hijo: El presidente: "Pero es que a Pack le ha ocurrido una desgracia". El hijo: "Ignoro de qué desgracia se trata. Pack salió de Ancón, tranquilamente y yo suponía que estuviera en Lima".
48 *Mundial*, 24 de marzo de 1921, 31.
49 *Variedades*, 29 de mayo de 1920, 536.
50 *Mundial*, 25 noviembre de 1921, 15.

51 Es importante diferenciar las percepciones del público de las de los mismos pilotos. Durante las primeras décadas de la aviación en Estados Unidos, las personas dentro de la industria eran más cautelosas que la gente que miraba con admiración desde afuera. Los pilotos y mecánicos entendían mejor los peligros y tendían a enfatizar *los límites* de la aviación; el público, por otro lado, era más optimista y se concentraba en *las posibilidades*. Van Riper, A. Bowdoin, *Imagining Flight*, 14–19.
52 *El Sol* (Cuzco), 3 October 1925, 3.
53 Vea Simpson, Lorenzo C., *Technology, Time, and the Conversations of Modernity*, 53.
54 *La Crónica* (Lima), 15 de febrero de 1921, 6.
55 *El Comercio*, 17 de febrero de 1921, edición de la mañana, 1.
56 Nunn, Frederick, *Yesterday's Soldiers*, 3.
57 *Variedades*, 19 febrero de 1921, 427–428.
58 *Variedades*, 26 febrero de 1921, 447.
59 AGN, Prefecturas, Ministerio de Interior, Legajo 221, 16 y 18 de febrero de 1921.
60 *El Tiempo*, 3 de febrero de 1922, 1.
61 Ripoll, Lujan, *Diario de los Debates*, 16 febrero de 1922, 332.
62 Ibid., 331.
63 Informe del *Diario de los Debates*, 16 de febrero de 1922, 333.
64 *Variedades*, 12 de marzo de 1921, 504.
65 Ripoll, Lujan, *Diario de los Debates*, 17 febrero de 1922, 352.
66 Novillo, Jorge, "Cuento corto, pero verídico," *Mundial*, 11 de marzo de 1921; citado en Rodríguez, Palacios *La chilenización*, 194–95, y Skuban, William Eugene, "Nationalism and National Identity on the Peruvian–Chilean Frontier", 79–80.
67 A mediados de la década, *Variedades* dedicó su editorial, "De jueves a jueves", casi exclusivamente a las negociaciones.
68 *Variedades*, 25 de setiembre de 1926, carátula.
69 *El Tiempo*, 3 de febrero de 1922, 2.
70 Luna Iglesias, Germán, *Diario de los Debates*, 17 febrero de 1922, 349.
71 Aguirre, Carlos, *The Criminals of Lima and their Worlds*, y Parker, David, "Civilizing the City of Kings".
72 Luna Iglesias, Germán, *Diario de los Debates*, 17 de febrero de 1922, 349.
73 *La Prensa*, 16 de febrero de 1921, edición de la mañana, 3.
74 Nunn, Frederick, *Yesterday"s Soldiers*, 185, 201.
75 *El Tiempo*, 2 de febrero de 1922, 1–2.
76 Informe del *Diario de los Debates*, 16 de febrero de 1922, 334.
77 Ripoll, Lujan, *Diario de los* Debates, 16 de febrero de 1922, 330.
78 *Diario de los Debates*, 20 noviembre de 1922, 876–887.
79 Angeles Figueroa, Eduardo, *La aviación de transporte en el desarrollo nacional*, 29.
80 AGN, Prefecturas, Ministerio Interior, Legajo 287, Ministerio de Marina, 18 setiembre de 1929.

81 Ripoll, Lujan, *Diario de los Debates*, 16 febrero de 1922, 327.
82 Luna Iglesias, Germán, *Diario de los Debates*, 17 febrero de 1922, 347.
83 *El Tiempo*, 21 de febrero de 1922, 1.
84 *El Comercio*, 7 de marzo de 1927, edición de la mañana, 8.
85 *El Comercio*, 30 de diciembre de 1927, edición de la mañana, 8–10.
86 *El Comercio*, 29 de enero de 1928, 13.
87 *El Comercio*, 1 de enero de 1928, 39.
88 *El Comercio*, 17 de setiembre de 1928, edición de la mañana, 9.
89 Vea Hiatt, Willie, "Flying "Cholo": Incas, Airplanes, and the Construction of Andean Modernity in 1920s Cuzco, Peru".
90 *Variedades*, 5 de febrero de 1921, 381–82.
91 *Variedades*, 5 de febrero de 1921, 389.
92 *Mundial*, 31 octubre de 1924, 7.
93 *Mundial*, 17 octubre de 1924, 7.
94 Villanueva, Víctor, citado en Planas, Pedro, *La República* Autocrática, 210.
95 *El Comercio*, 3 de setiembre de 1930, edición de la mañana, 14.
96 *El Comercio*, 1 de setiembre de 1930, edición de la mañana, 2.

Bibliografía

Adamo, Sam. "The Sick and the Dead: Epidemic and Contagious Disease in Rio de Janeiro, Brazil". En *Cities of Hope: People, Protests, and Progress in Urbanizing Latin America, 1870–1930*. Boulder, Colo.: Westview Press, 1998.

Aguirre, Carlos. *The Criminals of Lima and their Worlds: The Prison Experience, 1850–1935*. Durham, N.C.: Duke University Press, 2005.

Ahiska, Meltem. "Occidentalism: The Historical Fantasy of the Modern". En *South Atlantic Quarterly* 102:2/3. Durham, N.C.: Duke University Press, 2003.

Andrés Belaúnde, Víctor. *La realidad nacional*. Lima: Industrial Papelera Atlas S.A., 1984.

Angeles Figueroa, Eduardo. *La aviación de transporte en el desarrollo nacional*. Lima: Instituto de Estudios Historicos Aerospaciales del Perú, 1994.

Arana, Julio C. "Sesión de 1 de setiembre de 1922". En *Diario de los Debates de la Cámara de Senadores: Congreso ordinario de 1922*. Lima: Litografía e Imprenta T. Scheuch, 1922.

Basadre, Jorge. *La multitud, la ciudad y el campo*. Lima: Ediciones Treintaitrés & Mosca Azul Editores, 1980.

Berman, Marshall. *Todo lo sólido se desvanece en el aire. La experiencia de la modernidad*. Madrid: Siglo XXI de España Editores, S.A., 1988.

Bhabha, Homi K. *El lugar de la cultura*. Buenos Aires: Manantial, 2002.

Caufield, Sueann. *Defense of Honor: Sexual Morality, Modernity, and Nation in Early–Twentieth–Century Brazil*. Durham, N.C.: Duke University Press, 2000.
Chakrabarty, Dipesh. *Provincializing Europe: Postcolonial Thought and Historical Difference*. Princeton, N.J.: Princeton University Press, 2000.
Chocano, Magdalena. "Ucronía y frustración en la consciencia histórica peruana". En *Márgenes* 1:2. Lima: SUR Casa de Estudios de Socialismo, 1987.
Corn, Joseph J. *The Winged Gospel: America"s Romance with Aviation, 1900–1950*. New York: Oxford University Press, 1983.
De la Cadena, Marisol. *Indigenous Mestizos: The Politics of Race and Culture in Cuzco, Peru, 1919–1991*. Durham, N.C.: Duke University Press, 2000.
De la Jara, Carlos A. *Historia Aeronáutica del Peru*. Vol. 2. Lima: Editoriales Unidas S.A., 1977.
Drinot, Paulo. "Historiography, Historiographic Identity, and Historical Consciousness in Peru". *Estudios Interdisciplinarios de América Latina y el Caribe* 15:1. Tel Aviv, Israel: Universidad de Tel Aviv, Escuela de Historia 2004.
Flores Galindo, Alberto. *Buscando un Inca: Identidad y utopía en los Andes*. Lima: Editorial Horizonte, 1988.
—. *La agonía de Mariátegui*. Lima: Instituto de Apoyo Agrario, 1989.
Hiatt, Willie. "Flying "Cholo": Incas, Airplanes, and the Construction of Andean Modernity in 1920s Cuzco, Peru". En *The Americas* 63:3. Washington, D.C.: Academy of American Franciscan History, 2007.
Iguíñiz, Javier. "Aplanar los Andes y enderezar los ríos". En *Quehacer* 157. Lima: Centro de Estudios y Promoción del Desarrollo DESCO, 2005.
Leguía, Augusto B. "Mensaje del Presidente del Perú, Augusto Bernardino Leguía Salcedo, ante el Congreso Nacional, el 28 de julio de 1925". <http://www.congreso.gob.pe/museo.htm>. 2007.
Lowenhaupt Tsing, Anna Lowenhaupt. *Friction: An Ethnography of Global Connection*. Princeton, N.J.: Princeton University Press, 2005.
Luna Iglesias, Germán. "Sesión del viernes, 17 febrero de 1922". En *Diario de los Debates de la Cámara de Senadores: 2° Congreso extraordinario de 1921*. Lima: Talleres Tipográficas de La Prensa, 1922.
Mariátegui, José Carlos. *Siete ensayos de interpretación de la realidad peruana*. Lima: Biblioteca Amauta, 2005.

Méndez, Cecilia G. "Incas Sí, Indios No: Notes on Peruvian Creole Nationalism and Its Contemporary Crisis". En *Journal of Latin American Studies* 28:1. London: Cambridge University Press, 1996.

Mignolo, Walter. *Local Histories/Global Designs: Coloniality, Subaltern Knowledges, and Border Thinking*. Princeton, N.J.: Princeton University Press, 2000.

Mitchell, Timothy. "Introduction". En *Questions of Modernity*. Minneapolis, Minn.: University of Minnesota Press, 2000.

Morán, Miguel A. "Sesión del viernes, 29 de diciembre de 1922". En *Diario de los Debates de la Cámara de Diputados: 1er. Congreso extraordinario de 1922*. Lima: Talleres Tipográficos de La Prensa, 1924.

Nunn, Frederick M. *Yesterday's Soldiers: European Military Professionalism in South America, 1890–1940*. Lincoln, Neb.: University of Nebraska Press, 1983.

Parker, David. "Civilizing the City of Kings: Hygiene and Housing in Lima, Peru". En *Cities of Hope: People, Protests, and Progress in Urbanizing Latin America, 1870–1930*. Boulder, Colo.: Westview Press, 1998.

Piccato, Pablo. "Cuidado con los Rateros: The Making of Criminals in Modern Mexico City". En *Crime and Punishment in Latin America: Law and Society since Late Colonial Times*. Durham, N.C.: Duke University Press, 2001.

Planas, Pedro. *La República Autocrática*. Lima: Fundación Friedrich Ebert, 1994.

Prakash, Gyan. *Another Reason: Science and the Imagination of Modern India*. Princeton, N.J.: Princeton University, 1999.

Ramón Joffré, Gabriel. "The Script of Urban Surgery: Lima, 1850–1940". En *Planning Latin America's Capital Cities, 1850–1950*. London: Routledge, 2002.

Ripoll, Lujan. "Sesión del jueves, 16 febrero de 1922". En *Diario de los Debates de la Cámara de Senadores: 2° Congreso extraordinario de 1921*. Lima: Talleres Tipográficas de La Prensa, 1922.

Ripoll, Lujan. "Sesión del viernes, 17 febrero de 1922". En *Diario de los Debates de la Cámara de Senadores: 2° Congreso extraordinario de 1921*. Lima: Talleres Tipográficas de La Prensa, 1922.

Rodó, José Enrique. *Ariel*. Austin, Texas: University of Texas Press, 1988.

Rodríguez, Palacios. *La chilenización de Tacna y Arica, 1883–1929*. Lima: Arica, 1974.

Romero, Emilio. *Geografía económica del Perú*. Lima: Imprenta Torres Aguirre, 1930.

Simpson, Lorenzo C. *Technology, Time, and the Conversations of Modernity.* New York: Routledge, 1995.

Skuban, William Eugene. "Nationalism and National Identity on the Peruvian–Chilean Frontier: The Case of Tacna and Arica, 1880–1930". Tesis de doctorado, University of California, Davis, 2000.

Tamayo Herrera, José. *El Cusco del Oncenio: un ensayo de historia regional a través de la fuente de la revista "Kosko".* Lima: Universidad de Lima, 1989.

Taussig, Michael. *Mimesis and Alterity: A Particular History of the Senses.* New York: Routledge, 1993.

Trouillot, Michel–Rolph. *Global Transformations: Anthropology and the Modern World.* New York: Palgrave Macmillan, 2003.

Van Riper, A. Bowdoin. *Imagining Flight: Aviation and Popular Culture.* College Station, Texas: Texas A&M, 2004.

Vargas Llosa, Mario. "Prologue". En *Ariel.* Austin, Texas: University of Texas Press, 1988.

Vasconcelos, José. *La raza cósmica.* Barcelona: Agencia Mundial de Libe

Modernización y colonialismo en la "Patria Nueva": La perspectiva de los delincuentes indígenas "semi–civilizados"

Lior Ben David[1]

La protección del indio fue uno de los objetivos manifestados con frecuencia por el régimen de la "Patria Nueva". Una de las formas en que Leguía intentó afianzar su imagen como "Protector de la Raza Indígena" fue mediante la legislación. Políticos e intelectuales de la época solían referirse reiteradamente a la población indígena del Perú y a la necesidad de promulgar leyes especiales para ampararla. Javier Prado y Ugarteche, por ejemplo, que en 1919 presidió la Comisión de Constitución, explicaba al congreso la necesidad de que la nueva carta magna incluya una declaración especial sobre el compromiso del estado para con la protección de los indígenas. Entre otras cosas, afirmaba: "Nosotros debemos hacer la rehabilitación de la raza originaria del Perú; raza de grandes virtudes, raza de grandes energías, que merece ser defendida y elevada ante el sentimiento del país".[2] El propio presidente Leguía decía en un discurso el 3 de julio de 1924 que:

> Defender al indio significa defender nuestra vida económica, de la cual él es factor propulsor; nuestra raza, de la cual es elemento predominante; nuestro ejército, del cual es sostén valeroso, resignado y heroico. Urge, pues, reintegrar al indio a la vida nacional, protegiendo eficazmente su vida, su salud; instruyéndole y amparando sus derechos [...]. Yo prometo solemnemente rehabilitar al indio a la vida del derecho y la cultura, porque ya es tiempo de acabar con su esclavitud que es una afrenta para la República y un crimen intolerable para la Justicia.[3]

El término "*rehabilitación*", usado en ambas citas y muy reiterado en el marco del discurso indigenista, es un concepto que merece una reflexión respecto a sus significados. Por un lado, la rehabilitación implica que una persona pueda volver a ejercer sus habilidades y cumplir un papel "útil" a la sociedad; mas rehabilitación se entiende también como exonerar, librar a alguien de culpas penales o morales. Estas dos interpretaciones se manifestaron conjuntamente, en una u otra medida, en la forma en que el derecho penal peruano consideró a los infractores indios en el periodo de la Patria Nueva.

Para algunos críticos de Leguía, tanto entre sus contemporáneos como historiadores a posteriori, el compromiso del régimen de actuar en pro de los indios quedó principalmente en el nivel retórico y simbólico. El "indigenismo oficial" adoptado por el gobierno se describe con frecuencia en la historiografía peruana como muy limitado en su alcance, con un claro énfasis en su aspecto demagógico. Así, por ejemplo, Kristal afirmó que la demagogia de Leguía resultó obvia para todos, exceptuando a sus más leales seguidores y que en la práctica ha hecho muy poco en favor de los indios.[4] Según Contreras y Cueto, "Uno de los propósitos de la Patria Nueva era la ruptura del control político de las élites civilistas, para incorporar a las clases medias, y limitadamente, demagógica o simbólicamente, a las clases trabajadoras e indígenas".[5] También Aguirre describe a Leguía como alguien que coqueteaba demagógicamente con retórica populista e indigenista.[6] El consenso general es que más allá de las declaraciones manifiestas, el oncenio leguiísta no produjo un cambio real y significativo en la situación de la población indígena.

En un espíritu similar, algunos investigadores que han tratado el tema de la actitud del derecho penal hacia los delincuentes indígenas y los cambios que hubo en el código penal legislado en tiempos de Leguía, tendieron a mostrar ese cambio en gran medida como no esencial y como una continuidad de la vieja política de represión social, económica, racial y cultural hacia el indio peruano. En otras palabras, un cambio para que nada cambie. Por ejemplo, para Ballón Aguirre,

> la asignación de un espacio propio [a las diferencias étnicas] en el ámbito de la coacción penal en 1924, se hermanaba al viejo sueño de los conquistadores: transformar al indio en un sujeto cualitativamente lo más apto para su explotación [...]. Este intento se expresaba bajo la cobertura de la "occidentalización" de los indígenas, de modo que se obtuviera la uniformidad social que diera las bases a un mejor sistema de control y de expansión de las relaciones sociales de producción capitalistas. Desaparecer al indio sin que desaparezca como mano de obra, era el objetivo que intenta cumplir el Código Penal de 1924.[7]

Un análisis similar presenta también Naldos Blanco:

> [E]l cambio en el discurso penal sobre el indígena no representó una alteración sustancial de la idea manejada hasta ese entonces en relación al lugar de "lo indígena" en la sociedad peruana. En todo caso, el carácter "atrasado" e "incivilizado" y, por ende, negativo del elemento indígena en nuestra sociedad y la necesidad de su eliminación quedaban claramente establecidos.[8]

En mi opinión, el examen del estatus peculiar de los delincuentes indígenas en el nuevo código penal abre una interesante perspectiva para la observación del proyecto de la Patria Nueva en su totalidad, ya que refleja su dualidad al estilo de Jano, con una cara mirando hacia el progreso y la modernización por delante y la otra dirigida al pasado, al legado de la era colonial. Mi propósito no es necesariamente contradecir los argumentos mencionados anteriormente, sino sugerir una perspectiva diferente para analizar la actitud de la legislación criminal de la Patria Nueva hacia el delincuente indígena–andino.

Soy de la idea de que durante el oncenio hubo un importante cambio en el estatus legal de los criminales indígenas. Como parte del intento de crear la comunidad nacional peruana, el indígena fue introducido en forma explícita en el código penal. Esta inclusión expresaba, sin lugar a dudas, una actitud claramente paternalista basada en percepciones de superioridad cultural hacia el indígena. Sin embargo, también revela algunos aspectos adicionales. Como "criminal", el delincuente indio representaba una amenaza al orden social y era considerado un objeto del que era menester protegerse. En tanto indígena, o mejor aún, "indígena semicivilizado o degradado por la servidumbre y el alcoholismo", este "tipo" de delincuente pertenecía al grupo social que desde el punto de vista indigenista era considerado como víctima directa del orden social existente y merecía ser protegido por la ley. El campo del derecho penal constituye, por lo tanto, un terreno en el que el indigenismo peruano y su promesa de proteger y rehabilitar al indio, tuvieron dimensiones reales, concretas y prácticas.

De la igualdad ante la ley a la individualización de la pena

En 1924, el mismo año en que Leguía prometía defender y rehabilitar al indio y poner fin a su servidumbre, el congreso peruano promulgaba un nuevo código penal. Era el segundo código penal de la República y reemplazaba al anterior, de 1862. Su aprobación, junto a la de la Constitución y al Código de Procedimientos en materia criminal, legislados cuatro años antes, reflejaban el deseo del régimen de reformar y modernizar el sistema legal del

Perú. Este espíritu de progreso y modernización se manifestaba en nuevos conceptos e innovaciones científicas en los campos del derecho penal y de la criminología positivista, que se incluían en los artículos del nuevo código.[9]

Una de las novedades de este código penal era el tratamiento que acordaba a una "categoría" especial de delincuentes: los indios andinos o, para ser más precisos, los que eran clasificados en las ya mencionadas clases de "indígenas semicivilizados" o "degradados por la servidumbre y el alcoholismo". Cuando se trataba de algún delito (¡cualquier delito!) perpetrado por un indígena semicivilizado o degradado por la servidumbre y el alcoholismo, el artículo 45 de este código penal imponía a los jueces peruanos tomar en cuenta el desarrollo mental del responsable, su grado de cultura y sus costumbres y seguir reprimiéndolo prudencialmente como a un delincuente de responsabilidad restringida. Lo que esto implicaba era una opción legal de disminuir la pena hasta límites inferiores al mínimo legal señalado en la ley para el mismo delito. Además, al referirse a dicha categoría de delincuentes, el artículo 45 también autorizaba a los tribunales a sustituir algunos tipos de castigos por "medidas de seguridad": Si la pena señalada para el delito era penitenciaría o relegación, los jueces podían sustituirla por la colocación del indígena en una colonia penal agrícola. Si la pena era solo de prisión, podía, a su vez, ser sustituida por colocación en una escuela de artes y oficios, o en una casa de educación por medio del trabajo.[10]

Se trata, a todas luces, de un gran cambio. En 1924, la población indígena del Perú era introducida formalmente como una categoría legal en el código penal de la República, poniendo fin así a 100 años de supuesta igualdad ante la ley. La idea de que la ley debía distinguir entre delincuentes indígenas y otras personas que cometieron los mismos actos criminales no era completamente nueva en la región. De hecho, una percepción similar caracterizó a la legislación colonial española. De modo algo paradójico, con esta atención especial dada a las poblaciones indígenas de la sierra por parte de la legislación penal, el régimen de "la Patria Nueva", con sus aspiraciones de progreso y modernización, regresaba a la época colonial. En aquella época, como señala Altmann Smythe, la ley penal (el libro VII de la Recopilación de Leyes de los Reinos de las Indias [1680]) "distinguió e hizo diferente la condición jurídica de los conquistadores y de los conquistados; señaló frecuentemente distintas penas para unos y otros [y] separó a los delincuentes según su raza o casta".[11] Además, aquella ley "consideró circunstancia atenuante el que el criminal fuera de raza indígena y como agravante que la víctima de la agresión fuese indio, en numerosos casos".[12]

Los legisladores liberales peruanos del siglo XIX habían rechazado aquel legado colonial, enfatizando la idea de que todos los ciudadanos debían ser medidos con la misma vara. No debe sorprender, entonces, que en el primer código penal peruano, el de 1862, no encontremos ninguna referencia especial a la población indígena del país. La omisión era no sólo una expresión de la noción liberal de igualdad ante la ley. Era sobre todo el resultado de la ceguera de las élites republicanas que convirtieron a los indígenas en ciudadanos invisibles a quienes se debía ignorar. Según Hurtado Pozo, el código de 1862 se basaba sobre todo en el código penal español de 1848.[13] A José Simeón Tejada, uno de los miembros de la comisión revisora de este código, le parecía de lo más natural basarse en el modelo ibérico, "estando las actuales costumbres de los peruanos vaciadas en los moldes imperecederos de las leyes y del idioma de Castilla".[14] Por consiguiente, para quienes redactaron el primer código, todos los peruanos eran iguales ante la ley, pero restringía el significado a los moldeados por el origen castellano; la omisión de la población indígena era simplemente el resultado de ignorar su mera existencia como ciudadanos.

Los legisladores peruanos del año 1924 ya no podían ignorar al indígena. Desde las secuelas de la guerra del pacífico, donde se encuentran las raíces "modernas" del indigenismo peruano, los indígenas llegaron a ser vistos como objetos de reforma política y social.[15] Como señalan varios investigadores, no solamente en el Perú sino también en otras repúblicas andinas, al final del siglo XIX y comienzos del siglo XX, "el problema indígena" —interpretado por discursos criollos como el principal impedimento a la orden, el progreso, la civilización y la modernidad— era una cuestión nacional fundamental.[16] Según Clark, en el Ecuador de las primeras décadas del siglo XX, los indigenistas participaron de manera importante tanto en debates públicos acerca del papel y la posición de los indios en la sociedad nacional, como en el dictado de políticas dirigidas a incorporar plenamente a los indios dentro de la nación ecuatoriana.[17] Así, por ejemplo, el sociólogo Jaramillo Alvarado, en su libro de 1922, *El indio ecuatoriano: contribución al estudio de la sociología indoamericana*, denunciaba la explotación de los indígenas, pero, como indica Giraudo, "mantenía, sin embargo, una actitud paternalista y asignaba a los indigenistas la tarea de liberarlos de esta opresión".[18] Esta actitud reflejaba la opinión predominante entre las élites ecuatorianas de esta época, que veían a los indígenas como sujetos pasivos y como obstáculos a su meta de construcción de la nación.[19].

También en Bolivia de la primera década del siglo XX, "lo que estaba en juego era la cuestión de cómo y dónde se deben situar los pueblos originarios en los márgenes de la nacionalidad moderna".[20] La Paz fue un lugar de refugio y protesta para los Aymaras que huían de la violencia rural y el despojo de sus tierras. Según Larson, bajo estas circunstancias y a la luz de "los espectros de 'guerra de razas' en el altiplano" (surgidos tras la guerra civil de 1899 y la matanza de Mohoza[21]), los arquitectos urbanos de la nación boliviana convirtieron "el problema indígena" en un problema nacional urgente.[22] Kuenzli agrega que intelectuales y organizaciones indigenistas bolivianos de estos años abordaron "el problema indígena" mediante la adopción y promoción de un pasado Inca ideal, que se conectaba también con el pasado Aymara, en el marco de la narrativa histórica nacional.[23]

En el Perú, desde la segunda década del siglo XX, los conflictos violentos entre los campesinos y los terratenientes de los departamentos meridionales de la Sierra Andina, descritos a menudo como "rebeliones indígenas", contribuyeron a que "el problema del indio" pase a ocupar un lugar primordial en el orden del día público. Mientras que para grandes sectores de las élites peruanas, estos conflictos despertaron de nuevo los viejos temores e imágenes de una "guerra racial", para intelectuales como Valcárcel, estos acontecimientos representaban la esperanza de una *Tempestad en los Andes* que iba a bajar de la Sierra para crear "un nuevo Perú", ligado a su pasado Inca y cuyo elemento fundamental sería el indígena.[24] Desde la perspectiva de Mariátegui, "el problema del indio" era básicamente un problema social, un asunto de relaciones de clases que "sólo se podía solucionar a través de alteraciones fundamentales al sistema de la tenencia de la tierra".[25] Para muchos otros indigenistas y juristas peruanos, la tensión y los enfrentamientos en las provincias del sudeste reafirmaron la vinculación del problema indígena al tema de la criminalidad y fortalecieron la demanda de que los indios sean protegidos por el estado y por la ley.

Como señala García, los esfuerzos de Leguía para institucionalizar una agenda de derechos indígenas fue, al menos en parte, una respuesta a la agitación política causada por aquellas "rebeliones indígenas".[26] Desde el punto de vista de su régimen, la idea de que los indios pudieran hacer uso de la fuerza y hasta de las armas para defender sus propios derechos era intolerable. La detención de Pedro Zulen en 1919, después de haber animado a los indígenas del pueblo de Marco que se alistaran al ejército para aprender a usar el arma no solamente para defender la patria, sino también para defender sus derechos, es un ejemplo al respecto.[27] Por ello, una legislación para proteger al indio era una necesidad del régimen mismo, si realmente deseaba descalificar semejantes acciones y presentarse como el único protector legítimo de los indígenas.

La campaña indigenista para la protección del indio mediante una legislación tutelar especial se basó en dos tipos de argumentos, relacionados entre sí; el primero presentaba al indio como la víctima de una larga cadena de abusos, explotación, actos de violencia y represión en el pasado y, sobre todo, en el presente. El segundo tipo de argumentos se concentraba en construir la persona del indio como una persona sin poder, incapaz, que no podía defender por sí mismo sus derechos por culpa de su miserable situación social y moral. La condición del indio era presentada con frecuencia como equivalente a la de menores de edad, personas carentes de capacidad legal y hasta de personas ausentes. Los miembros de la Asociación Pro–Indígena habían escrito ya en 1915: "La personalidad del indio casi no existe, el Estado debe considerarlo en la condición de menor y ampararlo eficazmente, hasta restituirlo en sus derechos ciudadanos".[28]

Una buena ilustración de la combinación de estos dos tipos de argumentos se encuentra en otra cláusula del código de 1924, que establece un castigo especial para quien "abusando de la ignorancia y de la debilidad moral de cierta clase de indígenas o de otras personas de condición parecida, los sometiera a situación equivalente o análoga a la servidumbre".[29] Leguía y Martínez, primo del presidente y ministro de gobierno (1920–1923), explicó en su *Diccionario de la legislación criminal del Perú* la lógica tras esta disposición:

> Trata nuestra ley, especialmente, de los perpetrados contra la libertad individual [de los indígenas], mantenidos como esclavos por los ricos y gamonales de la sierra, cuyos abusos se han vuelto ya tan escandalosos cuanto intolerables.[30]

Así es como en esta explicación tenemos por un lado a los explotadores de la raza indígena, los ricos y gamonales de la sierra, cuyos actos justificaron la sanción de la protección legislativa especial, y por el otro lado la supuesta "ignorancia" y "debilidad moral" del indio, que lo ha vuelto vulnerable e incapaz de defender sus propios derechos. Si combinamos los artículos 45 y 225 del código, podemos ver claramente la similitud con la percepción colonial del derecho penal en lo que se refiere a la población indígena. Para quienes apoyaban una legislación tutelar, la necesidad de regresar a las viejas percepciones del legado colonial era evidente y hasta esencial. Roberto F. Garmendia, un intelectual indigenista de Cuzco, lo manifestó en forma muy clara:

> Los legisladores de la República rompieron exabruptamente el concepto filosófico–jurídico con el que la legislación española consideró al indio menor de edad e incapaz. Después de cien años de dura y amarga experiencia, los

proyectos de legislación tutelar indígena tratan de restablecer ese mismo concepto jurídico.[31]

Los esfuerzos por restablecer este concepto jurídico se expresaron de diversas formas. Algunos de los proyectos legislativos para proteger a los indígenas intentaron elaborar un código de leyes separado para la población indígena del Perú, como fue el caso del *Proyecto de legislación indígena* de Manuel A. Quiroga en 1920. Otros intentos pretendían incorporar provisiones especiales para los indígenas en el código legislativo nacional. El código penal de 1924 es un ejemplo de este enfoque, pero también hubo esfuerzos similares en el terreno de la legislación civil. En 1922, la Comisión Reformadora del Código Civil debatió el tema acerca de si los indios analfabetos debían tener capacidad jurídica o no, dado que su propia condición de ignorancia los hacía propensos a ser víctimas de actos de fraude por parte de quienes quisieran abusar de ellos.[32] Algunos integrantes de esta comisión sostenían que el código civil debía aplicar el concepto de "incapaces relativos" solo a aquellos "individuos de la raza indígena que no hablen castellano". Otros proponían que la "incapacidad absoluta" se aplique a todos los indígenas, independientemente del idioma que hablaran.[33]

Tal como con el concepto de "responsabilidad restringida" en el nuevo código penal, el concepto de "capacidad (o incapacidad) relativa" pretendía dar a los indios un estatus legal especial también en el campo de la legislación civil nacional. No obstante, de hecho este último intento fracasó. En contraste con lo ocurrido en la legislación penal, no se introdujeron cláusulas especiales que contemplaran alguna capacidad relativa de los indios en el código civil (promulgado finalmente en 1936). Uno de los motivos para ello era la dificultad que había para basar tal legislación en cualquier racionalización científica y en convertir el conocimiento del castellano en una condición para definir la capacidad legal civil de una persona.

Cuando de derecho criminal se trataba, la situación era muy diferente. La inclusión de observaciones raciales y culturales en el código formal obtuvo la completa legitimidad por nociones criminológicas científicas y por conceptos modernos en lo penal. Entre los conceptos fundamentales en que se basó el código de 1924 se encontraba el principio de "individualización de la pena", que pasó a ser predominante en el derecho criminal moderno. Según este principio, la ley criminal debe referirse en primer lugar al delincuente mismo, al abanico de sus circunstancias personales. La consideración de la personalidad del infractor se entendía tanto como una expresión de una actitud humana hacia él y como una herramienta esencial en la lucha por proteger a la población de los peligros de la "enfermedad social" denominada criminalidad. La Comisión que redactó el código antes de su sanción en el congreso, escribió al respecto:

> El proyecto [del código penal] adopta, en la medida posible entre nosotros, como criterio de penalidad, el de las nuevas escuelas sintetizado por Von Liszt en la siguiente frase: "La finalidad de la punición no la constituye el delito, sino el delincuente; no el concepto sino el hombre". Para realizar esta idea el proyecto ha adoptado discretamente todos los recursos que pueden estar a nuestro alcance y que conducen a individualizar la represión o a iniciar, al menos, una tendencia en esta dirección.[34]

Una de las expresiones más evidentes de la individualización de la pena era la categorización, cuyo significado era una referencia desglosada y pormenorizada de distintos "tipos" de delincuentes, y la adecuación de los castigos a sus características específicas. En el marco de estas concepciones de individualización y categorización, también el indio delincuente se convirtió en una categoría y en un estatus especial en el código penal.[35] El uso de esto permitió concretar en el campo del derecho criminal la demanda de los indigenistas de que se promulguen leyes especiales para los indios, que tengan en cuenta su "situación" y sus "circunstancias peculiares".

Peligrosidad, responsabilidad y culpabilidad: el discurso criminológico

El trato especial dispensado a los indios delincuentes en el código penal de 1924 no estaba vinculado solamente al ambicioso proyecto de "legislación tutelar indígena". En el trasfondo había un discurso criminológico–indigenista más específico, que prevalecía a la sazón en Perú y que centraba su foco en las características del indio delincuente y en las causas de su condición. Con una variedad de explicaciones para el problema de "la criminalidad indígena", tal discurso retrataba e interpretaba al indio delincuente como un criminal de un tipo diferente, que merecía formas de tratamiento diferentes a las de otros infractores. En un artículo que analiza dicho discurso, Poole destaca la forma en que fue estructurándose el concepto de la peligrosidad:

> [E]l indio que los indigenistas introdujeron en el escenario nacional era un sujeto amorfo y constitutivamente diferente. De acuerdo con esta diferencia cultural y ambientalmente determinada se presuponía que los indios presentaban un único conjunto de variables criminológicas cuyas formas de peligrosidad requerirían entonces un también separado conjunto de disposiciones legales.[36]

Por ello, aparentemente, es que se requería también un trato diferenciado al indio delincuente por parte del derecho y de la jurisprudencia. Sin embargo, contrariamente al argumento de Poole, considero que no era necesariamente la cuestión de la peligrosidad la que dictaba esta actitud. En este contexto cabe prestar atención también a lo que manifestara Víctor Maúrtua, que redactó el código penal, y que afirmaba que la mayor parte de los criminales eran indios, cuya constitución moral y carácter sumiso no requiere una represión severa y prolongada. Señalaba asimismo que la depravación y la peligrosidad permanente no eran rasgos típicos de los criminales peruanos.[37]

Creo que el discurso indigenista–criminológico sobre los factores de la delincuencia indígena, al menos en los años diez y veinte del siglo XX no se caracterizó solo por la estructuración de la peligrosidad del indio delincuente, sino sobre todo por el cuestionamiento de la culpabilidad y de la responsabilidad penal por sus actos. Muchos de quienes usaban este discurso culpaban y responsabilizaban al estado peruano, a toda la sociedad o a sectores particulares de ella, como los gamonales, los terratenientes explotadores, etc. El indio andino delincuente era presentado a menudo como inocente de su "condición criminal" y como una persona cuyas acciones delictivas eran el resultado de circunstancias que escapaban a su control. Esta idea encuadraba bien en el argumento indigenista más amplio de que el indio en general no puede seguir cargando con la culpa por el estado de la sociedad peruana. Algunos ejemplos a continuación lo ilustran en forma clara (las negritas en las citas son mías, LBD):

En 1915, pocos meses antes de la famosa sublevación de "Rumi Maki", José Frisancho, el fiscal de Azángaro, escribió al Juez de Primera Instancia de esa provincia con estas palabras:

> [E]l indio, más infeliz que el esclavo y el siervo, está de hecho sometido al poder absoluto e inmoderado de cierta catadura de individuos que han optado los medios de robar, explotar y corromper al indio para medrar con el provecho de sus detentaciones.[38]

Frisancho ampliaba la acusación y la extendía también a la ineficacia de las autoridades que debían proteger al indio y no lo hacían:

> Cuando así los representantes del poder público en esta provincia, dejaron prácticamente a los indios descalificados de la Constitución y de las leyes; cuando los hechos manifestaron que no existía sanción para el asesinato de esos parias ni para la detentación de sus bienes; entonces, cruelmente decepcionado de la justicia social, tuvo que concebir el indio la venganza individual como recurso obligado para procurarse justicia [...].[39]

Ocho años más tarde, encontramos otro análisis interesante de "la criminalidad indígena en el departamento de Puno", que también surge del centro del sistema jurídico. Anfiloquio Valdelomar, fiscal tutelar de la Corte Superior de Puno y Madre de Dios, escribió en 1923:

> [D]ada la idiosincrasia de la región, [la criminalidad] no puede reprimirse con castigos, porque el mal no está á donde se vé, es decir en el mismo delito objetivamente considerado, sino en causas remotas, que son las fuentes de donde emana su generación, y por consiguiente es allá á donde debe atacarse; pero no precisamente con castigos que son inaplicables, desde que los delincuentes de esta región no lo son por perversidad ingénita, ni por impulsión natural, sino que son empujados al crimen por fuerzas propulsoras exteriores imposibles de resistirse, tales como el hambre y el alcoholismo.[40]

En palabras muy claras, Valdelomar acusa al estado y a la sociedad de promover la criminalidad indígena. Nótese que a diferencia de otros escritores de aquella época no se refiere a "la sociedad indígena", sino a una sociedad peruana, de la que el indígena es parte integral. Además, según él, la culpabilidad y la responsabilidad que tiene la sociedad peruana con respecto a la delincuencia indígena, deben tener consecuencias muy claras en el campo del derecho penal:

> [E]n sociedades como la nuestra, en donde el individuo desde su nacimiento es abandonado a su propia suerte y, aún más, se le empuja al crimen favoreciendo el alcoholismo y negándole trabajo é instrucción [...] en sociedades como la nuestra, de absoluta desorganización, en que la sociedad vá contra el individuo, debe restarse el castigo, descontando de la pena que debía imponerse, una parte por la responsabilidad que corresponde a la sociedad. Querer corregir la criminalidad en esta región castigándo á los delincuentes ciegamente, tal como lo establece la ley para todos en general,[41] es como querer curar la sífilis poniendo ungüentos en las placas. Las placas y los delitos son las manifestaciones del mal y nada se consigue atacando estas manifestaciones, cuando el mal está adentro y desatendido seguirá minando.[42]

Valdelomar presentó su obra como una "estadística judicial criminal" y efectivamente su análisis de la criminalidad indígena en el departamento de Puno se basaba, entre otras cosas, en tablas de datos cuantitativos sobre los procesos judiciales penales que tuvieron lugar en las instancias tribunalicias de esa región en el mismo periodo. La estadística, por supuesto, tenía como meta dar sustento científico a los argumentos del autor. Pero Valdelomar no sólo era ducho en las estadísticas de los casos que se juzgaban, sino también en las teorías criminológicas contemporáneas. Las influencias de la criminología positivista son claramente visibles cuando se refiere a la criminalidad como a una enfermedad que debe curarse. También se manifiestan en la siguiente afirmación: "los datos anteriormente apuntados [los datos estadísticos] comprueban la ausencia de criminales natos y habituales en nuestra raza indígena".[43]

El discurso criminológico–indigenista fue sin duda una resultante en gran medida del encuentro entre el positivismo europeo (o, mejor dicho, la criminología positivista) y el indigenismo peruano. Esta concomitancia contenía elementos de combinación y unión, pero también de tensiones y de contradicciones internas. Tal como sostuvo Garland, la criminología positivista que veía en la delincuencia una patología y una desviación de lo normal, era de hecho una disciplina correctiva, básicamente acrítica de relaciones legales y sociales existentes.[44] Como tal, estaba lejos de ser una teoría de crítica social. Colocaba en el centro al "delincuente" como el elemento que encarnaba la anomalía con respecto a la sociedad civilizada y normativa. En contraste, el indigenismo, al menos en sus comienzos, incluía concepciones de crítica social y demandas de reformas legales y sociales en todo lo que tuviera que ver con el estatus del indio en Perú. Parte de dichas críticas se dirigían principalmente a los abusadores del indio y a quienes lo sometían, comenzando por los gamonales, aunque también mantenían una actitud similar hacia las autoridades judiciales y ejecutivas que cooperaban, por sus acciones o por omisión, con las prácticas de opresión, explotación, despojo y servidumbre de los indios de la sierra.. Se trata, entonces, del encuentro entre aquella "disciplina correctiva" criminológica–positivista, que definió lo anómalo del delincuente y los enfoques indigenistas que disparaban sus críticas hacia la "anomalía" del estado peruano y a las relaciones sociales y legales en su marco.

José Antonio Encinas, uno de los indigenistas más destacados e influyentes en los primeros años del oncenio, nos brinda lo que quizás constituye el mejor ejemplo de este encuentro. En 1919 publicó su tesis doctoral, titulada *Causas de la criminalidad indígena en el Perú. Ensayo de psicología experimental*. Para el autor, su trabajo de investigación tenía un doble objetivo: contribuir al estudio del "problema de la raza indígena" y a la vez, contribuir a "la ciencia criminológica nacional".[45] Esta contribución, por lo tanto, superaba los límites del debate científico de lo criminológico. Encinas, como tantos otros, se ocupaba del indio delincuente como parte inseparable y hasta esencial del debate público más amplio sobre la cuestión indígena, el lugar que correspondía a los indios en la sociedad peruana y desde una perspectiva más abarcativa y generalizada de lo que debía ser la identidad de la comunidad nacional.

Como indigenista, Encinas criticó seriamente los males del orden social peruano e individualizó varios de ellos como principales causas de la criminalidad del indio: la desigualdad, la explotación económica, el latifundismo, la falta de salarios, la pobreza, la expulsión de tierras y el uso del alcohol. No obstante, estos factores no constituían la explicación completa para Encinas, que como criminólogo también buscó las causas de la criminalidad en la psique del indio, en su estructura mental.

Este enfoque coincidía con la teoría básica del criminólogo italiano Enrico Ferri, que consideraba la delincuencia resultante de la combinación entre factores sociales y ambientales y factores antropológicos, vinculados principalmente a la estructura psicológica del delincuente.[46] Para estudiar esto, conforme al método positivista, Encinas realizó una serie de experimentos con reclusos indios en prisiones limeñas en los que analizó la memoria, la capacidad de juicio, la imaginación, asociaciones y sentimientos de los participantes.[47] Para explicar la psicología criminal indígena, entre otros argumentos, Encinas se remonta a la época colonial:

> El indio necesitaba mayor libertad y le trajeron la esclavitud de las encomiendas, de las mitas. Necesitaba más pureza en sus ideas religiosas y sólo le brindaron prácticas y creencias que le alejaban de su antiguo control religioso. Tal contraste produjo en el alma indígena una degeneración nerviosa que explica su actual moral; híbrida, de fuertes contrastes, que determinan un buen porcentaje de los delitos [...].[48]

Por consiguiente, tanto si las explicaciones dadas eran sociales, ambientales, económicas, culturales, psicológicas y hasta biológicas, muchas de ellas, de una manera u otra, pusieron en tela de juicio la culpabilidad y la responsabilidad del delincuente indígena, cuya rehabilitación se manifestaba no sólo en la voluntad de "corregir" y de, valga la redundancia, rehabilitarlo, enviándolo a lugares como colonias penales agrícolas o a escuelas de artes y oficios, sino también en una especie de procedimiento de "desculpabilización" que incorporaba el discurso indigenista–criminológico.

El artículo 45 del código penal de 1924 refleja en gran medida el conjunto de concepciones que hemos señalado. El indio delincuente al que se hace referencia en dicho numeral era no sólo "semicivilizado", sino también "degradado por la servidumbre y el alcoholismo". El artículo proveía una respuesta positivista a su potencial peligrosidad, mediante las medidas de seguridad que debían reemplazar a los castigos en casos adecuados para proteger a la sociedad y simultáneamente reeducar al infractor. Al mismo tiempo reflejaba el cuestionamiento que hacían los indigenistas de la medida de culpabilidad y responsabilidad del delincuente indígena y su exigencia de que se lo proteja. El código lo manifestaba en forma clara al determinar que el castigo para estos imputados fuera "prudente" y administrado después de sopesar su responsabilidad limitada, con lo que los legisladores dejaban abierta la posibilidad de aplicar penas reducidas.

Del delincuente abstracto a los casos concretos

Hasta aquí nos hemos referido al indio delincuente "abstracto": su representación, la estructuración de su imagen y su estatus en el discurso criminológico indigenista y en la legislación penal. Cabe ahora preguntarse si el cambio reflejado en el nuevo código penal en 1924 marcó también un cambio en la situación y en el destino de delincuentes concretos.

Puede decirse que en lo que respecta a condiciones de detención y presidio de los sospechosos y convictos indígenas, la entrada en vigor del nuevo código penal no significó cambio significativo alguno, por decirlo eufemísticamente. Si bien el artículo 408 del código exigía al Poder Ejecutivo la construcción de una serie de instalaciones carcelarias y de instituciones para el "tratamiento" de criminales, en la práctica hubo una gran brecha entre lo que se había sugerido y la realidad, incluso después de pasado un largo período. Este desfasaje no se hizo evidente únicamente en la omisión de la construcción de nuevos centros penitenciarios modernos, sino también en la cruda realidad que imperaba en el interior de los existentes. La criminología y la penología adoptaron novedades científicas modernas; el régimen de la Patria Nueva sucumbió; un nuevo código penal reemplazó al viejo. Aún así, en el departamento de Cuzco, por ejemplo, los reclusos indígenas permanecían en lugares que en repetidas ocasiones fueron descritos como "de tormento inhumano" y "factores de criminalidad".[49]

Una parte considerable de las instrucciones del código de 1924 en lo que se refiere al delincuente indígena no se implementó. Las colonias penales agrícolas no se construyeron e igual destino corrieron otros métodos penitenciarios alternativos. En tales circunstancias, dos de las tres formas que el código ponía a disposición de los tribunales resultaban impracticables. Pese a ello, el artículo 45 no se convirtió en letra muerta en la legislación peruana. Los jueces podían utilizar la opción adicional que se delineaba: reducción de la pena al considerar la responsabilidad limitada y las circunstancias atenuantes del delincuente indígena. Se trataba sin duda de la opción más sencilla y económica ya que no requería infraestructura física adicional alguna. A partir de 1924, su uso fue bastante extendido.

Las cortes peruanas aplicaron el artículo 45 en diversos expedientes criminales en que hubo delincuentes considerados indígenas involucrados. Algunas veces se usó en casos de conflictos sociales y políticos entre comunidades indígenas y terratenientes locales. Tal fue el caso, por ejemplo, de Luis Yabar, que en setiembre de 1922 fue asesinado por un grupo de indígenas de Marcapata, distrito de la provincia de Quispicanchi, en el departamento de Cuzco.[50]

Luis Yabar y sus compañeros, por comisión del Gobernador de ese distrito, se constituyeron en una parcialidad donde residía Mariano Ccoa, delegado de los indígenas de esa parcialidad. Ccoa estaba a punto de viajar a Lima, con el fin de realizar gestiones ante las autoridades centrales en defensa de los indígenas de aquella región; y para financiar su viaje, los indígenas habían reunido dinero. Luis Yabar y sus compañeros llegaron a la casa de Ccoa para recoger este dinero, y cuando no lo encontraron, entraron en su casa y extrajeron varios objetos de su propiedad. Luego Yabar y los demás fueron atacados y secuestrados por algunos indígenas de las parcialidades vecinas y los llevaron presos. Dos días más tarde, los indígenas mataron a Yabar, "dándole de golpes con piedras, palos y mangos de zurriago, hasta darle la muerte, no obstante los gritos con que imploraba el perdón [...]".[51]

Mariano Mamani Rodríguez, uno de los indígenas que fueron acusados por el homicidio de Luis Yabar, confesó en su juicio que había tomado parte directa en la victimación de éste. La pena por delito de homicidio debía ser penitenciaría no menor de 6 años, pero en 1925 el Tribunal Correccional de la Corte Superior del Cuzco lo condenó a 4 años de penitenciaría en el Panóptico de Lima. En el razonamiento de su sentencia el Tribunal consideró "la crueldad, deliberación y ensañamiento" con los que se cometió el crimen, pero de otro lado, tomó en cuenta también otras circunstancias: "Los indígenas acusados que cometieron el crimen [...] lo hicieron bajo la presión de una violencia causada por las exacciones cometidas por Yabar y compañeros [...] Yabar y otros vecinos de Marcapata los exaccionaban y explotaban [...]". Además, el Tribunal consideró "las condiciones sociales de esos indígenas acusados, así como las morales: sin ninguna educación, semicivilizados, faltos de desarrollo mental, sin ningún grado de cultura y con costumbres semisalvajes".[52]

Por un lado, este tipo de referencia a los delincuentes permitió a la corte de Cuzco reducir sus penas. Por el otro lado, al presentarlos como indios semicivilizados que actuaron en un rapto de furia descontrolada, la misma corte hacía que las dimensiones racionales y políticas prácticamente desaparezcan del caso.⁵³

El artículo 45 del código penal fue usado también a menudo en casos criminales "ordinarios", incluidos algunos en los que tanto los perpetradores como las víctimas eran indios. Por ejemplo, el Tribunal Correccional del Cuzco condenó el 1 de septiembre de 1925 a los hermanos Bartolomé, Sebastián y Laureano Espinoza de la provincia de Canchis por el homicidio de José Choqque.⁵⁴ La reconstrucción de los hechos establecía que los hermanos Espinoza se desplazaban desde la aldea en que vivían a otra localidad, cuando en el camino se toparon con Choqqe, con quien se habían peleado en la víspera junto al domicilio de los hermanos. Poco después fue hallado el cadáver de Choqque con evidencias de golpes y heridas y atado al cuello de la víctima el extremo de un poncho, que sirvió para estrangularlo. En el veredicto, que hacía mención de las pruebas, el Tribunal determinó:

> Dichos encausados son indígenas semi–civilizados, analfabetos y sin la menor noción de cultura, por lo que de conformidad con lo prescrito por los artículos cuarenticinco y su referente noventa del Código Penal debe rebajarseles por debajo del mínimum y equitativamente la pena determinada por el artículo ciento cincuenta del mencionado Código [...].⁵⁵

Consideradas las circunstancias personales, étnicas y culturales de los hermanos Espinosa, el Tribunal los sentenció a prisión por un período inferior al de los seis años que el código penal instituía como mínimo, fijando la pena en cuatro años. Para dos de ellos ello significaba la liberación inmediata, ya que habían estado detenidos por un lapso de cuatro años hasta la finalización del proceso judicial.

En otro caso, el Tribunal Correccional de Puno condenó el 23 de mayo de 1927 a Mariano Candelario Betanzos por el delito de robo de reses.⁵⁶ Dada la esencia del delito y considerados los antecedentes del imputado, la pena mínima que supuestamente se le debía aplicar era de seis años de cárcel.⁵⁷ Sin embargo, la sentencia señalaba que "en el caso que se juzga hay que tener presente la condición de analfabeto indígena del acusado Betanzos" y en virtud del mencionado artículo 45 lo condenó a tres años de reclusión en la penitenciaría de Lima, es decir la mitad de lo que indicaba el código penal. La sentencia no establecía ninguna relación entre el hecho de que el acusado no sabía leer y escribir y el que se dedicara al abigeato. Alcanzaba con señalar su falta de educación formal para reducir significativamente la pena.

La idea de que ser clasificados como "indios semi–civilizados" era una especie de garantía para poder disminuir el castigo fue a veces bien internalizada por delincuentes indígenas en el banquillo de acusados, o al menos por sus defensores. El caso de Polonia Amao, detenida en la cárcel pública de Urubamba por herir a su hermano, nos sirve para ilustrarlo. Al dirigirse al juez instructor de la causa para que la libere, argumentó:

> La pena que me correspondería jamás puede ser mayor de un año, porque yo como indígena, carente de cultura, tengo responsabilidad restringida, conforme a lo taxativado por el artículo 45 del Código Penal [...].[58]

A partir de su sanción en 1924, los tribunales peruanos utilizaron el artículo 45 en variados contextos: crímenes violentos, delitos contra el patrimonio y delitos sexuales y tanto en casos en los que las víctimas eran indios o no, tuvieran o no implicancias políticas o en conflictos entre vecinos o dentro de familias. Todos estos casos tuvieron al menos un común denominador claro: en la práctica legal, el artículo en cuestión era considerado como un instrumento que favorecía al delincuente indígena y su uso estaba destinado a mitigar la pena.

El código penal de 1924 se mantuvo en vigencia hasta comienzos de los años 90. A comienzos de los 70 encontramos aún una decisión de la Corte Suprema en Lima que debate si algunos convictos de Cuzco podían ser clasificados o no como "indígenas semi–civilizados" y si como tales cabía aplicar el artículo 45.[59] Como fue el caso con otras innovaciones del Oncenio, esta también dejó su impronta durante muchos años.

Conclusión

El nuevo estatus legal de los indios delincuentes en el código penal de 1924 marcó en cierta medida una vuelta de conceptos jurídicos originados en el legado legislativo colonial español. Esta vuelta fue posible por el uso de observaciones criminológicas nuevas y científicas y la implementación de conceptos penales modernos. No obstante, el regreso a las viejas percepciones coloniales sobre los criminales indígenas tenía lugar en un contexto nuevo. La inclusión explícita del indio en el código penal nacional del Perú formaba parte del intento de crear la comunidad nacional peruana.

Leguía, como era de suponer, no cumplió su promesa de poner fin a la servidumbre a la que eran sometidos los indígenas. No obstante, el código penal sancionado durante su gobierno expresó no sólo percepciones de superioridad racial–cultural hacia el indio, sino también un reconocimiento oficial de la existencia del fenómeno mencionado y una demanda clara de considerar la situación de quienes estaban sometidos a la explotación social.

Podemos afirmar que la reducción de las penas a algunos delincuentes considerados indígenas "semi–civilizados" o "degradados por la servidumbre y el alcoholismo" por parte de los tribunales peruanos fue de poca importancia cuando se considera la continuación de la exclusión social, política y cultural de la población indígena. Las penas reducidas eran una forma seguramente muy sencilla de supuestamente afrontar cuestiones sociales, en lugar de modificar el orden social imperante. Sin embargo, la actitud del derecho penal durante el régimen de la Patria Nueva hacia el delincuente indígena andino marcó una novedad significativa al determinar el destino de acusados de cargos criminales en las cortes del Perú. Desde 1924 y por largos años, muchos de estos individuos fueron condenados a penas reducidas, justificadas sobre la base de su clasificación como "semi–civilizados". Y desde el punto de vista de la persona sobre cuya cabeza pende la espada de la Justicia, una reducción de la pena en varios años no es algo que deje de carecer de significado.

Con una perspectiva más general, esta actitud durante el Oncenio leguiísta es un testimonio de la fuerza y la influencia del discurso indigenista y su éxito al construir al indio como una persona que no es culpable de su propia situación y mucho menos de la situación de la nación peruana y como quien necesita no sólo rehabilitación, sino también protección, consideración y un trato tolerante por parte del estado. Como he mostrado en este artículo, el indigenismo y el positivismo convergían, aunque no exentos de tensiones. Los indigenistas pudieron usar herramientas positivistas criminológicas y legales para promover sus ideas y manifestarlas no sólo como un asunto simbólico sino como algo concreto y práctico, al menos en el campo del derecho penal.

Notas

1 Deseo expresar mi profundo agradecimiento a Gerardo Leibner por sus comentarios y sugerencias a este artículo, y a lo largo de mis años de estudios. Así mismo tengo una deuda de gratitud con amigos e investigadores que me brindaron su apoyo: Tzvi Medin, Raanan Rein, Rosalie Sitman, Julio Cotler, Francisco Ballón Aguirre, Luís Alberto Naldos Blanco, Paulo Drinot, Abel Santibáñez Collado, y el personal del AGN y del Archivo de la Corte Superior de Justicia del Cuzco. Los errores que puedan presentarse serán por supuesto mi responsabilidad.
2 Sivirichi, Atilio, *Derecho indígena peruano*, 103.
3 Basadre, Jorge, *Historia de la República del Perú*, 309.
4 Kristal, Efraín, *The Andes Viewed from the City*, 214.
5 Contreras, Carlos y Marcos Cueto, *Historia del Perú contemporáneo*, 219.
6 Aguirre, Carlos, *The Criminals of Lima*, 5.

7   Ballón Aguirre, Francisco, *Etnia y represión penal*, 16.
8   Naldos Blanco, Luis Alberto, *Tratamiento al Indígena en el Derecho Penal Peruano*, 132.
9   Las innovaciones modernas del Código Penal de 1924 incluyeron, entre otras, la abolición de la pena de muerte y su sustitución por la de internamiento, la aplicación de la sentencia indeterminada, de la condena condicional y de la liberación condicional; la adopción de "medidas de seguridad" y alternativas a la reclusión carcelaria para hacer frente a los criminales peligrosos y que no tienen responsabilidad penal o que su responsabilidad es limitada; la creación de un instituto criminológico en el marco de la Penitenciaría de Lima y la introducción de novedades en cuanto al régimen de tutela para los menores.
10 Artículos 42 y 45 del Código Penal. El artículo 44, que no trataremos en este marco, otorgaba un tratamiento penal diferenciado a otra categoría de indios delincuentes, los *salvajes*, o sea aquellos de la región de la selva.
11 Altmann Smythe, Julio, *Reseña histórica*, 203.
12 *Ibíd*.
13 Hurtado Pozo, José, *La ley "importada"*, 43.
14 *Ibíd*, 42–43.
15 Klarén, Peter Flindell, *Peru. Society and Nationhood in the Andes*, 245.
16 Ver, por ejemplo, Larson, Brooke, *Trials of Nation Making*, 51.
17 Clark, Kim, "La medida de la diferencia", 114–115.
18 Giraudo, Laura, "Un campo indigenista transnacional", 37.
19 Becker, Marc, *Indians and Leftisits*, 20–21.
20 Larson, Brooke, "Indios redimidos, cholos barbarizados", 27–48.
21 Irurozqui, Marta, "Ciudadanos armados o traidores a la patria", 44.
22 Larson, Brooke, "Forging the Unlettered Indian", 137.
23 Kuenzli, E. Gabrielle, "Indian Problems, Indian Solutions", 123.
24 Flores Galindo, Alberto, "In Search of an Inca", 174; Valcárcel, Luis E., "Glosario de la Vida Inkaica", 18. Valcárcel, en gran medida, hizo eco a la noción de González Prada de finales del siglo XIX, según la cual, "el Perú verdadero" no era el Perú criollo de la Costa sino el Perú indígena de la Sierra. Ver, Leibner, Gerardo, *El mito del socialismo indígena en Mariátegui*, 30.
25 Becker, Marc, "Mariátegui y el problema de las razas en América Latina", 192; Mariátegui, José Carlos, *Siete ensayos de interpretación de la realidad peruana*, 46–93.
26 García, María Elena, *Making Indigenous Citizens*, 69.
27 Leibner, Gerardo, *The "New Indians"*, 172.
28 Capelo, Joaquín, "Espinas y Abrojos". En *El Deber Pro–Indígena*, Año III. No. 36, Lima, septiembre de 1915, 161; citado por Kapsoli, Wilfredo, *El Pensamiento*, 25.
29 Artículo 225 del Código Penal de 1924.
30 Leguía y Martínez, Germán, *Diccionario de la legislación criminal del Perú*, 473.
31 Garmendia, Roberto F, *Legislación tutelar indígena*, 11.
32 Un tema repetido en el discurso indigenista fue los abusos que sufrían los indios por parte del sistema jurídico y especialmente a manos de los tinterillos (aboga-

dos semiprofesionales) que explotaban su situación e ignorancia. Ver, para el caso peruano, Aguirre, Carlos, "Tinterillos, Indians and the State", 132–134, y para el caso ecuatoriano, Becker, Marc, "En busca de tinterillos".
33 Sivirichi, Atilio, *Derecho indígena peruano*, 172–174.
34 Altmann Smythe, Julio, *Reseña historica*, 249.
35 Espinosa agrupó a "las personas que caen bajo el radio de acción del Código Penal" en cinco categorías: "Menores", "Normales", "Inadaptados", "Temibles" y "Psicopáticos". Según él, "cada una de estas categorías comprende varias clases de delincuentes que llegan al número de 18". Espinosa clasificó a los "Indígenas semicivilizados" bajo la categoría de "Inadaptados", junto con las clases de "Salvajes", "Ebrios Habituales", "Desarreglados", "Ociosos" y "Vagos". Espinosa, Eloi. B., *Orientación del Código Penal*, 77–81.
36 Poole, Deborah, "Ciencia, peligrosidad y represión", 355–356.
37 "El Código Maúrtua y la Sociedad General de Prisiones de París", *Revista de Derecho y Ciencias Políticas* 2, No. 1 (1937): 83–84, citado por Aguirre, Carlos, *The Criminals of Lima*, 55.
38 Frisancho, José, *Algunas vistas fiscales*, 31–32.
39 *Ibíd*, 34.
40 Valdelomar, Anfiloquio, *La criminalidad indígena en el departamento de Puno*, 3–4.
41 Como dijéramos, el trabajo de Valdelomar fue publicado en 1923, antes de la sanción del nuevo Código Penal.
42 *Ibíd*, 4–5.
43 *Ibíd*, 19.
44 Garland, David, "The Criminal and his Science", 124.
45 Encinas, José Antonio, *Causas de la criminalidad indígena en el Perú*, 5.
46 Enrico Ferri, discípulo de Cesare Lombroso, fue uno de los fundadores de la escuela positivista en el campo de la criminología. Atacó con agudeza a quienes criticaban la antropología criminal, que en su opinión intentaron reducir esa disciplina a mediciones de cráneos exclusivamente e hicieron caso omiso de los datos que presentaba en cuanto a la psicología del delincuente y que indicaban sobre todo un opacamiento de los sentidos morales y la falta de visión a largo plazo. En este contexto, Ferri sostuvo en forma explícita que la investigación de la psicología del delincuente es de mayor importancia y una relación más directa con su condición criminal que la investigación orgánica pura. Ver, por ejemplo, Ferri, Enrico, *Criminal Sociology*, 49–50.
47 Encinas, José Antonio, *Causas de la criminalidad indígena en el Perú*, . 45–74.
48 *Ibíd*., 9.
49 Muñiz R., César Augusto, "El sistema carcelario", 69.
50 Tribunal Correccional del Cuzco, Instrucción N. 988 Año 1922, 376–380(v).
51 Ibíd., 378.
52 Ibid., 380.
53 El mismo tribunal juzgó por aquella época un caso de características similares en la vecina provincia de Chumbivilcas. La víctima del asesinato a manos de un grupo de indios políticamente organizados fue en esa ocasión un terrateniente

de Quiñota, Carlos Vidal Berveño. En el trasfondo había una prolongada lucha entre los terratenientes locales y campesinos indígenas por terrenos para el pastaje del ganado en la zona. Marisol de la Cadena describe cómo en el juicio los acusados fueron presentados por sus defensores como indios presos de furia e irracionales, con lo que lograron difumar y disipar la dimensión política del suceso. Ver Cadena, Marisol de la, *Indigenous Mestizos*, 111–118.
54 Tribunal Correcciónal del Cuzco, Instrucción N. 462, 339–342.
55 Ibíd., 341(v).
56 Tribunal Correccional de Puno, Instrucción N. 99 (libro 34), 236–238.
57 Ibíd., 237(v).
58 Causa Criminal N. 252/1935.
59 Exp. N. 792–70, Procede del Cuzco, *Revista de Jurisprudencia Peruana*, 1970: 1001–1002.

Bibliografía

Aguirre, Carlos. *The Criminals of Lima and Their Worlds. The Prison Experience, 1850–1935*. Durham y Londres: Duke University Press, 2005.

Aguirre, Carlos. "Tinterillos, Indians and the State: Towards a History of Legal Intermediaries in Post–Independence Peru". En Kirmse, Stefan B. ed., *One Law for All? Western models and Local Practices in (Post–) Imperial Contexts* Frankfurt: Campus Verlag, 2012. 119–145

Altmann Smythe, Julio. *Reseña histórica de la evolución del derecho penal*. Lima: Sanmartí y companía, 1944.

Ballón Aguirre, Fransisco. *Etnia y represión penal*. Lima: Centro de Investigación y Promoción Amazónica, 1980.

Basadre, Jorge. *Historia de la República del Perú 1822–1933*. Tomo XIII. Lima: Editorial Universitaria, 1968 (6ta. ed.).

Becker, Marc. "En busca de tinterillos. Intermediarios en el mundo indígena ecuatoriano durante el siglo XX". *Procesos: revista ecuatoriana de historia* n. 37 (2013): 97–124.

Becker, Marc. *Indians and Leftisits in the Making of Ecuador's Modern Indigenous Movements*. Durham and London : Duke University Press, 2008.

Becker, Marc. "Mariátegui y el problema de las razas en América Latina". *Revista Andina* N. 35, julio (2002): 191–220.

Clark, Kim. "La medida de la diferencia: las imágenes indigenistas de los indios serranos en el Ecuador (1920–1940)", en Cervone, Emma y Fredy Rivera, eds., *Ecuador racista: Imágenes e identidades*. Quito: FLACSO Sede Ecuador, 1999. 111–126.

Contreras, Carlos y Marcos Cueto. *Historia del Perú contemporáneo*. Lima: Pontificia Universidad Católica del Perú, 2000 (2da. ed.).

Cadena, Marisol de la. *Indigenous Mestizos. The Politics of Race and Culture in Cuzco, Peru, 1919–1991*. Durham y Londres: Duke University Press, 2000.

Encinas, José Antonio. *Causas de la criminalidad indígena en el Perú. Ensayo de psicología experimental*. Lima: Unversidad de San Marcos, 1919.

Espinosa, Eloi. B. *Orientación del Código Penal Peruano de 1924*. Lima: Talleres Gráficos de la Penitenciaría Central, 1929.

Ferri, Enrico. *Criminal Sociology*. Boston: Little, Brown and Co., 1917.

Flores Galindo, Alberto. *In Search of an Inca. Identity and Utopia in the Andes*. Editado y traducido por Aguirre, Carlos, Charles F. Walker y Willie Hiatt. New York: Cambridge University Press, 2010.

Frisancho, José. *Algunas vistas fiscales concernientes al problema indígena, del agente fiscal de Azángaro*. Lima: Tip. El Progreso Editorial, 1916.

García, María Elena. *Making Indigenous Citizens. Identities, Education, and Multicultural Development in Peru*. Stanford, California: Stanford University Press, 2005.

Garland, David. "The Criminal and his Science. A Critical Account of the Formation of Criminology at the End of the Nineteenth Century". En *The British Journal of Criminology* 25: 2; 109–137. Oxford: Oxford University Press, April 1985.

Garmendia, Roberto F. *Legislación tutelar indígena*. Cuzco: Librería. e Imprenta H. G. Rozas, 1921.

Giraudo, Laura. "Un campo indigenista transnacional y 'casi profesional': La apertura en Pátzcuaro (1940) de un espacio por y para los indigenistas". En Laura y Juan Martín-Sánchez eds., *La ambivalente historia del indigenismo: Campo interamericano y trayectorias nacionales, 1940–1970*. Lima: IEP, 2011. 21–98.

Hurtado Pozo, José. *La ley "importada": Recepción del derecho penal en el Perú*. Lima: CEDYS, 1979.

Irurozqui, Marta. "Ciudadanos armados o traidores a la patria? Participación indígena en las revoluciones bolivianas de 1870 y 1899". *Iconos, Revista de Ciencias Sociales* no. 26. FLACSO, Sede Quito, Septiembre (2006): 35–46.

Kapsoli, Wilfredo. *El Pensamiento de la Asociación Pro Indígena*. Cusco: Centro Las Casas, 1980.

Klarén, Peter Flindell. *Peru. Society and Nationhood in the Andes*. Nueva York: Oxford University Press, 2000.

Kristal, Efraín. *The Andes Viewed from the City. Literary and Political Discourse on the Indian in Peru, 1848–1930*. Nueva York: Peter Lang, 1987.

Kuenzli, E. Gabrielle. "Indian Problems, Indian Solutions: Incantations of Nation in Early Twentieth–Century Bolivia". *Latin American and Caribbean Ethnic Studies*, 8:2, (2013):122–139.

Larson, Brooke. "Forging the Unlettered Indian: The Pedagogy of Race in the Bolivian Andes," En Gotkowiz, Laura, ed., *Histories of Race and Racism. The Andes and Mesoamerica from Colonial Times to the Present*. Durham and London: Duke University Press, 2011. 134–156

Larson, Brooke. "Indios redimidos, cholos barbarizados: Imaginando la modernidad neocolonial boliviana (1900–1910)". En Cajías, Dora, et al. *Visiones de fin de siglo: Bolivia y América Latina en el siglo XX*. Lima: Institut français d'études andines, 2001. 27–48.

Larson, Brooke. *Trials of Nation Making. Liberalism, Race, and Ethnicity in the Andes, 1810–1910*. Nueva York: Cambridge University Press, 2004.

Leguía y Martínez, Germán. *Diccionario de la legislación criminal del Perú*, Lima: Librería e Imprenta Gil, 1931.

Leibner, Gerardo. *El mito del socialismo indígena en Mariátegui*, Lima: Fondo Editorial de la Pontificia Universidad Católica del Perú, 1999.

Leibner, Gerardo. *The "New Indians". The Emergence of Mass Politics in Peru, 1895–1932*. Tel Aviv: Ramot Publishing – Tel Aviv University, 2003 (en hebreo).

Mariátegui, José Carlos. *Siete ensayos de interpretación de la realidad peruana*. México, D. F.: Ediciones Era, 1979. (1era edición: Lima, 1928).

Montenegro Baca, José. *Código Penal del Perú*. Trujillo: Librería y Editorial "Bolivariana", 1973.

Muñiz R., César Augusto "El sistema carcelario más conveniente para el distrito judicial del Cuzco". En *Revista del Derecho* 78 . Cuzco: Organo del Colegio de Abogados del Cuzco, enero a mayo (1933):52–72.

Naldos Blanco, Luis Alberto. *Tratamiento al indígena en el derecho penal peruano*. Lima: Tesis para optar el Título Profesional de Abogado presentada a la Pontificia Universidad Católica del Perú, 1991.

Poole, Deborah A. "Ciencia, peligrosidad y represión en la criminología indigenista peruana". En Aguirre, Carlos y Charles Walker, eds., *Bandoleros, abigeos, y montoneros. Criminalidad y violencia en el Perú, siglos XVIII–XX*. Lima: Instituto de Apoyo Agrario, 1990. 335–376.

Sivirichi, Atilio. *Derecho indígena peruano. Proyecto de Código Indígena*. Lima: Ediciones Kuntur, 1946.

Valcárcel, Luis E. "Glosario de la Vida Inkaica", *Revista Universitaria* [Órgano de la Universidad del Cuzco], Año XI, diciembre de 1922, N. 39.

Valdelomar, Anfiloquio. La criminalidad indígena en el departamento de Puno. Estadística judicial criminal. Puno: Tip. Fournier, 1923.

Fallos, sentencias y expedientes criminales

Causa Criminal N. 252/1935, Corte Superior de Justicia Penal – Prov. Año: 1933–34, Archivo Regional del Cuzco.

Expediente Número 792–70, Procede del Cuzco, *Revista de Jurisprudencia Peruana* (1970):, 1001–1002.

Tribunal Correccional del Cuzco, Instrucción N. 988 Año 1922 seguida contra Mariano Mamaní Rodríguez y otros. Archivo General de la Nación (AGN), Archivo Histórico (AH), Ministerio de Justicia (MJ), Penitenciaría de Lima (PL), Testimonios de Condena (TC), Libro N. 3.20.3.3.1.16.44, pp. 376–380(v).

Tribunal Correccional del Cuzco, Instrucción N. 462 contra Sebastián, Laureano y Bartolomé Espinoza. AGN, AH, MJ, PL, TC, Libro N. 3.20.3.3.1.16.45, pp. 339–342.

Tribunal Correccional de Puno, Instrucción N. 99 (libro 34) contra Mariano Candelario Betanzos. AGN, AH, MJ, PL, TC, Libro N. 3.20.3.3.1.16.47, pp. 236–238.

Leguía y la política indigenista: Movilizaciones alrededor de la ciudadanía indígena, décadas de 1910 a 1930[*]

Fiona Wilson

Tras el dominio colonial, los indígenas se encontraron en una zona indeterminada entre la pertenencia a, o la exclusión de la ciudadanía formal, según su definición legal. Esto significó, como señala Andrés Guerrero, que mientras que los hombres blancos–mestizos que sabían leer y escribir en castellano fueron reconocidos como ciudadanos con derechos en las nuevas Repúblicas andinas, los indígenas sólo fueron incluidos teóricamente en la vida política nacional y todavía cargaban el estigma de sujetos que podían ser obligados a pagar tributos y a realizar trabajo forzado.[1] En la práctica, la mayoría permanecieron bajo ámbitos de dominación que se habían descentrado, delegado y privatizado. En estos ámbitos, sus reivindicaciones, reclamos y conflictos se consideraban episódicos y personales, como indignos de ser clasificados como asuntos "públicos" que podían ser ventilados o resueltos en escenas políticas "públicas". Pero como parte de la formación de un Estado moderno, los presidentes de los nuevos Estados–Nación fueron obligados a repensar la situación de las poblaciones indígenas. Así en el Perú, durante su Oncenio, Augusto Leguía tenía la aspiración de gobernar la población entera y lo hizo a través de una nueva Constitución, una nueva legislación y nuevas entidades estatales, y de ofrecer apoyo a los indígenas en algunas de sus luchas. En esto tuvo que enfrentar la autoridad previamente delegada a las élites terratenientes locales. En el Perú, bajo las nuevas condiciones del principio del siglo XX, ¿cómo evolucionaron las políticas indígenas?, ¿cómo escaparon

---

[*] Una versión anterior de este capítulo apareció en Fiona Wilson, Ciudadanía y violencia política en el Perú: una ciudad andina. Lima: IEP, 2014. La autora agradece a Alexandra Hibbett por la traducción del texto del inglés al castellano.

entonces los indígenas del ámbito privado?, ¿qué rol desempeñó el Estado (y la formación del Estado) en el proceso?, y ¿qué consecuencias acarreó esto para los actores políticos indígenas en el futuro?

Las preguntas no son fáciles de responder pues, como subraya Guerrero, los historiadores deben depender de archivos que revelan los puntos de vista, los discursos y las maneras de escribir de los funcionarios y comentaristas no–indígenas que los escribieron. Una "invisibilización" de las poblaciones indígenas en los Andes se puso en práctica a través de un movimiento doble. Los indios fueron situados en primer lugar como exteriores a la ciudadanía verdadera, a la vida política y a la esfera pública, y en segundo lugar la evidencia documental revela no las perspectivas indígenas sino las representaciones "ventrílocuas" donde se reportaba que los indios eran lo que los poderosos y funcionarios querían o esperaban que sean. A través de la trans–escritura, se perdió de vista a la lógica del pensamiento, de la práctica y de la respuesta política indígenas. Sin embargo, pese a la cobija de la invisibilización, como escribe Larson, las nociones de república, nación y raza fueron campos de batalla semánticos en los cuales poblaciones súbditas así como intelectuales y élites fracturadas precisaron, con mucha controversia, los significados y las legitimidades de la autoridad política.[2] Leyendo los archivos y periódicos locales con mucha atención, en este trabajo quiero resaltar las diferencias entre el pensamiento político que surgió entre activistas políticos en las ciudades que trabajaban en nombre de los sujetos indígenas y los actores políticos quienes se identificaban, ellos mismos, con las poblaciones indígenas. Ambas doctrinas y movilizaciones han sido denominadas "indigenismo". El período en la historia del Perú en el que se encuentran las dos formas de indigenismo es el de las décadas de 1910 y 1920, culminando en los años del Oncenio de Leguía. Aunque el momento no duró, tuvo repercusiones en los Andes durante muchos años. Lo que esto señala es la importancia clave del régimen de Leguía para la trascendencia de la vida política indígena y de las luchas por la ciudadanía por parte de los mismos pueblos indígenas.

Al tomar el poder en 1919, Augusto Leguía instigó una forma de ciudadanía corporativista de amplia base y dirigió su encanto a las desencantadas clases medias y obreras.[3] Ningún presidente ni régimen anterior había sido tan palpable, ni había estado tan presente, en las provincias andinas. Durante su gobierno, el número de administradores públicos aumentó de tan solo 898 en 1920 a 5.313 en 1931. Además, la idea del Estado cambió con respecto a los campos en los que podía legítimamente tomar medidas y ejercer el poder de normalizar. Leguía prometió utilizar su experiencia en tanto que empresario exitoso conocedor de las finanzas internacionales para lanzar un nuevo programa de modernización y reforma. Como partidario del capitalismo modernizante, esto también lo llevó, en primera instancia, a tomar partido por el campesinado indígena que, especialmente en la sierra del sur, repetidamente hizo frente al continuo dominio de los gamonales, vistos cada vez más como reliquias "feudales" y obstáculos para el progreso. Como escribe Klarén, el Presidente intentó forjar una alianza con sectores de la clase media provinciana que habían asumido la causa del campesinado indígena, con el fin de provocar un cambio fundamental en las relaciones locales de poder.[4] Pero el Estado aún dependía del trato hecho con los terratenientes provincianos, en virtud del cual tenían libre albedrío sobre los asuntos locales a cambio de ejercer control sobre el campesinado.

Leguía rompió el molde de los presidentes peruanos al convertir al Indio en una parte integral del discurso político del Estado. La nueva Constitución de 1919 reflejó la sensibilidad de parte del Estado hacia las nuevas corrientes del indigenismo. Luego de un siglo de represión, la existencia legal de las comunidades indígenas era reconocida. A través de la legislación, desde ese momento el Estado se involucró en un proceso de normalizar "la comunidad indígena", haciendo que se adecuara a la imagen que tenía esta institución de lo que debía ser una comunidad, y negando la real falta de nitidez del uso y de la practica locales. En el ámbito de la ceremonia estatal y la construcción de la nación, Leguía asumió el título de "Defensor del Indio" e inauguró un feriado nacional para celebrar el "Día del Indio". En cuanto a las instituciones, una Sección de Asuntos Indígenas fue inaugurada en el Ministerio de Fomento y Obras Públicas, y el sociólogo indigenista, Hildebrando Castro Pozo, fue nombrado como su primer director. Esto no sólo indicaba un interés en asimilar a los indígenas a la vida nacional sino además creaba una nueva función para el Estado, como intermediario en conflictos entre los propietarios y el campesinado indígena. Pero a pesar del matiz anti–elitista del discurso de Leguía, el verdadero antagonismo de clase fue rehuido y el régimen rechazó la vías tradicionales de participación política a través de barrer los partidos políticos viejos.

Aunque el indigenismo se volvió "oficial" en el Perú de Leguía, la protección del indio peruano proclamada constitucionalmente fue socavada por el afán de modernidad del régimen. Uno de los objetivos de Leguía era "convertir a un pueblo apático, atrasado y colonial, en una nación de hoy, empresarial, progresiva y moderna, que sabe cómo usar la tecnología para subyugar a la naturaleza".[5] Esto tuvo varias consecuencias negativas para la región andina. Una fue el programa nacional de construcción de carreteras, la Conscripción Vial, que durante una década reintrodujo el trabajo forzado en una gran escala y re–vigorizó un sistema oficial abusivo que los reformadores de las provincias andinas centrales casi habían logrado erradicar. Una segunda se derivó del respaldo que Leguía dio a las empresas extranjeras y del crecimiento de la industria metalúrgica en los Andes. Cuando en 1922 una nueva fundición fue construida por la Compañía Minera de Cerro de Pasco en un cañón cerrado cerca de La Oroya, la contaminación emitida fue tan nociva que murieron trabajadores a causa de las acumulaciones letales de arsénico, plomo, zinc, y antimonio llevadas en los gases de la fundición; también murieron ganado y vegetación. Durante los siguientes dos años, se estima que 700.000 hectáreas de pastos y tierras agrícolas fueron envenenadas, una catástrofe que unió a propietarios y comunidades para demandar compensación por daños.

Este capítulo comienza por un esbozo del pensamiento político sobre la raza tanto a nivel nacional como en las provincias y señala dos procesos que fueron primordiales para socavar la dominación política de las élites terratenientes a inicios del siglo veinte: la re–emergencia de la demanda por la ciudadanía y los derechos cívicos por parte de la población indígena y, segundo, la difusión de la educación escolar rural y la alfabetización. Este capítulo se enfoca en las historias y las repercusiones de dos movimientos "indigenistas", fundados en Lima para luchar políticamente por los derechos indígenas y que abrieron oficinas en las capitales de las provincias andinas. Me centraré en la manera en que se desarrollaron estos procesos y movimientos desde el punto de vista de una provincia andina: Tarma en los Andes centrales. El primero de los movimientos fue encabezado por la Asociación Pro Derecho Indígena, que surgió en 1909 a partir del activismo estudiantil en las universidades de Lima que produjo una nueva intelectualidad. Los fundadores principales, Pedro Zulen, Dora Mayer, y Joaquín Capelo, tenían como objetivo "rescatar a la raza indígena", que significaba asociar al indígena con "nuestra nacionalidad" y hacer conocer las leyes y levantar su nivel moral y social.[6] No obstante, la Asociación no duró mucho tiempo. Se disolvió en 1916, en gran parte debido a diferencias políticas entre sus miembros fundadores. La segunda movilización fue encabezada por el Comité Central Pro Derecho Indígena Tahuantinsuyu, formado en 1920 por hombres predominantemente provincianos que se identificaban con la lucha para lograr derechos políticos para los indígenas. En sus principios, el Comité Tahuantinsuyu fue reconocido por Leguía. Pero debido a la amenaza que representaba para la élite terrateniente, el Presidente fue presionado a "ilegalizarlo" en 1927. Aunque el momento de los movimientos pro derecho indígena no duró, mi argumento es que los recuerdos

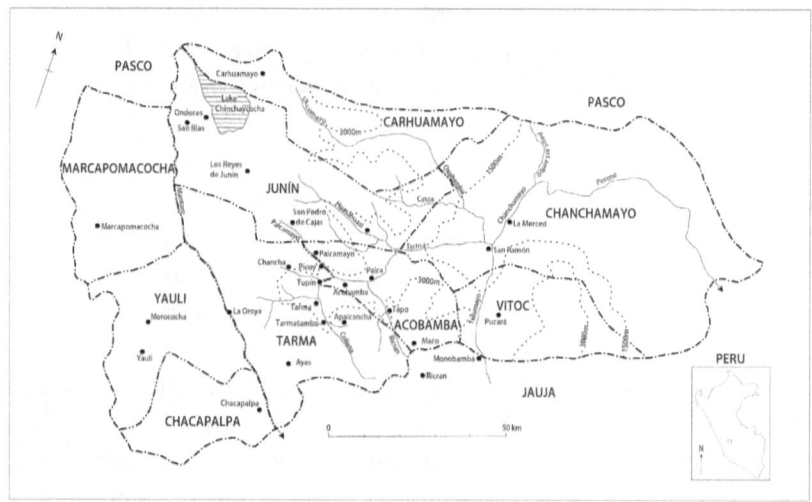

Figura 1 – Mapa de la provincia de Tarma, en los Andes centrales del Perú. Tomado de Wilson, *Ciudadanía y violencia política en el Perú*.

permanecieron latentes y siguieron teniendo repercusiones con respecto a la política indígena en las décadas venideras.

Contextualizando el indigenismo

Para entender el pensamiento político y la movilización indígena en los Andes, necesitamos retroceder hasta los fines del siglo XIX. Un consenso había surgido entre intelectuales en la capital: que las divisiones basadas en la raza representaban el impedimento mayor para la integración nacional, la realización de la modernidad y la extensión de la ciudadanía. Habiendo "el indio" sido liberado de la obligación de contribuir el tributo colonial y la mita (como se disponía en la legislación Republicana temprana, aunque fue clandestinamente re–introducido después), una nueva categoría de indio tenía que inventarse para explicar por qué la emancipación seguiría siendo frustrada y fuera de alcance en el corto plazo. Esto reflejó el clásico dilema postcolonial. ¿Cómo podían las categorías y jerarquías sociales ser apuntaladas para proteger el poder de los privilegiados, mientras que al mismo tiempo se creaba un régimen de post-independencia a través de la legislación, en el cual la igualdad ante la ley era un precepto central? Según la meta–narrativa promovida en el Perú, el dominio español había dejado al indio subyugado, carente de civilización e incapaz de actuar autónomamente, siendo éstos los prerequisitos de una comprensión liberal de la ciudadanía.

Como lo plantea gráficamente Thurner, "los liberales criollos continuarán echando la culpa a los españoles por haber 'congelado' al indio en una especie de aturdimiento primigenio que, racionalizaban ahora, en la práctica los dejaba incapaces de asumir las responsabilidades de la ciudadanía plena en la República peruana".[7] Luego de la derrota del Perú en la Guerra del Pacífico, los indios fueron convertidos en chivos expiatorios por su falta de peruanidad o de compromiso con el proyecto nacional. Esto fortaleció la opinión que predominaba en cuerpos legislativos nacionales, que solo hombres que podían leer y escribir, poseían propiedad o seguían una carrera eran capaces de actuar como ciudadanos responsables. La ley republicana fue cambiada para ajustarse al pensamiento liberal, y la alfabetización en castellano se volvió un requisito para ejercer el derecho de votar en elecciones municipales en las provincias y los distritos, así como en elecciones para los representantes de la Cámara de Diputados en Lima.[8]

En las provincias, las élites locales se hicieron responsables de la administración bajo un régimen de autoridad delegada y de descentralización *de facto*. El Estado aprobó legislación y expidió decretos, y éstos fueron difundidos a través de cauces oficiales y por prefectos y su línea de comando. En el caso de Tarma, como atestigua la abundancia de correspondencia entre prefectos, sub-prefectos y alcaldes provincianos, hubo margen de maniobra con respecto a cómo las leyes promulgadas en la lejana Lima eran traducidas, evitadas o aplicadas en realidad. Como observa Harris, las distinciones hechas según la "raza" y, así, la clasificación de ser ciudadano o ser súbdito, eran "en gran medida la preocupación de los agentes de poder locales, cuya posición dependía de la existencia de una fuerza laboral servil india y de un monopolio local del comercio y mecanismos de fijación de precios".[9] Al nivel de las provincias, los notables estaban formalmente en control de la compilación de registros de ciudadanos y desde la década de 1910, luego de que las elecciones locales habían sido reprimidas, fueron autorizados para recomendar al Presidente quiénes debían ser nombrados alcaldes y encargados de Consejos Provinciales. Aunque el poder de élite podría parecer una unidad homogénea en la superficie, debajo siempre había oposiciones y conflictos políticos locales con los cuales lidiar.

En el registro de ideologías políticas en competencia en la sierra de inicios de siglo XX, el indigenismo se volvió la predominante. Larson ha definido a éste como la producción política, literaria y etnográfica de élites criollas educadas, quienes se arrogaron la autoridad de estudiar, diagnosticar, representar, asimilar, reformar o celebrar la(s) raza(s) indígena(s) que habitaban su nación.[10] Pero el indigenismo puede también expresar una conciencia más comprensiva, una preocupación por el bienestar de la gente indígena y la creencia de que era un deber del Estado promulgar políticas específicas para asegurar la protección y los derechos de toda la población.[11] En el contexto del Cusco, de la Cadena señala no solamente la maleabilidad del pensamiento indigenista, sino también su atractivo como doctrina regionalista, que podía unir a todos los cusqueños en contra del centralismo limeño.[12] En Tarma, los archivos y periódicos locales sugieren que el indigenismo, como doctrina política, tomó diferentes formas y provocó diferentes reacciones dependiendo de quién se ponía a la cabeza. Cuando los indígenas se volvieron actores políticos y se separaron de los ámbitos de dominación, esto fue tratado como algo más amenazante que cuando la causa indígena fue patrocinada por intelectuales urbanos y sectores de la clase media.

El proceso de invisibilización al que se refiere Guerrero significa que los comentaristas han sido propensos a ignorar o a desdeñar la existencia de un pensamiento indígena más colectivo, más autónomo. Un punto de vista predominante entre historiadores, según Klarén, ha sido que los ciclos de protestas en las décadas de 1910 y 1920 "fueron esencialmente movimientos milenarios espontáneos, descoordinados, con objetivos vagos, poco prácticos y en gran medida inalcanzables".[13] Esto subscribe a la opinión sostenida por las élites locales: que las luchas de las poblaciones indígenas fueron episódicas, apolíticas, y que no pertenecían al ámbito público. El punto de vista presentado acá está en la línea de Jacobsen, quien en su estudio de Azángaro, Puno, consideró a los campesinos indígenas como a menudo muy organizados, capaces de establecer alianzas tácticas y de promover un programa político bajo la cobija de un lenguaje milenario unificador que proponía el reestablecimiento del Tahuantinsuyu.[14] La política provincial era fogosa y disputada; uno tiene que entrar en los detalles de cada historia para descubrir quién se oponía a la élite terrateniente, con qué demandas políticas, lenguajes e ideologías; cuál era el juego político; y como aparecían espacios de ruptura y contestación.

La exclusión de los indígenas no era irrevocable; las demandas por los derechos cívicos y la ciudadanía no podían mantenerse permanentemente acorralados. Dos procesos pueden ser señalados como los que progresivamente socavaron la autoridad y el domino de las élites terratenientes provinciales. Primero, desde los fines del siglo XIX uno encuentra la emergencia de una soberanía popular promovida por radicales que en algunos lugares preparaban el terreno para la (re)emergencia de actores políticos involucrados en movilizaciones basadas en la identidad indígena.[15] Esto había sido ignorado por el Estado central hasta que Leguía optó por apoyar a la población indígena. El segundo proceso fue la difusión de la enseñanza escolar rural que estaba detrás de la movilización política indígena y el aumento de su habilidad para establecerse directamente como interlocutores con las entidades del Estado. Mi argumento es que la difusión de la enseñanza escolar tenían un potencial emancipatorio. El resultado de la enseñanza escolar rural no necesariamente fue domar a los indios, o su aculturación, ni tuvieron éxito las escuelas rurales en mantener a los indios en "su sitio", en las comunidades o haciendas. Éstas fueron trayectorias previstas por los indigenistas urbanos. Por lo contrario, la evidencia de Tarma sugiere que se luchó en las comunidades indígenas por escuelas para conseguir las reivindicaciones, los derechos y los intereses indígenas fuera de la comunidad, y se hacía cada vez más ante entidades establecidas por el Estado.

La experiencia de Tarma: de anarquista a indigenista

La filosofía política que había florecido en la ciudad de Tarma a principios de siglo XX fue el radicalismo político basado en el anarquismo y el socialismo de Manuel González Prada. Una sucursal del partido político fundado por González Prada, la Unión Nacional, se estableció en los 1890s, y logró el apoyo de los artesanos y algunos profesionales de la ciudad. El líder fue Adolfo Vienrich, farmacéutico, quien se había vuelto un discípulo de González Prada cuando era un estudiante en la Universidad de San Marcos en Lima. Al retornar a Tarma, los objetivos políticos explícitos de Vienrich fueron destituir a los gamonales del poder local, e implementar una política progresista en la educación rural–indígena.[16] Sus recomendaciones para mejorar la educación rural fueron escuchadas (aunque brevemente) en la capital y sus textos escolares impresos en castellano y en quechua influenciaron la educación en la región andina central, llegando incluso a Ayacucho. En su pensamiento sobre la raza, como su mentor, Vienrich y los radicales en Tarma invirtieron una imaginería colonial racista para retratar a los gamonales como degenerados y abusivos.[17] Pero los radicales en las provincias (espoleados por González Prada quien había escrito que la mayor parte de la fuerza de Unión Nacional residía en las provincias) se habían sentido libres para interpretar sus pronunciamientos vagos y románticos. González Prada había hablado de las multitudes dormidas en los Andes como un "campo virgen" que aguardaban que "la buena labor y la buena semilla" les fueran traídas a través de la educación.[18]

Esto significa que en las luchas políticas, los radicales de Tarma tuvieron que idear un plan político más práctico y dedicarse a la realidad desordenada de la política cotidiana. Aunque Vienrich fue elegido dos veces como alcalde, en ambas ocasiones sus enemigos políticos consiguieron que fuera destituido de su cargo después de algunos meses. Las esperanzas de los radicales fueron puestas en la clase obrera urbana como promotora del progreso. De esta clase debían emerger "apóstoles para hacer avanzar la misión civilizadora elevada"; aunque su estatus social como obreros aún era bajo y "eran privados de las garantías que constituyen la base de derechos poseídos por hombres honorables y ciudadanos útiles".[19] La apreciación más completa, que esta clase obrera estaba compuesta de artesanos y comerciantes, la mayoría de los cuales procedían de familias indígenas de la parte rural y de los distritos, no fue tomada en cuenta.

Vienrich murió por su propia mano en 1908 a los 41 años. Su muerte ocurrió en un año clave: coincidió con el abandono de la democracia local y el triunfo de las fuerzas antidemocráticas y oficialistas. Luego de eso, colapsó el radicalismo socialista–anarquista en Tarma. Los antiguos miembros de Unión Nacional se dedicaron al indigenismo, inspirándose en la fundación en 1910 de la Asociación Pro Derecho Indígena. José Castillo Atencio, un maestro artesano, periodista y profesor mestizo, y un discípulo de Vienrich, fue nombrado delegado de la Asociación por la provincia de Tarma. El mensaje indigenista se difundió al público a través de la prensa local. Y en la nueva situación "oficialista", la idea que miembros de la oligarquía eran enemigos de clase fue dejada atrás. En cambio, se consideraba que todos los hombres honorables que trabajaban para el progreso del Perú tenían el derecho de afiliarse a las organizaciones de obreros, establecidas anteriormente por los radicales. En vez de promover la lucha de clase, una de las obligaciones de los obreros de la ciudad era contribuir a la civilización del indio. Durante los años 1909 y 1912, docenas de artículos sobre "el problema indígena" y la urgencia de "civilizar y educar al indio" fueron publicados por un periódico local, *El Imparcial*. El tono de estos artículos era de indignación estridente. Probablemente pocos de ellos habían sido escritos en la provincia porque había una ausencia marcada de especificidad local y experiencia real. Tenían la intención de hacer que el público urbano fuera más consciente de las condiciones terribles en las que vivía la población indígena y presentaban estrategias para su civilización e incorporación.

El mensaje de esta versión del indigenismo que circuló entre los ciudadanos de Tarma por la prensa destacaba los siguientes elementos:

En el meollo del problema indígena era la *falta de cultura*. Se instaba a la sociedad civilizada a ayudar a "redimir la raza miserable encontrada actualmente en un estado semi–salvaje" y acabar con la esclavitud que soportaban "con estoica resignación" en las manos de los gamonales "que saciaban su avaricia y su instinto sanguinario en los escasos recursos que poseen estos desheredados y en sus indefensas familias".[20] Las autoridades públicas deben dedicarse a la tarea de civilizar "conciudadanos" y esto se centró en la educación. Los indios ya reconocían los beneficios, pues "los de su raza que saben leer y escribir han formado familias como lo exige la costumbre civilizada". Había llegado el momento de asegurar que a través de la instrucción el indio constituiría "un poderoso elemento" en la nación.[21] Las Escuelas Indígenas eran la respuesta y debían ser establecidas por todo el Perú.[22]

Los indios eran *incapaces de ejercer sus derechos* otorgados en la Independencia debido a la ignorancia: "Muchísimas veces los hemos visto en esta ciudad en formaciones ordenadas vivando inconscientemente a algún personaje de la afección del patrón, dando una triste idea de su falta de educación cívica". Los indios ignorantes tenían que ser salvados de las garras de los gamonales y crueles reclutadores laborales, enganchadores, quienes los engañaban. No podían liberarse. No era suficiente tener buenas leyes, solo la educación podía salvar al Indio y sacarlo de la ignorancia y postración en las que vegetaba.[23]

De suma importancia en la cruzada era la *educación de la mujer*. El decaimiento del indio se debía esencialmente a la ignorancia de la mujer y al estado de embrutecimiento en que ésta vivía. La mujer debía "dedicarse exclusivamente a desempeñar los oficios propios de su sexo y no los que están destinados al hombre". "La india" desatendía por completo "el cuidado de su familia y el servicio doméstico de su casa" para trabajar en los campos y al arrieraje. Esta clase de trabajo era ajeno a la mujer; la humillaba y explicaba su impresionante ignorancia.[24] Las mujeres debían ser instruidas en las materias básicas, y en todas las ramas de la vida doméstica para que como esposas y madres puedan influenciar a sus esposos y criar mejor a sus hijos. "¡Más vale una buena madre que cien maestros de escuela!"[25]

La falta de educación explicaba *la pervivencia de la superstición y del fanatismo* entre los indios. Estaban encerrados en las más absurdas y burdas supersticiones.[26] La Asociación Pro Derecho Indígena debía luchar por liberar al indio de participar en costumbres extravagantes y ridículas. Sus vicios, su consumo del alcohol y coca, estaban arraigados en su organismo. La satisfacción de estos vicios explicaba por qué los indios eran obligados a irse a las minas y a abandonar a sus comunidades. Se endeudaban por pagar costos exorbitantes para fiestas que aún estaban sancionadas y promovidas por la Iglesia Católica.[27]

Esta versión del indigenismo no encajaba con lo que tenían los tarmeños a la mano. Un puñado de artículos mostraba desconcierto. Como señaló un artículo de 1911, el indio de Tarma no era tan miserable ni oprimido en su situación económica como lo era en otros sitios. Tenía sus pequeños sembríos, su ganado, sus borricos si es arriero; aunque por generaciones algunos habían estado al servicio de las haciendas, en ninguna parte de la provincia habían sufrido mayores privaciones o hambruna.[28] A los indigenistas se les hacía difícil explicar el hecho innegable de que un número alto de la población indígena acudía en tropel a las ciudades mineras de los Andes centrales para encontrar trabajo. Lo atribuían al sistema abusivo del enganche, al endeudamiento y a la ignorancia innata que los llevaban a ser engañados. Esta variante del indigenismo situaba a los indios en la comunidad prístina, lejos del "mestizaje" contaminador y subversivo de las ciudades. Con el tiempo, los arranques de indignación moral expresados en *El Imparcial* se desviaron de los gamonales y se enfocaron en las compañías mineras, los "capitalistas yanquis" que eran propietarios de la Compañía Minera de Cerro de Pasco, ahora descrita como culpable de "explotar incesantemente al indio". Se consideraba que la población indígena estaba en grave peligro, pues el indio no había sido convertido todavía en "un ser consciente, capaz de comprender sus deberes y llenar su misión como corresponde a un ser racional".[29] Aquí vemos, mezclado con un discurso de proteger y redimir al indio ignorante, otro discurso de defender el orden social racialmente–definido. Al ser calificado como un "ser racional", la definición de ciudadanía india vinculó la racionalidad con el deber de servir, que aunque ya no era colonial, reflejaba una diferencia permanente y una inferioridad social del indígena.

El reto del movimiento Tahuantinsuyu.

Durante los años 1920, el indigenismo de los intelectuales urbanos asociado con la Asociación Pro Derecho Indígena fue sustituido por una lectura distinta de la ciudadanía indígena, una que fue desarrollada por líderes indígenas–campesinos. Se hizo evidente en los primeros años del Oncenio. Dada su política inicial de apoyar a la población indígena, Leguía dio su respaldo a una nueva organización emergente, el Comité Central Pro Derecho Indígena Tahuantinsuyu. Fue fundado en Lima en 1919 por un grupo que incluyó a Samuel Núñez Calderón, Hipólito Salazar, Juan Hipólito Pévez, Carlos Condorena y Ezequiel Urviola. Ellos ganaron el apoyo de Pedro Zulen, de la ya desaparecida Asociación Pro Derecho Indígena, y de algunos indigenistas, entre ellos Hildebrando Castro Pozo y José Antonio Encinas.[30] Uno de los fundadores, Hipólito Pévez, recordaría más tarde en sus memorias y en una conversación con Wilfredo Kapsoli cómo una de las fuerzas que impulsaba el movimiento había provenido de delgados provincianos de la antigua Asociación que se rehusaban a abandonar la lucha por los derechos civiles.[31]

Leguía y el Comité Pro Derecho Indígena Tahuantinsuyu

El objetivo del Comité Tahuantinsuyu fue unir a todos los indígenas del Perú, especialmente a aquellos que vivían en comunidades, aunque la puerta también estaba abierta a indios de las haciendas y obreros de las minas. Querían llevar a cabo campañas en el campo para hacer que todos fueran conscientes de sus derechos políticos, económicos y sociales, y para asegurar que fuesen ciudadanos iguales ante la ley, de acuerdo a la nueva Constitución de Leguía. No había acá ningún trasfondo con respecto a su deber de servir la sociedad blanca o hispana mestiza. Ya que se dirigía principalmente a las comunidades indígenas que poseían tierras, la expectativa era que la lucha central sería por defender y recuperar los derechos a la tierra. Los líderes del Comité encajaron su propia experiencia de lucha en las doctrinas políticas radicales. Otra vez, el análisis político de González Prada fue fundacional, y promovía el intento de forjar nuevamente vínculos con los intelectuales socialistas y los movimientos obreros anarco–sindicalistas de la costa.

En sus memorias, Juan Hipólito Pévez, líder campesino de Ica, recordó los primeros años de la organización.[32] El nuevo Comité Tahuantinsuyu fue influido por el pensamiento de José Carlos Mariátegui, quien había convencido a los líderes de que la apropiación violenta de tierras comunales por gamonales era la causa principal de su pobreza, esclavitud y miseria. Pévez recordó su reunión con Mariátegui en 1919 y los consejos que le habían sido dados. Los activistas ya no deberían presentarse como indios suplicantes y quejumbrosos, sino volverse un frente unido, enfrentarse a sus opresores con decisión y exigir la atención de las autoridades del gobierno. Entusiasmado, Mariátegui había considerado a uno de los líderes, Ezequiel Urviola, como el prototipo del "indio revolucionario, el indio socialista". En la práctica, cuando el movimiento se difundió y se estableció en las provincias andinas, las doctrinas anarquistas y socialistas se entrelazaron con un milenarianismo andino y con sueños de la restauración del Incanato.[33]

Desde su sede en Lima, el Comité Pro Derecho Indígena Tahuantinsuyu logró establecer 274 subcomités al nivel provincial en 13 departamentos, entre ellos Cusco, Puno, Arequipa, Apurímac, Ayacucho, Huancavelica y Junín.[34] La organización de un Congreso anual de Comunidades Indígenas fue fundamental en el trabajo político. Se realizó por primera vez en 1921, y la fecha escogida fue el centenario de la fundación de la República peruana. En palabras de Pévez: "por primera vez en la historia se iba a llevar a cabo en la capital de la República, ¡un Congreso de indios! Iba a servir como primer campanazo para el gamonalismo, acostumbrado a abusar de nuestra raza al extremo de quererla liquidar definitivamente, lo que no íbamos a permitir mientras hubiera ¡un indio vivo!"[35] Cerca de 400 delegados de 145 comunidades indígenas asistieron y ellos emitieron una declaración de principios de 14 puntos. Luego, de vuelta en sus comunidades, se esperaba que los delegados difundieran información sobre el Congreso y sus demandas en sus provincias.

Los primeros Congresos organizados adoptaron un lenguaje fuertemente denunciatorio al presentar casos ante el gobierno. Se aprobaron mociones que denunciaban el saqueo de la tierra y el ganado indígenas, y los abusos y ataques armados sufridos a manos de las autoridades controladas por los gamonales. Serias propuestas de cambio y las resoluciones dirigidas al gobierno fueron sometidas a discusión. Los asuntos discutidos en los primeros Congresos nos dan un indicio de sus prioridades. Destacan tres grandes temas. El primero fue el reconocimiento legal de las comunidades indígenas y la recuperación de tierras comunales. El segundo fue la creación de escuelas primarias y puestos de salud en cada comunidad y caserío por parte del gobierno. Para difundir la enseñanza escolar, el gobierno debía encargarse de dar mayor apoyo a los maestros rurales; iniciar escuelas ambulantes para alfabetizar a todo el pueblo indígena; y entrenar como maestros a aquellos cuya lengua materna era el quechua o el aymara para que pudieran llegar y aculturar a la población indígena con mayor eficacia. En el plano político, el tema más contencioso era el tercero: la demanda de abolir la Ley de Conscripción Vial recientemente inaugurada por Leguía para construir carreteras a través del trabajo forzado y prohibir todas las formas de servicio laboral. Otras demandas incluyeron: pagar el sueldo en efectivo y no en coca o alcohol; crear un sueldo mínimo para los trabajadores agrícolas; establecer una garantía legal de contratos verbales efectuados entre colonos y hacendados; crear una institución estatal para hacer recomendaciones para solucionar los problemas enfrentados por los indígenas; y suprimir las cuotas de la Iglesia.[36] Listas similares de propuestas fueron presentadas en los siguientes tres Congresos, en 1922, 1923 y 1924.[37] Pero durante estos años, el apoyo personal de Leguía empezó a parecer menos cuando los delegados seguían atacando sus políticas centrales, especialmente la Ley de Conscripción Vial, y la Iglesia. (En 1922, Leguía fundó su propia organización de apoyo, el Patronato de la Raza Indígena, encabezada por el arzobispo de Lima.)

En retrospectiva, las demandas más críticas se hicieron con respecto a la educación. Se había gastado tiempo formulándolas. Impartir la educación no fue visto como un privilegio natural de la clase urbana blanca–mestiza. No se aceptaba que se debía llevar a cabo los primeros años de enseñanza escolar necesariamente en castellano. La propuesta provocativa fue que hablantes de quechua y aymara podían volverse "buenos" maestros de escuela precisamente porque podían inspirarse en su origen cultural indígena. La "aculturación" no necesariamente implicaba abandonar la "indigeneidad" sino que creaba nuevas posibilidades para obtener conocimientos y experiencia. En suma, detrás de esta línea de pensamiento se hallaba la idea de que la educación era un arma en la lucha por la emancipación bajo sus propias condiciones y para sus propios objetivos.

Al principio, las reacciones a los Congresos eran de bajo tono en la capital y la prensa limeña los ignoró. No obstante, esto cambió. El alcance nacional, la asistencia amplia y el tono denunciatorio de los Congresos provocaron la oposición de las élites terratenientes. Ellas acusaban al Comité Tahuantinsuyu de instigar violencia y disturbios entre la población indígena. No solo eso, el Comité fue clasificado como comunista y, por eso, parte de una conspiración mundial. El Comité fue considerado responsable por la revuelta de Huancané, Puno, que estalló en 1923. Ahora, a través de la prensa nacional los miembros de la oligarquía exigían "el cese del funcionamiento del Comité Pro Derecho Tahuantinsuyu". "Estos comunistas rojos" escribió un terrateniente en la prensa limeña, "preparan y difunden un pasquín mensual desde Lima, en el que dan órdenes e instrucciones y mandan socialistas para encabezar las rebeliones".[38] En esta situación, el apoyo ofrecido por Leguía en los principios se ponía en duda; su régimen se estaba volviendo en su contra. "Luego de Huancané", escribe Klaren, "el 'indigenismo oficial' de Leguía degeneró en una retórica hueca, y el *statu quo ante* de ley, el orden y el control social generalmente volvió al campo andino".[39] Para 1924, los líderes del Comité Tahuantinsuyu se encontraban en una posición precaria. Cambiando su discurso, Leguía abandonó su retórica corporativista y ya no ofreció su apoyo a los obreros y campesinos que abiertamente estaban actuando en contra de la oligarquía. Los delegados que asistían a los Congresos de Comunidades Indígenas de 1925 y 1926 fueron obligados a mitigar su tono, acatar lo oficial, y demostrar su patriotismo a través de proclamar a Leguía y a un hacendado costeño como titulares honorarios. Pero este intento desesperado de servilismo no fue suficiente para salvar a la organización. En agosto 1927, Leguía ordenó la clausura del Comité Pro Derecho Tahuantinsuyu; en el decreto, su movilización política y sus actividades fueron declaradas "ilegales". Desde esta fecha, el Patronato de la Raza Indígena y la Sección de Asuntos Indígenas serían las únicas entidades permitidas, porque estas "han sido creados precisamente con el objeto de estudiar todos los problemas relacionados con la raza aboriginal y defender sus derechos".[40]

Más tarde, Hipólito Pévez resumió la situación desde su perspectiva como fundador del Comité. En sus primeros años, dijo el, los delegados "se convertían en los portavoces de la civilización y de la cultura urbana"; "alcanzaban fama y respeto"; y "eran los profetas imbuidos del ideal libertario y de la esperanza utópica de restaurar el Reino de los Incas". Ello significó que fueran tratados como peligrosos. Por ello, "los gamonales los odiaban, los perseguían satánicamente sin cuartel". No obstante, según el, a pesar de su posición ilegal "no desmayaron y siguieron transitando por la ruta de la justicia, de la libertad, y de la salvación".[41] La organización formal había sido proscrita, pero su influencia continuó reverberando en las provincias andinas.

El Subcomité Pro Derecho Indígena Tahuantinsuyu en Tarma

Mientras que Augusto Leguía como Presidente estaba más presente en Tarma que sus predecesores lo habían estado jamás, hay poca evidencia que sugiere que hubo algún cambio positivo en las vidas de los habitantes en los años 1920, pese a la demanda de modernización y reforma por parte del Estado central. Los intelectuales locales y la creciente clase media habían planteado tales demandas de progreso y modernidad antes. La ciudad ya era un centro comercial próspero en la región, al ser un centro intermediario donde mercancías mandadas desde las tierras bajas de Chanchamayo podían ser acopiadas y dirigidas hacia sus destinos: café al Callao para exportación, aguardiente a los centros mineros, fruta tropical a mercados en la costa. Durante décadas, los terratenientes habían luchado por mantener abierta la carretera entre Chanchamayo y la estación terminal en La Oroya, vía Tarma. Gracias a la Ley de Conscripción Vial se pudieron construir ramales, vinculando capitales de distrito, haciendas, y algunos pueblos y comunidades con esta carretera troncal. Mientras que aquellos que tenían recursos podían beneficiarse de las mayores oportunidades que daban las carreteras para invertir en el transporte en camiones y dedicarse al comercio a larga–distancia, los que salían perdiendo fueron los muchos arrieros y porteadores de llamas, quienes durante siglos habían comerciado e intercambiado los productos de la región.

Cuando la oficina del Comité Pro Derecho Indígena Tahuantinsuyu se abrió en la ciudad de Tarma en 1923, los delegados mandados de Lima inmediatamente lanzaron un ataque contra la élite terrateniente e hirieron susceptibilidades al acusar al Consejo Provincial, y también a la Iglesia, de corrupción y abuso de poder.[42] Como en otras provincias, los delegados y muchos de los simpatizantes en la ciudad eran de la clase media urbana – jóvenes abogados, maestros de escuela y artesanos. Lamentablemente, todo lo que sabemos sobre las acciones y reacciones del Subcomité Tahuantinsuyu en Tarma proviene de los escritos virulentos de sus opositores que redactaban artículos belicosos que se imprimían en la prensa conservadora local. Estos revelaban el temor a posibles revueltas indígenas violentas e incontrolables fomentadas por el Subcomité en la provincia.

El Subcomité fue criticado por apoyar los derechos indígenas a la tierra en la provincia. Pese al trabajo paciente del gobierno de Leguía en la defensa del indio, escribía *La Voz de Tarma* en 1923, este grupo subversivo, la mayoría extranjeros, manipulaba a los indios pacíficos, incitándolos para "lanzarlos contra sus principales y conseguir lo que desean (los subversivos) – una revolución sorda a base del descontento entre braceros y capitalistas". Eran persuadidos de "tomar las armas en una guerra secreta". "Elementos peligrosos", según el periódico, estaban trabajando empeñosamente especialmente en los distritos de Carhuamayo y Huasahuasi "donde han querido dejar sentir su acción disociadora, aprovechando de la ignorancia de los indígenas de esos pueblos".[43] Haber señalado a esos dos distritos como potencialmente rebeldes es revelador. La gente de Carhuamayo, un asentamiento en las alturas, ya estaba vinculada con la economía minera, mientras que el densamente poblado Huasahuasi era conocido en todo el país como un productor de papas. Ambas comunidades luchaban fuertemente contra la usurpación de sus tierras comunales. Aparentemente, el discurso del Comité Tahuantinsuyu estaba encontrando mucha resonancia en distritos donde los habitantes indígenas estaban adaptándose a los tiempos y eran conscientes de ser parte de una economía y una sociedad amplias y nacionales. Según la prensa local, la autoridad política de Tarma vigilaba los pasos de los delegados del Subcomité y planeaba castigar en forma ejemplar a todos los agitadores si es que continuaban actuando en contra de los intereses del país.[44]

En algunas provincias andinas, entre ellas Tarma, los Subcomités Tahuantinsuyu pidieron la ayuda de los misioneros protestantes, Adventistas del Séptimo Día, que habían ganado mucha experiencia implementando escuelas indígenas. La élite de Tarma se horrorizó cuando el Subcomité comenzó a colaborar con los misioneros adventistas, quienes en los años veinte estaban extendiendo su labor misionera a la colonia del Perené, ubicada en el extremo oriental de la provincia.[45] Bajo el liderazgo del misionero norteamericano, Fernando A. Stahl, los misioneros se habían ganado la reputación de ser opositores de la Iglesia Católica que era vista como parte del sistema abusivo de la hacienda. En las escuelas adventistas se estaba formando una nueva imagen del "indio nuevo". Entre los fervientes partidarios de los adventistas estaba Luis Valcárcel, el destacado indigenista cusqueño, quien escribió en su famoso libro, *Tempestad en los Andes* (1925), una alabanza del nuevo sentimiento de igualdad y de emancipación personal inculcado por "el hermanito adventista". No obstante, esta variante del indigenismo encontró poco apoyo en la ciudad de Tarma. La prensa local notó en 1926 que el Subcomité Tahuantinsuyu había unido fuerzas con los misioneros protestantes para hacer proselitismo y establecer escuelas rurales en la región. Estas escuelas "privadas", y fuera del control del Estado, serían financiadas por las subscripciones de los padres en las comunidades. Según *La Voz de Tarma*, "Es de notoriedad pública el que los pobres indios son llevados a la fuerza al Subcomité con el objeto de que abdiquen en su religión, [y] entreguen una cantidad de dinero para su supuesta defensa y después predicarles en contra de nuestras leyes de vialidad y militar, haciéndoles creer que ellos no tienen derecho de servir a la colectividad". El Subcomité fue acusado de sembrar "el odio entre ellos mismos, dividiéndoles social y religiosamente".[46]

El Subcomité enojó aun más a las autoridades municipales y políticas por su oposición al reclutamiento obligatorio de trabajo indígena a través de la Conscripción Vial, así como a la presencia del ejército para imponer el orden. Durante una década (1920–1930), todos los ciudadanos varones fueron obligados a trabajar por el bien común y cubrir el país con carreteras. En Tarma, las comunidades indígenas que tenían abundante acceso a tierra agrícola habían sido las primeras en ofrecerse voluntariamente para establecer comités para el mejoramiento de sus propias carreteras en los distritos porque estaban interesadas en que sus comunidades sean vinculadas a una red nacional. Pero la ley molestaba profundamente a la mayoría. En la práctica los obreros indígenas que no podían pagar su salida de la obligación tuvieron que cargar con esta restauración del trabajo forzado. Datos del distrito de Tarma sugieren que unos tres mil hombres contribuyeron con su trabajo cada año. Pero en todos los distritos el interés fue decayendo una vez que sus propios caminos fueron completados. Como señaló un frustrado contratista de carreteras en 1930, a la hora de tratar de contratar mano de obra para trabajar en lugares más lejanos, los hombres hábiles se habían escondido en los pueblos mineros de La Oroya, Morococha y Smelter donde se habían colocado "fuera de los alcances de la oficialidad".[47]

El lenguaje usado por la prensa de Tarma en los años 1920 estaba impregnado de teorías de conspiración. Deslegitimó a los delegados del movimiento Tahuantinsuyu, haciéndolos parecer malvados y siniestros. Los adversarios políticos fueron denunciados de ser subversivos, "elementos peligrosos", "con tendencias bolshevikistas" y su lucha fue representada como parte de una "guerra secreta" en la que los indios eran inocentones ignorantes. Hubo crecientes protestas de los hacendados en contra del Subcomité insubordinado. Después de 1925, las protestas salían a raudales y cartas de queja escritos en Tarma fueron publicadas en la prensa limeña. Según una de ellas, "el nombramiento del Subcomité en esta Provincia recayera en un personal falto de instrucción y criterio i sin la menor noción de los problemas sociales de nuestros pueblos andinos".[48] Las quejas enérgicas de la élite dieron fruto y los delegados en la oficina de Tarma fueron destituidos por decreto oficial. Sus reemplazos continuaron denunciando a gamonales y abogados poco fiables, pero interpretaron su trabajo de concienciación de otra manera, de hacer a los indios conscientes de su obligación "racial" hacia la sociedad que tenían el deber de servir.[49] El delegado de Tarma que asistió al Congreso de las Comunidades Indígenas de 1926 habló a favor de Leguía, y prometió hacer todo lo posible para mantener en camino los proyectos de construcción de carreteras planeados bajo la Conscripción Vial.

La satanización del Subcomité Pro Derecho Tahuantinsuyu en la prensa local y nacional indica cuán profundamente las políticas radicales indígenas amenazaban a la élite terrateniente. El indigenismo que había circulado en Tarma en la década de 1910 no había provocado tanta protesta, a pesar de su tono estridente, porque la élite sabía que no tenía mucho que temer. En contraste, el movimiento indígena de los años veinte, y su asociación con los misioneros protestantes, era más peligroso. Si los indígenas eran llevados a pensar en la igualdad, y que no tenían la obligación de servir, entonces había el riesgo que el tejido social tradicional se desbarataría. El Comité Tahuantinsuyo había sido un movimiento de activistas intelectuales que incluyeron a los indígenas–campesinos que exigían sus derechos y querían establecer su vision de una modernidad. Pero como dijo un líder campesino de Huasahuasi, Hermogenes Leonardo Amarrillo: "El gamonal se siente fuerte y poderoso ante el indígena ignorante analfabeto".⁵⁰ En los años veinte, había emergido un importante movimiento para terminar con esos tiempos pero fue aplastado por decreto presidencial. Sin embargo, en las provincias andinas la oposición popular al orden político tradicional no desapareció sino que amplió su alcance, y llevó al surgimiento de un nuevo discurso y una nueva representación de la indigeneidad.

Modernizando lo indígena: Carhuamayo y Huasahuasi

La consecución de la alfabetización a través de la enseñanza escolar no había llevado a los resultados previstos en Tarma a fines del siglo XIX. En la práctica, los gamonales se opusieron a la expansión de escuelas rurales es sus territorios. Según Hermógenes Leonardo Amarrillo de Huasahuasi, ellos "no tienen escrúpulos para afirmar como razones de su oposición para la creación de Escuelas de que si los indios van a las escuelas no tendrán operarios que sirvan en la labranza de sus tierras". Pero donde las posibilidades de enseñanza escolar sí existían, la educación fue valorada y buscada para fines que tenían mucha relación con la re–interpretación de la indigeneidad. Hay evidencia que sugiere que la enseñanza escolar fue aprovechada para diferentes proyectos indígenas en Carhuamayo y Huasahuasi, los dos distritos donde sabemos (por el reportaje de prensa citado arriba) que el movimiento Tahuantinsuyu había cautivado imaginarios populares y acumulado apoyo. En esta última sección, exploraré dos variantes paradigmáticas de la modernización de lo indígena derivadas de los años 1920, examinando la política indígena a través de la labor vital de dos hombres que lideraron el cambio.

Carhuamayo: una nueva visión de cultura

Carhuamayo es una comunidad y un distrito en el norte de la provincia de Tarma. Situado a unos 4.000 metros en la Pampa de Junín, se ubica a poca distancia de los centros mineros. Las actividades laborales habían sido diseñadas durante mucho tiempo para proveer transporte para el sector minero, con transportadores cambiando de acémilas a camiones para acarrear minerales y abastecer a la creciente población minera. Desde principios del siglo XX, familias del distrito se habían asentado temporalmente en los centros mineros donde combinaban trabajo salarial con atender las tierras comunales. Habían funcionado escuelas en el distrito desde 1898 y a los maestros se los consideraba importantes. Antes de marcharse a los centros mineros, la mayor parte de los jóvenes habían aprendido un nivel básico de lectura y escritura.

Esto los calificaba para puestos mejor remunerados, dejando así el trabajo tosco de obrero a trabajadores menos afortunados que venían de más lejos. La aspiración de muchos era ganar plata y moverse al sector transporte con sus propios camiones y (luego) buses.

Herminio Ricaldi, 1897–1984, se había marchado hacia las minas de joven.[51] Provenía de una comunidad con una vida cultural vibrante. La gente celebraba de modo ritual la visita del Inca Huayna Cápac quien había recompensado a sus antepasados míticos (los Pumpush) por su hospitalidad con concesiones de tierra. También realizaba el baile del Apu o Inca, una versión de la muerte de Atahualpa, que se celebraba en la fiesta de Santa Rosa el 30 de agosto. Ricaldi había asistido a la escuela y por el resto de su vida recordó el respeto y el afecto que tenía por la maestra que le enseñaba. Consideraba que sus años escolares le habían dejado una permanente fascinación por la historia de la patria. Como escriben Portocarrero y Oliart, en la sociedad moderna la historia escolar es el equivalente de un mito de origen; representa lo esencial del pasado y muestra cómo es significativo en el presente. La historia escolar podía modelar la identidad compartida de los habitantes y les da un sentido de solidaridad colectiva.[52] No obstante, los horizontes siempre crecientes de la imaginación chocaron con las experiencias reales de la comunidad en las décadas de 1910 y 1920. Primero, el Estado se había apropiado de la mano de obra local para construir una nueva carretera "nacional" a Paucartambo. Luego el distrito sufría de la contaminación en 1922 (gracias a la nueva fundación en La Oroya) y se encontró enfrentado a la expansión del capital extranjero con las actividades de la Compañía Minera de Cerro de Pasco en el sector agropecuario. Su fragilidad fue registrada a través de los pastos envenenados, el cercado de sus tierras y la pérdida de tierra comunal. Esto supuso que la vida cultural adquirió significación política renovada, pues la benevolencia del Inca en el pasado se podía contrastar con el abandono del Estado y a la destrucción ocasionada por la nueva ola de invasores extranjeros.

Mientras trabajaba en Smelter en 1918, Ricaldi había visto los dramas incas representados por compañías de actores, músicos y bailarines de Cusco. Fue cautivado por ellos y resolvió llevar una representación parecida a su comunidad, Carhuamayo. A lo largo de los años 1920, experimentó con escribir y llevar a la escena una versión modernizada de la Muerte de Atahualpa. Esto, como subraya Millones en su libro *Actores de altura*, resultó ser una tarea difícil ya que supuso abandonar la tradición oral y convencer a sus compatriotas de la necesidad de memorizar papeles y seguir un guión escrito. Estaba empeñado en alterar la coreografía de la tradición, actuando como un corredor cultural al re–elaborar y re–situar el ritual comunal para que reflejara un imaginario nacional. A principios de la década de 1930, la nueva obra basada en un texto fue aceptada por fin y se encontraron patrocinadores para financiar los costos elevados de muchas orquestas, disfraces elaborados, comida generosa y bebida abundante. El resultado fue un espectáculo pródigamente representado que duró una semana. En palabras de Ricaldi, su sueño había sido que "al menos por una tarde Cuzco y Cajamarca estarían en Carhuamayo, y el pueblo podría ser parte de la historia del Perú".[53] En años posteriores, el espectáculo evolucionó mediante la ayuda de su sobrino, don Pío Campos, un organizador de sindicatos en las minas que había completado la escuela secundaria, y su hijo que había estudiado Derecho en la Universidad de San Marcos, Lima, y que había introducido su padre a las obras Incas populares representadas para inmigrantes en los coliseos de la capital.

Los intelectuales locales desde los años veinte estaban re-pensando la comunidad a la luz de marcos nacionales. Hay un indicio de que la enseñanza escolar de Ricaldi había acogido las tentativas del Comité Tahuantinsuyu y de los misioneros adventistas. Millones escribe que descubrió en el archivo de la familia referencias a las obras de Stahl, el pastor adventista, y su libro, *En el país de los Incas*. La fusión de pensamientos políticos radicales había sido un elemento importante en la formación de intelectuales indígenas y respaldó su elección de la cultura popular como el medio para explorar la ciudadanía, defender su comunidad y oponerse a nuevas formas de injusticia y abuso. La celebración heroica de lo indígena ya no podía ser tildada como atraso ni descartada como superstición.

Huasahuasi: defendiendo la comunidad

Pocos relatos escritos de autores indígenas de los años 1920 y 1930 sobreviven. Uno de ellos es la "memoria" escrita por Hermogenes Leonardo Amarrillo, líder de la comunidad de Huasahuasi. Amarrillo había sido elegido personero de su comunidad a fines de los años veinte y estuvo en ese cargo hasta 1939. En 1941 compiló su propio relato de las luchas de su comunidad contra los gamonales.[54] Amarrillo da un panorama vívido del resurgimiento de las reivindicaciones indígenas y de cómo las comunidades querían buscar apoyo y justicia a través de la Sección de Asuntos Indígenas, establecida por Leguía. Amarrillo da inicio al relato de las desdichas de su comunidad de la siguiente manera:

> De todas las papas que se cultivan en el departamento de Junín, ninguna compite con las de Huasahuasi [...] Esta situación privilegiada de Hua-

sahuasi, que debería ser motivo de su progreso y bienestar de sus moradores, es más bien causa de sus males, debido al acaparamiento que ejercen los intermediarios en el comercio de las semillas de papa. Estos son los enemigos acérrimos de los indígenas de Huasahuasi, que en estrecha colaboración con los terratenientes vecinos de las tierras comunales, en su afán de acapararlo todo (tierras y producción), se oponen a todo esfuerzo de progreso moral y material, negándoles el derecho de comerciar libremente sus productos, fijándoles precios irrisorios y poniendo obstáculos para la creación de planteles de enseñanza evitándoles así la oportunidad de instruirse; no tienen escrúpulos para afirmar, como razones de su oposición para la creación de Escuelas [...].

A los intentos de reivindicación que manifiestan los indígenas de Huasahuasi, tratan de ahogarlo valiéndose de expedientes de delitos imaginarios para abrumarlos con juicios criminales y lograr así su encarcelamiento, para lo que se prestan los jueces venales, que extorsionándoles hábilmente logran doble utilidad del que paga encarcelarlo y del indígena para conseguir su libertad mediante caución o fianza en el que se ve obligado a empeñar cuanto tiene, en juicios que nunca terminan. Abatido en esta forma el indio, se conforma con ser el humilde siervo de los gamonales, abandonando toda empresa de su mejoramiento y bienestar; el gamonal, intrigando constantemente en contra de sus víctimas, lo pintan como a individuos degenerados y peligrosos para la sociedad, y con descaro que desconcierta, claman con fingido temor para que éstos sean internados en los lugares de reclusión, colonias penales como la de "Satipo", "Taquila" o el "Fronton".

Las experiencias que resalta Amarrillo hubieran sido reconocidas mucho más allá de Huasahuasi. Las luchas estaban intensificándose allí donde había competencia creciente por recursos escasos. Aunque los poderosos seguían dificultando el progreso indígena, esto estaba ahora siendo cuestionado y la élite terrateniente tenía que trabajar más para mantener su control absoluto sobre el sistema judicial. En estas confrontaciones, los indígenas, cuando trataban de entrar a la esfera pública de la provincia, eran descritos no solo como degenerados sino también como criminales. No obstante, vistas a través de los ojos de Amarrillo, la educación y la ley eran motivo de esperanza. A través de la enseñanza escolar los indígenas podían superar su posición subyugada.

Amarrillo había aprendido a leer y escribir, y posiblemente asistió a una escuela de los adventistas en Huasahuasi de principios de los años 1920. Su dedicación a la política data de los años cuando aceptó el cargo de Síndico de Rentas en la Junta Municipal de Huasahuasi y tomó conciencia de los títulos de propiedad de la comunidad. Empezó a leerlos por curiosidad, pero le tomó un largo tiempo porque el texto era difícil de descifrar. Llegó a la conclusión de que la comunidad había sufrido una mutilación cuantiosa; grandes extensiones de tierras comunales habían sido ilegalmente usurpadas por personas de afuera. Prometió trabajar para la recuperación de estas tierras perdidas a pesar de que esto supuso que "como consecuencia inmediata, a mis propósitos de reivindicación de los derechos comunales, perdí tranquilidad, garantías y justicia". Al exponer los argumentos a favor de la recuperación de la tierra comunal, la asistencia que recibió de los jóvenes de la comunidad fue de importancia decisiva. Ellos habían recibido más años de enseñanza escolar que él, y un joven, gracias a la reforma universitaria llevada a cabo por Leguía, estudió en la Universidad de Ingeniería en Lima.

Amarrillo reconoce que aunque la ley peruana era muy clara con respecto a la protección de los derechos indígenas, era inútil apelar a la ley en una capital provincial donde la autoridad jurídica trabajaba en confabulación con los gamonales. Sin embargo, la inmensa mayoría de la población indígena no era consciente de sus derechos debido a su falta de enseñanza escolar. Les correspondía a ellos adquirir las habilidades para interpretar la ley y usarla para su propio beneficio. Si los indígenas hubieran podido hacerlo antes, dijo, habrían resuelto sus problemas de tierra hacía tiempo, y sin la mediación de los "tinterillos" o la intervención de los llamados "defensores de indios", que siempre habían terminado por explotarlos. "Con esto no quiero decir que, todos los indios estudian derecho, poblando las Universidades del Perú", escribió, "sino que por lo menos se le capacite con la instrucción primaria completa; siendo las leyes tan claras, no necesita quemarse mucho las pestañas para interpretar el espíritu de las mismas". Para defender su comunidad en un tribunal, "no necesitas ser un graduado de la universidad".

El conocimiento de la ley se volvería de gran utilidad cuando los líderes empezaron a preparar casos de abuso y usurpación para llevarlos ante las entidades del Estado establecidas para proteger al indio. En los años veinte, la comunidad de Huasahuasi decidió a luchar por sus tierras perdidas y preparar su defensa en la confrontación con los gamonales. Finalmente, en 1931, la comunidad estaba lista para llevar su caso ante la Sección de Asuntos Indígenas del Ministerio de Fomento, con la demanda de ser reconocida legalmente como una comunidad indígena. Al principio, los comuneros fueron bien acogidos en Lima. Amarrillo escribió: "No puedo dejar de consignar en estas paginas mi sincero reconocimiento por la generosa acogida que me dispensó el Director General de Fomento, que entonces ejercía ese cargo… y no olvidaré estas palabras con que me recibió: 'Esta casa es del pueblo, yo soy empleado del pueblo y estoy para servir el pueblo'".

Una Comisión fue mandada por la Sección de Asuntos Indígenas para elaborar un registro de miembros de la comunidad y hacer un mapa de la propiedad comunal, como parte del proceso de reconocimiento.[55] Pero, aparentemente, la política en relación de las demandas indígenas en Lima estaba cambiando. Había tantos "errores" que la comunidad no aceptó el estudio ni el mapa de las tierras comunales, afirmando que la Comisión había actuado de mala fe y que había sido sobornada por los gamonales en Tarma quienes estaban privando a Huasahuasi de sus tierras. Ninguna justicia se podía esperar localmente, pues como escribió Amarrillo, en las provincias "las autoridades judiciales, políticas y particulares han cometido a diario la mar de abusos con los indígenas de Huasahuasi". La manera tramposa como habían actuado los comisionados de entonces, escribió Amarrillo, era propia de "nuevos Felipillos, que repiten la historia de invertir los sentimientos y lenguaje de los indígenas".[56] La historia indígena había sido relatada falsamente y las afirmaciones atribuidas a indígenas "no eran más que una sarta de mentiras". La posición de la comunidad había sido tergiversada para que la Comisión pudiera pronunciarse a favor de sus enemigos. Dado que no había esperanza de recibir tratamiento justo, los comuneros llevaron la queja de vuelta a la Sección de Asuntos Indígenas en Lima.

El caso entablado por Huasahuasi duraba eternamente pero una Junta de Conciliación fue eventualmente acordada en Tarma. Ahora fue más evidente que la situación nacional había empeorado. El país sufrió económicamente durante la depresión global. Leguía se había ido. También estuvo el gobierno fugaz de Sánchez Cerro, que tras su asesinato había sido seguido por una Ley de Emergencia y el gobierno represivo del presidente militar, general Óscar Benavides. Todo esto frenó la posibilidad de que se escucharan los reclamos indígenas. "De aquí resulta que la Ley de Emergencia en manos de autoridades inescrupulosas," escribe Amarrillo, "se convierte en un arma peligrosa de funestas consecuencias, que sirven de pretexto para que cometan extorsiones las más infames con los indígenas". Acusado de ser un subversivo político (de tipo aprista–comunista), y de incitar y armar a los indígenas, Amarrillo fue encarcelado en dos ocasiones. Su comunidad mandaba apelaciones constantes a la Sección de Asuntos Indígenas; pero los comuneros sólo encontraron "indiferencia" por parte de los empleados estatales. La oportunidad inaugurada por Leguía en el Oncenio había sido cerrada definitivamente y los demandantes fueron una vez más dejados en gran medida sin el apoyo o la protección del Estado.[57]

En un lenguaje que presagia el posterior ascenso de los movimientos indígenas en los países andinos, Amarillo se esforzó por presentarse como un nacionalista y un ciudadano. Sin embargo, se sentía excluido de las luchas políticas de su época, que se centraban en las ciudades. Escribió con elocuencia lo siguiente:

> Ninguna de las actuales tendencias de doctrinarias que se disputan para conquistar el campo político del mundo me agradan. Soy esencialmente nacionalista, basado en el amor que profeso a mi país, vale decir a la tierra que me sustenta, por lo mismo quiero que haya un partido que se inspira, en nuestra historia, sentimientos y costumbres nacionales. Nada de doctrinas de importación, las exhibiciones de esta índole hieren mi amor de peruano, me exaspera ver a mis conciudadanos en sus públicas manifestaciones políticas, que enarbolen un brazo u otro [...]. Consecuentemente, no abrazando ningún partido de mi país, mal hacen de creer que yo puedo ser "Aprista", "Comunista" o "Anarquista" como gratuitamente me motejan mis enemigos [...]. Como ciudadano seguiré con mis deberes cívicos, deseando siempre que mi Patria sea grande y poderosa.

Usando memorias

Uno encuentra ciertos paralelos en la posición de los dos protagonistas en Carhuamayo y Huasahuasi que encabezaban la defensa de sus comunidades en los años 1920 y 1930. Primero, aunque su educación de escuela había sido incompleta, había sido suficiente para expandir su conciencia del Estado y de la nación y para darles un sentido del valor y estima propios. Tenían experiencia del mundo más allá de la comunidad y ambos sensatamente también complementaron su propio conocimiento local a través de recurrir a la educación superior de los jóvenes, en un período cuando los jóvenes de ambas comunidades estaban marchándose a universidades en la capital. Segundo, los protagonistas fueron figuras cruciales que recurrieron y sintetizaron muchas influencias y experiencias distintas al volverse líderes comunales. A través de esto, podían mejorar las conexiones y construir puentes entre lo político y lo cultural. Se habían vuelto líderes en esferas paralelas, sin embargo en el corazón de ambas trayectorias estaba la lucha por el reconocimiento y la defensa de su comunidad.

Estas biografías nos dan una pista respecto a la importancia profunda y de largo–plazo de las aperturas políticas de los años 1920. No obstante, a pesar de la represión del movimiento indígena y la indiferencia creciente de las entidades del Estado que habían sido establecidas en el Oncenio para proteger al indio, una nueva subjetividad política estaba surgiendo entre aquellos que podían identificarse con ser "indígena" de nuevas maneras. En un caso, fue mediante fomentar la renovación cultural a través de recurrir a y adaptar un imaginario nacional del pasado pre–colonial para comentar las deficiencias y abusos del presente. En el otro, fue mediante insistir que la legislación nacional no era un privilegio exclusivo de la élite dominante sino que la ley en las manos de los ciudadanos indígenas podía volverse un arma en su lucha por la justicia.

El indigenismo y su legado.

La historia de los movimientos indigenistas en Tarma nos revela una imagen compleja. Por un lado vemos una ola de radicalismo político importante que agrupa fuerzas en relación con los derechos indígenas. Por el otro tomamos conciencia de la brecha cada vez mayor entre la visión del mundo y las agendas políticas de una capital de provincia y sus alrededores indígenas. El impacto que causó el Subcomité Pro Derecho Indígena Tahuantinsuyu consistió en que un movimiento radical volviera al ataque y denunciara relaciones establecidas de poder y privilegio. Como concluye Heilman, este movimiento, el más radical de todos en el Perú, fue apagado solamente por la represión militar.[58] Ya que la movilización involucraba directamente los derechos de los indígenas como ciudadanos, desencadenó antiguos miedos de "levantamientos" y "sublevaciones de hordas bárbaras" que en ese momento eran expresados en el lenguaje international de conspiraciones comunistas fomentado por la prensa nacional y local.

Como ha mostrado este estudio, la extensión de la alfabetización a través de la enseñanza escolar rural había inaugurado una nueva fuente de registro histórico, las memorias que ofrecen un comentario social y político desde una perspectiva indígena. El trabajo ha recurrido a tres de tales memorias: de Juan Hipólito Pévez, Herminio Ricaldi y Hermogenes Leonardo Amarrillo. Para el historiador, esto vuelve al Oncenio un período especial en el sentido en que para los años 1920 la "invisibilización" de las poblaciones andinas indígenas, como refiere Guerrero, ya no se mantiene por completo. El registro histórico no es ocultado en la medida en que lo era previamente debido a la trans–escritura; la evidencia documental puede revelar panoramas muy distintos a las representaciones "ventriloquistas" dadas a indígenas por la escritura de los poderosos sobre las perspectivas indígenas. Es por lo tanto sorprendente cuán poca atención ha sido dada hasta la fecha en la historiografía peruana al período de Leguía. Pues no solo los demandantes indígenas a la ciudadanía se escapaban constantemente de los ámbitos privatizados de dominación e imponían su programa en escenas políticas "públicas" (pese a acusaciones de subversión y criminalidad), sino que también existe evidencia documental respecto a qué significaba esto en las palabras de los mismos activistas indígenas.

Notas

1 Guerrero, Andrés, "The Administration of Dominated Populations".
2 Larson, Brooke, "Andean Highland Peasants", 558.
3 Yashar, Deborah, *Contesting Citizenship in Latin America*.
4 Klaren, Peter, *Peru*, 247.
5 Atwood, Roger, "Democratic Dictators".
6 Mayer, Dora, *El Indígena Peruano*, 89.
7 Thurner, Mark, *From Two Republics to One Divided*, 11.
8 Wilson, Fiona, *Ciudadanía y violencia política*.
9 Harris, Olivia, "Ethnic Identity and Market Relations", 364.
10 Larson, Brooke, "Capturing Indian Bodies, Hearths and Minds".
11 Earle, Rebecca, *The Return of the Native*.
12 de la Cadena, Marisol "Silent Racism and Intellectual Superiority in Peru", 147.
13 Klaren, Peter, *Peru*, 248.
14 Jacobsen, Nils, *Mirages of Transition*.
15 Nugent, David, *Modernity on the Edge*.
16 Wilson, Fiona, *Ciudadanía y Violencia Política*.
17 González Prada, Manuel, *Nuestros Indios*.
18 González Prada, Manuel, *Los Partidos y la Unión Nacional*.
19 *La Aurora de Tarma*, 6 de mayo, 1905.
20 *El Imparcial*, Tarma, 16 de enero, 1910.
21 *El Imparcial*, Tarma, 16 de enero, 1910.
22 *El Imparcial*, Tarma, 30 de enero, 1910.
23 *El Imparcial*, Tarma, 21 de junio, 1911.
24 *El Imparcial*, Tarma, 7 de noviembre, 1910.
25 *El Imparcial*, Tarma, 30 de octubre, 1909.
26 *El Imparcial*, Tarma, 28 de marzo, 1911.
27 *El Imparcial*, Tarma, 28 de septiembre, 1911.
28 *El Imparcial*, Tarma, 21 de junio, 1911.
29 *El Imparcial*, Tarma, 21 de agosto, 1911.
30 Arroyo, Carlos, "La Experiencia", 12.
31 Kapsoli, Wilfredo, *Los Movimientos Campesinos*.
32 Pévez, Juan H., *Memorias*, 107–10.
33 Arroyo, Carlos, "La Experiencia", 9.
34 Castro Pozo, Hildebrando, *Nuestra Comunidad*, 87.
35 Pévez, H. *Memorias*, 143.

36 Pévez, H., *Memorias*, 359–61.
37 Pedro Zulen había sido uno de los pocos miembros de la intelligentsia limeña en atender los congresos como observador, Leibner, Gerardo, "Pedro Zulen".
38 Kapsoli, Wilfredo, *Los Movimientos Campesinos*, 68.
39 Klaren, Peter, *Peru*, 249.
40 *El Heraldo*, Lima, agosto 1927, citado por Kapsoli, Wilfredo, *Ayllus del Sol*, 243–244.
41 Kapsoli, Wilfredo, *Los Movimientos Campesinos*, 243
42 *La Voz de Tarma*, 6 de septiembre, 1923.
43 *La Voz de Tarma*, 23 de agosto, 1923.
44 Ibid.
45 Barclay, Frederica, *La Colonia del Perené*.
46 *La Voz de Tarma*, 2 de enero, 1926.
47 Archivo municipal de Tarma, Officios de la Junta Conscripción Vial, 14 de julio, 1930.
48 *La Voz de Tarma*, 14 de mayo, 1926.
49 *La Voz de Tarma*, 12 de enero, 1926
50 Hermogenes Leonardo Amarillo, sin fecha, "Las Memorias del Personero de la Comunidad Campesina de Huasahuasi", Universidad Nacional Agraria, Departamento de Ciencias Humanas.
51 Luis Millones, en su estudio del teatro popular andino había trabajado en Carhuamayo y conoció a don Herminio Ricaldi no mucho tiempo antes de su muerte. La familia había compartido no solo sus remembranzas sino también su archivo con Millones y su equipo. Esta sección toma como base a Millones, Luis, *Actores de Altura*. Material suplementario fue proporcionado por Dominique Campos, en Tarma, sobrino de Pío Campos, que fue colaborador de Ricaldi por muchos años.
52 Portocarrero, Gonzalo y Patricia Oliart, *El Perú desde la escuela*, 12–13.
53 Millones, Luis, *Actores de Altura*, 70.
54 Guardadas por su familia luego de su muerte, las memorias llegaron a las manos de David Bayer, un sociólogo norteamericano en los años 70. Reconociendo su gran valor como testimonio, Bayer las mandó publicar como un documento de trabajo en la Universidad Agraria de Lima a mediados de los años 70. De manera fortuita, adquirí una copia en aquel momento.
55 En esa fecha, la comunidad tenía 2.869 habitantes, de los cuales 886 eran cabezas de familia.
56 El intermediario que había traducido entre el Inca y los conquistadores.
57 Sin embargo, Huasahuasi fue reconocida formalmente como comunidad indígena el 12 de junio de 1935.
58 Heilman, Jaymie, "We Will No Longer Be Servile", 43.

Bibliografía

Arroyo, Carlos. "La experiencia del Comité Central Pro Derecho Indígena Tahuantinsuyo". *Estudios Interdisciplinarios de America Latina y el Caribe*, 15:1 (2004): 1–21.

Atwood, Roger. "Democratic Dictators: Authoritarian Politics in Peru from Leguía to Fujimori". *SAIS Review*, 21:2 (2001): 155–176.

Barclay, Frederica. *La Colonia del Perené: Capital Inglés y Economía Cafetalera en la Configuración de la Región de Chanchamayo*. Iquitos: Centro de Estudios Teológicos de Amazonia, 1989.

Castro Pozo, Hildebrando. *Nuestra Comunidad Indígena*. Lima: El Lucero, 1924.

de la Cadena, Marisol. "Silent Racism and Intellectual Superiority in Peru". *Bulletin of Latin American Research*, 17:2 (1998): 143–64.

Earle, Rebecca. *The Return of the Native: Indians and Mythmaking in Spanish America, 1810–1930*. Durham: Duke University Press, 2008.

González Prada, Manuel. "Los Partidos y la Unión Nacional", en *Horas de Lucha*, Lima: Editorial Lima, 1898 [1964].

González Prada, Manuel. "Nuestros Indios", en *Horas de Lucha*, 1904.

Guerrero, Andrés. "The Administration of Dominated Populations under a Regime of Customary Citizenship: The Case of Postcolonial Ecuador". En Mark Thurner y Andrés Guerrero eds., *After Spanish Rule: Postcolonial Predicaments of the Americas*. Durham: Duke University Press, 2003. 272–309.

Harris, Olivia. "Ethnic Identity and Market Relations: Indians and Mestizos in the Andes". En Brooke Larson y Olivia Harris eds., *Ethnicity, Markets and Migration in the Andes: At the Crossroads of History and Anthropology*. Durham: Duke University Press, 1995. 351–390.

Heilman, Jaymie Patricia. "'We Shall No Longer Be Servile': Aprismo in 1930s Ayacucho". *Journal of Latin American Studies*, 38:3 (2006): 491–518.

Jacobsen, Nils. *Mirages of Transition: the Peruvian Altiplano 1780–1930*. Berkeley: University of California Press, 1993.

Kapsoli, Wilfredo. *Ayllus del Sol: Anarquismo y Utopia Andina*. Lima: Tarea, 1984.

—. *Los Movimientos Campesinos en el Perú: 1879–1965*. Lima: Delva Editores, 1977.

Klaren, Peter. *Peru: Society and Nationhood in the Andes*. Oxford: Oxford University Press, 2000.

Larson, Brooke. "Andean Highland Peasants and the Trials of Nation Making during the Nineteenth Century". En Frank Salomon y Stuart Schwartz eds., *The Cambridge History of the Native Peoples of the Americas,* vol. III, South America, Parte 2, Cambridge: Cambridge University Press, 1999. 558–703.

Larson, Brooke. "Capturing Indian Bodies, Hearths and Minds: The Gendered Politics of Rural School Reform in Bolivia, 1920s–1940s". En Andrew Canessa ed., *Natives Making Nations: Gender, Indigeneity and the State in the Andes.* Tucson: University of Arizona Press, 2005. 32–59.

Leibner, Gerardo. "Pedro Zulen: del Indigenismo Paternalista al Humanismo Radical". *Revista Europea de Estudios Latinoamericanos y del Caribe* 63 (1997): 29–48.

Mayer, Dora. *El Indígena Peruano: a los Cien Años de República Libre e Independiente.* Lima: Imprenta Peruana de E. Z. Casanova, 1921.

Millones, Luis. *Actores de Altura: Ensayos sobre el Teatro Popular Andino.* Lima: Editorial Horizonte, 1992.

Nugent, David. *Modernity on the Edge: State, Individual, and Nation in the Northern Peruvian Andes.* Stanford: Stanford University Press, 1997.

Pévez, Juan H. *Memorias de un Viejo Luchador Campesino: Juan H. Pévez.* Lima: Tarea, 1983.

Portocarrero, Gonzalo y Patricia Oliart. *El Perú desde la escuela.* Lima: Instituto de Apoyo Agrario, 1989.

Stahl, Fernando. *In the land of the Incas.* Brushton: Teach Services, 2006 (1920).

Thurner, Mark. *From Two Republics to One Divided: Contradictions of Postcolonial Nation–Making in Andean Peru.* Durham: Duke University Press, 1997.

Valcárcel, Luis. *Tempestad en los Andes.* Lima: Editorial Universo, 1975 (1925).

Wilson, Fiona. *Ciudadanía y Violencia Política en el Perú: una Ciudad Andina, 1870–1980.* Lima: Instituto de Estudios Peruanos, 2014.

Yashar, Deborah. *Contesting Citizenship in Latin America: The rise of Indigenous Movements and the Postliberal Challenge.* Cambridge: Cambridge University Press, 2005.

Por un imperio de ciudadanos: El movimiento "Tahuantinsuyo" en el Ayacucho de los años 1920

Jaymie Patricia Heilman

Gritando desde la cárcel de su pueblo, un campesino indígena de nombre Basilio Ochoa llamaba a sus seguidores a liberarlo.[1] Mientras hacía su llamado urgente ese día de 1923, Ochoa sostenía que había sido encarcelado sólo por haber defendido sus derechos como indígena. Al día siguiente, cuando sus captores intentaban transferirlo a una cárcel provincial, fueron atacados por centenares de campesinos de las comunidades vecinas a la villa ayacuchana de Carhuanca que intentaban liberar a Ochoa. Ochoa era el representante local del Comité Pro–Derecho Indígena "Tahuantinsuyo", una organización que luchó por los derechos indígenas, y cuyos miembros fundaron un movimiento nacional en los años 1920 para solicitar cambios económicos, sociales y políticos fundamentales[2]. Valorando explícitamente la identidad y los derechos indígenas, el movimiento del "Tahuantinsuyo" prometía una restauración revolucionaria del estado–nación peruano que transformaría al hasta ahora condenado indígena en un ciudadano peruano con igualdad de derechos. Este ensayo sigue la pista de los miembros del Comité "Tahuantinsuyo" hasta sus comunidades en los distritos ayacuchanos de Luricocha y Carhuanca examinando la experiencia histórica de la emergencia, las actividades y la caída del comité en estos dos distritos. En ambos distritos, los campesinos indígenas intentaban rehacer las relaciones políticas, raciales y económicas dentro de sus comunidades y dentro del Perú. Ellos reclamaban derechos ciudadanos completos para todos los peruanos indígenas y propusieron un creativo proyecto político diseñado para reestructurar los sistemas de poder a nivel local y nacional. Es decir, luchaban por la ciudadanía.

Durante el siglo XX, los campesinos indígenas de la sierra central y sur peruana participaron en un puñado de proyectos políticos que buscaban transformar sus situaciones de extrema pobreza, exclusión política y desprecio sociocultural. El movimiento "Tahuantinsuyo", nombrado en honor al vocablo quechua que designa al incario, fue uno de los más grandes y radicales de este tipo de proyectos y atrajo a los campesinos indígenas de los departamentos de Cuzco, Puno, Arequipa, Ayacucho, Apurímac, Huancavelica, Junín, Ancash, Lima, La Libertad, Huánuco, Ica y Piura. Y a mediados de 1923, los campesinos de estas regiones se movilizaron para materializar los objetivos del Comité "Tahuantinsuyo" a través de la invasión de haciendas, la presentación de reclamos, el envío de innumerables peticiones y algunas veces hasta de levantamientos violentos. El movimiento "Tahuantinsuyo" demostró realmente cuán fuerte y popular era cuando el gobierno de Leguía se vio obligado a prohibirlo en 1927 y reprimió a los partidarios más involucrados con el movimiento.[3]

Aunque los historiadores han prestado sorprendentemente poca atención al Comité "Tahuantinsuyo", éste se convirtió en tema de un importante debate con la publicación del brillante libro de Marisol de la Cadena, *Indigenous Mestizos*. En el capítulo sobre el movimiento "Tahuantinsuyo" en el Cuzco de los años 1920, de la Cadena cuestiona la idea que el movimiento "Tahuantinsuyo" fue una rebelión mesiánica milenaria; como sostienen historiadores como Wilfredo Kapsoli y Manuel Burga. De la Cadena sostiene acertadamente que el "Tahuantinsuyo" no fue de ninguna manera una movilización retrógrada que buscaba un restablecimiento utópico del incario sino, más bien, un movimiento político de corte nacionalista que buscaba establecer la igualdad del indígena en el Perú. De la Cadena también critica a Kapsoli y a Burga por aceptar sin cuestionamientos la visión de las élites del Cuzco sobre el movimiento "Tahuantinsuyo" como una rebelión violenta, anti–estado, ignorando o descartando las afirmaciones de los participantes del "Tahuantinsuyo" que argumentaban que se trataba de un movimiento pacífico que respetaba la ley. De la Cadena presenta evidencia sólida que apoya su argumento sobre el Cuzco y es con buena razón que se refiere a las acciones del "Tahuantinsuyo" del Cuzco como "rebeliones" entre comillas y como *presuntas* rebeliones.[4]

Sin embargo, aquello que era realidad para Cuzco, no lo era necesariamente para el Perú. Este ensayo se aparta del argumento de de la Cadena en lo que se refiere a su análisis de las rebeliones. La evidencia en Ayacucho muestra que la participación indígena en el movimiento "Tahuantinsuyo" tomó una gran variedad de formas, desde el activismo pacífico, sin violencia, encontrado por de la Cadena en el Cuzco, hasta extensas rebeliones. El caso ayacuchano de Luricocha encaja con el análisis de de la Cadena: en él, la participación del campesino en el "Tahuantinsuyo" fue estrictamente no violenta y las asustadas élites locales caracterizaron incorrectamente los esfuerzos pacíficos de los luricochanos del "Tahuantinsuyo" como invitaciones "a la guerra racial". Sin embargo, lo que ocurrió en el distrito ayacuchano de Carhuanca fue efectivamente una rebelión, sin comillas ni matices. No hay duda que los partidarios del "Tahuantinsuyo" de Carhuanca desafiaron abierta y decididamente, y opusieron resistencia, a las autoridades locales y a los oficiales militares que buscaban encarcelar a sus líderes y aplastar su movimiento y todo lo que representaba. Frente a la represión, los partidarios del "Tahuantinsuyo" de Carhuanca usaron la violencia para mantener activo su movimiento y sus acciones dieron lugar a una rebelión. En lugar de argumentar si los años 1920 se pueden caracterizar mejor como un periodo de presunta e imaginada "rebelión" o como un momento de evidente y absoluta rebelión, este ensayo utiliza el caso de Ayacucho para mostrar que en los años 1920 se dieron *ambos* casos.

Por un imperio de ciudadanos (I): el Comité Pro–Derecho Indígena "Tahuantinsuyo"

Fundado en Lima el 16 de junio de 1920, el Comité Pro–Derecho Indígena "Tahuantinsuyo" reunía a hombres indígenas de relativamente buen nivel de educación que residían en la capital, para promover los derechos de los indígenas peruanos y exigir una reforma comprensiva a nivel nacional, regional y local. Como sus fundadores lo expresaron, procuraban "unificar a los de su raza y hacerles conocer sus derechos políticos, económicos y sociales".[5] En su primera reunión, los miembros del Comité redactaron un borrador de una Declaración de Principios con catorce puntos, que hacía hincapié en la protección de las comunidades indígenas; la defensa contra autoridades, sacerdotes y gamonales abusivos; la unificación de los indígenas; el mejoramiento moral y material del indígena; la solidaridad con la clase trabajadora y la protección de los obreros indígenas.

Con el establecimiento de un movimiento que se llegaría a cada rincón del Perú, el Comité previó la creación de puestos de delegados departamentales y subdelegados provinciales. Estos delegados y subdelegados obtuvieron sus puestos en elecciones en las que participaban hombres y mujeres indígenas y se reunieron en diversos congresos nacionales entre 1920 y 1926. Aunque sus planes y actos eran extensos y variados, los miembros del Comité "Tahuantinsuyo" condensaron sus ideas y esfuerzos en un sólo lema: "La unión por principio, la cultura e ilustración por medio".⁶

El Comité "Tahuantinsuyo" nació en un momento propicio. Durante los inicios de los años 1920, hubo un incremento en el interés nacional por los derechos y la cultura de los indígenas en el Perú. Ese interés fue desencadenado por un activismo surgido de clases populares y medias pro–indígenas durante las primeras décadas del siglo XX, particularmente por la revuelta *Rumi Maki* de 1915–1916 y las actividades de la Asociación Pro–Indígena entre 1909 y 1916; asimismo, por importantes descubrimientos arqueológicos en sitios como Machu Picchu.⁷ Los albores de los años 1920 presenciaron también el considerable activismo y debate de izquierdistas en el Perú, alentados por acontecimientos internacionales como la Revolución Mexicana entre 1910–1920 y la Revolución Rusa de 1917. En el Perú, numerosos pensadores, activistas y trabajadores peruanos comenzaron a adoptar filosofías políticas como el comunismo, socialismo y anarquismo, y aparecieron figuras como Víctor Raúl Haya de la Torre y José Carlos Mariátegui que dieron los primeros pasos para formar importantes partidos izquierdistas.

La fundación del Comité "Tahuantinsuyo" también llegó en un momento políticamente oportuno. El presidente Augusto B. Leguía había llegado al poder hacía sólo un año, prometiendo una *Patria Nueva*, una nueva tierra paterna que modernizaría totalmente los anticuados sistemas políticos y económicos del Perú. Ya que Leguía necesitaba aliados para su proyecto modernizante, y para que lo apoyaran en contra de sus enemigos oligárquicos en el alguna vez poderoso Partido Civil, buscó partidarios entre las clases media y trabajadora del Perú y entre los campesinos indígenas. Aunque el compromiso de Leguía hacia los campesinos indígenas estaba basado más en pragmatismo político que en un compromiso real hacia los derechos indígenas, trató en varias oportunidades de ayudar a los indígenas peruanos. Su nueva Constitución de 1920 reconocía oficialmente a las comunidades indígenas; además, Leguía aprobó más leyes, decretos y resoluciones en sus primeros cinco años de gobierno que los aprobados en los cien años anteriores. El gobierno de Leguía estableció una Sección de Asuntos Indígenas en 1921 para investigar las condiciones de vida y trabajo de los campesinos indígenas, lidiar con reclamos indígenas y proponer médios de eliminar la opresión del indígena. Al año siguiente, Leguía creó el Patronato de la Raza Indígena, al que le encomendó la protección de los campesinos indígenas, mejorando su condición socioeconómica y política, investigando sus reclamos, haciendo cumplir sus derechos y ayudándoles con su acceso a la educación. De acuerdo con estos esfuerzos, el presidente Leguía no sólo reconoció sino que también apoyó al Comité "Tahuantinsuyo". Una carta del Ministerio de Fomento fechada junio de 1920 le informaba al secretario general del Comité que habiendo examinado los estatutos del Comité y "teniendo en consideración que se trata de una institución de carácter puramente nacional que...producirá grandes beneficios a la raza indígena," el Ministerio decidió reconocer oficialmente la organización.[8]

El Comité "Tahuantinsuyo" impresionó al gobierno de Leguía, pero también inspiró a muchos campesinos indígenas. Una organización y movimiento fundamentalmente popular, el Comité "Tahuantinsuyo" era también una asociación principalmente indígena libremente organizada en sucursales que se extendían desde la sierra peruana hasta la sede del Comité en Lima. El primer congreso del Comité "Tahuantinsuyo" atrajo delegaciones indígenas de 145 comunidades de departamentos de toda la sierra y el movimiento "Tahuantinsuyo" afectó las vidas de innumerables campesinos indígenas que oyeron los planes, propuestas y exigencias del Comité promovidas y discutidas en sus comunidades por sus representantes locales. El movimiento "Tahuantinsuyo" no sólo generó apoyo popular considerable entre los campesinos de la sierra, sino que también, indirectamente, desencadenó una ola de invasiones a haciendas, protestas legales y rebeliones abiertas durante principios de los años 1920.[9]

En el departamento de Ayacucho, el movimiento "Tahuantinsuyo" atrajo diversos niveles de apoyo popular. El movimiento ganó partidarios en las provincias de Huanta y Huamanga y se fusionó a un programa de acción y protesta más amplio en la mayor parte de la provincia de Cangallo. Las autoridades provinciales y departamentales enviaron preocupantes telegramas a los funcionarios nacionales en Lima, transmitiendo información sobre las movilizaciones militaristas indígenas en el distrito de Pampa Cangallo y alertándolos de los planes de esos campesinos de atacar la ciudad de Cangallo. Fue en la provincia de La Mar, sin embargo, donde el movimiento "Tahuantinsuyo" se transformó en una rebelión masiva. Mezclando un discurso de revitalización inca con el enojo de los campesinos por el aumento de los impuestos, la conscripción vial y las proezas del hacendado de La Mar y diputado del Congreso Nacional Albino Añaños, la rebelión de La Mar de 1922–1923 reclutó la participación activa de miles de campesinos de La Mar. Apoyados por un número de profesionales urbanos, los campesinos organizaron gigantescas reuniones, tomaron haciendas provinciales y ganaron el control de gran parte de la provincia.[10] Violenta desde sus inicios, la rebelión terminó desastrosamente. Las victorias iniciales de los campesinos tuvieron un costo tremendo, con cientos de campesinos asesinados durante las protestas y las tomas de las haciendas, esas victorias probaron también ser efímeras. El presidente Leguía respondió al levantamiento de La Mar con represión y envió un batallón militar cuyos soldados arrasaron las comunidades campesinas y ejecutaron a cientos de campesinos.[11] Aunque la rebelión de La Mar fue la más notoria de los movimientos del "Tahuantinsuyo" ayacuchano, no fue el único como demostrarán los casos de Luricocha y Carhuanca.

A continuación, este ensayo se enfocará en la presencia del Comité "Tahuantinsuyo" en dos distritos rurales ayacuchanos: Luricocha en el norte de la provincia de Huanta y Carhuanca en la provincia este de Cangallo. Los distritos tenían mucho en común: ambos eran áreas rurales empobrecidas con una gran mayoría de pobladores indígenas y ambos se extienden a través de diferentes tipos de terreno que tienen bien irrigados y templados valles donde crecen frutas como naranjas, tuna y aguacates; terrenos más altos y frescos que favorecen la siembra del maíz y del trigo; y zonas altas y frías donde sólo crecen papas, pasto y tubérculos.

No obstante, hubo también diferencias importantes entre estos dos distritos, basadas en la tenencia de tierra y la geografía. Luricocha era un distrito dominado por una gran cantidad de haciendas grandes que incluían Huayllay, Atalambra, Atoccpuquio, Pampay I, Pampay II, Iribamba, Huanchacc, Vado, Cedro Huerta y Meccayra con sólo algunos pocos minifundios campesinos. La mayoría de estas haciendas se administraban por usufructo; es decir, los hacendados dividían sus tierras entre arrendatarios campesinos que trabajaban parcelas a cambio de un alquiler anual pagado al contado o en especie. En contraste, Carhuanca estaba libre del control de las haciendas, las únicas tres haciendas del distrito estaban localizadas en los valles bajos, lejos de la capital del distrito la ciudad de Carhuanca. Los minifundios campesinos eclipsaban la débil presencia de las haciendas en Carhuanca; las familias eran dueñas de varias parcelas pequeñas, usualmente inferiores a una hectárea y se ganaban la vida gracias a estas posesiones. La otra importante diferencia tenía que ver con la geografía: Luricocha estaba relativamente cerca de dos importantes centros urbanos, mientras que Carhuanca estaba extremadamente aislada geográficamente. Localizada a sólo siete kilómetros de la capital provincial de Huanta y a cerca de treinta kilómetros Ayacucho, la capital departamental, Luricocha estaba relacionada estrechamente con estos centros urbanos. Los hacendados luricochanos usualmente vivían y hasta trabajaban en estas ciudades y sólo visitaban sus haciendas de vez en cuando. El distrito de Luricocha estaba relativamente cerca de las regiones selváticas de Huanta y como la mayoría de los campesinos de Huanta, los de Luricocha migraban regularmente a la selva para obtener empleo temporal en labores agrícolas. En contraste con Luricocha, Carhuanca se encontraba en una posición geográfica remota. Localizada en la esquina más oriental de Ayacucho central, Carhuanca estaba aproximadamente a cincuenta kilómetros de la ciudad de Cangallo y a más de cien kilómetros de Ayacucho. Sin una carretera que conectara Carhuanca a cualquiera de estas ciudades hasta finales de los años 1960, Carhuanca tenía pocas conexiones con el ámbito urbano de Ayacucho. En realidad, la relación entre Carhuanca y el ámbito urbano de Ayacucho era tan débil que la mayoría de los carhuanquinos que emigraban del distrito viajaban hasta Lima, la capital de la nación. Las diferencias entre tenencia de tierra y geografía tuvieron en última instancia relevantes implicaciones en cómo cada distrito experimentó el movimiento "Tahuantinsuyo" como lo demostrarán las páginas siguientes.

Por un imperio de ciudadanos (II): Luricocha

La Declaración de Principios del Comité Pro–Derecho Indígena "Tahuantinsuyo" establecía catorce declaraciones y demandas, que subrayaban el derecho de los campesinos y trabajadores indígenas. Los miembros del Comité en Luricocha, y en el apenas creado distrito de Santillana (separado de Luricocha en 1918) exigían las mismas demandas a nivel local, regional y nacional: reunirse con hombres y mujeres en sus comunidades, escribirles cartas a las autoridades regionales y pedirle ayuda y respaldo al presidente Leguía. Mientras que los delegados del "Tahuantinsuyo" de Luricocha hacían muchas peticiones y tenían muchos sueños, sus objetivos fundamentales eran dobles: darles a los campesinos indígenas una mejor educación y un mejor trato económico.

Una carta dirigida al presidente Leguía fechada en 1925 demostraba estas intenciones. Representando varias comunidades de Luricocha, los campesinos indígenas Doroteo Silvera, Aniceto Carrasco, Nicanor Guerrero y Salomé Pariona le solicitaban al presidente peruano varias garantías. Con la ayuda de un escriba anónimo, estos hombres escribieron: "en nombre de las colectividades indígenas que constituyen los Comités de Pro–Derechos Indígena de los Pueblos enunciados [...] nos hemos trasladado a esta Capital, con el objeto de implorar a usted, señor presidente, amplias garantías para construir locales para escuelas indígenas en las parcialidades o ayllus". Argumentando que había más de 600 estudiantes en cada uno de los distritos de Huanta que necesitaban tanto escuelas regulares como técnicas, estos hombres afirmaban que los campesinos de Huanta necesitaban escuelas para "educarnos, cultivando el cerebro y el corazón de nuestra raza, que gime bajo la lobreguez de la ignorancia". Si bien el lenguaje adornado provenía probablemente de su escriba, los suscritos en la petición eran todos letrados y ciertamente creían en la importancia crítica de la educación. Su siguiente demanda lo demostraba, los hombres pedían el "paternal apoyo" de Leguía para que "se digne ordenar a la Dirección de Enseñanza, nos entreguen una cantidad conveniente de libros o cartillos adecuadas al espíritu del indio".[12]

Los miembros del Comité "Tahuantinsuyo" en Luricocha tenían muchas razones para apreciar tanto la educación. Básicamente, los campesinos indígenas valoraban la educación y la alfabetización en sí mismos, deseando poseer la habilidad de leer y escribir de la misma forma que los hombres y mujeres de cualquier país y momento valoran esas destrezas. A nivel económico, la alfabetización significaba ser capaces de inspeccionar personalmente los contratos, títulos de propiedad de terrenos y otros documentos legales que se entremezclaban en la vida rural, y así evitar que les hicieran trampa o que los engañaran y adquirieran compromisos indeseables. La alfabetización podría implicar hasta el acceso a trabajos mejor pagados en los que la habilidad para leer y escribir era necesarias. A nivel social, la alfabetización permitiría que los campesinos indígenas desafiaran las limitaciones degradantes del racismo. En principio, el poder leer y escribir significaba poder comunicarse en español, ya que la educación bilingüe quechua–español no se intentó establecer en el Perú hasta los años 1970; y el idioma, ante todo, era la señal más clara de la identidad racial en el Perú. Más efímeramente, las complicadas estructuras del racismo peruano proyectaban etiquetas peyorativas tales como "ignorante" e "indio" como sinónimos y la educación era vista generalmente como el camino hacia la "des–indianización," para usar el término de Marisol de la Cadena. Finalmente, a nivel político, la alfabetización continuaba siendo la clave para acceder a la ciudadanía. Así como el género y la edad limitaban el acceso a la ciudadanía, sólo aquellos que podían leer y escribir tenían derecho a participar en la política formal a través del voto. Por todas estas razones los representantes del Comité "Tahuantinsuyo" de Luricocha tenían como prioridad la educación.[13]

Los cuatro representantes del Comité "Tahuantinsuyo" de Luricocha instaron con mayor interés al presidente a revisar las obligaciones económicas de los indígenas campesinos con el estado. Como los activistas del "Tahuantinsuyo" en otros lugares le exigieron al presidente Leguía que redujera o eliminara los impuestos sobre la coca y la sal, que "dados nuestro medio y miseria y abandono, son impuestos excesivos".[14] Hasta ese momento, la solicitud económica más apasionada de los miembros del "Tahuantinsuyo" había sido que el presidente Leguía aboliera la Ley de Conscripción Vial de 1920. Esa ley exigía que todos los hombres entre dieciocho y sesenta años trabajaran de seis a doce días por año en la construcción del sistema nacional de carreteras y fue una ley de la que todos los hombres, excepto los indígenas, lograron exención. El trabajo sin remuneración en las carreteras alejaba a los hombres indígenas de sus familias y de sus chacras, y usualmente dejaba a los hombres desnutridos, agotados y solitarios. Por lo tanto, los miembros del Comité sostenían que el "Servicio Vial, trabajo de doce días de hambre obligado por fuerza, es injusto o antihumano," y le pidieron a Leguía que suspendiera la ley que era un "aniquiladora de la vida del indio".[15] Estos reclamos y otros similares en todo el Perú no fueron escuchados por el gobierno de Leguía. Tal como informó el Ministro de Obras Públicas: "La importancia de nuestro programa de construcción de carreteras hará por necesidad inevitable el sacrificio de las vidas de algunos indígenas".[16]

Los miembros del Comité "Tahuantinsuyo" de Luricocha expresaron sus reclamos y anhelos en gran diversidad de documentos y se esforzaron por convertirlos en realidad, reuniéndose con campesinos en sus comunidades respectivas, viajando entre Huanta y Lima y viceversa y escribiendo numerosas cartas y peticiones que solicitaban apoyo material y político. Aunque su mensaje y sus solicitudes resonaban con los deseos de los indígenas campesinos de Luricocha y del Perú en general, los representantes del "Tahuantinsuyo" de Luricocha encontraron poco apoyo para sus esfuerzos en los distritos. Las palabras y los hechos de los miembros del "Tahuantinsuyo" fracasaron al tratar de obtener simpatizantes.

Las peticiones de los miembros del comité tenían sólo sus pocas mismas firmas y huellas digitales, nunca las de los campesinos que no estaban formalmente afiliados con el Comité "Tahuantinsuyo".[17] Puesto que otros peticionarios de estos años regularmente usaban páginas y páginas con firmas y huellas digitales para probar el extenso apoyo a sus exigencias, parece importante que los miembros del comité en Luricocha no lo hicieran. Asimismo, los representantes del "Tahuantinsuyo" en Luricocha nunca lograron crear un movimiento amplio y cohesivo del tipo que conmocionó a Puno, Cuzco, Huancavelica y las provincias ayacuchanas de La Mar y Cangallo durante este mismo periodo. Las nerviosas autoridades provinciales no mencionaron ningún tipo de apoyo generalizado para los miembros del Comité. Sí escribieron cuantiosamente acerca de los viajes de Doroteo Silvera entre las comunidades y sus esfuerzos por movilizar a los campesinos tanto en Luricocha como en Santillana, pero no informaron de reuniones grandes ni protestas. Esas autoridades buscaban ciertamente este tipo de protestas; un grupo de huantinos exigió "pedimos que se le castigue debidamente al mencionado Silvera, obligándole que de amplias garantías al Estado para evitar levantamientos contra el Regimen actual, pues llegará el caso en que subleva a la gente y aparecerá la montonera de antaño".[18] Si hubiera habido protestas que denunciar, las autoridades de Huanta ciertamente lo hubieran hecho.

La reticencia de los campesinos de Luricocha a participar en el movimiento "Tahuantinsuyo" estaba basada en el miedo. Apenas habían pasado treinta años desde la represión de la Revuelta de los Impuestos de Sal de 1896, una represión en la que las fuerzas militares arrasaron con varias comunidades de Huanta, destruyendo casas, quemando chacras y asesinando a miles de campesinos.[19] Los recuerdos de esos eventos estaban presentes claramente en las mentes de las autoridades huantinas. Como los hombres mencionados anteriormente, el alcalde de Luricocha advirtió que la movilización política entre los campesinos del área resultaría en "levantamiento general de la gente indígena i se lamente las mismas desgracias del año 1890 i 1896".[20] El subprefecto, a su vez, comentó que, "Huanta tiene una historia bastante conocida i fama de provincia aguerrida, i de consiguiente un levantamiento de indios en esta sería secundado con entusiasmo por las provincias vecinas".[21] Los campesinos luricochanos cuyos familiares, amigos y vecinos murieron como resultado directo de la represión de 1896 probablemente compartían las preocupaciones de las autoridades provinciales acerca de un levantamiento amenazante.

En lugar de participar en el "Tahuantinsuyo," la mayoría de los campesinos de Luricocha preferían la opción política más segura de acomodo y alianza con las élites regionales. Los campesinos de Luricocha y las élites de Huanta, ya fueran autoridades provinciales, terratenientes u oficiales del distrito, sentían una necesidad de unión mutua (aunque desigual) para adelantar sus propios fines políticos y sociales. Muchos miembros de las élites de Huanta se preocuparon de que el movimiento "Tahuantinsuyo" amenazara dicha alianza. Un grupo de estos hombres se quejó que Doroteo Silvera había llevado a los campesinos de Luricocha y Santillana a considerarlos como "mistis", un término despectivo para designar a los mestizos abusivos. Además, lo acusaban que "en vez de que los indios con los blancos estemos unidos, les infunde ideas completamente nocivas i trata de separar, o por mejor dicho, hacernos odiar".[22]

A pesar que los campesinos luricochanos no expresaron preocupaciones similares acerca de la posibilidad de un conflicto racializado o de alianzas debilitadas con las élites, su actitud general se reflejaba en sus actos. Por un tiempo, la mayoría de los campesinos de Luricocha probaron estar poco dispuestos a poner sus firmas o huellas digitales en las peticiones de "Tahuantinsuyo" y mientras que a la mayoría de los campesinos no les interesaba apoyar a los miembros del Comité local en las protestas contra las autoridades de Luricocha, participaron activamente en el esfuerzo del "Tahuantinsuyo" que tuvo la participación activa de las élites no indígenas de Huanta: la oposición a la conscripción de la ley de carreteras.[23]

Ya en enero de 1924, el gobernador de Luricocha se quejaba que mientras en las semanas anteriores había podido enviar más de doscientos trabajadores, en la actualidad "solo habían concurrido quince hombres" al trabajo del servicio vial. El gobernador culpaba de esta "completa insubordinación" a las actividades de "algunos malos elementos" que venían a Luricocha a hacer propaganda en contra de la ley Vial.[24] El gobernador temía que si el subprefecto no intervenía, él sería incapaz de enviar a un solo campesino luricochano a las obras viales la semana siguiente. El subprefecto de Huanta comunicó preocupaciones similares, informándole al prefecto de Ayacucho que el número de trabajadores reclutados para las obras de la carretera había disminuido precipitadamente, particularmente en Luricocha. La situación no mejoró. En octubre de 1924, las autoridades de Huanta seguían quejándose acerca de la falta de conformidad con la conscripción vial, notando que los miembros del "Tahuantinsuyo" estaban provocando a los indígenas del área, pidiéndoles que no participaran en la labor vial.[25] Y en enero de 1926, un grupo de notables de Huanta, hacendados y autoridades responsabilizaron a los miembros del "Tahuantinsuyo" por haber declarado a los campesinos del área "exentos de toda obligación como. . .la Ley del Servicio Obligatorio," había ahora una participación marcadamente reducida de los campesinos de Huanta en las labores del servicio Vial.[26]

Mas aún, esta oposición popular y activa a la conscripción de carreteras reflejaba el extremo disgusto de los campesinos de Luricocha con la conscripción vial y el servicio laboral. Pero esta oposición también sugería la preferencia política de los campesinos de Luricocha por alianzas de corte clasista y racial, pues los representantes del "Tahuantinsuyo" de Luricocha no eran los únicos, ni los primeros, huantinos en urgirles a los campesinos indígenas que abandonaran sus labores en el servicio Vial. Los últimos meses de 1923 y los primeros de 1924 vieron una gran oposición al programa de servicio Vial y un absentismo creciente, pero los individuos a quienes las autoridades culparon por estos problemas no fueron los campesinos indígenas, fueron las élites no indígenas de Huanta.

Un oficial militar reportó que en la tarde del 14 de octubre de 1923, los prominentes terratenientes y profesionales de Huanta, Max Gil, Mario y Luis Cárdenas, José M. Betalleluz, Guillermo Lama y otros celebraron una reunión pública en la ciudad de Huanta para denunciar el propuesto Monopolio de Coca del Estado y protestar en contra del Servicio Vial. Estos hombres eran parte de un grupo llamado la "Liga de Defensa de los Derechos del Hombre" y habían tanto organizado como encabezado la reunión. Cuando seis oficiales militares llegaron y les pidieron a los miembros de la asamblea que se dispersaran, esos relativamente adinerados huantinos no indígenas instaron una revuelta, tirando piedras y conduciendo un ataque que pronto forzó a los oficiales a retirarse. El oficial culpó a estos hombres de la élite por la violencia, el subprefecto los culpó por su oposición al servicio vial. El subprefecto de Huanta escribió: "Debo manifestar a Ud., señor prefecto, que los indios en esta han estado completamente pacíficos y obedientes a la Ley Vial, pues en la semana ultima han concurrido 300 hombres y si hoy han hecho esta manifestación es debido a los instigadores ya mencionados".[27]

El subprefecto ofreció aún más detalles acerca de estos hombres y la Liga de la Defensa de los Derechos del Hombre. Explicó que los miembros de este grupo habían atacado físicamente a su predecesor y que estaban recolectando dinero de los campesinos de Huanta para ayudar aún más en las protestas en contra de la conscripción de carreteras y del monopolio de la coca. Asimismo, comentó acerca de la dificultad de reprimir al grupo explicando que: "no he puesto este hecho en conocimiento del Juez Instructor porque él ha actuado en este mismo grupo".[28] ¿Qué era este grupo? Los propios miembros ofrecieron una respuesta, cuando se presentaron formalmente ante el prefecto de Ayacucho en enero de 1923. Los miembros de la Liga de la Defensa de los Derechos del Hombre explicaron que: "la naciente agrupación no persigue finalidad política alguna i, como su nombre lo expresa, desenvolverá su programa de acción dentro de los sagrados principios de solidaridad i defensa de las garantías individuales i colectivas".[29] Los hombres también le proporcionaron al prefecto una lista de sus 47 miembros más antiguos, una lista que incluía sacerdotes, un farmacéutico, un agrónomo, abogados, comerciantes y hacendados. El grupo tenía un comité ejecutivo, una comisión pro–trabajador, una comisión de reclamos, una comisión pro indígena, una comisión publicitaria, y una comisión del distrito para Luricocha, Santillana y Huamanguilla.[30]

Los miembros de este grupo regularmente aparecían en reportes policíacos, del subprefecto y del prefecto fomentando problemas con sus reclamos en contra de las autoridades locales, provinciales y nacionales y especialmente con su oposición activa a la Conscripción Vial.[31] Probablemente el miembro más notorio de la Liga era Carlos La Torre, un agrónomo, hacendado y cabeza de la Liga de Defensa de la Comisión de Luricocha. En enero de 1924, el subprefecto de Huanta le presentó al prefecto una denuncia severa en contra de La Torre. Se quejaba que, "El señor La Torre es uno de los interesados para que los indígenas se sublevan pidiendo la derogatoria de esta ley [Conscripción Vial], de la del Impuesto de la coca, i de la del Estanco del alcohol". El subprefecto continuaba acusando a La Torre y a sus amigos de estar involucrados en actos políticos deshonestos, de denunciar falsamente al gobernador de Luricocha por abusos a la autoridad y de tratar de incitar a los indígenas campesinos del área a rebelarse. De acuerdo con el subprefecto, La Torre también operaba en secreto con una autoridad de bajo nivel de Luricocha para prevenir que los campesinos del área completaran sus obligaciones de conscripción vial.[32]

El apoyo activo y rotundo de estos hombres de la élite hizo fácil que los campesinos de Luricocha resistieran los servicios de conscripción que despreciaban tanto. Al resistir estaban reforzando, no poniendo en peligro, sus alianzas con los miembros de la élite de Huanta, aun si esos hombres representaban a una minoría dentro de su clase. Las razones de la oposición de estas élites de huantinos son más complejas. Una explicación es el dinero. Muchos miembros de la Liga de Defensa de los Derechos del Hombre eran terratenientes prominentes que se ganaban la vida explotando a los trabajadores campesinos, particularmente en las regiones de la selva de Huanta. Estos hombres necesitaban campesinos para plantar, cuidar, cosechar, y transportar los cultivos para la venta en los mercados provinciales y nacionales. Si esos campesinos construían carreteras para el presidente, entonces no podrían trabajar intensamente en los campos de sus terratenientes. Los intereses económicos egoístas también explican por qué esas élites locales se oponían a los impuestos sobre la coca y el licor de caña: como terratenientes y mercaderes, estos hombres ganaban una buena parte de su dinero con la venta de estos productos y probablemente tenían miedo que los nuevos impuestos disminuyeran sus ganancias.

Otra explicación de las actitudes de estos hombres es la ambición política. El mes de enero de 1924 trajo reportes del subprefecto de Huanta que Carlos La Torre buscaba postularse como Diputado Nacional, y que sus aliados y amigos estaban ocupados creando problemas en su nombre, dirigiendo protestas y coreando "gritos subversivos" contra el gobierno, el impuesto a la coca, y la Vial. El subprefecto denunciaba que estos hombres se escondían detrás de su fervor electoral, usando la excusa de la candidatura de La Torre para incitar una rebelión indígena.[33] El alcalde de Luricocha hizo acusaciones similares, quejándose que los miembros de la Liga de Defensa de los Derechos del Hombre habían hecho acto de presencia cuatro veces en el pueblo de Luricocha entre octubre y enero de 1924. Las tres primeras veces, los hombres llegaron durante la noche, disparando tiros al aire y gritando "vivas" a varios hombres diferentes, incluyendo a La Torre. En su cuarta visita, los hombres vinieron durante el día. El alcalde contó que ellos, "han recorrido los barrios de esta Villa, provocando a la gente a que se reunan para la protesta contra el impuesto a la coca i lanzan la candidatura de La Torre como redentor del Pueblo de los impuestos".[34]

Así como los miembros de la Liga de Defensa de los Derechos del Hombre tenían motivaciones económicas y políticas urgentes que motivaban su alianza con los campesinos huantinos, también su enfoque al tratar con los campesinos indígenas fue paternalista y prejuiciosa. Esta élite huantina se veía a sí misma como la salvación de los indígenas, como hombres blancos buenos e ilustrados que protegerían y redimirían a los nativos sin educación y explotados. La Liga de Defensa de los Derechos del Hombre ni tenía funcionarios que fueran campesinos indígenas ni hacía presión para que los indígenas fueran más independientes. Dicho de forma tajante, estos hombres querían rescatar a los indígenas, no los querían reconocer como sus iguales. Esta élite de hombres no se sobreponía al racismo, sexismo, y clasismo común entre los hombres peruanos de su prestigio. Pero aún si los miembros de la Liga de Defensa de los Derechos del Hombre compartían los prejuicios elitistas de su época, estos hombres *eran* diferentes de la élite huantina que hacía surgir el espectro de la guerra racial y creían que cualquier movilización indígena tenía que ser reprimida, y reprimida rápidamente.

El apoyo activo y rotundo de esta élite de hombres hizo que fuera más fácil para los campesinos de Luricocha resistir el servicio de conscripción que tanto despreciaban. Al resistir, estaban reforzando—no poniendo en peligro—su alianza con los miembros de la élite de Huanta, aún si esos hombres representaban a la minoría dentro de su clase. Aunque esta tradición de alianzas continuó en las décadas siguientes, las ideas y acciones del Comité Tahuantinsuyo de Luricocha no sobrevivieron. Cuando ya no tuvieron una necesidad imperiosa de establecer alianzas políticas, y alarmados por las movilizaciones indígenas a través del país, el gobierno del Presidente Leguía prohibió el Comité Pro–Derecho Indígena "Tahuantinsuyo" en agosto de 1927. La prohibición declaró que la asociaciones pro–indígenas "no llenan finalidad de ninguna clase y solo explotan a los indios," y acusaba que los subcomites "encargados a personas ignorantes, solo provocan rozamientos con las autoridades subalternas, entorpeciendo o desvirtuando la labor del Gobierno".[35]

El decreto nacional de Leguía prohibía tanto el comité central de "Tahuantinsuyo" como sus sucursales regionales, e instruía a las autoridades políticas a que se cumpliera la prohibición de forma estricta. Las autoridades de Luricocha no tuvieron la necesidad de esforzarse para hacerla cumplir: la sucursal local del Comité "Tahuantinsuyo" estaba esencialmente difunta a principios de 1926. Las últimas correspondencias oficiales del Comité—o, por lo menos, aquellas que han sobrevivido en los archivos—se recibieron en febrero de 1926, y meses antes del decreto de Leguía, el líder local de "Tahuantinsuyo" Doroteo Silvera había dejado de identificarse como miembro del Comité.[36] Al escribir al subprefecto en mayo de 1927, Silvera se identificó únicamente como un "indígena vecino de San José de Secce" antes de proseguir con su querella contra un vecino. Silvera no hizo mención del Comité de "Tahuantinsuyo," ni de su prominencia en el distrito, y no mencionó sus interacciones anteriores con el subprefecto. El "Tahuantinsuyo" había desaparecido en Luricocha debido al miedo y debido a la promesa y la realidad de la alianza de corte clasista y racial.[37]

Por un Imperio de Ciudadanos (III): Carhuanca

El movimiento "Tahuantinsuyo" fue estrictamente pacífico dentro de Luricocha, pero ese mismo movimiento era definitivamente diferente en Carhuanca. En julio de 1923, las autoridades regionales comenzaron a reportar noticias de disturbios en Carhuanca. El gobernador de un distrito cercano le informó al Subprefecto de Cangallo Leónico Cárdenas que dos carhuanquinos, Dionisio Fernández y Basilio Ochoa, habían obligado a los campesinos de las comunidades vecinas al distrito de Carhuanca a asistir a una reunión bajo amenazas de multas impuestas por los varayocs de estas comunidades vecinas. Durante la reunión, los campesinos Ochoa y Fernández, quienes eran letrados, explicaron que a partir de ese momento tendrían que llamarlos comandantes y que habían logrado el cese legal de todos los impuestos a la sal y al alcohol, así como otros impuestos rurales.[38]

Pronto hubo reportes adicionales, contando que los campesinos carhuanquinos Ochoa y Fernández habían obtenido un edicto relacionado con el Comité "Tahuantinsuyo" y que continuaban movilizando a los campesinos indígenas alrededor de Carhuanca, practicando ejercicios militares. Uno de los hombres más viejos de Carhuanca, Don Isidro Durán, recordaba haber oído mucho acerca de esas reuniones, y me dijo que en estas asambleas, los presentes elegían líderes y les daban el título de Coronel. Estos hombres practicaban ejercicios militares y marchaban con sus propias banderas en las plazas centrales de sus pueblos. Estas reuniones se llevaban a cabo en Carhuanca, y en el pueblo vecino de Huallhua también, donde los líderes hablaban en contra del gobierno de Leguía. De particular importancia era la mezcla que había en estas reuniones. Mientras los líderes del "Tahuantinsuyo" Fernández y Ochoa se encontraban, si bien sutilmente, entre los rangos de los locales notables de Carhuanca—Fernández porque era letrado, Ochoa por la prominencia general de su familia en el distrito—la gran mayoría de sus partidarios eran campesinos indígenas poco notables.[39]

Poco tiempo después que estos reportes surgieran, un grupo de siete hombres—dos corporales de la guardia civil, el vice gobernador de Carhuanca, y cuatro varayocs de Vilcashuamán—capturaron a los líderes del "Tahuantinsuyo" Fernández y Ochoa en Carhuanca. Esta captura, a su vez, provocó una rebelión abierta. El Corporal Mariano Berrocal informó que el mismo día de los arrestos, los campesinos indígenas de las comunidades colindantes con Carhuanca recibieron noticias de la captura gracias a los parientes de Ochoa. Estos campesinos se desplazaron a los cerros vecinos a Carhuanca, preparándose para la acción. El Corporal Berrocal añadió que, "el mismo Ochoa, a voz en cuello gritaba en la cárcel de Carhuanca, manifestando que él estaba preso como defensor de los contribuyentes y que además ha ido a San Miguel a sacar copia de un bando; que por cita causa estaba llamado a ser defendido y rescatado por el pueblo".[40]

El Corporal Berrocal y otros compañeros oficiales salieron el siguiente día para Vilcashuamán, custodiando a los prisioneros Ochoa y Fernández. Pero, cuando salían de Carhuanca, los campesinos indígenas de las comunidades vecinas a Carhuanca, Contay, Saurama y Huallhua, les obstruyeron el paso. Aunque los oficiales cambiaron su ruta, muy pronto fueron superados por cientos de campesinos. El Corporal Berrocal contó, y probablemente exageró, que un total de quinientos campesinos los asediaron, tratando de rescatar a los líderes del "Tahuantinsuyo" capturados Ochoa y Fernández y de matar a los oficiales. Berrocal explica más adelante que, "solo la resolución con que hemos desempeñados la comisión ha hecho que no nos hayan arrebatado a los presos, pues las veces que los montoneros se nos acercaban desparabando [sic] nuestro fusil con decisión de morir antes y no soltar a los presos". Los rebeldes finalmente se retiraron hacia Carhuanca, y los oficiales consiguieron llegar hasta Vilcashuamán, donde pusieron a los prisioneros Ochoa y Fernández en la cárcel.[41]

Basilio Ochoa y Dionisio Fernández entraron a esa cárcel en Vilcashuamán el 16 de agosto de 1923. O ese día o cerca de ese día, oleadas de campesinos indígenas revolvieron Carhuanca. Los rebeldes de las comunidades vecinas de Huallhua, Saurama, Contay, Rayme Bajo y del mismo Carhuanca atracaron el pueblo. Un carhuanquino acusado de participar en la rebelión, testificó acerca del asedio. Hablando a través de un intérprete del idioma

Quechua, este campesino indígena le dijo al tribunal que, "La montonería compuesta de las indígenas de los caseríos de Huallhua y otros invadieron a Carhuanca a mediados de agosto último y les obligo a los demás comuneros para que se levantaran contra las autoridades de la provincia". Este hombre explicó además que los rebeldes habían insistido que todas las obligaciones fiscales quedaban abolidas, que nadie debía pagar estos impuestos, y que la desobediencia sería castigada severamente. Declarando que el número de rebeldes era más de dos mil, este campesino de Carhuanca protestó diciendo que él no era nadie más que un espectador inocente de la revuelta.[42]

Esta revuelta duró casi dos meses completos, culminando con una gran reunión política en Pampamarca, una sección de tierra que dividía el distrito de Carhuanca de la comunidad vecina de Huallhua. Lo que sucedió en esa reunión solamente se puede imaginar—los expedientes que la documentan solamente sugieren vagamente que los rebeldes de Carhuanca estaban tramando expandir su movimiento.[43] Pero esa expansión nunca sucedió. En vez, vino la represión. El subprefecto Leónico Cárdenas conocía el movimiento "Tahuantinsuyo" de Carhuanca mucho antes que se tornara violento, y había recibido telegramas alarmantes que alertaban de la rebelión amenazante y usaban lenguaje inflamatorio como "estos salvajes están tomultando".[44] El Subprefecto Cárdenas se tomó estas advertencias en serio, probablemente porque era dueño de tierras en el distrito y su esposa de la cual estaba separado y sus hijos todos vivían en Carhuanca, y él hizo un llamado a la intervención militar. El Subprefecto Cárdenas le advirtió al prefecto de Ayacucho, quien le notificó al Presidente Leguía acerca de la revuelta, y esa alerta trajo pronto cerca de cien soldados del Batallón de la Séptima Infantería a Carhuanca y sus comunidades cercanas. Estos soldados llegaron rápidamente, y su batallón ya estaba apostado en Ayacucho, aplastando revueltas similares en otras partes del departamento.[45]

Don Isidro Durán se acordaba de la llegada de las tropas. Con sólo siete años de edad en ese tiempo, Durán observó como los soldados llegaban a Carhuanca, y como los rebeldes y sus líderes huían para esconderse. Las confrontaciones tuvieron lugar en todo el distrito, pero fueron más violentas en el pueblo de Huallhua. Cuando las tropas entraron a Huallhua, los rebeldes estaban formados esperándolas, los hombres armados con palos, tirachinas, y piedras, y las mujeres con cenizas para arrojarle a los soldados. Los soldados dispararon tiros de advertencia al aire, pero cuando la muchedumbre no se dispersó, las tropas apuntaron sus rifles a los rebeldes y dispararon, matando a docenas. Los soldados saquearon las casas de los campesinos y las incendiaron, robándose el ganado y las cosechas mientras las casas se quemaban. Otro octogenario de Carhuanca, Don Modesto Ramos, nos dijo a mi asistente de investigación Alicia Carrasco y a mí que más de veinte campesinos de Huallhua murieron en el asalto, y otros Carhuanquinos repitieron el número de víctimas mortales. Esas muertes trajeron consigo un final repentino a la rebelión. Para usar las palabras de Don Modesto, "la gente se esparció y llegaron a un silencio".[46]

Aunque duró poco tiempo, el movimiento "Tahuantinsuyo" de Carhuanca y la revuelta subsiguiente representaron un esfuerzo por restablecer las relaciones políticas, raciales y económicas tanto a nivel de distrito como nacional. En su nivel más amplio, el movimiento "Tahuantinsuyo" de Carhuanca era nacionalista en su visión y nacional en su alcance. Movilizándose junto con otros campesinos indígenas en las comunidades a través de los Andes peruanos, los participantes del "Tahuantinsuyo" de Carhuanca buscaron una reversión radical del lugar que ocupaban los campesinos indígenas en la nación peruana, promoviendo un proyecto político nacionalista.[47]

Los aliados del "Tahuantinsuyo" en Carhuanca y a través del Perú habían hecho tales reclamos a la ciudadanía a través de un movimiento simple pero radical: el promover la Constitución peruana de 1920. El edicto de 12 páginas que los líderes del "Tahuantinsuyo" de Carhuanca, Ochoa y Fernández, le habían leído a sus seguidores en voz alta apoyaba sin ninguna duda el estado nacional existente, citando secciones de la Constitución de 1920 e instruyendo a los delegados del "Tahuantinsuyo" a trabajar y defender los derechos cívicos protegidos por la constitución. Las doce páginas repletas a manuscrito del texto y adornado con el símbolo del Comité Central Pro–Derecho Indígena "Tahuantinsuyo" dibujado a mano, este documento establecía los 14 principios del Comité y entreveraba esos principios con largas citas de la Constitución peruana de 1920. Llamando a la defensa de las comunidades indígenas, a la protección contra las élites abusivas, a la unidad indígena, al desarrollo económico y social, a la solidaridad con las clases urbanas trabajadoras, y especialmente al respeto de los derechos constitucionales de los ciudadanos indígenas, el edicto demandada un cambio dramático en la distribución del poder económico, político y social en el Perú. Cuando los líderes del "Tawanstinsuyo" de Carhuanca, Basilio Ochoa y Dionisio Fernández, testificaron en su propia defensa, negaron cualquier papel que podrían haber jugado en la incitación de los campesinos a la violencia. Pero no negaron su relación con el documento, subrayando que "sólo" copiaron este edicto y se lo leyeron en voz alta a los campesinos. Esa sola transmisión de ideas y argumentos, sin embargo, se consideraba en sí misma un acto político de gran magnitud: Ochoa y Fernández actuaban como mensajeros de un cambio socioeconómico y político dramático y radical en el Perú, llamando ciudadanos peruanos a los indígenas campesinos y demandando que los derechos de la Constitución Peruana se extendieran a todos los ciudadanos de la nación.[48]

El movimiento "Tahuantinsuyo" de Carhuanca no sólo era un proyecto político nacional, sino también, un proyecto *económico* nacional.[49] Los impuestos fueron vitales para la rebelión de Carhuanca de 1923. Los primeros informes al subprefecto Cárdenas de los notables locales y de las autoridades de Carhuanca presentaban a los impuestos como la causa principal de la rebelión, diciendo que Basilio Ochoa y Dionisio Fernández organizaban sus reuniones "con el fin de protestar el pago del contribución Rústica e Industrial".[50] El gobernador de Huambalpa presentó un análisis similar del mismo movimiento, diciéndole al subprefecto Cárdenas que los campesinos indígenas de las comunidades de Huambalpa que colindaban con Carhuanca "están sublevándose contra todas las autoridades de este distrito y en general contra todos los vecinos. . . su pretexto que toda las entradas de los contribuciones quedaba solamente a beneficio de nosotros".[51] También otro observador advirtió que los líderes del "Tahuantinsuyo" de Carhuanca, Ochoa y Fernández "haciendo consentir a los indígenas de esas comarcas que de las disposiciones anunciadas se desprende la abolición de impuestos, de contribuciones, etc., especies que propaladas entre gente inculta pueden traer consecuencias funestas".[52]

El enojo carhuanquino hacia los impuestos estaba basado tanto en motivos económicos como políticos. Los rebeldes del "Tahuantinsuyo" estaban muy enojados con los impuestos de la coca y la caña porque las recaudaciones representaban cargas financieras excesivas. Ya que los rebeldes eran primordialmente campesinos que luchaban por conseguir cualquier tipo de ganancia y no tenían realmente acceso a efectivo, estas recaudaciones representaban un peso económico tremendo para los campesinos ya empobrecidos. Al mismo tiempo, los rebeldes del "Tahuantinsuyo" de Carhuanca también estaban disgustados por el hecho que los impuestos, de forma injusta, se cernían en los campesinos indígenas que producían y consumían estos productos, mientras que apenas afectaban a los residentes urbanos más blancos y adinerados a los que usualmente no los afectaban. Asimismo, muchos campesinos carhuanquinos creían que estos impuestos beneficiaban a las autoridades abusivas, más que a las comunidades.[53] Puesto que el Comité "Tahuantinsuyo" puso tanta atención a la igualdad de todos los ciudadanos y a los derechos económicos de los indígenas, los campesinos de Carhuanca tenían razones políticas de peso para oponerse a estos impuestos. El levantamiento del "Tahuantinsuyo" de Carhuanca, entonces, fue tanto un levantamiento político como económico.

Una segunda cuestión económica que impulsaba a ambos grupos rebeldes del "Tahuantinsuyo" de Carhuanca era la tenencia de tierras. En este aspecto, los carhuanquinos no estaban solos. A través de la sierra central y sur del Perú, la tenencia de tierras era una de las principales preocupaciones de los campesinos, aunque, como se mostrará en las siguientes páginas, la maquinaria específica del conflicto difería entre las regiones. Una comisión gubernamental enviada para investigar las condiciones en Puno en 1920, por ejemplo, recibió un alarmante número de 7.080 reclamos de campesinos de ese departamento y un 86 por ciento de esas reclamos tenían que ver con la tenencia de tierra.[54] Puesto que los problemas con la tenencia de tierra eran tan importantes para los campesinos, el Comité "Tahuantinsuyo" estableció una organización para trabajadores de hacienda y su fundador, Hipólito Pévez llegó a sugerir que fueron los actos violentos de los hacendados en contra de los campesinos lo que hizo que el movimiento "Tahuantinsuyo" llegara a ser muy popular en Puno, Arequipa, Cusco, Apurímac, Ayacucho, Huancavelica y Junín.[55]

Mientras que los carhuanquinos compartían esas preocupaciones acerca de la tenencia de tierras, la naturaleza de sus preocupaciones difería en otras áreas. Mientras que los campesinos en departamentos como Puno, Cuzco y Apurímac luchaban en contra de los hacendados, los campesinos en Carhuanca estaban involucrados en conflictos de tenencia de tierra entre ellos. Acelerando un proceso que comenzó a finales del siglo XIX, los carhuanquinos continuaron vendiéndose y comprándose sus tierras entre sí en las primeras décadas del nuevo siglo. Las ventas de pequeñas parcelas de tierra, usualmente de alrededor de un cuarto de hectárea, se hicieron más frecuentes durante los años 1920. Algunas ventas fueron motivadas por la ganancia financiera, mientras que otras por la desesperación.[56] Ambos tipos de transacciones de tenencia de tierra, las relacionadas con la desesperación y la acumulación, se incrementaron en frecuencia durante los años 1920, generando tensiones entre los campesinos pobres que tenían que vender sus terrenos y los campesinos más adinerados que podían amasar tierras. Estas tensiones de clase fueron factores que motivaron el levantamiento del "Tahuantinsuyo" de Carhuanca; no obstante, la mayor lucha por tenencia de tierras en Carhuanca fue contra la comunidad vecina de Huallhua.[57]

Los campesinos de Carhuanca y los de las comunidades vecinas de Huallhua habían estado en conflicto durante mucho tiempo por sus fronteras y ese conflicto se tornó más acalorado y rencoroso en los meses antes del levantamiento. A finales de abril de 1923, el gobernador de Carhuanca Abraham Ochoa le escribió al subprefecto Cárdenas informándole sobre la reciente confrontación entre las comunidades vecinas. En la tarde del 22 de abril, el gobernador explicó que había viajado a Pampamarca, un pequeño trozo de tierra localizado entre Carhuanca y Huallhua, a petición de los carhuanquinos para dividir y asignar el terreno comunal. Los carhuanquinos creían que Pampamarca era propiedad de su comunidad y tenían los documentos para probarlo. Desafortunadamente, los campesinos de Huallhua también creían lo mismo y tenían los mismos documentos. Aunque el terreno de Pampamarca no era particularmente valioso desde un punto de vista económico, ya que la tierra era seca y estaba localizada a gran altitud y sólo era buena para siembras como papas y alfalfa, simbolizaba el problema mayor de luchas intercomunales de poder y dominio. Cuando el gobernador de Carhuanca llegó a Pampamarca acompañado de un grupo de carhuanquinos, docenas de campesinos de Huallhua los esperaban allí. Armados con tirachinas y palos, los campesinos de Huallhua insistían en que la tierra era suya y se rehusaban a permitir la división de la tierra. Aunque las únicas muertes en esta confrontación fueron dos caballos carhuanquinos, los campesinos de Carhuanca se vengaron atrapando 10 caballos de Huallhua como compensación, planificando subastar a los animales y poner las ganancias en los cofres comunales.[58]

La tensión era insoportable, como ocurre todavía hoy, y la mayoría de los carhuanquinos que hablaron con Alicia y conmigo acerca del levantamiento de 1923 nos dijeron que los rebeldes eran todos de Huallhua y que ellos habían invadido Carhuanca a causa del conflicto de Pampamarca. Don Ignacio Figueroa nos habló a Alicia y a mí acerca de los rebeldes, explicando, "Bueno, ellos eran de vecindarios, no más. Querían apropiarse los terrenos de Carhuanca. Había envidia. Querían llevarse el título de Carhuanca".[59] Alicia y yo escuchamos la misma historia una y otra vez, en entrevistas, en asambleas comunales y en reuniones con el alcalde. No hay duda que los conflictos de tierras entre Carhuanca y Huallhua fueron acalorados durante los años 1920.[60] Sin embargo, la dominación abrumadora del recuerdo del motivo de la tenencia de la tierra choca en forma confusa y preocupante con la documentación escrita del levantamiento de 1923. Los documentos legales acerca del levantamiento del movimiento "Tahuantinsuyo" y las cartas y peticiones que llenan el archivo del subprefecto y los archivos militares no hacen referencia al papel que jugó el rencor entre Huallhua y Carhuanca, ni en la disputa sobre Pampamarca. Además, es claro que la rebelión de 1923 involucró a los campesinos del distrito de Carchuanca y no sólo a los de las comunidades vecinas de Huallhua.[61]

La desconexión entre los archivos históricos orales y documentales presentan un dilema metodológico. Por una parte, hay un tremendo número de documentación escrita que representa el levantamiento como una rebelión ligada al movimiento "Tahuantinsuyo". Sin embargo, por otra, académicos de la historia oral como Alessandro Portelli han mostrado las invaluables y múltiples formas en que las historias orales pueden llevar a los académicos más allá de los hechos y detalles mecánicos, hacia un significado más amplio de los eventos bajo consideración. De manera significativa, otros historiadores han notado una desconexión similar entre los archivos históricos orales y escritos relacionados con el movimiento "Tahuantinsuyo" en otras partes de la sierra peruana. El historiador Manuel Burga apunta que ya para 1925 los campesinos de Huancané, Puno recordaban la violencia que había ocurrido allí, no como un producto de la represión del Comité "Tahuantinsuyo" y sus simpatizantes, sino como un esfuerzo por evitar que los campesinos indígenas educaran a sus hijos.[62]

Para el caso de Carhuanca, así como para el de Huancané que Manuel Burga estudió, la disyuntiva entre el archivo oral y el escrito ofrece aún más que un dilema metodológico. Esa disyuntiva en realidad, nos permite observar cuan radical y hasta revolucionario fue el movimiento "Tahuantinsuyo". Si tomamos seriamente la idea de que olvidar es sólo una manera especial de recordar, nos podemos preguntar por qué los carhuanquinos han olvidado tanto el movimiento "Tahuantinsuyo" y recordado tan enérgicamente el levantamiento como un conflicto de tenencia de tierra. Las explicaciones basadas en lo práctico pasan a primer plano. Los recuerdos tienen que tener cierto sentido para sus propietarios y recordar el levantamiento de 1923 como un movimiento a favor de los derechos indígenas sería una extensión que está destinada a la credulidad.

El movimiento "Tahuantinsuyo" fue un esfuerzo serio y coordinado por valorizar los derechos de los *indígenas* y demandar la inclusión nacional de los *indígenas* en el siglo XX, tanto en Carhuanca como en el Perú. Aunque otros carhuanquinos y peruanos en otros momentos históricos harían demandas similares por los derechos y la inclusión nacional de los campesinos quechuas, no plantearían esas demandas en términos étnicos. En años y décadas posteriores tanto carhuanquinos como peruanos usaron un discurso clasista, refiriéndose a los campesinos indígenas como obreros y trabajadores, pero nunca como hombres y mujeres *indígenas*. Este cambio discursivo fue producto tanto de la represión sufrida por el "Tahuantinsuyo" como del surgimiento de movimientos políticos clasistas como APRA en los años 1930 y 1940 y la movilización Trotskista en los 1960. Más aún, el discurso clasista ayudó a los carhuanquinos a aprehender sus vidas diarias. Ya que éstas eran objeto de terribles abuso por parte de individuos que se parecían y hablaban como ellos y cuyas diferencias más grandes eran su riqueza, su nivel de educación y el acceso formal a puestos políticos de autoridad, la noción de conflicto de clase, de una lucha de rico contra pobre, tuvo un sentido intuitivo para la mayoría de los carhuanquinos. Parte de la fortaleza del movimiento "Tahuantinsuyo" estaba en su habilidad de articular estos conflictos locales de clase con cuestiones de corte racial y de identidad indígena. Cuando ese movimiento colapsó a causa de la brutal represión militar, sólo las ideas que más resonaron con las vidas diarias de los campesinos permanecieron y esas ideas fueron las ideas clasistas.

Dado el propio cambio de los carhuanquinos hacia la identificación clasista en las décadas posteriores a los años 1920, parece aceptable que recuerden el levantamiento no como un conflicto sobre derechos indígenas, sino como uno de tenencia de tierras. Este esquema de rebelión tendría sentido para los carhuanquinos que vivieron el levantamiento cuando niños o que oyeron hablar de él a sus mayores, acomodando sus propias percepciones con las preocupaciones de los campesinos como material primario. La idea de que los carhuanquinos se amotinarían para presionar por los derechos indígenas y la inclusión del indígena, valorando la identidad, la cultura y las preocupaciones indígenas, habría sido una idea tan fuera de lo común en forma y contenido que parecería no tener sentido para esos carhuanquinos que no vivieron los esfuerzos del movimiento como adultos. Lo que sí tendría sentido, lo que sería un posible recuerdo, era un levantamiento causado por una disputa de tenencia de tierras, en contra de las comunidades vecinas de Huallhua, sobre el todavía pendiente terreno de Pampamarca.

"Tahuantinsuyo" reconsiderado

Las páginas y párrafos precedentes han explorado el levantamiento y la derrota del movimiento "Tahuantinsuyo" en Ayacucho durante los años 1920. Si nos adherimos a la definición estricta del adjetivo *radical*—relacionado a la raíz o raíces; fundamental—entonces el movimiento "Tahuantinsuyo" estuvo entre los movimientos políticos peruanos más radicales del siglo XX. El movimiento buscaba una reestructuración profunda de las relaciones sociales, económicas y políticas en el Perú, transformándolo en un país en el que el indio fuera tan valorado como ciudadano como lo era la persona con piel blanca.

El movimiento operaba de manera dramáticamente distinta en los distritos rurales de Luricocha y Carhuanca. En Luricocha, el movimiento "Tahuantinsuyo" nunca se constituyó en nada más que los esfuerzos pacíficos de unos pocos campesinos ruidosos, con la gran mayoría de campesinos luricochanos buscando un cambio a través de una alianza de corte clasista y racial con una subsección de la élite huantina. Por el contrario, los campesinos indígenas de Carhuanca apoyaron activamente el movimiento "Tahuantinsuyo" en números sustanciales. Participaron en reuniones y protestas y por último arriesgaron sus vidas por el movimiento. En Carhuanca, el movimiento "Tahuantinsuyo" explosionó primeramente en popularidad y después en violencia y finalmente sucumbió a la represión militar, desapareciendo rápida y completamente. Mientras el caso de Luricocha muestra que la asociación entre el Comité "Tahuantinsuyo" y la violenta rebelión fue un eslabón imaginado y popularizado por élites nerviosas, el caso de Carhuanca revela que algunos simpatizantes del "Tahuantinsuyo" sí se unieron a la rebelión. Más que pensar en la participación en el movimiento "Tahuantinsuyo" como una presunta "rebelión" o como una rebelión completamente formada, los académicos debemos reconocer que la participación en el movimiento "Tahuantinsuyo" tomó formas diversas.

Como ocurriría con cada uno de los proyectos políticos que los campesinos de Ayacucho organizaron durante el siglo XX, el movimiento "Tahuantinsuyo" probó ser incapaz de realizar transformaciones políticas significativas. A pesar de su potencial radical, el "Tahuantinsuyo" dejó intacta la distribución desigual extrema del poder social, económico y político en el Perú. Los campesinos tanto de Luricocha como de Carhuanca aceptaron el llamado por los derechos indígenas del movimiento "Tahuantinsuyo" presionando por sus derechos constitucionales a la inclusión política, la justicia económica y la igualdad social. Si bien los campesinos en Luricocha y en Carhuanca continuarían exigiendo sus derechos sociales, económicos y políticos en las décadas siguientes, lo harían en términos clasistas y no étnicos. Efectivamente, el discurso en torno a los derechos indígenas promovido por el movimiento "Tahuantinsuyo" casi no ha sido retomado hasta hoy. Los hombres y mujeres indígenas del Ayacucho rural comenzaron a silenciar su propia identidad racial después del colapso del "Tahuantinsuyo", formulando una nueva identidad de campesino estrictamente basada en identificaciones clasistas. Viendo sus derechos abusados, los luricochanos y carhuanquinos pensaron brevemente en el movimiento "Tahuantinsuyo" de los años 1920 y luego apartaron la mirada, volviendo a otros movimientos políticos principalmente clasistas para luchar por los cambios radicales políticos, económicos y sociales que necesitaban.

Notas

1   Texto traducido por María Gabriela Castro–Barrientos.
2   Archivo Regional de Ayacucho (ARA), Corte Superior de Justicia (CSJ) legajo 409, cuaderno 5, contra Basilio Ochoa y Dionisio Fernández (carta de Mariano Berrocal, 17 de agosto, 1923).
3   Para conseguir información sobre las varias rebeliones en los Andes peruanos, consúltese Basadre, Jorge, *Historia de la República del Perú,* vol. 13, 308.
4   de la Cadena, Marisol, *Indigenous Mestizos,* 118–125.
5   Archivo General de la Nación (AGN), Ministerio de Trabajo y Asuntos Indígenas, leg. 3.13.2.9. (Documento titulado "Declaración de Principios").
6   *Ibid.* Una extensa discusión sobre la fundación del Comité se puede encontrar en Kapsoli, Wilfredo, *Ayllus del Sol,* 197–244.
7   Rénique, José Luis, *La batalla por Puno,* 47–49, 51–53, 60, 75; Hazen, Dan, *The Awakening of Puno,* 109, 141–146; Álvarez–Calderón, Annalyda, "Es justicia lo que esperamos," 312–341; Davies, Thomas, *Indian Integration,* 54–55.
8   AGN, Ministerio de Trabajo y Asuntos Indígenas, leg. 3.13.2.9 (carta destinada al Sr. Secretario General del Comité Central "Pro–Derecho Indígena", 21 de junio de 1920). Véase también Davies, *Indian Integration,.* 69–78; Basadre, *Historia,* Vol. 13, 41–44.
9   Basadre, Jorge,*Historia,* 308; Hazen, Dan, *Awakening of Puno,* 153; Flores Galindo, Alberto, *Buscando un Inca,* 254.
10 Discusiones de autoridades relacionadas con Cangallo y La Mar aparecen en el Archivo Histórico Militar, caja 1923, sin numero (la carta del Prefecto Accidental Boggio, 12 de septiembre; carta al Sr. Ministro del Estado, 31 de agosto, 1923). Para una discusión más extensa relacionada con el levantamiento de La Mar véase Mayer, Eric, *State Policy and Community Conflict,* 277–315; Vila Galindo, Flavio, *Los montoneros.*
11 Mayer,Eric, *State Policy and Community Conflict,* 314.
12 Proyecto Especial de Titulación de Tierras (PETT), Leg. Luricocha (carta de Doroteo Silvera, Anacleto Carrasco, Nicanor Guerrero, Salome Pariona: 14 de enero, 1925).
13 El énfasis en la educación de los miembros del "Tawantinsuyo" luricochano fue compartido extensamente a través del Perú. Véase Kapsoli,Wilfredo, *Ayllus del sol,* 148, 167; Hazen,Dan, *Awakening of Puno,* 124–125.
14 PETT, Leg. Luricocha (carta de Doroteo Silvera, Anacleto Carrasco, Nicanor Guerrero, Salomé Pariona: 14 de enero, 1925).
15 Ibid. Las querellas de los miembros del "Tawantinsuyo" de Luricocha contra la ley Vial resonaron a través del centro de Perú y de la sierra sur. Burga, Manuel "Las profetas de la rebelión," 508; Kapsoli, Wilfredo, *Movimientos campesinos,* 52–56.

16 Citado en Gow, Rosalind, *Yawar Mayu*, 39–40.
17 Véase PETT, Leg. Luricocha (carta de Doroteo Silvera, Anacleto Carrasco, Nicanor Guerrero, Salomé Pariona: 14 de enero, 1925).
18 ARA, Prefectura (Pref), Leg. 13 (Oficios de la Subprefectura Huanta [OSH]: 30 de enero, 1926).
19 Heilman, Jaymie Patricia, "By Other Means", 63–66.
20 ARA, Pref. Leg. 13 (OSH: 24 de enero, 1924).
21 ARA, Pref. Leg. 13 (OSH: 17 de julio, 1924).
22 ARA, Pref. leg. 13 (OSH: 30 de enero, 1926).
23 Un ejemplo de una protesta fallida del "Tawantinsuyo" en Luricocha aparece en ARA, Pref. leg. 13 (16 de enero, 1926; 20 de enero, 1926). Los representantes del distrito de "Tawantinsuyo" se reunieron en un grupo grande de campesinos de Luricocha para hacer una protesta formal en contra de las autoridades distritales, pero ninguno de los campesinos reunidos estuvo dispuesto a endosar las declaraciones de los representantes del "Tawantinsuyo".
24 ARA, Pref. Leg. 13 (OSH: 2 febrero, 1924).
25 ARA, Pref. Leg 13 (OSH: 29 octubre, 1924).
26 ARA, Pref. Leg. 13 (OSH: 30 enero, 1926). Otras querellas similares aparecieron en ARA, Pref. leg. 13 (OSH: 29 enero, 1924; 2 febrero, 1924; 16 y 17 julio, 1924; 29 octubre, 1924; 30 enero, 1926).
27 ARA, Pref. leg. 12 (OSH: 16 octubre 1923).
28 Ibid.
29 ARA, Pref. leg. 12 (OSH: 22 enero 1923).
30 ARA, Pref. leg. 12 (OSH: 21 enero 1923).
31 ARA, Pref. leg. 13 (OSH: 24 enero 1924).
32 Ibid.
33 ARA, Pref. leg. 13 (OSH: 24 enero 1924).
34 ARA, Pref. leg. 13 (OSH: 21 enero 1924).
35 ARA, Pref. leg 102 (Oficios de la Guardia Nacional y Guardia Civil [OGNGC]: 31 agosto 1927).
36 ARA, Pref. leg. 13 (OSH: 4 febrero 1926).
37 ARA, Pref. leg. 13 (OSH: 11 mayo 1927).
38 ARA, CSJ leg. 409, cuad. 5, Contra Basilio Ochoa y Dionisio Fernández (carta de Gerónimo Lara, 30 julio 1923).
39 ARA, CSJ leg. 409, cuad. 5. Contra Basilio Ochoa y Dionisio Fernández (carta de Gerónimo Lara, 7 Aug. 1923); Entrevista con Isidro Durán* (14 March 2003). Todos los nombres de entrevistados son seudónimos.
40 ARA, CSJ, leg. 409, cuad. 5, Contra Basilio Ochoa y Dionisio Fernández (carta de Mariano Berrocal, 17 de agosto de 1923).
41 ARA, CSJ, leg. 409, cuad. 5, Contra Basilio Ochoa y Dionisio Fernández (carta de Mariano Berrocal 17 de agosto de 1923).
42 Documento fotocopiado de la colección privada de Jorge Cárdenas en Carhuanca. Este documento es claramente de un proceso judicial, pero no he podido localizar los registros originales del juicio del que Jorge Cárdenas adquirió la

fotocopia de un amigo, pero es duduso donde ese amigo encontró el original. No he podido localizar al amigo.
43 AHM Caja 1923, sin número, (oficio al Coronel Jefe del Gabinete Militar: 12 de septiembre de 1923).
44 ARA, CSJ, leg. 409, cuad. 5, Contra Basilio Ochoa y Dionisio Fernández (testimonio de Gerónimo Lara, 30 de julio de 1923).
45 Entrevista con Isidro Durán* (14 de marzo del 2003); AHM Caja 1923, sin número, (carta del Prefecto Accidental Boggio: 12 de septiembre, 1923).
46 Entrevista con Isidro Durán* (14 de marzo, 2003); entrevista con Modesto Ramos* (4 de octubre 2003).
47 Mallon, Florencia, *Peasant and Nation*, 4.
48 ARA, CSJ, leg 409, cuad. 5, Contra Basilio Ochoa y Dionisio Fernández, (testimonio de Basilio Ochoa y Dionisio Fernández, 23 de agosto, 1923). El edicto apareció en su totalidad en ARA, CSJ, leg 409, cuad. 5, Contra Basilio Ochoa y Dionisio Fernández, (documento sin fecha titulado "Declaración de Principios del Comité Central Pro–Derecho Indígena Tahuantinsuyo").
49 Conversaciones con Gladys McCormick dieron lugar a esta idea.
50 ARA, CSJ leg. 409, cuad. 5. Contra Basilio Ochoa y Dionisio Fernández (carta de Gerónimo Lara, 7 agosto, 1923).
51 ARA, CSJ leg. 409, cuad. 5. Contra Basilio Ochoa y Dionisio Fernández (carta de Gerónimo Lara, 8 agosto, 1923).
52 ARA, CSJ, leg 409, cuad 5. Contra Basilio Ochoa y Dionisio Fernández (testimonio de Rosa Meneses, 23 agosto, 1923).
53 ARA, CSJ, leg. 409, cuad. 5, Contra Basilio Ochoa y Dionisio Fernández (carta de Gerónimo Lara, 8 agosto, 1923).
54 Kapsoli, *Movimientos campesinos*, 74 .
55 Rénique, *Battalla por Puno*, 83–85; Kapsoli, *Ayllus del sol*, 207; Flores, *Buscando un Inca*, 254.
56 ARA, Not. (Notaio Ángel Arones) leg. 364 libro 2 fol. 88 (13 de octubre, 1923).
57 ARA, Not. (Notario Francisco Mavila) leg. 451 libro 2 fol. 218 (9 de julio,1928); Not. (Notario Francisco Mavila) leg. 452 libro 1 fol. 228 (28 de septiembre, 1929); Not. (Notario Ángel Arones) leg. 364 libro 2 fol. 158 (11 August 1924); Not. (Notario Alipio Remón) leg. 389 fol. 80 (6 April 1960); Not. (Notario Ismael Berrocal) leg. 277 libro 3 fol. 81 (7 de junio, 1929).
58 ARA, SC, Caja 16 (OCar 1923: 23 abril 1923).
59 Entrevista con Ignacio Figueroa* (2 octubre 2003).
60 ARA, SC Caja 16 (OCar 1923: 23 abril, 1923).
61 ARA, SC, Caja 46 (OCar 1926: 5 de mayo, 1926).
62 Portelli, Alessandro, *The Death of Luigi Trastulli*; Burga, "Las profetas de la rebelión," 512.

Bibliografía

Abercrombie, Thomas. "To Be Indian, to Be Bolivian: 'Ethnic' and 'National' Discourses of Identity".En Urban, Greg y Joel Sherzer eds., *Nation–States and Indians in Latin America*. Austin: University of Texas Press, 1991.

Abercrombie, Thomas. *Pathways of Memory and Power: Ethnography and History among an Andean People*. Madison: University of Wisconsin Press, 1998.

Allen, Catherine J. *The Hold Life Has: Coca and Cultural Identity in an Andean Community*. Washington: Smithsonian Institution Press, 1988.

Alvarez–Calderon, Annalyda. "Es justicia lo que esperamos de Su Excelencia: política indígena en Puno (1901–1927)". En Drinot, Paulo y Leo Garofalo eds., *Más allá de la dominación y la resistencia : estudios de historia peruana, siglos XVI–XX*. Lima: IEP, 2005.

Basadre, Jorge. *Historia de la República del Perú, 1822–1933*. Lima: Editorial Universitaria, 1983.

Blanchard, Peter. *The Origins of the Peruvian Labor Movement, 1883–1919*. Pittsburgh: University of Pittsburgh Press, 1982.

Burga, Manuel. "Las Profetas de la Rebelión, 1920–1923". En Deler, Jean Paul y Y. Saint–Geours eds., *Estados y naciones en los Andes: hacia una historia comparativa: Bolivia, Colombia, Ecuador, Perú*. Lima: IFEA, 1986.

Burga, Manuel y Alberto Flores Galindo. *Apogeo y crisis de la República Aristocrática: oligarquía, aprismo y comunismo en el Perú, 1895–1932*. Lima: Ediciones Rikchay Perú, 1980.

Contreras, Carlos. *El aprendizaje del capitalismo: estudios de historia económica y social del Perú republicano*. Lima: IEP, 2004.

Davies, Thomas *Indian Integration in Peru: A Half–Century of Experience, 1900–1948*. Lincoln: University of Nebraska Press, 1974.

de la Cadena, Marisol. "Women Are More Indian: Ethnicity and Gender in a Community near Cuzco". En Larson, Brooke, Olivia Harris y Enrique Tandeter eds., *Ethnicity, Markets, and Migration: At the Crossroads of History and Anthropology*. Durham: Duke University Press, 1995.

de la Cadena, Marisol. *Indigenous Mestizos: The Politics of Race and Culture in Cuzco, 1919–1991*. Durham: Duke University Press, 2000.

Deustua, José y José Luis Rénique C. *Intelectuales, indigenismo y descentralismo en el Perú, 1897–1931*. Cusco: Centro Bartolomé de las Casas, 1984.

Flores Galindo, Alberto. *La agonía de Mariátegui*. Madrid: DESCO, 1980.
Flores Galindo, Alberto. *Buscando un Inca: identidad y utopía en los Andes*. 4 ed. Lima: Editorial Horizonte, [1988]1994.
Gamarra, Jefrey. "Estado, modernidad, y sociedad regional: Ayacucho 1920–1940". En *Apuntes* 31 (1992): 103–113.
Gow, Rosalind. "Yawar Mayu: Revolution in the Southern Andes, 1860–1980". Tesis de doctorado inédita. Madison: Universidad de Wisconsin, 1981.
Hazen, Dan C. "The Awakening of Puno: Government Policy and the Indian Problem in Southern Peru, 1900–1955". Tesis de doctorado inédita. New Haven: Universidad de Yale, 1974.
Heilman, Jaymie Patricia. "By Other Means: Politics in Rural Ayacucho Before Peru's Shining Path War, 1879–1980". Tesis de Doctorado inédita. Madison: Universidad de Wisconsin, 2006.
Jacobsen, Nils. *Mirages of Transition: The Peruvian Altiplano, 1780–1930*. Berkeley: University of California Press, 1993.
Kapsoli, Wilfredo. *El pensamiento de la Asociación Pro Indígena*. Cusco: Centro Bartolomé de las Casas, 1980.
—. *Ayllus del sol: anarquismo y utopía andina*. Lima: TAREA, 1984.
Klarén, Peter F. *Peru: Society and Nationhood in the Andes*. New York: Oxford University Press, 2000.
Mallon, Florencia E. *The Defense of Community in Peru's Central Highlands: Peasant Struggle and Capitalist Transition, 1860–1940*. Princeton: Princeton University Press, 1983.
Mallon, Florencia E. *Peasant and Nation: the Making of Postcolonial Mexico and Peru*. Berkeley: University of California Press, 1995.
Mayer, Eric. "State Policy and Community Conflict in Bolivia and Peru, 1900–1980". Tesis de doctorado inédita. Santa Barbara: Universidad de California–Santa Barbara, 1995.
Méndez, Cecilia "Incas Sí, Indios No: Notes on Peruvian Creole Nationalism and Its Contemporary Crisis". En *Journal of Latin American Studies* 28 (1996): 197–225.
Nugent, David. *Modernity at the Edge of Empire: State, Individual, and Nation in the Northern Peruvian Andes, 1885–1935*. Stanford: Stanford University Press, 1997.
Portelli, Alessandro. *The Death of Luigi Trastulli, and Other Stories : Form and Meaning in Oral History*. Albany: State University of New York Press, 1991.

Rappaport, Joanne. *Cumbe Reborn: An Andean Ethnography of History*. Chicago, IL: University of Chicago Press, 1994.
Rénique C., José Luis. "State and Regional Movements in the Peruvian Highlands: The Case of Cusco, 1895–1985". Tesis de doctorado inédita. New York: Universidad de Columbia, 1988.
Rénique C., José Luis. *La batalla por Puno: conflicto agrario y nación en los Andes Peruanos, 1866–1995*. Lima: IEP Ediciones, 2004.
Sala i Vila, Núria. *Selva y Andes: Ayacucho, 1780–1929, historia de una región en la encrucijada*. Madrid: Consejo Superior de Investigaciones Científicas Instituto de Historia, 2001.
Salomon, Frank. "Unethnic Ethnohistory: On Peruvian Peasant Historiography and Ideas of Autochtony". En *Ethnohistory* 49:3 (2002):475–506.
Stern, Steve J. *Peru's Indian Peoples and the Challenge of Spanish Conquest: Huamanga to 1640*. Madison: University of Wisconsin Press, 1982.
Tamayo Herrera, José. *Historia Social Del Cuzco Republicano*. Lima. 1978.
Taylor, Lewis. *Bandits and Politics in Peru: Landlord and Peasant Violence in Hualgayoc, 1900–30*. Cambridge: Cambridge Centre for Latin American Studies, 1987.
Vila Galindo, Flavio. *Los montoneros: movimiento campesino de La Mar, Ayacucho, Perú*. Lima: Talleres Gráficos, 2000.

La Patria Nueva y el reestreno de la ópera *Ollanta*: Lima 1920

David Rengifo Carpio

El 26 de diciembre de 1900 en el Teatro Principal la compañía lírica italiana Lombardi estrenó la ópera nacional *Ollanta* de José María Valle Riestra, con resultado modesto: hubo un frío recibimiento y las presentaciones apenas llegaron a cuatro; no hubo ningún apoyo por parte del Estado a pesar del carácter nacional de la obra, el jefe de Estado no asistió y en el palco oficial no hubo ni un edecán. Sin embargo veinte años después, el 22 de setiembre de 1920, en el moderno y lujoso teatro Forero se reestrenaría la misma ópera por la compañía Bracale, esta vez con apoyo total del gobierno leguiísta; el resultado fue un éxito apoteósico, con asistencia del propio jefe de Estado Leguía y la élite política, social e intelectual limeña. La totalidad de la prensa limeña apoyó el notable éxito, y el entusiasmo del público aquella noche fue algo "nunca visto antes en Lima con ningún otro espectáculo". Las presentaciones durarían hasta el 17 de octubre con llenos totales y asistencia de todos los sectores sociales, cosa tampoco vista antes en ese tipo de espectáculos.

Este rotundo éxito en 1920 contrasta con la adversa reacción en 1900, lo que nos lleva a plantear interrogantes: ¿Por qué el Estado apoyó el reestreno de la ópera? ¿Por qué no lo hizo en 1900? ¿Qué motivó ese cambio? ¿Cuáles serían las causas del fracaso de 1900 y del éxito del reestreno? ¿Por qué las élites ignoraron la obra en 1900 y la celebraron en 1920? En suma ¿Qué significó el reestreno en el complejo escenario del inicio del segundo gobierno de Leguía? Si miramos el teatro desde nuestra óptica contemporánea cuesta trabajo comprender la importancia que tuvo no sólo como espacio de diversión y distracción sino como vehículo ideológico, con el cual ingresan los imaginarios y mentalidades.[1] Pero si tenemos en cuenta que el teatro era aún uno de los espectáculos preferenciales de los grupos urbanos, con un gran poder comunicativo que nace del contacto directo con el público, tal vez no nos extrañe el papel que pudo jugar en el manejo del conflicto cultural, político e ideológico que se daba en los inicios del segundo gobierno de Leguía.

Hay que tener en cuenta que si bien el cine ya había irrumpido en Lima, aún no había desplazado al teatro, que sería eclipsado por el cine solo a fines de los años veinte con la aparición del cine sonoro, y entraría en decadencia en los años cuarenta, con la masificación del cine y la radio. Por consiguiente, el teatro mantuvo su vigencia aún en 1920, donde incluso se inauguró una nueva sala teatral, el teatro Forero, símbolo de modernidad cosmopolita donde se presentaron las grandes compañías de ópera. Ese año Lima era una ciudad de gran actividad teatral, diversos artistas y compañías internacionales desfilaron por sus salas, y se dio la más exitosa temporada de ópera, donde se puso en escena no sólo el clásico repertorio europeo, sino también *Ollanta*, con rotundo éxito.

Leguía, la Patria Nueva y la política cultural

En 1919 Leguía, apoyado por los partidos constitucional, liberal y demócrata, opositores al civilismo, y con gran respaldo popular, venció en las elecciones pero encabezó un golpe de estado ante una supuesta "amenaza civilista". En 1919 había fracasado la política del civilismo. Leguía sube entonces al poder en medio de una aguda crisis económica, política y social; expresada en inflación, descontento popular y una amenaza de desborde social que acabó con la llamada República Aristocrática.[2] En los hechos, los sectores populares y medios emergentes cuestionaron la política excluyente y restrictiva del civilismo. Frente a esta crisis Leguía se vio obligado a plantear medidas concretas para aliviar la crisis, y un proyecto moderno de nación que incluyera a todo los sectores sociales como parte de una "comunidad nacional". Esto puso otra vez en el debate el tema la nación y la identidad.

El debate sobre la nación se abre nuevamente después de varias décadas a raíz del fracaso en la Guerra del Pacífico, que puso en evidencia que no éramos una nación, y que la opción criolla hispanista, construida excluyendo a los sectores indígenas no podía sostenerse.[3] Intelectuales como Gonzáles Prada identificaron como la causa principal de la derrota la carencia de una identidad nacional. La población indígena no formaba parte de la nación, era la población mayoritaria y sostenía la economía nacional pero no se consideraba parte de ella. La sociedad peruana por tanto no constituía una verdadera Nación.[4] Para reconstruir la nación después de la Guerra era necesario articular los sectores sociales, creando "una entidad con cultura homogénea consciente de su identidad cultural",[5] no obstante esta necesidad, a fines del XIX e inicios del XX, se impone el proyecto de modernización del segundo civilismo, bajo el cual era imposible cumplir esta demanda.

Durante este periodo el partido civilista había dejado cierta línea de apertura a la integración que tuvo durante el siglo XIX, para convertirse en una fuerza conservadora al servicio de la oligarquía, con exclusión de las clases populares.[6] Dicho proyecto, obviando el debate anterior sobre identidad nacional, impulsó un proyecto de 'modernización tradicionalista', que según Trazegnies se caracterizaba por "una recepción de un cierto número de elementos capitalistas, ligada a una profunda resistencia a todo cambio en la estratificación social: se quiere devenir capitalista, es decir, "moderno", pero al mismo tiempo se quiere conservar las jerarquías sociales tradicionales".[7]

En pocas palabras se combinan elementos capitalistas y de la tradicional estructura agraria. Para la última década de la República Aristocrática, el proyecto civilista de modernización estaba desgastado por la crisis y la presencia de nuevos actores sociales como el proletariado limeño y los sectores medios, así como la movilización campesina en el sur del país. En esta circunstancia llega al poder por segunda vez Leguía en 1919.

Frente a la necesidad de modernización del país y la crisis producida por el fracaso del proyecto civilista, y las demandas de los nuevos actores sociales, Leguía intentó un proyecto de modernización que necesariamente tenía que plantear la articulación de los diversos sectores sociales en torno a un proyecto nacional; y por lo tanto la incorporación de los indios como "ciudadanos".[8] Este proyecto estaba a la orden del día no solo por las razones internas señaladas, sino por una coyuntura en que los países replanteaban su inserción en la economía mundial, en la declinación de la hegemonía inglesa frente a EEUU en el contexto impuesto por las nuevas relaciones capitalistas en el mundo. Leguía manejó un discurso ideológico denominado La Patria Nueva, con el cual pretendía legitimar su política y crear el consenso social hacia su gobierno. Este discurso tuvo que generar nuevas maneras, y reciclar símbolos, para cohesionar en la opinión pública una sociedad tan fragmentada como la peruana. Por ello tuvo que generar una propuesta de nación donde se incorporara a todas las clases, aunque sea demagógicamente, para evitar un desborde social. Con dicho discurso se mostraba una nueva era de modernización y apertura social.

Para lograr una identidad nacional, Leguía debía generar un sustrato cultural común de propaganda que articulara a todas las clases en torno a una idea común de nación; y ese sustrato sería irónicamente los indígenas, que se convertirían en la parte representativa del país. Sin embargo, esto planteaba una contradicción evidente con la mentalidad tradicional de los sectores limeños, de donde salían las élites, incluidos los grupos que apoyaban a Leguía, acostumbrados a marginar o subestimar lo indígena. Desde la década del cuarenta del siglo XIX se había impuesto entre los intelectuales limeños la visión conservadora de Bartolomé Herrera y un concepto de nación excluyente, al mismo tiempo que con el gobierno de Castilla, Lima logra finalmente imponer su hegemonía a las provincias, con lo que a pesar de los debates se impone la propuesta de los intelectuales limeños conservadores, entre quienes "ninguno avizoraba un proyecto nacional que incorporara a la vasta mayoría de ciudadanos del país y un territorio que fuera más allá de las murallas de Lima"; según Atanasio Fuentes en 1858, "tampoco hay bases históricas para considerar a los indios como parte de la nación moderna".[9]

El civilismo reciclaba esta propuesta. Era muy difícil que esos grupos aceptaran lo indígena como parte representativa de la nación y al indio como miembro de la comunidad nacional. Leguía buscó intentarlo tomando como base la vieja retórica de glorificación inca que tuvo la élite tradicional republicana criolla, que oficializó un discurso originalmente de la aristocracia indígena; con lo cual neutralizaron el sentido político de las expresiones indígenas.[10] Esta apropiación por parte de las élites, en las primeras décadas de la república, no se vuelve a manifestar con fuerza hasta el segundo gobierno de Leguía, cuando junto a los nuevos actores sociales urbanos ocurre una gran efervescencia campesina. En resumen tenemos que a dichos sectores limeños se les plantearía aceptar lo indígena, lo andino, aunque estilizado a través de un glorioso pasado incaico. No obstante, ese discurso utilizó también una retórica que mostraba al indio en su condición de explotado, y la necesidad de resolver el problema de la propiedad agraria, aunque en la práctica sin afectar a los terratenientes.[11]

Para la propaganda ideológica de La Patria Nueva, el arte jugó un papel muy importante, buscando imprimir un 'sello nacional' como medio de persuasión, de aceptación del proyecto político de Leguía. "La elaboración de un imaginario es parte integrante de la legitimación de cualquier régimen político… es en donde las sociedades definen sus identidades y objetivos".[12] Deborah Poole nos recuerda que "la literatura, el arte y la música han servido como vehículos para expresar y fortalecer la devoción a la nación, la raza y el imperio", y toma a Edward Said para señalar cómo a través del placer estético se impregnan más abiertamente los contenidos que se busca transmitir en la imaginación y subjetividad de los individuos.[13]

Como ya hemos señalado, articular a los diversos sectores sociales era un problema sustantivo para el proyecto político de modernización leguiísta que además debía asumir los patrones culturales considerados modernos por las élites burguesas europeas, desde los urbanísticos hasta los artísticos, imbricándolos con símbolos representativos de lo indígena en circunstancias en que se hallaba aún vigente el concepto europeo de raza como tipo fisionómico justificador de la inferioridad de las poblaciones coloniales y su explotación, discurso que desplazaba la visión de lo indígena referida a una imagen idealizada del incanato, dominante en el siglo XVIII, como lo señala Poole.[14] El concepto de raza sirvió contradictoriamente no solo a una visión discriminatoria y justificatoria de las clases dominantes internas y colonizadoras, sino también como reafirmación de lo indígena, tanto en su situación inmediata como ligada al pasado incaico, como en las élites provincianas, particularmente entre los intelectuales indigenistas en las décadas de 1910 y 1920.[15]

Todo esto configura problemas complejos, y por ello el discurso cultural estaba signado por el doble carácter del discurso indigenista de la Patria Nueva: junto a la visión de la existencia indígena concreta, aunque idealizada y estilizada, dirigida a los sectores progresistas de la intelectualidad, se destacaba el discurso dirigido a la élite tradicional conservadora cuyo apoyo se buscaba ganar. Este último discurso estaba signado por el esplendor de la antigua aristocracia incaica, un pasado idealizado que ignoraba a las clases populares indígenas del imperio. Todo ello como vínculo que uniría a las élites económicas e intelectuales con un indio desgajado del presente. Este fenómeno se expresaría en las artes plásticas y sobre todo en el teatro y en la ópera como veremos.

El teatro y su importancia en el Oncenio

Como hemos señalado, Leguía manejó un discurso nacionalista con el cual planteaba un proyecto moderno de Nación, en el que se incluía el tema indígena. El teatro sería uno de los medios dirigidos a la población limeña para trasmitir estos aspectos del discurso político de la Patria Nueva a la colectividad. El teatro aún mantenía su vigencia, como uno de los espectáculos preferenciales de los grupos urbanos, a pesar de la llegada del cine, el cual aún no estaba en condiciones de competir con el teatro.[16] Para tal fin, y en un inicio, fueron utilizados los dramas quechuas de las compañías cusqueñas que visitaron Lima, aunque sin gran efectividad al no ser tan exitosas sus presentaciones como en el Cusco, sobre todo a nivel de sectores altos limeños. Fue con el género operístico en el reestreno de *Ollanta* que se transmitió de manera efectiva este aspecto del discurso leguiísta a las élites limeñas.

En el Cusco las compañías de dramas quechuas fueron muy exitosas,[17] pero en Lima no tuvieron el mismo impacto. Entre junio y julio de 1920 estas compañías se presentaron en Lima, entre ellas la de Luis Ochoa, que tuvo cierta cobertura de la prensa y apoyo de Leguía en pasajes e invitación para un recital privado en Palacio.[18] Esta compañía buscaba una subvención del gobierno para hacer una gira por Estados Unidos, por lo que expresaron que "se hallaban de paso a Nueva York".[19] En los diarios de la época observamos que las presentaciones fueron aceptables o bien recibidas, pero no alcanzaron el nivel de éxito del Cusco. Si bien los cusqueños tuvieron asistencia de un cierto público limeño, sus dramas no despertaron el sentimiento nacional, como sí ocurrió en el Cusco.[20] No todos en Lima apreciaban el teatro quechua, ni se identificaba con lo "autóctono" de aquellos dramas y su música, sobre todo en el uso del quechua.[21]

Si bien Leguía apoyó en un inicio a la compañía cusqueña, y pese a su éxito inicial, el discurso leguiísta solo fue eficaz a nivel de sectores progresistas, medios y populares que iban al teatro. Las compañías cusqueñas no alcanzaron la popularidad de las compañías extranjeras entre el público limeño de clase alta y la de clase media que buscaba emular a la alta, ni tuvieron la benevolencia de la prensa. Por el contrario, provocaron el airado rechazo de la élite tradicional.[22] Un ejemplo es una nota denigrante en la aristocrática revista *Mundial* el 2 de Julio de 1920 sobre la temporada de la Compañía Cusco, justo cuando esperaba un subsidio del gobierno para ir a Nueva York:

> El Colón ha arrastrado una vida lánguida acogiendo a esa apachería indígena, reclutada en las regiones trasandinas ignorantes de lo que es arte, historia y Teatro con el objeto de explotar indignamente al público y conseguir del Gobierno un apoyo, que si se llegara a conseguirse seria la deshonra mayor que del Perú podría hacerse en el extranjero. Creemos que haya la suficiente cordura para no hacerlo, porque ello sería una verdadera vergüenza, desde el punto de vista artístico y patriótico. Seamos honrados, siquiera por la dignidad de la Historia y de la Nación.[23]

Itier explica:

> Desde el punto de vista de ese grupo social, el teatro incaico no debía constituir una forma de arte entusiasmante. Los defectos técnicos de los cuales adolecía la compañía debieron parecerle particularmente visibles, y sus pretensiones de representar la nación fuera del Perú insoportables.[24]

Aquel rechazo pudo responder a ciertos criterios estéticos, pues los sectores altos estaban acostumbrados a la profesionalidad de las grandes compañías extranjeras y al idioma castellano, entre los dramas o comedias; y a idiomas extranjeros y grandes figuras en ópera, hay que agregar que se debía también a la actitud racista y al centralismo limeño. Los cusqueños, algunos de predominantes rasgos andinos, y que cantaban en quechua música andina con poca profesionalidad, causaban el rechazo o indiferencia de los sectores limeños altos y medios (o parte de ellos) . Hay que recordar que la mirada de estos sectores estaba dirigida a Europa y estaba acostumbrada a ignorar las expresiones culturales indígenas.[25] Luego de aparecida la nota crítica a los cusqueños en *Mundial*, el gobierno negó el subsidio. Hay que recordar que *Mundial* era también leguiísta, y su director Carlos Aramburú era cercano al gobierno.[26]

Como ciertos sectores de la élite eran renuentes a aceptar el proyecto leguiísta con respecto a colocar símbolos andinos como representativos del país, y habían resultado un fiasco los dramas cusqueños en Lima, creemos que las autoridades, para hacer el discurso político aceptable para estos sectores con gran injerencia política, recurrieron a los medios artísticos propios de dichos sectores: el género lírico operístico de las compañías europeas. La ópera era el espectáculo preferencial de la élite y de todo aquel que se considerara culto y 'decente'.[27] Considerada una expresión artística moderna y europea, la ópera era ideal, y *Ollanta*, por sus características temáticas y simbólicas, fue utilizada para plasmar como mensaje implícito el contradictorio discurso ideológico leguiísta.

La llegada a Lima de una compañía de ópera con famosos artistas, sobre todo italianos, representó la coyuntura precisa para que el gobierno apelara a este espectáculo. Esto se produjo de manera visible el 22 de setiembre de 1920, con el apoteósico reestreno de la versión operística libre del antiguo drama O*llantay*;[28] a través de cuyas representaciones se buscó que las élites y un grupo de los sectores medios conservadores se identifiquen con la política modernizadora leguiísta, reconociendo símbolos comunes representativos del país. En esta ópera se tomaron dichos elementos indígenas, pero estilizados a través de la ópera y con una visión idealizada de lo indígena, todo ello dirigido a fomentar una conciencia nacional entre los sectores altos y medios, acostumbrados a ignorar o menospreciar la tradiciones indígenas.

La ópera Ollanta

Antes de abordar el reestreno de la ópera, es pertinente hacer una breve revisión del drama quechua colonial *Ollantay*, y de las versiones republicanas de la ópera de 1900 y de 1920, así como del papel de la prensa y del apoyo explícito del gobierno. Una forma inicial de explicar el fenómeno mencionado, es introducirnos primero en la compleja transformación cultural que ha sufrido el texto original.[29] Veamos una versión fidedigna de 1958 transcrita directamente por Julio Gutiérrez del Códice de Santo Domingo atribuido a Antonio Valdez,[30] y el texto utilizado en la ópera *Ollanta* en 1900, y en 1920, punto central de nuestro trabajo.

La obra quechua colonial está escrita en tres Jornadas. En la Primera de 9 escenas, el general Ollanta dice a su criado *Piqui chaqui* amar a la "Ynfanta" Cusi Coy*llor*, hija del propio Ynga Pachacuti. El propio Ynga le canta una canción a su hija para alegrarla, pero ella no confiesa su pena de amor. En una larga exhortación a solas, Ollanta le pide la mano al Ynga Pachacuti de Cusi Coyllor, pero el Ynga lo rechaza y Ollanta ofendido se declara en rebeldía. Piqui chaqui le dice a Ollanta que Cusi Coyllor ha desaparecido del palacio.

La jornada Segunda, con 10 escenas, muestra al Ynga ordenando a Romi Ñahui buscar al rebelde Ollanta, quien huye a su fortaleza apoyado por su general Orcco Hurancca y su ejército de Antesuyos, que ha nombrado a Ollanta "Inca insurgente". En el Cuzco, la niña Yma Suma se queja de su encierro, donde resiste por años a la vez que Piqui Chaqui, que no ha acompañado a Ollanta, se encuentra con Romi Ñahui, quien le dice que ha muerto Pachacuti y ya es Inca el joven Túpac Yupanqui, "Rey último". En la Jornada Tercera de 8 escenas, se produce el emotivo encuentro entre la prisionera Cusi Coyllor y su hija Yma Suma, gracias a la complicidad de Pitu Salla. Y Túpac Yupanqui es informado que los rebeldes han sido derrotados, y que los jefes rebeldes están prisioneros, pero a todos perdona en radical medida de magnanimidad; incluso a Ollanta, ordenando su casamiento con Cusi Coyllor, quien ha estado prisionera estos diez años, y prohijando a Yma Suma.

Esta obra quechua colonial es, como vemos, un denso drama donde los personajes incaicos viven una prolongada historia, sólo en parte amorosa, y donde "la trama amorosa es la secundaria, la histórico–política la primaria, y el tema dramático central es el del poder, buscando al parecer trasmitir a través de la obra la sumisión a los poderes establecidos".[31]

Esta versión sería la utilizada por las compañías cusqueñas que visitaron Lima antes del reestreno de la ópera. Fue el compositor José María Valle Riestra quien reescribió el drama colonial quechua como ópera nacionalista, con la colaboración en el libreto del escritor, poeta y periodista Federico Blume; ambos lo hicieron en sus años mozos, durante la ocupación chilena. La cantó como romanza el Tenor Sormani en marzo de 1883,[32] de lo cual no hay datos porque bajo la ocupación los periódicos dejaron de publicarse. Federico

Blume era integrante del círculo literario de Gonzáles Prada, de beligerante posición antichilena. En su juventud, Valle Riestra y Blume lucharon contra la invasión chilena, lo que explica su profundo nacionalismo. Ambos convierten *Ollantay* en símbolo nacional en ese contexto.

La ópera *Ollanta*, conservando el libreto de Blume, se estrenó en 1900. Para el reestreno de 1920 contó además con la colaboración del poeta, periodista y director del diario *La Prensa* Luis Fernán Cisneros, demócrata liberal. El libreto hecho por Blume durante la ocupación chilena y retomada para el estreno de 1900 fue una versión libre que tomó como base el drama colonial, en la traducción de Constantino Carrasco.[33] La parte literaria estaba dividida en tres actos (Palacio del Inca, Templo del Sol y Ollantaytambo) y cinco cuadros.[34] Esta simplificación libre respondió al criterio artístico de adaptación del drama a la ópera, tal como se desprende de los comentarios de la prensa.[35] Como el drama colonial era además muy complejo para una versión operística, por los coros y diálogos, se sacrificó así todo el contenido y dejando muy poco de la estructura quechua colonial. Esa adaptación por lo tanto hizo imposible mantener la integridad del antiguo drama.

Cuando Valle Riestra volvió a Lima después de un viaje a Europa, al hallarse viudo y con estrechez económica, coincidió con la compañía de ópera del empresario Emmanuel, quien al escuchar la música de su *Ollanta* resolvió representarla. Sin apoyo oficial, y con muchas dificultades al no saber los cantantes el español, la ópera fue estrenada con libreto exclusivo de Blume el 26 de diciembre de 1900, en el Teatro Principal a cargo de la compañía lírica italiana Lombardi; estreno muy influido por el estilo operístico italiano.[36] Sin embargo, ya mencionamos varias veces que la acogida fue modesta por el contexto político y cultural de ese momento, que no encajaba con el tema nacional incaico; para Basadre el fracaso se debió a deficiencias líricas y literarias, y a la poca maduración de una conciencia nacional.[37]

Efectivamente, no existió un ambiente receptivo para ese tipo de temas, no pudiéndose hablar de conciencia nacional con gobiernos carentes de proyectos integradores; y cuando el civilismo había ya abandonado su apertura inicial y se había tornado conservador, con la presencia de una oligarquía excluyente que menospreciaba la tradición indígena. Revisando la prensa de 1900 sobre el estreno, son mezquinas o inexistentes las referencias al pasado inca como parte de la nación, palabras como raza, autóctono, nacionalismo, identidad nacional etc. Vista la coyuntura del estreno en 1900, tenemos que dicha ópera no era del interés del oficialismo, ni del público, como sí lo fue veinte años después en una coyuntura diferente. Tenemos por lo tanto que en aquel momento, los indígenas, ni siquiera estilizados por actores italianos eran de interés en nuestra capital.[38]

El libreto de 1920 fue casi idéntico al anterior de 1900. Ambos eran una versión lírica libre de la versión colonial. Para estudiar al libreto contamos con dos textos idénticos del reestreno de 1920, impresos ese mismo año, probablemente las primeras impresiones oficiales del texto.[39] La parte literaria de la ópera de 1920 estaba dividida en tres actos y 24 escenas, articuladas por coros permanentes y cinco escenografías, variando ligeramente al del estreno de 1900, debido a que contaba, en la elaboración del primer acto, con la colaboración de Fernán Cisneros, miembro de la Generación del 900.[40] En esa época Fernán Cisneros tenía una cierta oposición frente al gobierno de turno, pero coincidía con el gobierno en el fomento del nacionalismo. Este primer acto de Cisneros presentaba una apoteósica escena del regreso de Ollanta al Cusco después de sus victorias, lo cual sirve a una exaltación nacionalista de la patria, como también se observa en los coros de hombres y mujeres que reciben a Ollanta en la plaza del Cusco:

> Hombres: Alcemos nuestros cánticos
>
>   con férvida alegría
>
>   y en ardoroso estrépito
>
>   a recibir salgamos
>
>   al fiero vencedor.
>
>   Una victoria espléndida
>
>   el cielo nos envía,
>
>   sobre las huestes bárbaras
>
>   del pérfido invasor ¡
>
> Mujeres: ¿ En dónde están las hordas
>
>   cobardes y alevosas
>
>   que oscurecer quisieron
>
>   de *nuestra gloriosa patria*
>
>   el fúlgido arrebol?"[41]

Esta escena de Cisneros, que no estaba incluida en la versión de 1900, muestra una patria gloriosa triunfante en las guerras frente a sus enemigos. Ahora bien: la inclusión de este acto para el reestreno de 1920 creemos que no respondió únicamente a mejorar la calidad de la ópera, sino también al nuevo contexto político que vivía el país, con una atmósfera de nacionalismo e indigenismo impulsado en gran medida desde el Estado.

El primer acto muestra al general Rumiñahui monologando sobre su amor a Cusi Coyllur, hija del Inca, en medio de coros que cantan las hazañas de Ollanta, creación novedosa de Fernán Cisneros ya que la versión quechua colonial no muestra los sentimientos de Rumiñahui. En el Palacio, Pachacútec intenta consolar a su hija, quien oculta su amor a Ollanta y se refugia en la sacerdotisa Mama–Illa. Ollanta es recibido por Pachacútec y pide a Cusi Coyllur en matrimonio argumentando que ella lo ama. Pachacútec lo rechaza por plebeyo, y en medio de coros Ollanta jura "rescatarla". El segundo acto de seis escenas, con texto de Blume, muestra a Mama–Illa en el templo del sol dirigiendo oraciones y consolando a Cusi Coyllur, quien declara su dolor por sentirse abandonada. Ollanta ingresa al templo, ella le pide que se vaya, se juran amor, él le pide huir juntos, y son descubiertos. Ollanta llama a sus hombres dirigidos por Orco Huaranca, y de manera violenta huye con Cusi Coyllur y los suyos.

El tercer acto es el más largo, con trece escenas, y obra también de Blume. De la Escena I a la V, en la fortaleza de Ollantaytambo se ve un Ollanta feliz pero recordando la "ofensa" de Pachacútec. Declara enemistad al Cusco. Orco Huaranca le informa que un Rumiñahui engañosamente infeliz y "maltratado" pide asilo. Ollanta se lo ofrece, pero Cusi Coyllur desconfía, y en privado le declara a Ollanta su temor. Rumiñahui a solas anuncia su venganza. Entre las escenas VIII y XIII vemos el desenlace. En una fiesta llena de coros que cantan yaravíes, Ollanta presenta a Rumiñahui, le da la jefatura del ejército rebelde y en ese mismo momento se oyen lejanas voces de traición. Un soldado anuncia un ataque, Cusi trata de detener a Ollanta, éste sale, Cusi sola promete seguir a Ollanta hasta la muerte. Ollanta regresa derrotado, reconociendo la traición de Rumiñahui. Cusi pide huir, Ollanta dice que es imposible, ella decide entonces que deben morir ambos, muestra un veneno y ambos beben las copas, se abrazan y mueren. Entran Pachacútec, Orco Huaranca, Rumiñahui y Mama–Illa. Pachacútec dice que han expiado su crimen. Rumiñahui dice que sació su rencor. Mama–Illa, Orco Huaranca y el coro piden el perdón de la pasión de los amantes.[42]

Analizando ambas versiones encontramos que si exceptuamos a la gran mayoría de personajes, la confesión del amor de Ollanta ante Pachacútec, la traición de Rumiñahui, para capturar a Ollanta, entre otros, vemos que los pasajes operísticos de 1900 y 1920 no tienen nada que ver con el drama quechua colonial. En cuanto a los personajes, en las versiones operísticas no se mencionan algunos de la versión colonial, y se crean otros como la sacerdotisa Mama Illa, ya que no figura sacerdotisa alguna en la versión colonial, donde en cambio están las ancianas Ccoya y Ccaccamama y el anciano Hancco Ayllo, el bufón Piki Chaki, Tupac Yupanqui, Ima Suma hija del amor entre Ollantay y cusi, etc. Personajes que brillan por su ausencia en la versión de Blume y Cisneros.

Pero, por sobre todo, lo más saltante de las óperas es la alteración del final. La versión colonial termina con bodas y personajes que conocemos, como el perdón de Ollantay y la celebración de su matrimonio con Cusi Coyllur; esto no ocurre en la versión operística con un final trágico muy influenciado del clasicismo y romanticismo europeos: el trágico final de la ópera, la muerte de los principales personajes con un halo de amor de por medio. En este caso, la muerte de los amantes incomprendidos es sumamente parecida al final de *Romeo y Julieta* de Shakespeare, y del final de *Aída*, donde mueren Radamés y el personaje principal de esta ópera italiana, muy gustada por el público limeño de entonces. Por consiguiente las versiones operísticas fueron más pasionales, y se centraron en la trama amorosa, que provoca diversos sentimientos funestos entre los personajes: la ira del inca contra Ollanta, el rencor y venganza que siente Ollanta al sentirse ofendido por el rechazo del Inca, los sentimientos del Inca hacia su hija, el resentimiento que provoca la rebelión de Ollanta, y la sed de venganza del general Rumiñahui respecto a Ollanta porque también ama a Cusi Coyllur (sentimiento inexistente en el drama colonial, donde el celo de Rumiñahui es por el prestigio de Ollanta).

La versión operística se adaptó al gusto romántico predominante entre el público limeño asistente a este tipo de espectáculos considerados cultos, y que seguían además el ideal burgués predominante. Es importante señalar que el libreto operístico de Blume y de Cisneros perdió casi por completo la influencia quechua (si exceptuamos a los personajes) algo fundamental en la versión quechua colonial, donde el quechua se mezclaba con elementos calderonianos del Siglo de oro español.[43] Tenemos por lo tanto que la ópera fue romántica, al igual que las de Wagner, el cual se inspiraba en leyendas o tradiciones folclóricas germánicas autóctonas. En el caso peruano Valle Riestra llevó elementos folclóricos, yaravíes y danzas andinas a las esferas de la ópera, supo adaptar el folclor y una tradición andina a la ópera, medio artístico que en Europa sirvió de expresión nacional en compositores como Wagner, Verdi, etc. Basadre catalogó a la ópera de "mestiza", por inspirarse en modelos autóctonos, pero buscando asimilarse a la modernidad occidental creando así un mestizaje distintivo.[44]

Así, el tema de la ópera estrenada en 1920 sigue el siguiente proceso: En primer lugar, el tema de drama "Ollantay", el más destacado en el teatro quechua colonial es planteado como tema de afirmación nacional durante la ocupación chilena por los jóvenes Valle Riestra y el Blume, en la romanza de 1883. En segundo lugar, la ópera estrenada en 1900 ligaba la figura emblemática del victorioso guerrero, ya planteada como símbolo de afirmación, al ideal romántico, haciendo girar el tema en torno a los amores de la pareja Ollanta–Cusi Coyllur y su trágico final. Por último, en 1920 se incorpora con fasto el tema de la grandiosidad del imperio incaico, ligándolo a la noción de patria que por primera vez se menciona en los coros en el primer acto, para lo cual se amplió la composición musical acorde a lo representado, un ambiente celebratorio de algarabía y triunfo, ausente en la versión de 1900. Esta parte inicial del primer acto daba un aire de fuerza que servía a la afirmación nacional.

Por tanto hacia 1920 se había logrado integrar tanto el ideal romántico de la época como la grandeza del imperio incaico ligado a la patria, ambos elementos articulados en la ópera. Como hemos visto anteriormente, el mismo tema presentado por la compañía cusqueña de teatro no pudo servir al propósito de generar una idea nacional entre el público limeño, aunque Leguía lo intentó. Tuvo el tema que sufrir la evolución en la ópera de 1920 para lograr ese propósito. Tenemos por lo tanto que libreto y música encajaron con el discurso de la Patria Nueva, coincidiendo con el sentido de pertenencia de los individuos a una colectividad, representada por el Tahuantinsuyo. Se incluía lo andino y autóctono, aunque reciclado a través de la ópera de tinte europeo y cánones artísticos clásicos (drama individual, doble suicidio final), y en castellano.[45]

En resumen, la versión operística, dada su composición musical y literaria, y la presencia de la gran compañía de opera Bracale en la coyuntura que vivía el país, y ante la poca llegada entre los limeños de la compañía cusqueña, fue aprovechada políticamente por el gobierno para difundir su ideología con símbolos culturales 'comunes', para reforzar la aceptación de su propuesta de modernización; en medio de una élite conservadora y poco receptiva a esos mismos símbolos. Por consiguiente, a través de una representación cultural se proyecta un discurso ideológico, dándose un vínculo entre teatro, poder e ideología.

El reestreno de 1920

Por todo lo mencionado, el gobierno se mostró interesado en la puesta en escena de *Ollanta,* auspiciando a la compañía Bracale, según vemos en la prensa, resoluciones del Concejo municipal, Boletín municipal y las memorias del ministro de Justicia y Culto Alberto Salomón. La prensa, incluso la no leguiísta, apoyó el evento como 'patriótico y nacionalista'. "Justo es recordar también al progresista gobierno que facilitó con todos los medios y espontáneamente el advenimiento del suceso y que tanta resonancia va a tener aquí, y si no inmediatamente, por cierto en el extranjero".[46] Al día siguiente *La Prensa* recordó los años en que Valle Riestra pasó pidiendo favores a los gobiernos:

> En 1915 fue a Nueva York, donde se intentó poner la obra en el Metropolitan, pero hizo falta dinero. Resignado, volvió a Lima. Renovó su intento cerca de los gobiernos... pero nada logró. Y llegó la Compañía Bracale [...] y al frente de la orquesta el maestro Padovani. El maestro Valle Riestra fue llamado por el actual ministro de Justicia, Alberto Salomón. Le ofreció que *Ollanta* sea representada por la compañía Bracale, subvencionada por el gobierno. El ministro cumplió su palabra. La obra ha sido cuidadosa y escrupulosamente ensayada [...] con extraordinario aparato escénico.[47]

Esto es ratificado por *El Tiempo* el mismo día del reestreno:

> Al iniciarse la temporada actual el ministro de justicia, doctor Salomón, llamó a su despacho al señor Valle Riestra, y en nombre del presidente, señor Leguía, le manifestó la complacencia con que vería estrenada su ópera y que le expusiera lo que le convenía hacer para llevar a cabo tal cosa. En una reunión posterior en ese despacho, con el empresario señor Bracale, quedó todo acordado, y empezaron los ensayos bajo la disposición de Alfredo Padovani.[48]

Efectivamente, Salomón Lozano en resolución suprema apoya a Valle Riestra.[49] El oficialismo dio a la empresa Bracale una jugosa subvención en libras peruanas y el Concejo de inspección de espectáculos dispensó a dicha empresa del pago de derechos por función; lo que se confirma en el acta de sesiones del Concejo municipal del 14 de setiembre, donde la Comisión de Espectáculos con la venia del alcalde Pedro Mujica acuerda la exoneración.[50] "Finalmente y previa lectura de los informes favorables de la inspección de espectáculos y de la sindicatura se acordó este último informe por lo que se acuerda la subvención de L.P. 400.0.00 a la compañía de ópera que actúa en el Forero".[51] Todos estos acuerdos municipales se dieron antes del reestreno. El interés del ejecutivo lógicamente influenció. La coyuntura política fue propicia para ello.

Para finalizar, *Mundial* señala el apoyo en un comentario sobre las últimas funciones de la temporada: "El gobierno tuvo la humorada de comprarle a la empresa Moreno–Bracale, varias de las últimas funciones; la primera de estas veladas fue para las escuelas fiscales, otra para los marinos, otra para obreros y la última para los militares".[52] La difusión de la ópera entre el sector educativo, obrero y fuerzas armadas fue muy significativa del consenso que quiso lograr el gobierno a nivel de sectores institucionales con capacidad, por su organización, de ejercer presión sobre la sociedad y la opinión pública.

El apoyo del gobierno respondió a intereses políticos: el tema incaico, la música andina estilizada por la ópera y la parafernalia incaica, se prestó para transmitir una identificación cultural simbólica. Si bien el teatro no es un espacio del poder político, en él se van a expresar relaciones con el poder.

Entonces ¿cuáles fueron las relaciones de Valle Riestra, Blume y Cisneros con el régimen?, ¿Fueron leguiístas, o simpatizantes?, ¿tuvieron intención de acercarse al régimen?

El compositor y los poetas pertenecían a las élites culturales limeñas. Tenían amplio horizonte cultural, residieron en Europa.[53] Plasmaron en *Ollanta* lo que consideraban un arte nacional. Las características de dicha obra coincidieron con el discurso de la Patria Nueva, por lo que el Estado tuvo interés, lo cual no significó necesariamente que ellos simpatizaran, avalaran o quisieran incorporarse al leguiísmo. Cisneros y Valle Riestra no tuvieron la intención de complacer al Estado, no eran leguiístas, pero poseían sensibilidad artística y nacionalismo. Con *Ollanta* probablemente tenían la intención de reivindicar y fomentar un arte que fuera, digno representante de la cultura nacional, y que fomentara un desarrollo de la identidad. Valle Riestra, si bien no era leguiísta, tampoco era opositor, y tras el reestreno solo logró un puesto modesto de profesor en la escuela de música, teniendo una economía muy sobria. Sin embargo, su trabajo como docente le restaba tiempo para sus composiciones. En unos cuantos años enfermó y falleció en 1925.[54]

Fernán Cisneros trabajaba en *La Prensa*, opositor a Leguía, dirigido por su tío Alberto Ulloa, pero al ser este exiliado asumió la dirección. Mantuvo en un inicio una oposición sutil al gobierno, la cual *aumentó* tras el reestreno. Por este motivo fue apresado, deportado y *La Prensa* clausurada en marzo de 1921; apenas cinco meses después del reestreno. Blume, quien había compuesto el libreto para el estreno de 1900, fue profesor de inglés en el Colegio Guadalupe de 1902 a 1930, trabajo que no tuvo ninguna relación con el gobierno de Leguía; pero es muy probable que su nombramiento como docente de la Facultad de Letras de la Universidad Nacional Mayor de San

Marcos en 1922 (cargo que tuvo hasta 1930 en que cayó Leguía) estuviera relacionado con el leguiísmo en su etapa más autoritaria.⁵⁵

A diferencia de 1900, el apoyo de la prensa en 1920 fue total, al margen de su posición frente al gobierno donde la mayoría era conciliadora, si exceptuamos *La Prensa*.⁵⁶ "Al fin, en los primeros días de la semana próxima será presentada *Ollanta* […]. Después de muchos años este estreno llega a nosotros casi inesperadamente y llega en medio de una sensación expectante, única en los anales de nuestro teatro".⁵⁷ Los días 18, 19 y 20, se anunció el estreno para el martes 21 de setiembre, y los precios.⁵⁸ Una nota del 19 fue muy sintomática:

> Continúan los preparativos para el estreno de la ópera nacional *Ollanta*, gran acontecimiento artístico nacional. Ha despertado entusiasmo de nuestra mejor sociedad, que realzará […] el éxito de esa evocación de la raza autóctona. Hemos tenido oportunidad de asistir a uno de los ensayos y podemos asegurar la excelencia de la música. La demanda de las localidades ha continuado. Las más connotadas familias de Lima y balnearios han solicitado palcos y plateas en gran número.⁵⁹

La periodista y escritora Elvira García y García escribió apenas un día antes del reestreno:

> La puesta en escena y la indumentaria le dan carácter local que tanto aproxima el acontecimiento a la realidad. A *Ollanta* se le da un alto valor histórico. Vencidos todos los prejuicios, podemos asegurar que contamos con una ópera nacional de la que podemos enorgullecernos con justa razón todas las personas que por lo mismo que amamos el suelo en que nacimos, acariciamos con íntimo regocijo nuestras glorias nacionales. Aseguramos un triunfo que marcara época a nuestro admirable artista.⁶⁰

Las entradas se agotaron. Todos los comentarios de la prensa estaban cargados de palabras como raza, nación, historia, patria, autóctono, peruano, pasado glorioso, nacionalismo, nacional; vocabulario muy utilizado en el discurso de la "Patria Nueva".

Tenemos por lo tanto que incluso apoyaron las revistas *Variedades* y *Mundial*, que ignoraron a las compañías cusqueñas e incluso atacaron la temporada de la compañía Cusco que actuó en el Colón en Lima. Ambas revistas, antes silenciosas, apoyaron con entusiasmo la ópera de 1920. Leguía había percibido, con toda seguridad, que la élite no aceptaba el nacionalismo indigenista y por tanto, para lograr un consenso mayor, dejó de lado el teatro cusqueño, y apoyó su discurso "unificador" en el teatro lírico europeo de

Lima. Precisamente *Mundial* y *Variedades* representaban culturalmente a la oligarquía y aceptaban ya el conocido drama incaico pero acorde a los gustos artísticos de esos sectores. Todo esto propició un ambiente de gran expectativa que auguraba el éxito social del suceso.

El reestreno se llevó finalmente a cabo el miércoles 22 de setiembre de 1920 en el moderno, lujoso teatro Forero a las 9:30 de la noche, con lleno total y la presencia del propio jefe de Estado.[61] El reestreno estuvo a cargo de la compañía *Bracale*, de artistas italianos: el bajo José Nicolich (Pachacútec), la *mezzosoprano* Martha Klinger (sacerdotisa Mama–Illa), el barítono español Ricardo Stracciari (Rumiñahui), el tenor italiano y estrella Giuseppe Pasquini Fabri (Ollanta), el bajo Giuseppe Zonzini (Orco–Huaranca) y el segundo tenor A. Finzi (soldado); el papel de Cusi Coyllur originalmente seria de la soprano italiana Nerida Lollini, pero fue reemplazada por la mexicana María Luisa Escobar,[62] quien tuvo gran acogida en el público limeño.[63] La dirección musical y de coros la hizo el célebre maestro A. Padovani, y toda la obra tuvo una llamativa parafernalia incaica de cinco escenografías, como se observa en la foto de portada de *La Crónica* al día siguiente del reestreno.[64] Los dibujos y decoraciones fueron hechos por el escenógrafo Infante, basándose en bocetos de José Sabogal. Lo que se consideraba "Gran Acontecimiento" tenía como precio de luneta quince soles, galería seis soles y cazuela dos soles; el palco con cuatro entradas, el lugar más lujoso y para uso familiar o grupal, costaba cien soles.

Los precios eran más baratos que las funciones de otras compañías líricas, y las anteriores de la misma compañía,[65] tomando como referencia el jornal diario de un obrero portuario del Callao: seis soles por 8 horas de labor más una hora extra de almuerzo.[66] Si el precio más barato de entrada era la cazuela de dos soles, el costo de la función era del alcance de los sectores medios y trabajadores, por lo menos en cazuela. Estos precios probablemente se debieron al auspicio del gobierno. Por lo general, los precios de ópera, incluso en cazuela, eran prohibitivos, sobre todo durante los primeros días de temporada. De las 1,900 localidades con que contaba el Forero,[67] 800 fueron de cazuela, 40%. El 60% restante se repartió entre luneta, galería y palco. Sin embargo, si bien los sectores medios y trabajadores podían tener acceso, no acudieron en las primeras fechas, sobre todo la noche del reestreno, dada la expectativa generada entre las élites. Por eso, posiblemente todos los palcos, galerías, y lunetas, fueron reservados por los sectores altos. Los sectores medios ocuparon la cazuela. Los sectores populares no eran aficionados a la ópera y no tenían expectativas por el reestreno. Al día siguiente se comentó sobre "el público selecto y numeroso que llenó totalmente la amplia sala del teatro Forero".[68]

La palabra "selecto" fue usual en esos tiempos para referirse a los sectores altos. Obviamente las localidades para la noche inicial del reestreno se agotaron, y la cazuela no fue ocupada necesariamente por los sectores populares.

El reestreno fue apoteósico, consagrándose el maestro Valle Riestra, llegando inclusive a ser catalogado como el mejor compositor de Sudamérica.[69] La prensa limeña coincidió en el éxito total y en catalogar el gran entusiasmo del público de aquella noche como "nunca visto antes en Lima con ningún otro espectáculo";[70] incluso a los dos días del reestreno *La Crónica* muy entusiasta puso en portada *"gran suceso artístico"* con las fotos del reestreno. El resto de la prensa actuó igual:

> Suenan aun los acordes sabios y maestros de la ópera peruana [...] un público selecto y numeroso que llenó totalmente la amplia sala del teatro Forero [...] nunca se ha visto en Lima igual entusiasmo desbordante en el público, igual magnificencia, igual grandiosidad en el homenaje [...] Desde este punto de vista ha sido una de las más amplias, sonoras y rotundas manifestaciones de la cultura musical, no ya de un pueblo, sino de una nación entera a través de toda la partitura de *Ollantay*, plena de carácter local, de sabor autóctono [...] de entusiasmo y ardor patriótico, sintiendo las inflexiones de esta música admirable que encierra, todo el patrimonio de una raza [...] y el orgullo soberbio de los incas peruanos, y de la tristeza honda [...] de los que fueron los más altos representantes de un pasado hermoso y viril.[71]

En este comentario se puede apreciar que *Ollanta* es catalogada como cultura musical de la nación peruana, donde el pasado indígena del Perú representado por el Tahuantinsuyo es esplendoroso, bello y viril del cual hay que sentirse orgullosos, aunque no se hace ninguna referencia al indígena actual.

Mundial, comenta lo siguiente:

> [T]riunfo brillante y estruendoso que contemplamos [...] satisfacción que halaga nuestra cultura [...] y nuestro más sincero nacionalismo porque habría que dejar de ser bien peruano, para no exaltarnos en estos momentos [...] triunfo del nacionalismo [...] los fatales amores de *Ollantay* son a manera de símbolo, de un trazo vigoroso donde se confunden todos los sentimientos de una época grandiosa y de una civilización desaparecida, revelada a nosotros por sus ruinas y el sentir de una raza que le sobrevive [...] nunca concurrió mayor fervor ni más grande júbilo en un público que el de aquella noche.[72]

La revista *Mundial*, que representaba a la Oligarquía, y que había criticado draconianamente, como hemos señalado anteriormente a la compañía cusqueña quechua, sí consideró a la ópera *Ollanta* como representante de la cultura nacional. Además, de alguna manera, aunque un tanto ambigua reconocía a los indios actuales como herederos de la civilización incaica. Es a través de la ópera *Ollanta* que se pueden dar cuenta que los indígenas del presente merecen respeto por lo que han sido sus antepasados: portadores de una moral elevada, capaces de hacer actos heroicos y crear una gran civilización. Recién han podido darse cuenta de los sentimientos de los indígenas rebelados por medio de la ópera. Por otro lado, la oligarquía siente a la civilización incaica como suya, como su pasado y por ende parte de la cultura nacional peruana.

Variedades comentó:

> Fue la del miércoles 22 una noche de emoción artística, honda y purísima y de emoción Patriótica, José María Valle Riestra era en esos momentos el símbolo y espíritu mismo del arte Peruano. Nosotros que no nos conmovemos —confesamos ni con himnos guerreros, ni procesiones cívicas, ni discursos— hemos sentido en el estreno de *Ollantay* el amor y orgullo de nuestra raza: vibraba en nuestra alma [...] la suntuosidad del pasado legendario de la patria peruana y como nunca la fuerza de nuestras tradiciones imperó en nuestro espíritu. Y nuestro estado Psicológico no era más que un reflejo [...] de esa alma de la muchedumbre.[73]

Como se puede observar, todos estos comentarios coincidieron en destacar un apoteósico reestreno, que vinculaba el pasado incaico con la patria, que así era representada. Incluso *La Prensa* no muy simpatizante del leguiísmo, a pesar de saber del apoyo que brindó el gobierno a esta ópera, comentó entusiasta.

Podemos por lo tanto suponer por la emoción de los comentarios, que aquella noche el público asistente, al margen de sus diferencias, se sintió parte de una "comunidad imaginada",[74] compartiendo una identidad común. Esa noche, se transmitieron a la "sociedad elegante" símbolos nacionales supuestamente comunes, que en realidad fueron parte de un discurso de consenso sobre la Patria Nueva. Discurso unitario, porque reciclando el viejo discurso de las élites criollas sobre el pasado inca se pretendió tender un puente entre esos sectores hacia lo indígena; contradictorio, porque en lo real no buscaba la liquidación de las relaciones económico–sociales tradicionales.

Para entender lo que se vivió aquella noche, tenemos que tomar en cuenta que en el teatro, la relación entre el público y la obra representada es directa, configurándose una sensación de realidad donde el tiempo de la obra representada y del espectador se diluye. En el teatro, más aún en la ópera por el plus musical que se le agrega al drama, a diferencia de otras expresiones artísticas, la carga emocional es por lo general más fuerte y eficaz.[75]

Además el teatro, al ser un espacio cerrado, da una sensación de comunidad, de pertenencia en los espectadores.[76] Todo ello se expresó aquella noche, donde las categorías ideológicas de la ópera representada penetraron en la conciencia del público como parte de una colectividad. Hay que considerar que en cada representación la ideología es también recreada por el público; siendo a su vez un indicador eficaz de la percepción de la colectividad sobre el pasado, presente y futuro de la nación.

Muchos comentarios en la prensa mencionan la palabra "raza" cuya definición en esa época era muy imprecisa. Los antepasados de los peruanos son el pueblo incaico, y los peruanos de 1920 son herederos de los incas:

> Un trazo vigoroso donde se confunden todos los sentimientos de una época grandiosa y de una civilización desaparecida, revelada a nosotros por sus ruinas y el sentir de una raza que le sobrevive [...]. El público asistente se sentía heredero de la "raza incaica": hemos sentido en el estreno de *Ollantay* el amor y orgullo de nuestra raza.[77]

Es interesante observar que en casi ningún comentario se hace referencia a los indios actuales, salvo quizás en la oligárquicas revista Mundial. Sin embargo, no se encuentra en ningún comentario la palabra indio para referirse a los incas. El hispanismo y lo criollo ceden, aparentemente, como símbolos predominantes de la identidad nacional ante lo incaico entre la población limeña, por lo menos teórica y emocionalmente.[78]

Creemos que lo que no se logró con los dramas quechuas se logró con la ópera *Ollanta*, sobre todo con el segundo Yaraví del segundo acto y el dúo final de Cusi y Ollanta, catalogados de "dulce y desgarradora melancolía".[79] Los Yaravíes, mirados aún con desdén durante el estreno de la ópera "Atahualpa" en 1877, son enaltecidos en 1920. Abelardo Gamarra confirma aquello en una interesante nota en *Mundial*: "Ya el maestro Pasta en su ópera "Atahualpa", había llevado el "Yaraví", al teatro, pero todavía era mirado con desdén y hasta con menosprecio por la "sociedad culta".[80] Si bien es cierto que desde mediados del siglo XIX las élites limeñas reivindicaron de alguna manera la herencia incaica, no hubo obra teatral "culta" reconocida en Lima como digna representante de la "nación peruana". Recordemos la poca recepción de "Atahualpa" en 1877, del drama "Himac Suma" de Clorinda Matto en 1888 y del estreno de *Ollanta* en 1900.[81]

Es decir, ninguna de esas representaciones de teatro "culto", con indígenas "estilizados" logró despertar entre las élites entusiasmo ni admiración ni atención como símbolo nacional.[82] Pero *Ollanta sí,* catalogada como "única hasta ahora en el arte peruano y dentro de nuestra cultura […] obra de arte peruana, bajo todos los conceptos, lo es por el carácter de la bella leyenda incaica de Ollanta y Ccosi Coillor y lo es por el carácter de la música".[83]

Esto indica una vez más que para los sectores altos *Ollanta* fue la primera muestra de arte de tema andino aceptado como nacional, inconcebible por lo general desde mediados del siglo XIX.[84]

La ópera fue catalogada por *La Crónica* al día siguiente del reestreno como: "Una de las más americanas en el sentido estricto de las palabras". Incluso se menciona que superó a la ópera brasileña "El Guaraní" en sabor autóctono. Es interesante también agregar las palabras de Fernán Cisneros a Valle Riestra en carta aparecida en *La Prensa* el 23 de setiembre de 1920:

> Lleno de emoción por la apoteosis de que acaba de ser usted objeto por parte del gran público, pídole que me vea en primera fila, entre los más entusiastas por su obra y entre los más rendidos a su talento artístico: ha simbolizado usted anoche el arte nacional, menospreciado y pretérito años y años y al fin triunfante con los aplausos, los gritos y las lágrimas de arrepentimiento de todos.

Esto muestra que si en 1900 la sociedad limeña no reconoció el talento de Valle Riestra ni valoró el arte de tema andino, veinte años después muchas de las personas que le dieron la espalda aplaudían emocionadas. La coyuntura política era otra. *El Tiempo* catalogó el triunfo de *Ollanta* como "acto de justicia patriótica" para Valle Riestra:

> Entre las clamorosas ovaciones de anoche, en el fragoroso estallido de la admiración para el ilustre maestro triunfante, el Perú ha pagado una deuda que hacía tiempo tenía contraída para un hombre que quiso ennoblecer el arte patrio, que quiso arrancarlo a la vulgaridad ambiente para elevarlo a las más altas esferas […]. He allí el significado verdadero de la obra y del arte de José Maria Valle Riestra, en este momento. El que durante más de treinta años, decepcionado y abatido casi desesperaba ya, ha conocido el minuto del triunfo el homenaje fervoroso de un público y ese triunfo máximo de la patria para quienes muestran su historia y dan brillo a su cultura.[85]

Las representaciones de *Ollanta* fueron totalmente exitosas desde su primera hasta su última representación, siendo la ópera de la temporada. A partir de la segunda semana de octubre los precios fueron populares por fin de temporada, y sobre todo por estar subsidiados: luneta 5 soles, galería tres y cazuela un sol. Respecto a esto se mencionó que "la empresa a fin de que esta obra sea apreciada por todas las clases sociales, ha rebajado considerablemente los precios".[86] Estuvo también en los planes gubernamentales, influenciar a grupos institucionales, en capacidad por su organización, de ejercer presión sobre la sociedad y la opinión pública: instituciones educativas, militares, obreras. En relación a esto, el gobierno compró las últimas funciones, "destinadas a las escuelas fiscales, fuerzas armadas y grupos de obreros".[87] Dichas funciones también contaron con la presencia del jefe de Estado. "Mañana miércoles en la tarde, a las 5.30 p.m. será ofrecida al pueblo trabajador, esta gran producción nacional... quedan invitadas todas las instituciones obreras a esta función extraordinaria y absolutamente gratuita".[88]

Sobre la participación directa del gobierno, se puede observar *el acta de sesiones* del Concejo municipal de 1920. En la sesión del 28 de setiembre se menciona:

> El señor Herrera y Vera de la comisión de espectáculos, pide que el concejo acuerde proporcionar a las escuelas fiscales [...] y a las sociedades obreras, una función gratuita de la ópera *Ollanta*. El señor Carreño dice que el señor presidente de la república con la cultura y patriotismo que le distingue, ha obsequiado ya a las escuelas fiscales un número determinado de boletos para la entrada a la función en que se representa la citada ópera [...]. El señor Pro y Mariategui ofrece hacer las gestiones necesarias para ver con qué rebaja de precios podría dar la empresa las funciones para la clase obrera. El señor Herrera dice tiene la seguridad del éxito que en sus gestiones obtendría el señor Pro y Mariátegui.[89]

La Crónica menciona al respecto que la función para la clase obrera fue a pedido de la confederación de artesanos "Unión Universal "por medio de su concejal obrero Víctor Herrera,[90] invitándose a todas las instituciones obreras sin distinción; las cuales recogerían sus entradas en la secretaria de la Confederación. Un día antes *La Crónica* anunció dicha función con un gran encabezado "*Ollanta* para el pueblo".[91] Dicha presentación fue un éxito, contando otra vez con la presencia del jefe de Estado, ovacionado por el público junto con el maestro Valle Riestra, quien recibió una medalla y un diploma de los obreros de Lima.[92]

> Una fiesta de arte, una fiesta de patriotismo y una fiesta de democracia, ha sido la realizada ayer en el Teatro Forero, organizada por el Municipio de Lima y contratada por el gobierno para ser ofrecida gratuitamente a los obreros y sus familias, a fin de que nuestra gente de trabajo, que no podía hacer el gasto que significa la adquisición de billetes de localidades a los precios corrientes pudieran conocer y aplaudir la genial ópera. El señor Leguía

> fue saludado [...] en el palco, recibiendo momentos después la visita de diversas comisiones de obreros con los que departió amablemente [...]. La fiesta de ayer en el Forero ha dejado la más viva impresión en el público que ha agradecido firmemente.[93]

La Crónica comentó:

> La sala estuvo repleta. Asistieron alumnos de las escuelas fiscales, de las escuelas nocturnas para obreros y respetable número de artesanos que gozaron lo indecible con este espectáculo magnifico y cultural. En los entreactos y al final de la obra el maestro Valle Riestra y los intérpretes fueron objeto de grandes demostraciones cariñosas y se les ovacionó repetidamente. Asimismo la llegada y salida del presidente de la república, acompañado de su gabinete militar, dio lugar a que la numerosa concurrencia que llenaba con exceso la amplia sala del elegante teatro lo aplaudiera ruidosamente. Una banda de música amenizó los entreactos de esta función que ha dejado muy gratos recuerdos.[94]

Dicha función también fue un éxito, teniendo en cuenta que en esos momentos había una tensa relación con los trabajadores, pues muchas fábricas entraron en huelga o reclamaban reivindicaciones; el gobierno había nombrado juntas de conciliación para solucionar dichos reclamos, hallándose los obreros divididos entre los que conciliaban con el gobierno y los que tomaban distancia.[95] También el gobierno había solucionado reclamos salariales.[96] En dicha función el gobierno buscó generar una base común y un sentimiento nacional en los obreros; los nacionalismos siempre ayudan a atenuar las tensiones sociales.

El 18 de octubre hubo una función exclusiva para el ejército a iniciativa del ministro de guerra Antonio Castro, invitándose a todos los oficiales, jefes del ministerio de marina y soldados con sus familias, incluso del interior del país.[97] Dos días antes se anunció "*Ollanta* para el ejército":

> Este rasgo del ministro de guerra ha sido muy bien comentado en los círculos militares y sociales, por tratarse con esta fiesta de hacer más conocida la obra del maestro Valle Riestra, la que no podría haberlo sido por muchas familias de oficiales clases subalternas en razón de lo elevado de los precios que naturalmente tiene que cobrar la ópera [...]. El teatro Forero, presentará la noche del lunes un aspecto brillante por la pompa vistosa de los uniformes que llenarán la sala. Todas las clases y muy en especial los soldados, procedentes de los departamentos andinos, asistirán a la fiesta. La invitación en general para los oficiales y jefes y sus familias [...] los alumnos de la división

superior asistirán todos [...] para hacer más factible la asistencia no está exigido el traje de teatro para las señoras [...] en pro de la cultura y el relieve social del ejército.[98]

El 18 de Octubre a las nueve y media de la noche se llevó a cabo la función para el ejército, también con asistencia del presidente Leguía. El espectáculo tuvo éxito y fue emotivo: tras el primer acto, el técnico de artillería de la escuela militar Luis Galloso entregó a Valle Riestra una Medalla de Oro, homenaje que simbolizó la valoración del ejército por la figura y la obra del maestro. La entrega fue acompañada de un emotivo discurso:

> Señor presidente de la república, Señor General Ministro de la guerra, Señoras y señores, Maestro Valle Riestra: El arte y la gloria se han dado la mano para entretejer el laurel que cruza ya, sobre tu cabeza venerable [...] *Ollanta* es el altar en que se inmortaliza la pujanza, el orgullo, la grandeza espiritual y la belleza lírica de una raza invencible y magnífica [...] el lazo de unión de dos razas, pletóricas de hazañas épicas, dominios jocundos del sol. El ejército que ha sido el crisol en que han venido a fundirse las *más altas virtudes ciudadanas, no podía sustraerse a la consagración de tu obra* [...]. El ejército que supo siempre ponerse al lado de toda causa que significa cristalización del espíritu nacional porque es símbolo de honor y de verdad ha querido rematar con su aplauso, el arco triunfal la admiración que tus connacionales.[99]

Ollanta fue presentado por última vez por la compañía Bracale en aquella temporada el domingo 17 de octubre con lleno total y precios bajos (cazuela 1 sol, platea 5 soles, galería 2 soles, y palco para cuatro 30 soles).[100] Luego se presentó en función especial al ejército el 18 de octubre.[101]

Epílogo y conclusiónes

Si observamos todas las presentaciones, vemos que a las primeras funciones asistió el público de clase alta y sectores medios, y a las últimas la clase media, pequeña burguesía y ciertos grupos populares; y los sectores institucionalizados y con influencia en la opinión pública, incluidos los de procedencia obrera. Tenemos por lo tanto que *Ollanta* fue vista por todos los sectores sociales. La compañía Bracale se despidió del público limeño después de su exitosa temporada el 19 de octubre en una gran función de gala en honor de la prensa y de la sociedad limeña, para luego marcharse del Perú en el vapor 'Urubamba'.[102]

La ópera volvió a representarse por la compañía Salvatti bajo la dirección de Julio Falconí, en funciones nocturna y vespertina.[103] Las presentaciones fueron aplaudidas y tuvieron éxito, aunque no llegó a sobrepasar a la temporada Bracale en número de presentaciones y calidad, a pesar que la compañía Salvati era más completa. Sobre este punto las fuentes no son claras. También destacó la presentación de *Ollanta* como romanza el 21 de diciembre en beneficio de la Confederación de artesanos "Unión Universal", por Carmen Mellis y Merida Llolini, grandes figuras de la compañía Salvati; cantaron el yaraví de *Ollanta*. Un cronista comentó: "hubo de repetirse ante la insistente demanda de los espectadores". Los trabajadores apreciaron y valoraron esta romanza. La compañía Salvati inicio una gira fuera de la capital. *Ollanta* fue presentada en Trujillo, provocando "la admiración y el más desbordante entusiasmo de la concurrencia".[104] También fue representada durante las fiestas del centenario en el teatro Forero en agosto de 1921, por la compañía Bracale, pero con otros artistas, y por la misma compañía en el teatro Ideal del Callao en medio del entusiasmo del público.[105]

Después de las presentaciones en 1921, hasta donde sabemos, ya no volvió a ser puesta en escena durante el Oncenio, por lo menos, de manera integral. Solo algunos conjuntos "liricos" o músicos cantaron o interpretaron algunos yaravíes o extractos de la ópera, en Lima y el interior del país. Tras la temporada lírica de 1921, el género operístico decae. Durante el resto del Oncenio, salvo excepciones llegaron solo conjuntos "líricos" incompletos, genéricos que presentaban solo operetas y conciertos de música, pero no óperas en el sentido estricto.

El reestreno de *Ollanta* encajó dentro del discurso de la "Patria Nueva" debido a que plasmó la reivindicación indígena, aunque tomando del discurso oficial indigenista solo la parte estilizada y glorificada : el imperio incaico, más digerible para las élites aún conservadoras con poca receptividad a símbolos andinos. Este objetivo se logró por lo menos emocionalmente, y al menos en 1920, con dicho reestreno.

En lo que respecta al público, la ópera estaba dirigida inicialmente a un público socialmente alto, y de quien Leguía requirió apoyo y consenso político. Dicho público asistió al reestreno y las primeras funciones, dada también su capacidad adquisitiva y costumbre por estos espectáculos. En la etapa final de la temporada, el gobierno buscó la asistencia de grupos institucionales de sectores medios, y finalmente los sectores populares, cosa poco común en este tipo de espectáculos. Con esto tenemos que la temporada cubrió todo el público limeño, lo que constituye una campaña ideológica importante, donde el arte se puso al servicio de la política del poder.

Lo que se logró sólo parcialmente con los dramas incaicos del teatro quechua, se obtuvo completamente con la ópera *Ollanta* a través de dos medios: un discurso que se apropió de símbolos supuestamente comunes, y la estilización de la música y el drama indígena según un arte europeo, y que logró romper de cierta manera la barrera de una sociedad racista y excluyente. A través de dicha forma artística tales sectores aceptaron ahora parte de lo andino como representativo de la nación.

La ópera fue así uno de los mejores medios para generar incluso en los sectores más renuentes, símbolos culturales comunes, y se constituyó en elemento activo en la formación de la identidad nacional, dada su mezcla de elementos andinos con la estética occidental, sin denuncia social, y sin presentar al indio en su verdadera situación. No obstante, hay que tener en cuenta que todas las versiones de *Ollanta,* incluida la de 1920, eran conservadoras y para nada liberales ni progresistas. Por lo tanto las obras brindaban una visión idílica de lo indígena, fuera de la realidad.

Esto nos deja ver las contradicciones internas del discurso leguiísta, pretendidamente antioligárquico, no elitista e indigenista, pero en realidad aún ligado a la oligarquía. Precisamente esa falsa imagen del indio hizo que esta parte del discurso leguiísta sea aceptable para los sectores conservadores, logrando que acepten este proyecto y se incorporen a él, al menos emocionalmente.

Podemos afirmar que parte de la población limeña recibió el mensaje expresado en *Ollanta*. Directamente a través de la asistencia a las 12 funciones con llenos totales, donde por cada presentación se calcula 3000 personas. Indirectamente, a través del público que leía la prensa, cuya opinión era unánimemente favorable. Por lo tanto un considerable sector de la población limeña, directa e indirectamente, estuvo expuesta a dicho mensaje político y cultural, donde antes se consideraba que la nacional peruana era hispánica.

Es muy probable que las representaciones de la ópera, fotos y comentarios en la prensa fueran el referente más directo de los limeños sobre el incanato, contribuyendo a formar una imagen idílica del Tahuantinsuyo en el imaginario nacional. El reestreno de *Ollanta* fue finalmente un mecanismo del poder, al transmitir parte del discurso político leguiísta. El teatro pudo así ser utilizado en los años 20 como instrumento ideológico, más allá de su función de distracción, en una época donde ya empezaban su desarrollo los medios de comunicación de masas típicos del siglo XX.

Notas

1   La ideología se expresa en el ámbito de los sujetos concretos en los que se materializa en acción, y en los productos culturales. Los imaginarios serían elementos

de las ideologías. En mentalidades, siguiendo a Vovelle, consideramos que se debe evitar oponer ideología con mentalidad, pensando que la "mentalidad" se sitúa fuera de la ideología, pues "todo se inscribe en el interior de la esfera de la ideología o de lo ideológico"; sin embargo, la noción de mentalidad implica elementos y hechos que no han sido investigados o analizados en la ideología. VOVELLE, Michel, *Aproximación*, 43. VOVELLE, Michel, *Ideología*.

2   Nombre dado por Basadre al periodo entre 1899 y 1919, caracterizado por la vuelta de los civilistas al poder y su monopolio político oligárquico, con exclusión de las grandes mayorías y democracia limitada. Basadre, Jorge, *Historia de la República*; Burga y Flores Galindo, *Apogeo y crisis*. otros sin embargo critican el concepto. Cfr. Quiroz, Alfonso, *Banqueros en conflicto*.

3   En la independencia e inicios de la república Mariano Melgar y Joaquín de Olmedo entre otros señalaban el carácter unificado nacional de la identidad del Perú, imaginando una cultura que incluyera lo hispánico y lo indio sin conflicto, pero esa posibilidad se diluye con el primer gobierno de Castilla, el cual significó el triunfo del centralismo de las élites limeñas, donde la identidad nacional estaba representada por la herencia hispánica del pasado colonial de Lima. Cfr. Poole, Deborah *Visión, raza y modernidad*.

4   Sanders define la nación como "comunidad cultural con unidad de significado en el tiempo, significado vinculado a tradiciones de todo tipo". Sanders, Karen, *Nación y Tradición*, 23–24. Sobre nacionalismo en América Latina, v. Anderson, Benedict, *Comunidades imaginadas*; y Ernest Geller, *Naciones y Nacionalismos*. El primero define a la nación como una "comunidad imaginada limitada y soberana". Geller señala que implica una cohesión social consensuada y el mutuo reconocimiento cultural y político.

5   Sanders, Karen, *Nación y tradición,* 183. Este aspecto de la Nación es esencial, pero no quiere decir que la construcción de la nación no implique otros aspectos como económicos y sociales.

6   Mc Evoy señala que el civilismo tuvo en sus inicios con Pardo un proyecto político aglutinador, pero con el segundo civilismo de la Republica Aristocrática el proyecto se torna restrictivo, sustituido por una "división del trabajo en la cual jefes políticos y caciques parlamentarios controlan el poder en sus respectivas localidades, mientras que los intelectuales diseñaban en Lima un ideal sistema educativo capaz de ejercer, finalmente, una tarea incorporadora inconclusa". Mc Evoy, Carmen, *La Utopía republicana*, XII.

7   Trazegnies, Fernando de, *La idea del derecho*.

8   Si bien el indio jurídicamente era igual, en la práctica no era visto verdaderamente como ciudadano, ni mucho menos como parte representativa. Esto, a pesar de que la población indígena era la mayoritaria del país.

9   Poole, Deborah, *Visión, raza y modernidad,* 192. Esto no quiere decir que no se hubiera considerado el tema indígena anteriormente a Leguía entre las elites y oficialismo, pero solo con Leguía cobró fuerza como indigenismo de Estado.

10   Méndez señala que ese discurso de exaltación del pasado incaico perteneció a la aristocracia indígena, pero a partir de la rebelión de Túpac Amaru la política represiva que siguió prohibió toda manifestación de la tradición inca, por la cual

fueron los criollos quienes reprodujeron las manifestaciones incaicas. Ello fue mayor en la República, a partir de la abolición de los curacazgos por Bolívar en 1825, que significó la anulación de la nobleza inca, y reforzó el carácter criollo o intelectual–mestizo de toda la retórica inca posterior, que además convivió con una valoración despreciativa del indio. Esta aparente contradicción tuvo lógica. Méndez, Cecilia, "Incas sí, indios no", . 31–32.

11 Señalemos que la presencia indígena real ligada al problema de la tierra abordado por Leguía fue algo nuevo, aunque demagógico y contradictorio, si exceptuamos la breve aparición del tema en el discurso de Manuel Pardo.
12 Murillo, José, "La formación de las almas", 17.
13 Poole, Deborah, *Visión, raza y modernidad*, 30.
14 Poole, Deborah, *Visión, raza y modernidad*, 34.
15 Poole habla del carácter del código abierto de las imágenes visuales y su interpretación de las sociedades andinas. Vid. Introducción y capítulos 6 y 7.
16 Cfr. Carbone, Giancarlo, "El cine en el Perú", 28–29. Cantuarias, Ricardo. "Teatro y sociedad".
17 Itier, César, *El teatro quechua*, T. II. Hubo entre 1913 y 1920 gran actividad dramática, con su apogeo en 1918.
18 Itier, César, *El teatro quechua* T II, p. 58–61.
19 Itier, César, *El teatro quechua*, T II. p. 60.
20 En Cusco se había desarrollado un indigenismo desde 1910, y cobra fuerza en los años veinte como rechazo al centralismo limeño, al proyecto modernizador leguiísta y a los levantamientos campesinos, por lo que los sectores medios comenzaron su campaña por reivindicar una identidad indígena para todos los cusqueños. Cfr. Poole, 224. Además, Itier, *El teatro quechua*. Este movimiento rompió con éxito el dominio cultural de Lima, y por la tradición histórica era lógico el éxito de las compañías quechuas en Cusco.
21 Incluso *El Comercio* refiere que la gente hablaba y no ponía atención durante la presentación como en un Yaraví sumamente conmovedor, una evidente falta de valoración del público limeño.
22 Evidentemente no fue algo monolítico, pero sí probablemente el predominante.
23 *Mundial*, 2 de Julio de 1920: 8. La revista representaba la mentalidad y estilo de vida de los sectores altos.
24 Itier, César, *El teatro quechua T II*, 60.
25 Recuérdese que desde mediados del siglo XIX predominaba en Lima una identidad criolla, aunque eso no quiere decir que no existiera presencia indígena en el arte limeño. En el Cusco las elites habían aceptado una identidad nacional indígena, pero en la capital criolla centralista, excluyente de lo indígena, no fue fácil, pese al contexto latinoamericano y al indigenismo fomentado por el leguiísmo.
26 Esta cercanía se puede corroborar en un artículo del 25 de junio de 1920 de *Mundial* en la sección "sobre siluetas de hombres representativos" de Alberto Guillén. El personaje es el propio presidente, entrevistado por Guillén, en una apología de Leguía, a quien se cataloga de "espíritu democrático y de sencillez bondadosa [...] ejemplo real y vivo, concreto de lo que puede una voluntad disciplinada". *Mundial*, p. 9.

27 Consideramos a la ópera un tipo de teatro. El Diccionario Harvard de Música define a la ópera como drama cantado acompañado por instrumentos y presentado teatralmente. En las demás obras dramáticas la música es subsidiaria o incidental. Randel, Michael, ed, *Diccionario*.
28 Hablamos de reestreno porque la ópera escrita por Valle Riestra se estrenó en 1900 pero no fue un éxito.
29 El presente trabajo no toca el tema de la paternidad del drama quechua colonial. Al respecto v. Porras, Raúl, *Obras completas, I*: "Indagaciones peruanas. El legado quechua". También Calvo, Julio, *Ollantay*.
30 Edición bilingüe que hizo el Primer Festival del Libro Cuzqueño en 1958, su título conserva los términos originales. *Ollantay. Comedea trageca de Ollantay en título. Los rigor de un Padre y generocidad de un Rey* [sic] Es la edición que hemos utilizado. A su vez la comparamos con el estudio crítico de Calvo.
31 Calvo, Julio, *Ollantay*, 135–159.
32 Basadre, Jorge, *Historia*, 3644.
33 *El Comercio*, 27 de Diciembre de 1900. Cfr. Milla Batres. Ed. *Diccionario histórico*, 105 y 156. El cronista de espectáculos Pedro López Aliaga "Sinfonicus" señaló en *El Ateneo* que fue hecho por el Blume adolescente y no por el de 1900, poeta "en la madurez de su talento", por lo que se trataba del libreto de 1883.
34 Dichos actos y cuadros fueron también incluidos en el reestreno de 1920.
35 *El Comercio*. 26 y 27 de diciembre de 1900.
36 El Comercio, 27 de diciembre de 1900. Milla Batres, ed. *Diccionario histórico*, 106.
37 Basadre, Jorge, *Historia de la República*.
38 Sin embargo, el público no fue indiferente a la zarzuela de Valle Riestra "El comisario del barrio", representada durante catorce noches en 1900. La obra costumbrista limeña se imponía a la ópera de tema inca.
39 El primero impreso en la imprenta Sanmarti y Cia, y el segundo en Lux Del Castro de la antigua calle del pacae, 940. El primero fue ubicado en la Biblioteca Central de la PUCP y el segundo en la Colección de Raúl Porras de la Biblioteca Nacional del Perú.
40 El libreto de 1900 fue elaborado exclusivamente por Federico Blume.
41 Blume, Federico y Luis Fernan Cisneros, *Ollanta*, ópera en tres actos, imprenta San Marti y Ca., Lima, 1921, 7 y 8, subrayado nuestro.
42 Blume, Federico y Luis Fernan Cisneros, *Ollanta*, ópera en tres actos, imprenta San Marti y Ca., Lima, 1921, 24
43 Para Calvo, en el *Ollantay* colonial los roles y acciones del teatro del Siglo de oro hispánico se mezclan con la ortografía quechua, el léxico andino y versos muy tradicionales, formando un teatro colonial andino con estructura formal propia, Calvo, 38–44.
44 Basadre, Jorge, *Historia de la República*.
45 El 30 de Marzo del 2004, después de 84 años, se volvió a poner en escena la ópera *Ollanta*, en la huaca Pucllana, usando las viejas partituras, redescubiertas en el conservatorio nacional. Transmitida por canal 7 en Fiestas Patrias, se pudo apreciar la representación y música iguales a 1920. Se confirmó así la influencia

europea, con música "andina" solo en los bailes de los coros y en acompañamientos menores, tocada además con instrumentos occidentales. Todo lo "andino" está integrado a la métrica y ritmo de la música principal operística, y el único "yaraví" es cantado en castellano. En resumen, la música representa el mundo romántico europeo y el texto es del arte clásico grecorromano ("templo augusto"). El encuentro amoroso es típico de la ópera clásica del siglo XIX, y el suicidio final es completamente romanticista.

46 *El Comercio*. 21 de setiembre de 1920.
47 *La Prensa*. 22 de setiembre de 1920.
48 *El Tiempo*, 22 de Setiembre y 15 de octubre de 1920.
49 *Memorias del ministro de justicia y culto*, 636.
50 Consejo Provincial de Lima, 14 de Setiembre de 1920. Folio 351. Dicha exoneración también consta en el Boletín Municipal Año XX, N 978, p. 7349.
51 Boletín Municipal. Dicha subvención se acordó en la sesión del 14 de setiembre. v. Consejo Provincial, sesión del 14 de setiembre de 1920. Folio 353.
52 *Mundial*, 29 de octubre de 1920. El comentario se confirma en *La Prensa, El Comercio* y *La Crónica*, en el Acta de sesiones de la Municipalidad de Lima, folios 361 y 362 del 28 de setiembre de 1920, y en el Boletín municipal, 23 de Octubre de 1920, p. 7371.
53 Milla Batres, ed. *Diccionario histórico*, 324–325. El haber estado en Inglaterra (Valle Riestra) Francia (Valle Riestra y Cisneros) y EEUU (Blume y Valle Riestra) les había permitido una mayor conciencia nacional, del nacionalismo y del capitalismo; y sobre todo el apoyo a las artes nacionales. En la biografía de Valle Riestra se señala que tras su estancia en Francia, incorporó la idea francesa de que todo país debe tener una música nacional.
54 Moncloa Manuel, *Diccionario teatral del Perú*, 165. Tauro Alberto, *Enciclopedia ilustrada del Perú*.T6, 2194. La Prensa y El comercio, 22 de setiembre de 1920.
55 Tauro, Alberto, ed. *Enciclopedia ilustrada*, 193 y 307. Trabajar en San Marcos era muy prestigioso. Los salarios de los catedráticos eran bastante elevados. Su nombramiento y labor coinciden con el giro autoritario de Leguía. Esto nos induce a pensar que apoyó y se vinculó al leguíismo en su etapa más autoritaria.
56 Cfr. *El Tiempo, La Prensa, El Comercio, La Crónica* y las revistas *Mundial* y *Variedades*.
57 *Mundial*, 17 de setiembre de 1920.
58 *El Comercio*. 18, 19 y 20 de setiembre 1920. Palco 100. Platea 15, galería 10.
59 *La Prensa*. 19 de setiembre de 1920.
60 *La Prensa*. 21 de setiembre de 1920.
61 *La Crónica*, 23 de setiembre de 1920.
62 La lista completa de actores y personajes, en *El Comercio*, 22 de setiembre de 1920.
63 *La Crónica*, 22 y 23 de Setiembre de 1920.
64 *La Crónica*, 24 de setiembre de 1920.
65 La misma compañía Bracale en su presentación de inauguración del Forero el 28 de Julio, cobró precios elevados y en libras peruanas: palcos con 4 entradas a 250 y luneta a 35, hasta el más barato de galería altas y otras filas a 6. La compañía

Salvati en su temporada de 1920 cobró también en libras, y el precio más barato fue 1 libra.
66   Exposición del Gremio de jornaleros del Callao, *La Prensa*, 8 de Junio de 1920.
67   Cálculo a partir de los datos del Teatro Forero en Laos, Cipriano. *Lima, La ciudad de los Virreyes*, 82.
68   *La Crónica*. 23 de setiembre de 1920.
69   *La Crónica* 23 de setiembre de 1920.
70   Recordemos que los estrenos de compañías cusqueñas no fueron exitosos.
71   El título de la ópera era *Ollanta*, pero muchas veces la prensa usaba el nombre del drama quechua colonial *Ollantay*. *La Crónica*. 23 de setiembre de 1920.
72   *Mundial*. 24 de setiembre de 1920, p. 44.
73   *Variedades*, 25 de setiembre de 1920.
74   Cfr. Anderson, *Comunidades imaginadas*.
75   Tanto en la pintura como en la literatura la emoción puede ser fuerte pero es individual, no colectiva.
76   Si bien en el teatro hay espacios diferenciados, el contacto del público con la obra representada ocurre en todos los niveles, y aunque los individuos pueden recibir la obra de diferentes maneras, se pueden establecer tendencias.
77   *Variedades*, 25 de setiembre de 1920. Es de destacar que se sentían herederos de la "raza incaica", pero no se menciona la palabra *indios*.
78   Evidentemente esto fue relativo y negociable, pues al observar las celebraciones y comentarios por el día de la "raza" en octubre de aquel año en la prensa de la época, se destacaba con orgullo la herencia hispánica, pese al ambiente indigenista y la exaltación inca. Se sigue llamando a España "La madre patria".
79   *Mundial*, 31 de diciembre de 1920.
80   *Mundial*, 7 de noviembre de 1921
81   Esta afirmación se basa en una revisión de las fuentes documentales de los años en cuestión como periódicos, revistas, etc. Parte de este tema forma parte de la tesis doctoral en preparación del autor.
82   En 1917 la compañía dramática Cusco hizo una gira exitosa en Lima, pero no llegó al nivel de *Ollanta*, ni al grado de consenso social y propagandístico. Hasta donde sabemos, los medios no tuvieron para los dramas quechuas los calificativos que dieron a *Ollanta*. Sobre la gira de esta compañía en 1917, v. Itier, Tomo II.
83   *Mundial*, 3 de setiembre de 1920, 35.
84   En Francia en 1877 la colonia peruana protestó ante la decisión de colocar en la Exposición Universal de París estatuas de guerreros incas, pidiendo su reemplazo por maniquíes de una criolla y una tapada limeña, para que los europeos vean a 'peruanos modernos'. Obviamente la colonia peruana en París representaba a quienes excluían a los indígenas incluso estilizados. Esto no hubiera ocurrido en 1920, donde incluso se planteó que *Ollanta* fuera representada en el extranjero. Citado en Poole, Visión, 204. Otro ejemplo ocurrió en un teatro limeño en 1851, cuando una señora de la aristocracia limeña *vestida* de noble incaica pronunció una alocución patriótica y fue duramente criticada: "La señora Aguilar pronunció una bella alocución en un traje estrambótico, ridículo y deshonesto,

figuraba una india salvaje. No es la primera vez que en el teatro, y aún fuera de él, como en la Cámara de diputados, se hace representar al Perú en figura de un indio o india semisalvaje, como si el actual Perú fuera el mismo que en tiempo de la conquista. Semejante capricho es impropio y de muy mal gusto". *El Comercio*, 25 de julio de 1851.
85 *El Tiempo*, 23 de setiembre de 1920.
86 *El Comercio*, 8 de octubre de 1920.
87 *Mundial*, 29 de octubre de 1920.
88 *La Crónica*, 12 de octubre de1920.
89 AHML, Acta de sesiones del consejo provincial de Lima. Folio 262.
90 Hay que recordar que Herrera formaba parte de las sesiones de la Comisión de espectáculos del Consejo Municipal de Lima.
91 *La Crónica*, 12 de octubre de1920.
92 *El Tiempo*, 14 de octubre de 1920.
93 *El Tiempo*, 14 de octubre de 1920.
94 *La Crónica*, 14 de octubre de 1920.
95 *La Crónica*, 19 de octubre de 1920.
96 AHML, Acta de sesiones del Concejo provincial de Lima, folio 375.
97 *La Crónica*, 16 de octubre de 1920
98 *La Crónica*, 16 de Octubre de 1920
99 *El Tiempo*, 20 de octubre de 1920.
100 *La Prensa*, 18 de octubre de 1920. *El Tiempo* lo repite.
101 *La Prensa*, 18 de octubre de 1920.
102 *La Crónica*, 20 de octubre de 1920.
103 Avisos en *El Comercio*, 8 de octubre; 9, 10 y 11 de diciembre de 1920.
104 Diario *La Reforma* de Trujillo, 5 de enero de 1921.
105 *El Comercio*, 1,2, 21–25 y 30 de agosto de 1921. *Variedades*, 21 de setiembre de 1921.

Bibliografía

Anderson, Benedict. *Comunidades imaginadas: reflexiones sobre el origen y la difusión del nacionalismo*. México: Fondo de Cultura Económica, 1993.

Basadre, Jorge. *Historia de la República del Perú, 1822–1933*. Lima: Universidad Ricardo Palma, 1999. 8ª edición.

Burga, Manuel y Alberto Flores–Galindo. *Apogeo y crisis de la República aristocrática*. Lima: Rikchay Perú, 1987.

Calvo, Julio. *Ollantay. Análisis crítico, reconstrucción y traducción. Edición crítica de la obra anónima quechua*. Cuzco: Centro de Estudios Regionales Andinos Bartolomé de Las Casas Monumenta Lingüística Andina 6, 1998.

Cantuarias, Ricardo *Teatro y sociedad, Lima 1840–1930*, Tesis para optar el Título de Magister en Historia. Lima: Pontifica Universidad Católica, 2002.

Carbone, Giancarlo. *El cine en el Perú: 1897–1950. Testimonios*. Lima: Universidad de Lima, 1991.

Geller, Ernest. *Naciones y Nacionalismos*. México: Alianza Editorial, 1991.

Itier, César. *El teatro quechua en el Cuzco. Tomo II: Indigenismo, lengua y literatura en el Perú moderno*. Cuzco: Centro de Estudios Regionales Andinos Bartolomé de Las Casas, 2000.

Laos, Cipriano. *Lima. La ciudad de los Virreyes. El libro peruano 1928–1929*. Lima: Patronato del Touring Club Peruano, 1929.

MacEvoy, Carmen. *La utopía republicana. Ideales y realidades en la formación de la cultura política peruana (1871–1919)*. Lima: Pontificia Universidad Católica del Perú, 1997.

Méndez, Cecilia. "Incas sí, Indios no: Apuntes para el estudio del nacionalismo criollo en el Perú". *Cuadernos de Trabajo*. Lima: IEP, 1995, 2da. ed.

Milla Batres, Carlos. Ed. *Diccionario histórico y biográfico del Perú. Siglos XV–XX*. Tomo IV, Lima: Milla Batres, 1986.

Murillo, José. "La formación de las almas". Lima: Posgrado UNMSM/Universidad de Río de Janeiro, 2003.

Poole, Deborah. *Visión, raza y modernidad*. Lima: Sur, 2000.

Quiroz, Alfonso. *Banqueros en conflicto. Estructura financiera y económica peruana, 1884–1930*. Lima: CIUP, 1989.

Randel, Michael. Ed. *Diccionario Harvard De Música*. Madrid: Luis Carlos Gago. 2001.

Salomón, Alberto. *Memoria del Ministro de justicia, culto y beneficencia al congreso ordinario de 1920*. Lima: Imprenta Torres Aguirre, 1921.

Sanders, Karen. *Nación y Tradición. Cinco discursos en torno a la Nación peruana, 1885–1930*. Lima: PUC/FCE, 1997.

Tauro del Pino Ed. *Enciclopedia ilustrada del Perú*. Tomo II. Lima: Peisa, 1987.

Trazegnies, Fernando de. *La idea del derecho en el Perú republicano del siglo XIX*. Lima: Pontificia Universidad Católica, 1992.

Vovelle, Michel. *Ideología y mentalidades*. Barcelona: Ariel, 1985.

Vovelle, Michel *Aproximación a la historia de las mentalidades colectivas*. Lima: UNMSM, 2003.

Documentos oficiales

Municipalidad de Lima, *Memorias 1920*, sección de espectáculos. Lima: Imprenta Torres Aguirre, 1921.
Municipalidad de Lima, *Boletín Municipal*, Año XX, n° 978. 1921.
Municipalidad de Lima, *Acta de Secciones del Concejo Municipal de Lima* de 1920

Prensa

El Comercio (1851,1900, 1920,1921 y 2004).
La Crónica (1920).
La Prensa (1900 y 1920).
El Tiempo (1920).
La Reforma (Trujillo: 1921).
Mundial, Revista semanal ilustrada (1920 y 1921).
Variedades, Revista semanal ilustrada (1920 y 1921).

Obras de teatro

Anónimo. *Ollantay. Comedea trageca de Ollantay en título. Los rigor de un Padre y generocidad de un Rey* (sic). Cusco: Edición bilingüe del Primer Festival del Libro Cuzqueño, 1958.
Ollanta. Ópera en tres actos de J. Valle Riestra, Federico Blume y Luis Fernán Cisneros, 1920. Lima: Imprenta "Lux" de E. Castro, 1921.
Ollanta. Ópera en tres actos, de J. Valle Riestra, Federico Blume y Luis Fernán Cisneros, 1920. Lima: Sanmarti, Lima, 1921.

Archivos, Bibliotecas y Hemerotecas

Archivo Histórico Municipal de Lima (AHML). Sección Libros de Sección de actas de consejo (1920), y Sección Ramo espectáculos.
Archivo general de la Nación (AGN). Ministerio de Hacienda, H.6, n° 1692 y 0897.
Sala de Investigaciones de la Biblioteca Nacional. Serie III, n° 2, piezas de autores peruanos, PB, 067028.
Hemeroteca de la Biblioteca Nacional.
Biblioteca Central y Hemeroteca de la Universidad Nacional Mayor de San Marcos.

Biblioteca Central de la Pontificia Universidad Católica.
Hemeroteca de la Pontificia Universidad Católica.
Biblioteca de la Municipalidad de Lima.

Los nuevos descontentos del Perú: José Carlos Mariátegui y la política y poética de cambio

Melisa Moore

Los años 1919–1930 marcan un período decisivo de la modernidad peruana, ya que en esta época se vio la culminación de un proceso de reconstrucción iniciado luego de la derrota del país en la Guerra del Pacífico (1879–1883), así como la consolidación de una tradición intelectual y cultural. Pero los años seminales del "Oncenio" —los once años de presidencia del empresario convertido en político, Augusto B. Leguía— estuvieron también cargados de conflictos generados por antiguas divisiones y nuevas rivalidades. La continuidad de relaciones de gobierno de estilo colonial que mantuvo una oligarquía positivista, unida a los cambios producidos por la modernización, aumentó el descontento entre los sectores sociales emergentes. Una generación de intelectuales y artistas de la posguerra, liderados por José Carlos Mariátegui e inspirados por una ideología de izquierda, buscó representación tanto en el campo político como en el de las artes, y participación en el proceso de reconstrucción. Nuevas concepciones políticas y poéticas les dieron mayor conciencia de la creciente "heterogeneidad cultural" y del sentido fraccionado de nación en el Perú, así como de la necesidad de emprender un nuevo proyecto de formación de la nación con base en la construcción de un sistema cultural compartido, en el cual los diversos grupos pudiesen reconocerse.[1] Sin embargo, estas nuevas concepciones también dieron lugar a prácticas y proyectos políticos y artísticos divergentes. La disputa y construcción de un "campo intelectual", así como una conciencia intelectual y cultural "común", o "hegemonía", dejaron un importante legado para los futuros intelectuales y artistas.[2] Aunque bruscamente interrumpidas por un golpe militar en 1930, los vínculos que se promovieron entre concepciones y prácticas políticas y poéticas, contextos nacionales y locales, y las épocas pre– y pos–coloniales, abrieron muchos senderos conceptuales y textuales a seguir. Estos formarían una tradición intelectual y cultural heterogénea, y revivirían llamados para un proyecto cultural de reconstrucción en años futuros.

Si la derrota del Perú por Chile llevó a una paralización de la producción económica y evidenció las divisiones étnicas, un proyecto civilista liberal–positivista de reconstrucción nacional —que buscó contrarrestar los efectos del primero a la vez que ignorar los del último— se prolongó a lo largo de la presidencia de Leguía. Sin embargo, mientras que las nuevas, o inconstantes, condiciones socioeconómicas y las continuas y desiguales relaciones políticas provocaron tensión en centros urbanos y llanos andinos, también se desencadenaron debates acerca de la nación y la integración entre intelectuales semi–subalternos que siguieron el ejemplo de anteriores detractores civilistas proto–socialistas, como Manuel González Prada. La pugna por la representación política y cultural, y por los recursos económicos se dio no sólo en las calles de la ciudad y tierras rurales, sino también en una prensa floreciente y en crecientes círculos intelectuales, rindiendo prácticas simbólicas cada vez más profusas y combativas. La denominada "lucha por el poder interpretativo" que se dio entre los intelectuales tanto "tradicionales" como "nuevos", tanto metropolitanos como provinciales, o los de "clase media", mestizos y migrantes, fue tan intensa como, o más tensa que, el creciente conflicto entre sujetos subalternos y el estado.[3] Las contradicciones y las divisiones del proyecto "progresista", positivista, de formación de la nación de Leguía pueden haber generado, o agudizado, diferencias políticas y culturales; sin embargo, éstas últimas reflejan —y en su momento reforzaron— la naturaleza fragmentada de ambas, o todas, las agrupaciones intelectuales y sociales que estaban en pugna entre sí. Estas condiciones de conflicto, expresadas tanto a nivel contextual, o material, como a nivel textual, o simbólico, explican en cierta medida la elevada conciencia de Mariátegui respecto de la necesidad de inducir un cambio radical ("revolución"), provocado y sostenido por una nueva forma de pensar (auto–)crítica y creativa, un "espíritu nuevo".[4] En su ensayo "Arte, revolución y decadencia" de 1926 —al que nos referiremos de aquí en adelante como "Arte"—, Mariátegui hace un llamado para forjar éste último, al hablar de la necesidad de una poética radical, vanguardista, en el lenguaje de la política revolucionaria, o marxista, sancionando implícitamente esta política y convirtiendo este texto en un manifiesto de una poética y política en conjunto de cambio total a largo plazo. Este ensayo muestra claramente entonces que el "nuevo" pensamiento y forma de escribir de Mariátegui provienen de, a la vez que apuntan a, tanto un pensamiento político marxista como una poética vanguardista y, por lo tanto, pueden considerarse como "político–poéticos".

Si bien este "espíritu nuevo" político–poético y el marco conceptual que generó hubiesen tenido la intención de desplazar las categorías dualistas de análisis y el pensamiento reduccionista de los positivistas demasiado racionalistas, también serían utilizados para repensar —o entender y superar— las más recientes contradicciones y las antiguas divisiones de una modernidad peruana demasiado dependiente. Este frustrado proyecto y proceso de modernización podría explicar también la asidua atención que Mariátegui le dio al tema de la política, las artes y la realidad contextual, así como sus incesantes esfuerzos por desarrollar él mismo un modo distinto de leer y retratar la realidad, así como una narrativa alternativa de ésta última. Con el objeto de contrarrestar las nociones criollas de nación y fomentar una conciencia nueva, es decir, "nacional–popular", o un sentido de "peruanidad", estas nuevas formas de entender la realidad destacarían y explorarían los problemas y las posibilidades de un paisaje socioeconómico y cultural, y un campo intelectual, cada vez más cambiantes y contradictorios, o heterogéneos, durante la década de 1920.[5] Como observa Patricia D'Allemand, Mariátegui utiliza los conceptos y las frases "lo nacional" y "lo peruano" con mayor frecuencia entre 1925 y 1929, cuando escribía la columna "Peruanicemos al Perú" en *Mundial*.[6] Estos artículos pretendían consolidar un sentido popular de nacionalismo, al fusionar los sentimientos anti–oligárquicos y anti–imperialistas, que fueron creciendo desde inicios del siglo, con el más reciente descontento resultante de las medidas de modernización de Leguía.[7] Su empleo de estos términos sólo revela su escepticismo marxista frente al concepto liberal de nación y explica por qué evitó el uso del vocablo "nación". En muchos respectos, hacen eco de la interpretación marxista de Gramsci de lo "nacional" e implícitamente de "nación". Gramsci concibe estos conceptos frente a la noción de una alianza "nacional–popular", o una "hegemonía", la cual interpreta como una fusión de concepciones y prácticas subalternas, forjada por un proletariado con un papel histórico para asumir el poder a través de una alianza con el campesinado y una revolución nacional.[8] En buena medida, esto subraya su concepción de una nueva, diferente, o contra–hegemonía intelectual, o cultural, que representa una forma de gobierno por consentimiento más que por coerción— incorporado ésto último en el concepto de "hegemonía política", aunque podría argumentarse que Gramsci concibe usualmente estos conceptos como coexistentes dentro de una sola hegemonía. Vale la pena recordar aquí que Gramsci equipara una hegemonía "nacional–popular" con las prácticas artísticas populares, pues éstas reflejan para él la diversidad de las realidades locales y promueven una identidad nacional a través de la participación activa de los sujetos sociales subalternos en ellas. De esta manera, fusiona la política y las artes a través de este concepto, atribuyéndoles un, o reconociendo su, potencial hermenéutico, lo cual sugiere que los sujetos subalternos —a través del proceso o de las prácticas político–culturales de representación— adquirirán los medios, vale decir, el conocimiento y la comprensión, para perfeccionar "el arte de gobernar", o su hegemonía.[9] Estas dimensiones estéticas se ven reflejadas en la concepción de Mariátegui de una tradición intelectual y cultural nacional como piedra angular de una hegemonía "nacional–popular".[10]

Los repetidos llamados que hace Mariátegui a partir de 1926 para lograr el cambio y forjar un "espíritu nuevo", a través del cual se pudiera construir un nuevo modelo de lectura —y una nueva narrativa— de nación, reiteran en buena medida el endoso y las demandas que hiciera un año antes por el mito político en "El hombre y el mito". Pues este inspirado trabajo interpreta este tropo tanto como una lectura política, o político–poética, de nación, como de una manera de pensar compartida, crítica y creativa, o sincrética, acerca de la realidad nacional y la naturaleza de la realidad, tanto material como simbólica, la cual, se deduce, estructuraría y respaldaría un sentido subalterno de uno mismo y de nación, de "peruanidad", una nueva hegemonía, además de una tradición intelectual y cultural. Publicado inicialmente en la revista *Mundial* en 1925, este ensayo —al que de aquí en adelante nos referiremos como "El hombre"— apareció póstumamente en 1950 en *El alma matinal*. El título de esta publicación no sólo refleja el de uno de sus ensayos, sino que también refuerza la metáfora central que lo recorre: la del "alma matinal". En "El hombre", la noción de comienzo, capturada en el epíteto "matinal", es evocada a través de otra metáfora, la de "el alba". Todos estos significantes transmiten el sentido de una nueva conciencia, vale decir, de una conciencia emergente, compartida, propia, o personal, y política. La manera misma en la que Mariátegui concibe y escribe acerca de ésto último y acerca de este mito, es decir, los conceptos político–poéticos y el léxico que forja frente a este tropo, así como el mito que implícitamente construye de un indo–marxismo peruano, y de una nación indo–marxista, al hacerlo, evidencian la nueva forma de pensar, (auto–)crítica y creativa, por la que abogaba, especialmente con respecto a la relación entre la política y las artes en los procesos de formación de la nación.[11] Indican una conciencia crítica de las posibilidades creativas del lenguaje poético, nutrida por el pensamiento europeo tanto de los escépticos (Nietzsche) como de los surrealistas (Breton), para construir un paradigma conceptual no científico–racionalista, o positivista, y una política y poética de revolución popular.[12] Planteando un modo de pensar político–poético —o marxista–vanguardista— y una hegemonía "nacional–popular", y mostrando la heterogeneidad a niveles contextuales y textuales, podría decirse que este texto refleja la combinación de heterogeneidad y hegemonía contextual y discursiva, o la heterogeneidad de la hegemonía, o hegemonías tradicionales y nuevas, en el Perú de la década de 1920.[13] Como tal, esta forma mixta, o mediadora, de Mariátegui de pensar y escribir, así como su mito de nación implícito, ofrecen una invalorable reflexión sobre la forma en que algunas prácticas simbólicas se fueron delineando conforme se acentuó la heterogeneidad contextual y textual, o cultural, de aquellos tiempos e intelectuales —especialmente aquellas, tales como las suyas, que trataban de descifrar realidades peruanas en permanente formación. Así, ambos revelan el grado en el que algunos textos y prácticas textuales, y contextos, o condiciones contextuales, se engranaron entre sí en ese momento, reflejando y reproduciendo su carácter de heterogeneidad compartida al hacerlo. Un sondeo de las condiciones socioeconómicas y culturales durante el Oncenio sólo confirma esta heterogeneidad cultural, descubriendo la función catalizadora de los llamados de Mariátegui para el cambio radical, así como de sus concepciones heterodoxas de una política marxista y poética vanguardista sobre una revolución, por más imaginada que fuera.

Paisajes de contradicción

Si el descontento popular y el deseo de reforma —además del desafío intelectual que Mariátegui impuso para sí mismo y para otros— surgieron a partir de contradicciones en el ámbito nacional mientras que fueron alimentados por acontecimientos externos, un breve análisis del panorama socioeconómico y cultural durante el Oncenio muestra claramente su valor simbólico a la vez que sirve para aclarar la naturaleza compleja de la formación de la nación durante esos años y en los años anteriores. No es ésta una tarea fácil ya que el paisaje socioeconómico y cultural del Perú en la década de 1920 estuvo atravesado por desplazamientos laterales y cismas arraigados, producto de la colisión entre las realidades coloniales y poscoloniales, el choque entre actitudes y prácticas tradicionales, y las exigencias de la modernidad y del mercado, que generaron —o acentuaron— lo que Antonio Cornejo Polar acertadamente denomina la "heterogeneidad cultural".[14] Los procesos de modernización en el Perú, iniciados antes de la Guerra del Pacífico y propagados desde Lima, pueden haber cambiado las estructuras económicas, pero estratificaron una sociedad semi–colonial ya resquebrajada, acentuando las diferencias étnicas y de género existentes entre las clases sociales y al interior de éstas.[15] En efecto, es durante el Oncenio cuando las contradicciones y divisiones resultantes de estos procesos, que redibujan el mapa político del Perú después de 1930, se van plasmando.

El proyecto de Leguía de una nueva nación, o "Patria Nueva", se basó, como se mencionó anteriormente, en un proyecto positivista de reconstrucción nacional, iniciado por una oligarquía civilista luego de una humillante derrota durante la Guerra del Pacífico. Bajo su autoridad cada vez más reaccionaria, el poder económico —vale decir, la agricultura e industria— pasó de las manos de un conjunto de terratenientes y capitalistas exportadores de la costa norte y de la sierra central a otro grupo ubicado en la costa y sierra sureñas.[16] Al igual que los civilistas que lo precedieron, Leguía siguió un modelo de desarrollo exportador, inundando asimismo la economía con préstamos e importaciones estadounidenses. Si bien éstos generaron un crecimiento en la industria, infraestructura vial y vivienda, también produjeron un mayor crecimiento poblacional, migraciones y movilidad social, que inflaron los rangos de las clases subalternas y medias. Las estadísticas demográficas de este período son sorprendentes. Las clases subalternas crecieron en un 200% durante esta época, siendo este sector el que incrementó la población de Lima de 223.807 habitantes en 1920 a 376.500 habitantes en 1931.[17] Durante sus primeros años como presidente, Leguía hizo algunas concesiones políticas a estos y otros sectores en un intento de integrarlos —o cooptarlos— a su "Patria Nueva".[18] A partir de 1923, sin embargo, este reformismo táctico se convirtió en una abierta represión. Es también a partir de este año que las contradicciones de un desarrollo dependiente se hicieron más pronunciadas. El crecimiento económico fue desigual y restringido a los enclaves (agro–) industriales de la costa o cerca de ésta. Mientras tanto, los ferrocarriles y las carreteras dirigieron el flujo de la población y producción desde las provincias hacia una capital atestada, despojando las zonas rurales de recursos a la vez que reubicaban éstos últimos y los ingresos adicionales en un centro urbano incapaz y sin voluntad de absorberlos y distribuirlos igualitariamente. Así como se ampliaron las escisiones entre el centro y la periferia, el desarrollo económico restringido también agudizó las cismas al interior de y entre las esferas públicas y privadas, así como entre las clases sociales. Como señala Quijano, el crecimiento económico no fue de la mano con el incremento de la población y por lo tanto ahondó las divisiones sociales.[19] Resulta significativo, aunque quizás no sorprenda, que la expansión demográfica desentonara también con la reforma política. Alberto Flores Galindo y Manuel Burga muestran que sólo el 5% de la población tenía derecho a voto en aquel entonces.[20] Pero el desarrollo no sólo fue irregular, extendiendo desigualdades entre y al interior de los sectores urbanos y rurales; fue también insostenible. Cuando el capital extranjero y los mercados se retiraron en 1929, la economía colapsó. Leguía fue depuesto y una sociedad civil débil se vio obligada a soportar otro prolongado período de gobierno militar.

Las discrepancias del Oncenio se destacan, por lo tanto, en un cuidadoso examen de éste último. Flores Galindo y Burga afirman que la oligarquía civilista perdió influencia entre 1895–1919, señalando el cambio en el equilibrio de poder hacia una clase intermediaria de empresarios mestizos y generales militares, impulsado por Leguía durante su gobierno, como evidencia de ello.[21] Pero, al igual que Peter Elmore, estos autores reconocen que la lentitud del cambio, o de las políticas económicas, y la retórica populista del gobierno de Leguía, que no se tradujo en reformas políticas y sociales concretas, mantuvieron la riqueza material y cierta influencia política en manos de una élite de terratenientes durante, y después de, estos años.[22] Así, mientras los préstamos extranjeros y la inversión, en particular durante el Oncenio, expandieron la industria y la infraestructura, y con ello los sectores subalternos y las clases medias, también crearon dependencia y obstaculizaron la producción doméstica. Mientras que algunas distancias entre el centro y la periferia, y entre algunas clases sociales fueron salvadas, otras fueron expandidas. Bajo la apariencia de sofisticación cosmopolita, de orden urbano y progreso tecnológico, había una población numerosa, privada del derecho a voto y cada vez más dividida.[23] Estas contradicciones fueron agravadas por formas de pensar semi–coloniales y positivistas, que ahondaron las divisiones. Tal y como Flores Galindo menciona, la transferencia de poder económico, impulsada por Leguía, de un grupo oligárquico a otro, consolidó las divisiones en lo alto de la escala social, al mismo tiempo restringiendo el crecimiento de sectores subalternos y reforzando las relaciones sociales paternalistas.[24] Si las divisiones fluían a lo largo de los límites entre las clases, las actitudes racistas y patriarcales los atravesaron. A pesar de su entusiasmo por la modernización, las clases dirigentes ejercieron su poder a través de relaciones racistas antes cultivadas en haciendas coloniales. Es así que la modernidad y la marginalidad se convirtieron en sinónimos para la mayoría de la población, y no menos para sus miembros femeninos.[25] A pesar de, o debido a, los cambios económicos y sociales, el patriarcado, combinado con el positivismo y nacionalismo criollo, impuso nuevas formas de control social y sexual, manteniendo a las mujeres, y muchos hombres mestizos e indios, fuera de la esfera pública, o al menos en sus márgenes.[26]

Detractores y defensores: El surgimiento de una nueva hegemonía intelectual

Estos modos mixtos de manipulación, o de (auto–)regulación, y las divisiones étnicas y sexuales ahondadas por ellos, unidos a los desiguales, o equívocos, cambios socioeconómicos, explican, de alguna manera, la acrecentada corriente de protestas populares de un movimiento de oposición arraigado en un pacto entre las clases subalternas y medias concebido por intelectuales de izquierda. Tal y como Lauer, que construye sobre la noción de los "nuevos intelectuales" de Rama, enfatiza repetidamente, muchos de éstos últimos fueron de origen migrante, habiendo llegado a Lima y otras capitales regionales a través de extendidas redes de comunicación: las carreteras y la prensa.[27] Jorge Basadre también compara el repentino incremento en el número de intelectuales provinciales, y las clases profesionales de las cuales provinieron, con una oleada de periódicos y revistas populares producidos y consumidos por ellos mismos.[28] Los diarios y el periodismo, junto con la alfabetización y la educación, no obstante informal, y la migración, jugaron, podría decirse, un papel central en la expansión del campo político y de las artes, y del campo intelectual que los constituyó y conectó durante el Oncenio.[29] La prensa es también testigo de los aspectos cambiantes de estos campos, es decir, su formación cada vez más mestiza, o culturalmente mixta, y migratoria, así como sus formas emergentes, o como diría Barthes, "intelectuales", de producción simbólica.[30] Como Flores Galindo y Lauer observan, las carreteras y las revistas promovieron la movilidad social al permitir el acceso de intelectuales regionales a la esfera pública y a las crecientes clases medias, pero también agudizaron las sensibilidades políticas y la conciencia cultural al facilitar su ingreso en los campos de la política y las artes.[31] La conciencia política y cultural también fue cultivada por las conexiones logradas dentro y fuera de las fronteras geográficas, ya que la mejora en las rutas de comunicación vinculó a intelectuales de la costa y de regiones andinas con los de países vecinos y los de Europa. Mientras el tráfico de información e ideas sobre la política y las artes fluía hacia y desde Lima, también viajó de Puno a Buenos Aires y París, y volvió por el mismo camino. Este empuje hacia y alejamiento del centro y de la periferia realizado por los "nuevos" intelectuales provinciales no sólo disminuyó las diferencias socioculturales en los campos de la política y las artes, sino también expandió éstos últimos y con ellos el campo intelectual.

La presencia creciente de una generación de intelectuales provinciales de la posguerra en este campo intelectual, dividido entre positivistas, hispanistas y modernistas, que representaban los intereses hegemónicos de los civilistas y de Leguía, por un lado, y los antiguos socialistas, anarco–sindicalistas e indigenistas, por otro, fracturó aún más la comunidad intelectual a partir de 1919. La aparición de un grupo intelectual contra–hegemónico de apristas radicalizados y socialistas revolucionarios, poetas futuristas o surrealistas, y nuevo–indigenistas, unidos por un nuevo entendimiento de y ampliada participación en la política y las artes, parece confirmar la concepción de Lauer de un campo intelectual surcado con hegemonías cada vez más hostiles.[32] Pero esto también afirma la convicción de Cornejo Polar de una diversidad, o heterogeneidad, creciente de prácticas simbólicas y realidades socioculturales a partir de ese momento. Si la modernización, la migración y el mestizaje contribuyeron a esta heterogeneidad, podría decirse entonces que también lo hicieron las rivales y a veces aliadas hegemonías intelectuales a ambos lados del espectro político y artístico.

Esta combinación de heterogeneidad y hegemonía, de diversos grupos de interés uniéndose y separándose, refleja un extendido y variado paisaje socioeconómico y cultural, labrado con líneas entrecruzadas de cambio y continuidad, nuevos pactos y alianzas tradicionales, y sirve para iluminar la condición de heterogeneidad conflictiva que llevó a crisis a los campos de la política, las artes, y el campo intelectual, particularmente a partir de 1928. La expansión y estratificación del campo intelectual a lo largo de las líneas divisorias de clase, cultura y política, son por lo tanto testimonio del crecimiento de su heterogeneidad, ésta última acentuada por la aparición de comunidades, o hegemonías, intelectuales rivales, si también difusas. Esta heterogeneidad conflictiva se ve reflejada en, y fue reforzada por, el papel cultural adquirido por intelectuales regionales de esta época. Aunque muchos de éstos constituyeron o convergieron con los indigenistas, antiguos y nuevos, reforzando el alejamiento centrífugo de Lima, sus conexiones con éste último, mantenidas a través de la migración, consolidaron su posición y papel geo–cultural intermediario y mediador entre el centro y la periferia.[33] La pura cantidad y variedad de publicaciones, polémicas y reuniones, en las cuales se cruzaron de diversos modos las concepciones y prácticas políticas y poéticas, metropolitanas y provinciales, sólo confirman la diversidad creciente y la fluidez de lealtades culturales promovidas por esta posición y este rol.[34] Que esta posición y este papel cultural, intermediario y mediador, fueran debilitados por la política, mientras los intelectuales del viejo orden hegemónico y los de ideas nuevas, o contra–hegemónicas, éstos últimos incluyendo a los apristas, socialistas, poetas de vanguardia y nuevo–indigenistas, se encontraron en cada vez mayor competencia los unos con los otros por la representación, es un hecho incierto. Lo que queda claro, sin embargo, es que la pluralidad de concepciones y prácticas culturales desarrolladas durante los primeros años del Oncenio pronto cedió paso al partidismo político y que, hacia el año 1928, los campos de la política y las artes, y el campo intelectual más amplio, estuvieron marcados por una polarización política creciente, dentro de y entre los grupos dominantes y oposicionistas hasta el año 1930.

Aunque la cambiante composición étnica y las alianzas alternativas dentro del campo intelectual pueden ser atribuidas a los desplazamientos y cismas procedentes de una modernización desigual, y a las concepciones y prácticas culturales en pugna, el estado también fue responsable de alimentar el conflicto, o la condición de heterogeneidad conflictiva. Como señala Miller, las estrategias políticas aplicadas a los intelectuales oposicionistas por Leguía los apaciguaron tanto como los dividieron.[35] Conforme a su postura conciliadora ante las clases subalternas —los campesinos y los trabajadores— entre 1920–1923, y a pesar de una actitud similar ante los terratenientes, industriales y la Iglesia, Leguía empezó por tratar de cooptarlos. Inicialmente, su apoyo a los intelectuales, a través de subvenciones para sus universidades, revistas y viajes a Europa, aplacó este grupo, si bien también alimentó rivalidades entre ellos.[36] Pero si los primeros años del régimen de Leguía (1919–1923) estuvieron marcados por reformas y acomodación, sus últimos años se vieron afectados por concesiones crecientes a las clases dirigentes y represión a quienes se opusieron. El paulatino autoritarismo de Leguía, su elección de deportar a intelectuales al exilio, cuando no encarcelarlos o acortando sus proyectos, sólo reforzó las desavenencias políticas entre intelectuales al forzarlos a tomar partido político.[37] La formación de dos, si no tres, partidos populistas no sólo fragmentó el campo intelectual, sino también un movimiento político–social popular de izquierda y su discurso de resistencia, construido por intelectuales hacia el final del siglo XIX. Pero si la resistencia activa se disminuyó, la oposición a nivel simbólico no sólo persistió, sino que floreció en la prensa, a pesar de los intentos de Leguía por silenciarla también.[38] La protesta popular en contra del estado y la lucha por la representación política y cultural fueron desplazadas de las calles de centros urbanos hacia las proliferantes páginas de una prensa prominente entre clases subalternas y medias, tanto en áreas metropolitanas como provinciales. Y sin embargo, mientras la oposición al estado y a la oligarquía se mantuvo, y se extendió, a través de periódicos y revistas, es decir, por el discurso y diálogo intelectual, también comenzó a escindirse conforme el lenguaje y el significado se disputaban incrementalmente en la pugna ahora predominantemente textual, o textualizada, por la representación. En muchos respectos, por lo tanto, y conforme a lo mencionado anteriormente, ésta última se convirtió tanto, o más, en una guerra de palabras, una lucha por el poder "interpretativo", o como diría Bourdieu, "simbólico", como en un intento físico de tomar el control y de reformar un sistema político y cultural anacrónico.[39]

Por lo tanto, si a partir de 1923 los conflictos políticos entre el estado y la sociedad, y dentro de ésta última, fueron progresivamente realizándose en la prensa, podría decirse que los niveles crecientes de heterogeneidad textual, o cultural, generados por éstos, reflejan y, en su momento, reforzaron la diversidad contextual creciente de posiciones y perspectivas ideológicas en los campos de la política, las artes, y el campo intelectual, mientras que los grupos de interés (contra–)hegemónicos lidiaron entre sí en éstos últimos.[40] Hacia 1928, estos campos estaban tan disputados y las perspectivas ideológicas tan polarizadas, como para hacer que la oposición, más allá del discurso, fuera casi insostenible. Por lo tanto, si la interacción conflictiva entre las hegemonías intelectuales, o culturales, y el nivel creciente de heterogeneidad cultural reforzaron la resistencia tanto en las esferas materiales como en las simbólicas durante el período 1919–1923, entonces efectivamente la debilitaron a partir de 1928, alejando la posibilidad de una oposición unida y una ruptura definitiva con el dominio oligárquico.[41] No es que esto fuera previsto, o reconocido, claro está, por intelectuales de izquierda de la época quienes, como el caso de Mariátegui muestra muy claramente, presumieron que una hegemonía nueva, o "nacional–popular", podría ser forjada durante el gobierno de Leguía, o poco después, tanto en el campo político como en el de las artes, o en el campo intelectual, y en el panorama socioeconómico y cultural. En buena medida, podría decirse que la revista y el proyecto *Amauta* de Mariátegui respondieron a y reforzaron la diversidad de las concepciones y prácticas políticas y poéticas de los intelectuales provinciales mestizos de las clases medias de esta época. Pues si hubieran sido concebidos por Mariátegui como un foro para promover la conciencia cultural y el diálogo político, Mariátegui también tuvo la intención de constituirlos como un mecanismo para canalizar y consolidar éstos, es decir, para forjar una conciencia común, un consenso general. Mientras que durante sus dos primeros años (1926–1928) la revista muestra una heterodoxia política y un cosmopolitanismo cultural, durante los dos siguientes da señas de una preocupación creciente por un acuerdo general y la cohesión, como lo hace la formación de su nuevo partido político, en 1928, ante una alianza de izquierda en rápida desintegración, que tan sólo cinco años antes pareció capaz de montar un desafío creíble al estado y las clases dirigentes. Hasta cierto punto, esta preocupación comprometió la concepción y el lenguaje de una unión entre una política y poética marxista–vanguardistas, formulados en "Arte" y "El hombre". Además, aunque la homogeneidad política y cultural, y el nacionalismo de la revista entre 1928–1930 puedan enmascarar la realidad de las crecientes divisiones de estos años, lamentablemente parece que el intento de Mariátegui por construir una nueva hegemonía en respuesta a éstas, sólo logró sostenerlas.[42]

En buena medida, entonces, puede interpretarse que las contradicciones y divisiones existentes en el paisaje socioeconómico y cultural se vieron reflejadas, cuando no acrecentadas, en el campo intelectual del Oncenio, conforme las viejas hegemonías fueron refutadas por las nuevas, que se enfrentaron entre sí por la representación y el dominio de las clases subalternas y medias en rápida expansión, generando convergencias y conflictos que incrementaron la heterogeneidad, tanto a nivel contextual como textual. Conforme a lo sugerido anteriormente, las contradicciones generadas por la interacción de estas hegemonías, es decir, las formas de inclusión y exclusión de éstas últimas, de crear un consenso general y ejercer el control, de promover la unidad y mantener la desunión, acentuaron la heterogeneidad cultural, o conflictiva, de la cual estas hegemonías derivaron. Significativamente, estos esfuerzos en competencia por forjar y mantener una conciencia política y cultural común, un acuerdo general, fueron impulsados por diversas concepciones de las relaciones entre la política y las artes en los procesos de formación de la nación.[43] Fue González Prada quien relacionó la política y las artes en la mente de sus adherentes al plantear la interrogante de nación después de la Guerra del Pacífico y proponer una política liberal–socialista y un arte indigenista como medios para representar e integrar a la mayoría india excluida en la vida nacional.[44] Mariátegui construyó sobre este esfuerzo pionero a través de su teoría y práctica de una política y poética indo–marxista, revolucionaria–popular, desarrolladas a través de la revista y el proyecto *Amauta* y de su Partido Socialista Peruano. Pero esta política y poética, con sus nociones subyacentes de nación, buscaron no sólo reformar, o sustituir, una hegemonía política e intelectual, o cultural, civilista, hispanista, modernista, y posteriormente incluso aprista, con un consenso general "nacional–popular". También estuvieron dirigidas a hacer colapsar el marco conceptual científico–racionalista y las categorías dualistas de análisis manteniendo las nociones y narrativas criollas de nación, y legitimizando las relaciones neo–coloniales de gobierno. Una mirada más atenta a las concepciones políticas marxistas y poéticas vanguardistas entrelazadas, y al léxico de Mariátegui ilumina el valor y la naturaleza simbólicos, o metafóricos, de sus llamados para efectuar un cambio radical y de sus esfuerzos por construir un nuevo modo de pensar y escribir acerca de las contradictorias y competidoras realidades e identidades del Oncenio. También podría destacar las maneras en que estas concepciones y formas textuales mixtas, heredadas y recién inventadas, provinieron de y acrecentaron las tensiones entre las hegemonías y la condición conflictiva de heterogeneidad cultural que operaban en el panorama socioeconómico y cultural, y en el campo intelectual del Perú durante esta época.

Senderos paralelos hacia una política y poética peruana

Como se ha mencionado anteriormente, una estética refractiva vanguardista, aprendida a través de la lectura y escritura extensiva, fomentó, si no aumentó, la conciencia de Mariátegui respecto al potencial creativo de prácticas simbólicas, tanto políticas como poéticas. Pero también alimentó su sospecha acerca de la capacidad de éstas para el engaño, o desvío, particularmente aquellas de los civilistas, de sus séquitos hispanistas, y posteriormente de los apristas, orientadas a la retórica política y elaboración de mitos. Mariátegui dudó particularmente de los mitos totalizadores de nación positivistas, o neo-coloniales, románticos, e incluso modernistas, de los civilistas e hispanistas que negaban las contradicciones y divisiones de la modernización desigual y la migración, o el mestizaje, a gran escala, tomando como demasiada referencia la realidad europea en vez de la nacional, o local. Aunque el escepticismo de Mariátegui hace resaltar a sus adversarios y rivales, y sus ilusorias nociones y narrativas de nación, también subraya la naturaleza imaginativa de sus concepciones y esfuerzos para construir un nuevo lenguaje político marxista, o político–poético, atestiguado, por ejemplo, por su resemantización de significantes claves —como "revolución" y "socialismo"—, utilizándolos de nuevas maneras.[45] El empleo innovador de léxico político, o marxista, de Mariátegui, arraigado en una conciencia crítica de la capacidad de este lenguaje para la revelación y transformación, particularmente al ser poetizado, es testimonio elocuente de su preocupación, y proyecto, por construir una nueva especie de idioma político–poético que cambiara radicalmente las concepciones y prácticas simbólicas políticas, y poéticas, de la década de 1920 en el Perú, como hicieron aquellos de la vanguardia europea. El que su conciencia de y su preocupación por expandir las posibilidades creativas del lenguaje, político y poético, provinieran de su aprobación, o adherencia, intelectual e instintiva, de, o a, una estética vanguardista, se confirma por numerosos escritos acerca de ésta última, sobre todo "Arte" y "La realidad y la ficción", ambos del año 1926. "Arte", en particular, es testimonio de la defensa de Mariátegui de una poética de vanguardia con poderes revolucionarios y reconstituyentes, expresados y realzados a través de un léxico marxista casi místico —"espíritu", "alma", "revolución"—, con el que refiere a y refuerza las concepciones y preocupaciones políticas que amoldan esta poética y que han sido transformadas por la misma. El impulso para investir, o inventar, un nuevo idioma marxista con las propiedades regeneradoras de una poética radical, manifestado claramente en el ensayo seminal "El hombre" de 1925, resuena —si no culmina— en la polémica política con Haya y en el editorial de *Amauta* de 1928, confirmando la prioridad dada a la definición de concepciones, y diferencias, políticas a partir de ese año. La calificación de marxista–leninista que le dio Mariátegui a su noción de revolución y a su política en octubre de 1928, es señal, como sugiere Luna Vegas, de su creciente sentido de la insuficiencia del vocablo "socialista", cuando no de un léxico socialista, así como de su impulso por dar a este significante nuevas acepciones por medio de la inclusión en, en vez de por la exclusión de, como Haya, un nuevo lenguaje poético de una política indo–marxista.[46] Como se ha sugerido anteriormente, el ascendiente de estos términos e intereses políticos marxistas en su trabajo a partir de 1928 puede, sin embargo, haber disminuido la visión poética, o político–poética, que tuvo de una política arraigada en una relación de contrapunto, o dialéctica, con la poética vanguardista varios años antes.

    La temprana sensibilidad de Mariátegui hacia las posibilidades creativas, o hermenéuticas, de la representación poética o política, las de ésta última dependiente de las de la primera, provenientes más, o tanto, de la metáfora que, o como, del mito, probablemente fue formada por su lectura de Nietzsche, descubriéndo, como éste, la capacidad del lenguaje metafórico, y mítico, tanto para iluminar como para disimular, así como la habilidad para promover el primero a través de una conciencia del último.[47] Pero esta sensibilidad se vio desarrollada por una estética de vanguardia europea forjada por una mezcla embriagadora de Marx, Freud *y* Nietzsche, de dualidades y dialéctica, mito, metáfora y montaje, realidades subjetivas, o simbólicas, y objetivas, o materiales, que buscaba extender los límites del imaginario popular y personal, y de la racionalidad, incitando así al cambio radical. La experiencia de Mariátegui respecto de estos acontecimientos en Europa fue intensificada a raíz de su temprano contacto con la vanguardia a través de *Colónida*, por muy incipientes las concepciones y prácticas de sus miembros.[48] Su prolífica lectura de filosofía, teoría política y estética, unida a su involucramiento personal en actividades artísticas antes y después de su viaje a Europa, lo hicieron más consciente del poder de transformación del lenguaje y del pensamiento poético, afirmando a la vez la intuición que parece haber adquirido de esto, proveniente de su prolongada práctica de escribir de manera poética y política, lo cual lo convirtió en un sagaz lector del trabajo de otros y de sus tiempos.

Basta con estudiar el ensayo seminal "El hombre" de 1925 para encontrar sólidas evidencias de la comprensión intelectual e intuitiva que tenía Mariátegui sobre las posibilidades radicalizadoras que ofrecía una poética vanguardista para un nuevo pensamiento político marxista. Planteándo esta política como modificada por y como un medio para construir un mito político de nación, e investiendo a éste último con las mismas propiedades que la metáfora —es decir, la capacidad de revelar, o iluminar, antes que de reflejar, desviar, o disimular— esto inspirado por Nietzsche, Mariátegui confirma las cualidades ambiguas —aunque en última instancia afirmadoras— del lenguaje, mítico y metafórico, poético y político, o político–poético. Además, insinúa con ello que este mito, o forma mítica de lenguaje y pensamiento, está modulado, o contaminado, por un nuevo tipo de metáfora, o lenguaje metafórico, que en sí mismo está poseído por el poder revolucionario del mito y de la política marxista. Su convicción y construcción de un lenguaje mítico–metafórico, político–poético, radicalmente modificador, se evidencia en este ensayo en el rol creativo, o activo, que le asigna a los símbolos y mitos políticos —es decir, a las formas metafóricas de representación y reflexión— para excitar la imaginación, individual y popular, y despertar la conciencia emocional e intelectual que se requiere para lograr un "verdadero" cambio, o revolución.[49] El mito, o la metáfora, de una revolución socialista es concebida entonces como capaz de realizar la función de una poética radical: la de modificar las concepciones y prácticas culturales, las formas de conceptualizar y representar la realidad, para inducir y asegurar un cambio integral y continuo, o una "revolución permanente".[50] El reconocimiento y la consolidación de Mariátegui de las dimensiones conceptuales, o culturales, de esta nueva política marxista —y de la poética vanguardista en la cual se basa— se manifiestan a través del énfasis que le da a su atractivo subjetivo, es decir, a la capacidad que tienen para estimular una imaginación crítica y creativa, personal y popular, lo que las asemeja con la religión. Como Sorel, Barbusse y Breton, Mariátegui percibe entonces la capacidad de una política y poética radical de cumplir la función de la creencia y el ritual religiosos en tiempos pre–modernos, o menos seculares y racionales, vale decir, el rol de la iluminación y transformación espiritual e intelectual interpretado por los místicos del siglo XVII.[51] A través de vocablos como "fe", "alma" y "espíritu", o "yo profundo" y "eternidad", Mariátegui compara las propiedades creativas de una, o su, nueva política y poética nacional, o "nacional–popular", con las de una forma espiritualista de religión, la convergencia y conversión de todas estas connotadas por el sustantivo "mito".[52] Así, la conciencia, las concepciones y la nueva perspectiva conceptual (auto–)crítica y creativa, compartida y sincrética, impulsadas y sustentadas por esta política y poética, se asocian con la convicción, o fe, intelectual e intuitiva, sostenida por una mentalidad religiosa o espiritualista. Vinculando una renovada y renovadora política y poética con un misticismo regenerador, Mariátegui señala un reconocimiento de su potencial transformador, así como su valor para proporcionar una forma, tanto conceptual como de representación, para sostener y promover éste último.

Podría decirse entonces que las propiedades de transformación radical a largo plazo de la nueva política y poética de Mariátegui se sustentan no sólo en una concepción cuasi–religiosa, o mística, de éstas, sino también en una noción mágica, o popular–religiosa, de éstas y de la religión misma. Se trata de una concepción que refleja y refuerza el papel creativo de la imaginación, tanto personal como popular, para moldear formas de pensamiento y representación, políticas, poéticas, o espirituales. En última instancia, es esta percepción imaginativa y concepción mágico–religiosa de la política y poética que se comunican a través de una nueva forma de lenguaje mixto, o mediador, político–poético, mítico–metafórico–mágico, o místico, las que confirman las cualidades visionarias de los escritos políticos de Mariátegui ya que parecen evocar, o invocar, un orden inminente, pos– o "verdaderamente" revolucionario, en el cual esta nueva política marxista y poética vanguardista, a partir de 1928 una política indo–marxista y una poética neo–indigenista, prevalecen.[53] Esta percepción semi–utópica de un futuro "revolucionario" en un presente "decadente", o de transición, que pronto se convertirá en pasado, es reforzada por el tono emotivo de su prosa poética, que por momentos se aproxima a lo extático, transmitiendo así algo del fervor religioso que piensa que una política y poética peruana, indo–marxista y vanguardista, de "revolución" inspirará en otros.[54]

Mariátegui comunica, o construye, una política radical a través del lenguaje transformador de la poesía moderna y de la religión mística, de la metáfora poética y del mito político, señalando así en qué medida ha sido informada por ellos —y en qué medida ella los ha moldeado. Al citar la excesiva racionalidad y secularidad, o escepticismo, es decir, la necesidad de emprender una renovación tanto espiritual como material, sugiere el motivo de su concepción y el de crear una nueva poética, pero hacia 1926 y 1928 plantea razones más concretas para construirlas. Los debates que mantuviera en esos años sobre la poética vanguardista, y la política marxista con Haya, son un testimonio de la conciencia que tenía Mariátegui de la necesidad de contar con una nueva perspectiva conceptual, tanto poética como política, crítica y creativa, o compartida y sincrética, para hacer frente a la de los civilistas positivistas, hispanistas y modernistas, y a la de los poetas y activistas políticos apristas. Para Mariátegui, la imitadora, reduccionista, u ofuscante, retórica de modernidad y de reforma, o "revolución", de éstos delataba su preferencia por crear mitos políticos dirigidos a desviar, o distraer, antes que a promover una revelación, o participación, construidos sobre una reciente poética y política liberal, semi–romántica, que Mariátegui implícitamente concibe como "decadente", frente a la nueva poética de vanguardia. Sus adhesiones románticas son consideradas como anacrónicas, en el peor de los casos, y transitorias, en el mejor de los casos, particularmente si incluyen elementos que provienen de las estéticas de los siglos XIX y XX, es decir, concepciones y prácticas romántico–simbolistas y vanguardistas, o futuristas, entretejidas, como en el caso de la poesía *simplista* de Hidalgo.[55] Así, Mariátegui postula su nueva política y poética marxista, además de su mito político–poético de "revolución" indo–marxista "verdadera", y de nación integrada, como alternativas frente a esos "falsos" y falsificantes mitos de continuidad, de "crisis", o de "decadencia".[56] Impulsada y sustentada por un nuevo mito marxista de revolución y nación, así como por una forma metafórica de representar y conceptualizar la realidad, inspirados por el marxismo y la vanguardia internacionales, esta nueva política y poética tendría por objeto derrumbar los mitos unitarios de continuidad y de nación cohesiva, u homogénea, tanto de los positivistas liberales como de los apristas, al igual, desde luego, sus modos imitativos de representación y pensamiento poéticos, tanto romántico–simbolistas como modernistas, o "vanguardistas", es decir, futuristas. Lo que sostiene su política, su poética y su mito indo–marxista revolucionarios, y les proporciona el poder catalítico para cambiar y sustituir los de sus rivales, es entonces una nueva forma de pensamiento y lenguaje político–poéticos enraizada en la metáfora radical. Si ésta fue inspirada por una estética vanguardista, la misma pudo también haberlo alertado a la capacidad de algunos poetas, como Martín Adán, de cultivarla. De hecho, los escritos de Mariátegui de 1928 sobre éste último pueden ser entendidos como un manifiesto a favor de una nueva poética de la metáfora y de ésta como la base de una nueva política de "verdadera" revolución, por la que él abogara tres años antes en "El hombre".[57]

Podría decirse que estos ensayos aclaran el llamado que hace Mariátegui a partir de 1926 para forjar un "espíritu nuevo", ante lo que ve como las crecientes contradicciones y divisiones del Oncenio, y el mimetismo poético y la elaboración de mitos políticos, o la carencia de un pensamiento independiente y transparente sobre éstas, entre adversarios y rivales. Pero estos escritos también esclarecen cómo concibe la forma para lograr esta nueva perspectiva conceptual, y de representación, (auto–)crítica y creativa. Pues el "disparate puro", o la metáfora radical, que Mariátegui considera como la clave de la poética de Adán, se convierte ella misma en metáfora de este nuevo modo de pensamiento y representación metafóricos o abstractos.[58] Identificando, o invistiendo, los escritos de pura "tontería", o los fragmentos "absurdos", de Adán con un poder y propósito renovador, revolucionario, Mariátegui implícitamente los compara con el tropo cultivado por los surrealistas franceses y los ultraístas españoles y argentinos por igual, vale decir, la metáfora radical, o pura, en un intento por subvertir y suplantar la estética burguesa racionalista del realismo y la del romanticismo, así como cualquier vestigio de éste último ya sea en el simbolismo o el modernismo. Interpretando el "disparate", o la metáfora, como un instrumento de "desorden", o de "disolución", conforme a una poética vanguardista, Mariátegui identifica entonces una forma, y una categoría, de representación y conceptualización con las cuales transformar la retórica y el pensamiento reduccionista, o totalizador —el "absoluto burgués" y el "espíritu", o la "filosofía", tanto de, se infiere, los civilistas positivistas como de los "moderados" apristas— en una nueva poética y política indo–marxista radical, o revolucionaria.[59] Para Mariátegui, el proceso revolucionario de desmantelar los paradigmas existentes del pensamiento y de la representación poéticas y políticas, y de construir modelos nuevos —"términos, símbolos y conceptos"— en su lugar, es decir, un "orden nuevo" utópico sobre los escombros del "desorden", está evidenciado en la reformulación de Adán del soneto alejandrino.[60] Epítome de la "poesía clásica" y cumbre de la alta cultura —o como diría Mariátegui, el nadir de la "decadencia"—, esta forma poética, en manos de Adán, que manejan el "disparate puro", se convierte en el "anti–soneto", un género híbrido que impide el renacimiento del soneto clásico, como un "anti–cuerpo", a la vez que garantiza la formación de un nuevo orden poético, o una "verdadera tradición".[61]

  La evocación de Mariátegui de los métodos y la mentalidad iconoclastas de Adán no podría ser más gráfica, o metafórica, que cuando compara a este poeta con un insecto que, después de introducirse astutamente en el corazón mismo de un objeto apreciado, empieza a consumirlo desde dentro: "No bastaba atacar al soneto de fuera como los vanguardistas: había que meterse dentro de él [...] para comerse su entraña hasta vaciarlo. Trabajo de polilla, prolijo, secreto, escolástico".[62] Esto evidentemente implica que los intelectuales y artistas peruanos deberían, como Adán, construir nuevos paradigmas, y una tradición intelectual y cultural, desde dentro de los que habían heredado, o estaban preestablecidos, es decir, descubrir a través de formas cosmopolitas, un camino hacia la representación y determinación personal y nacional. Si las revolucionarias formas de representación y pensamiento cosmopolitas de Adán estaban arraigadas en una poética vanguardista nueva, o renovada, para Mariátegui el valor total de ésta última derivaba de su habilidad para promover una nueva política marxista, quedando disipada cualquier duda al respecto por las palabras: "Así Martín Adán [...] traza en el paisaje un camino marxista".[63] Aunque para Mariátegui esta política marxista revolucionaria dependía de la categoría conceptual de la dialéctica, vio que ésta podía activarse y sustentarse a través de la obra de poetas como Adán, y Magda Portal, a través de formas metafóricas de representación basadas en el principio y la práctica vanguardista de yuxtaposición, que reflejan la categoría política y filosófica de la dialéctica.[64] Esta noción de la base conceptual compartida de una poética vanguardista y política marxista radical sostiene la idea de Mariátegui acerca de la compatibilidad, o coexistencia, de éstas y de los paradigmas y tradiciones cosmopolitas y nacionales dentro de los cuales están construidas, y que ellas mismas acaban por reconstituir. Además, el propio concepto y categoría conceptual de la dialéctica subraya la noción de Mariátegui de un nuevo modo de pensar, crítico y creativo, compartido y sincrético, derivado tanto de la imaginación como de la racionalidad. Si dos sistemas de pensamiento —uno intuitivo, o sensorial, el otro, intelectual, o cognitivo— podían fusionarse a través de la dialéctica, o de la dinámica de la yuxtaposición, y ésta podía encerrarse en, o realzarse por, la metáfora radical, apelando tanto a la imaginación creativa como a la conciencia crítica, el valor poético y político, y en última instancia hermenéutico, de este tropo —y por extensión del lenguaje poético— para producir un nuevo entendimiento y precipitar el cambio, no se perdió en Mariátegui. Es más, fue lo suficientemente sagaz, o idealista, para darse cuenta de que el potencial político renovador de esta forma poética dependía de esta dialéctica, o yuxtaposición; es decir, de estos dos modos de pensar, y de los signos que estos convocaban, siendo encerrados en un conflicto, una lucha creativa entre sí —lo que Mariátegui define como "agonía" al hablar de la poesía de Portal—, una pugna que fomentaba una (auto-)conciencia y un sentido de agencia entre quienes estaban implicados en ella.[65]

Si bien Mariátegui reconoció las propiedades creativas de la dialéctica al interior de la metáfora radical, también entendió cabalmente el valor de este concepto y categoría conceptual para el pensamiento marxista, para un nuevo mito de revolución socialista y de nación. Escribió con fluidez y elocuencia sobre ello en diversos ensayos políticos.[66] Pero si el marxismo era o podría convertirse en un proyecto creativo, como una poética de la metáfora, la sugerencia es que ello sólo sería posible si, como en el caso de la metáfora, el lenguaje a través del cual se comunicase generara un proceso transformador de interpretación y una interacción creativa de significantes, significados y sistemas de significación, o formas de pensar. Para ello —se infiere, sobre todo cuando se recuerda la concepción de Mariátegui, en "Arte", de una poética radical, junto con el léxico político–poético marxista–vanguardista, que construyó para articularla y formularla—, se requería una conciencia del lenguaje, o del potencial creativo de éste. Si esta conciencia fuera facilitada por un lenguaje poético arraigado en la metáfora radical, ésta también fomentaría el conocimiento de e impulsaría el cambio en las concepciones y prácticas políticas liberales y marxistas. La noción de Mariátegui de una poética vanguardista radical como base para una política marxista revolucionaria, y como preludio de y acompañamiento a un cambio integral y continuo, puede entonces haber provenido de un reconocimiento de la capacidad de la primera para cambiar las concepciones y prácticas políticas y poéticas. Sin embargo, Mariátegui desarrolló esta noción a partir de una comprensión espontánea y estudiada de las heterogéneas realidades del Perú —las realidades recientes y las históricas, las locales y nacionales— las mismas que, unidas a condiciones políticas cada vez más represivas, sólo confirmaron la necesidad de un cambio profundo y prolongado. Al parecer, Mariátegui llegó así al punto de partida desde sus días en el grupo *Colónida*. Como se ha mencionado anteriormente, el grupo y la revista *Colónida* abogaron por una regeneración espiritual —a través del arte— para iniciar el cambio social y político, aun cuando en 1928 tanto el uno como el otro fueran igualmente prioritarios para Mariátegui, tal como lo sugiere su concepción de una poética y política radical conjunta, o recíproca. Las ideas de Mariátegui sobre el cambio integral a largo plazo, su conciencia de que éste debía ser concebido y realizado como un proceso, estuvieron claramente inspiradas por los acontecimientos culturales y políticos que se dieron en Rusia —así como en Francia e Italia— y que involucraron a los futuristas y bolcheviques, así como por la idea, o el ideal, de una "revolución permanente". Podría decirse también que estuvieron imbuidas del concepto andino político–religioso del "pachacuti", o transformación total. Sin embargo, como señalan Flores Galindo y Miller, también fueron sustentadas por un realismo derivado del conocimiento empírico y teórico de las condiciones contextuales en el Perú de la década de 1920.[67] Además, como se ha sugerido anteriormente, fueron también inspiradas e impulsadas por una estética vanguardista, como lo evidencia no sólo la percepción de Mariátegui sobre ésta como un proceso auto–creativo de cambio ("proceso de disolución"), sino también su descripción lírica de los métodos poéticos de Adán.[68]

La noción de un nuevo paradigma poético, político, o político–poético, construido entre aquellos que han sido heredados, de un nuevo orden utópico ("orden nuevo"), o una tradición ("verdadera tradición"), o hegemonía, nueva, o "nacional–popular", edificada en medio del "desorden", o de los escombros de un conjunto de concepciones y prácticas culturales cosmopolitas, y nacionales, ahora en gran parte caduco, o "decadente", evocada por Mariátegui frente a la poesía de Adán, constituye un testamento apropiado de ésta última.[69] También atestigua lo que Adán y otros "valores–signos", como Portal, construían dentro de *su* hegemonía, sin mencionar lo que él intentaba lograr desde dentro las versiones vanguardistas y marxistas internacionales, y las de los civilistas, hispanistas y apristas cuasi–nacionales.[70] Pero también comunica su visión de la necesidad de un proceso dinámico y continuo, o "realmente" revolucionario, de cambio para el Perú durante, y después, del Oncenio.[71] Que ello pudiera ser incitado y sostenido por una nueva, renovada, o auto–renovadora, poética y política, éstas convirtiéndose así en una poética y política de cambio, o de "verdadera" "revolución", en lugar de "crisis", o "decadencia", sólo confirmaba para él el valor político marxista de una poética vanguardista, o de una política marxista poetizada —y de una poética politizada—, para escribir un nuevo mito indo–marxista de nación, de un conjunto de realidades nacionales. Los ensayos político–poéticos de Mariátegui sobre el mito ("El hombre"), de 1925, y la metáfora ("Arte"; los ensayos sobre Adán), de 1926 y 1928, afirman esta comprensión de las posibilidades inventivas de esta forma de poética y política mixta, mediadora, o liminal. Sin embargo, también testimonian su desconfianza —expresada en dos polémicas, en 1926 y 1928— frente a una poética futurista y una política aprista, "marxistas", aprestadas para negarlas a través de un empleo diferente, o dependiente, del lenguaje y del mito dirigidos a la ilusión, antes que la iluminación, el "mensaje", en vez del "significado", y al desvío/reflejo antes que la refracción e interpretación.[72] Podría decirse entonces que estos ensayos y las dos polémicas proporcionan valiosos datos para comprender la concepción político–poética y la construcción de un proyecto político y poético, o cultural, dirigido a forjar una hegemonía nueva, o "nacional–popular", en el Perú de la década de 1920.[73] Además, junto con los textos claves de *Amauta* y *Siete ensayos* —sobre todo "El proceso", que afirma el carácter y la función transformativos de la literatura y las artes— proveen evidencia contundente de la visión poética que alimenta y asegura la concepción y continuidad de esta empresa, esta aventura, imaginativa.

Nuevos inicios: Una relectura de las realidades peruanas

Para Mariátegui, el problema principal, o más urgente, que debía enfrentarse en el proceso difícil de formación de la nación luego de los desastres de la guerra (1879-1883), era que los intelectuales y artistas de ambos lados del espectro político desarrollaran una nueva forma de pensar, crítica y creativa, independiente e innovadora. Podría decirse que fue una estética vanguardista, que conoció en el país y en el extranjero, la que lo condujo a identificar esta necesidad y a descubrir cómo satisfacerla. Pues un lenguaje impulsado por la metáfora radical no sólo le expuso la "decadencia" de una poética hispanista civilista, o modernista, y la de una poética aprista futurista, dadas a la retórica "despolitizada" y la construcción del mito, sino que también le brindó valiosas posibilidades para su disolución y —lo que es quizás más importante aún— los conceptos y las concepciones "políticos" que las moldeaban.[74] Al generar una conciencia crítica del lenguaje, tanto poético como político, y de su uso, para inducir a la imitación, o ilusión, y a la interpretación, o iluminación, a la continuidad y al cambio, una poética radical hizo visible y cubrió la necesidad de una nueva perspectiva conceptual, creativa, para Mariátegui y frente a la relación entre la política y las artes en el Perú de la década de 1920. Mariátegui percibió temprana y claramente que este nuevo modo de pensar, fomentado por metáforas que apelaban tanto a las formas sensoriales como a las formas cognitivas del pensamiento, y que dependía, como este tropo, de los principios vanguardistas y marxistas de la yuxtaposición y la dialéctica, podría, o debía, servir para erosionar las concepciones y prácticas poéticas y políticas reduccionistas o excesivamente racionalistas —sobre todo éstas últimas— y las nociones, o mitos, de nación que sustentaban, y para construir otras nuevas que las reemplazaran.

Podría afirmarse, entonces, que fue el concepto de un nuevo paradigma conceptual, arraigado en los principios filosóficos y epistemológicos de una poética vanguardista y una política marxista, y reforzado por formas nuevas, renovadas, o radicales, de ésta última que inspiró y le dio a Mariátegui el incentivo a largo plazo para su proyecto creativo de construir una hegemonía distinta. Si inicialmente este proyecto tuvo por objeto cuestionar y transformar las concepciones y prácticas, los proyectos y las hegemonías políticos y poéticos de los civilistas positivistas, hispanistas y modernistas, irónicamente también tuvo cada vez más el propósito de reforzar una oposición escindida, mientras que fue defendiéndose de los ataques de los elementos disidentes a su interior. La fragmentación de las lealtades poéticas y políticas entre los "nuevos intelectuales" y, a partir de 1926, o de 1928, dentro del círculo cercano a Mariátegui —o en la hegemonía emergente—, puede haber debilitado la resistencia frente a los civilistas, pero también agudizó las concepciones políticas y poéticas, y radicalizó las prácticas simbólicas, al menos en el caso de Mariátegui y de algunos de sus adherentes. Las condiciones, o divisiones, políticas y las represalias del estado —a partir de 1928— pueden haber comprometido la visión poética de la política que Mariátegui nos ofrece en "Arte" (1926), obligándolo a privilegiar el lenguaje y los conceptos políticos sobre los poéticos, el mito político sobre la metáfora poética, o el mito político–poético propuesto en "El hombre" (1925), y las dualidades sobre la dialéctica, tal como se insinúa en escritos posteriores.[75] Paradójicamente, también es posible que estas condiciones y preocupaciones políticas agudizadas disminuyan el valor político —para no mencionar el valor poético, y personal— de estos escritos, sobre todo cuando se los lee junto con "El hombre". Sin embargo, también podría decirse que éste último, es decir, la concepción poética, vanguardista, de la política, indo–marxista, o el mito político–poético, de Mariátegui redime a estos escritos, vale decir, la excesivamente política —y, por lo tanto, defectuosa— posterior expresión escrita de esta concepción, al restaurar, aunque en forma parcial, el potencial hermenéutico de su léxico.

Las distintas posiciones poéticas y políticas que tenían los intelectuales y artistas en la hegemonía naciente de Mariátegui pueden haber amenazado la unidad e integridad de su proyecto creativo, o cultural. Los proyectos y las intentadas hegemonías de los intelectuales y artistas rivales, al igual que los de Mariátegui, pueden haber estado dirigidos tanto a desafiar los de los civilistas e hispanistas/modernistas —cuando no también los de Mariátegui— como a construir y consolidar un conjunto compartido de métodos y valores políticos y poéticos. Así, sus prácticas simbólicas podrían haber disputado a la vez que construido esta conciencia común y empresa colectiva, y el campo intelectual en el que estaban arraigados, y mientras que otros forjaron sus propios proyectos, sobre todo a partir de 1928. Adán y Portal podrían haber abierto sus propias sendas poéticas al interior de esta nueva hegemonía intelectual, o cultural, intermediaria, o mediadora, de Mariátegui, tal como lo hicieron los indigenistas quienes, obligados a declararse por Mariátegui o Haya en 1928, incluso después de haber optado por el primero, desarrollaron diferentes formas conceptuales y lingüísticas a las de él.[76] Este proceso paradójico, o dialéctico, podría reflejar además lo que Bourdieu identifica como la función y relación dinámica e interactiva de y entre las prácticas de representación y las estructuras sociales en el campo "intelectual" y cultural.[77] En buena medida, sin embargo, estas diversas posiciones y perspectivas, y este proceso dialéctico sólo confirman el valor del —y en su día consolidaron el— proyecto y la hegemonía alternativa de Mariátegui, aunque más ensayados que efectuados, como un foro y un marco en los que podrían debatirse y desarrollarse concepciones y prácticas poéticas y políticas convergentes y divergentes.[78] Al fomentar el diálogo entre diferentes formas de conceptualización y representación, Mariátegui pudo, a través de una combinación de intuición e intención, haber descubierto una manera de plasmar un proyecto y una hegemonía críticos y creativos, capaces de perseguir y promover esa forma esquiva de pensamiento que los inspiró.

Las súplicas que hace Mariátegui para construir un nuevo paradigma para repensar los problemas de una modernidad peruana contradictoria, edificado sobre o entre una poética vanguardista y una política marxista radical, llaman la atención entonces sobre su propia forma de pensar y la de otros quienes estuvieron influidos por él, y quienes él llegó a despreciar. Estos llamados además ponen en cuestión las maneras en que se ha interpretado y se puede interpretar las traslapadas y bifurcantes concepciones y prácticas poéticas y políticas, y las complejas realidades poscoloniales de las que nacen y que ellas moldean. Como se ha mencionado anteriormente, podría interpretarse que las concepciones y el léxico intersecados, heterodoxos, de Mariátegui de una política y poética de "verdadera" revolución, proceden de, o se inspiraron en, y contribuyeron a, la heterogeneidad de las condiciones culturales y las prácticas simbólicas de sus tiempos y sus pares. Juntos proponen y proporcionan una nueva forma, (auto–)crítica y creativa, de leer y retratar, y una nueva narrativa de, las realidades nacionales–locales, o de nación, como contradictoria, o conflictiva, y por lo tanto capaz de cambiar. Respondiendo a sus propios llamados para forjar un "espíritu nuevo", una perspectiva conceptual compartida y sincrética para entender las desiguales realidades peruanas, Mariátegui también llama la atención sobre la capacidad de éstas últimas para fomentar una conciencia de la necesidad y posibilidad de realizar un cambio radical, como en su propio caso. Su forma de reflexión y de representación nueva, dialéctica, o dialógica, y la política marxista y poética radical, así como el mito político–poético, o indo–marxista, de nación que sustenta, estuvieron en buena medida dirigidos, como se ha sugerido anteriormente, a revolucionar el concepto y proceso de revolución frente a la forma, al mito ilusorio, de Apra de ésta última. Es posible que Mariátegui también tuviera en mente la política "revolucionaria" de Stalin, o la de la Tercera Internacional, expresándose su oposición, o su desgana para ajustarse, a ésta en la cuarta polémica que mantuvo durante la década de 1920: la disputa con el Komintern en 1929.[79] Las concepciones y el lenguaje político–poéticos de Mariátegui, junto con las condiciones y los conceptos de heterogeneidad cultural y de hegemonía, ofrecen entonces un nuevo paradigma para interpretar los múltiples desplazamientos y cismas, luchas por el poder "interpretativo" o "simbólico", que caracterizan el Oncenio.[80] Como se sugiriera anteriormente, éstos se pueden leer entonces como un proceso dinámico, o dialéctico, de cambio y continuidad, de conflicto cultural, vale decir, como una condición, o un proceso, de heterogeneidad conflictiva y transformadora, o de hegemonías heterogéneas, incluyendo la de Mariátegui.

Las concepciones y el léxico de Mariátegui, al igual que los conceptos de Cornejo Polar y Gramsci, esclarecen y, en el caso del primero, pueden haber fortalecido dos procesos históricos que durante años han formado y fracturado el panorama socioeconómico y cultural, y el campo intelectual del Perú, y que han sido agravados por la modernización parcial del país, es decir, el empuje y el repliegue hacia un centro criollo costeño y una periferia andina. Si las fuerzas centrípetas sugieren la concentración, u homogenización, sociopolítica y cultural, a través de la coerción o el consentimiento, y lo contrario a esto, la descentralización, nos hace pensar en la dispersión y la diversidad, los conceptos de hegemonía y heterogeneidad respectivamente las reflejan convincentemente. Sin embargo, si unimos estos conceptos, interpretándolos y sus referentes uno frente al otro, se plantea una lectura distinta de, y una diferente forma de leer, los procesos centrípetos y centrífugos de la modernización y del mestizaje. La heterogeneidad cultural y la hegemonía, entendidas en términos de concepciones culturales y prácticas simbólicas, entonces pueden ser interpretadas como condiciones, o procesos, culturales interrelacionados, o dialécticos, cada una configurando y consolidando a la otra, a la vez que simultáneamente construye y disputa el paisaje socioeconómico y cultural, esclareciendo así la complicada naturaleza de la modernidad y formación de la nación en el Perú de la posguerra.

Además —y quizás esto sea más importante aún—, al concebir a los conceptos y las condiciones, o los procesos, de la heterogeneidad y hegemonía como contiguos, o interconectados, cada uno puede ser entendido en términos del otro. Así la heterogeneidad cultural, tanto textual como contextual, puede ser interpretada como un ensamblaje flojo de concepciones y prácticas análogas en conflicto —o hegemonías— que, mientras que compiten, se consolidan mutuamente y al mismo tiempo refuerzan la diversidad cultural de la cual proceden.[81] Esto entonces permite que el concepto y la condición de hegemonía intelectual, o cultural, sean redefinidos en términos de la pluralidad, o heterogeneidad, reflejando y reforzando así la dinámica de dominio que los informa, o conforma. Reinterpretados de esta manera, la noción y el proceso de hegemonía hacen plenamente visible no sólo la variabilidad contextual de las condiciones socioeconómicas y culturales, y el campo intelectual, del Oncenio, sino también la heterogeneidad interna de sus hegemonías, sobre todo la de Mariátegui.[82] Es más, la combinación de los conceptos y las condiciones–procesos de la heterogeneidad y la hegemonía permite que estas concepciones y prácticas, y modos de conceptualización y representación, sean analizados y evaluados en términos de su capacidad y valor para construir un nuevo marco conceptual y epistemológico para la comprensión y reconstrucción de las identidades y realidades personales y nacionales dentro y fuera de esta época —los años de 1920— en el Perú. Se trata de un paradigma que es capaz de desplazar las categorías dualistas y divisivas de análisis favorecidas por los civilistas positivistas y sus cohortes hispanistas, y la dialéctica reduccionista de los apristas, promoviendo nociones unitarias, o populistas, de nación y sentimientos nacionalistas.[83]

Si al examinar las concepciones y prácticas políticas y poéticas —sobre todo aquellas informadas por una vanguardia internacional— a través del prisma de una heterogeneidad conflictiva, o como componiendo varias hegemonías heterogéneas, confirma el argumento de Lauer respecto a que éstas no lograron producir un "ismo" nacional, como en Argentina y México, el carácter diverso y dividido de dichas concepciones y prácticas también ofrece alguna pista sobre por qué ello fue así.[84] Además, esta óptica hace plenamente visible los contornos desiguales de los campos de la política y las artes, y del campo intelectual, durante el Oncenio, y postula, a la vez, otra forma de evaluarlos y las concepciones y prácticas simbólicas compartidas, aunque también en conflicto, asimismo las contradictorias condiciones socioeconómicas y culturales que los moldearon. Podría decirse razonablemente que la pluralidad, la heterogeneidad, dentro de la oposición a Leguía en general y la hegemonía alternativa emergente de Mariátegui en particular, disminuyó la posibilidad de construir una lectura política y poética de, y un modo de leer, nación en el Perú, coherentes y diferentes, capaces de desplazar, o reemplazar, los de las clases dirigentes. Pero la forma de reflexión y representación político–poética, mediadora, o liminal, heterodoxa, o heterogénea, de Mariátegui refleja y realza las propiedades hermenéuticas, transformadoras, del lenguaje poético, transformando así su modo de leer y escribir, y su narrativa política, o mito, de nación indo–marxista en un paradigma y un proceso interpretativos. Con el potencial que tuvieron para un mejor entendimiento de las diversas realidades y representaciones de una modernidad desigual, y para forjar una nueva hegemonía sobre los escombros de un orden oligárquico "decadente", estos fueron una fuente de inspiración —aunque también de discusión— para muchos intelectuales y artistas durante y después del Oncenio.[85]

Notas

1. Ver Cornejo Polar, Antonio, *Escribir*, para una explicación del concepto de "heterogeneidad cultural". De aquí en adelante esta frase y los términos "heterogeneidad" y "heterogéneo(s)/a(s)" corresponden a las ideas de Cornejo Polar (Cornejo Polar, Antonio, *Escribir*).
2. De ahora en adelante, las nociones de "campo intelectual" y "(contra–) hegemonía(s)" se encuadran dentro del pensamiento de Bourdieu (Bourdieu, Pierre, "Intellectual Field") y Gramsci (Gramsci, Antonio, *The Antonio Gramsci Reader*) respectivamente.
3. Véase Franco, Jean, "Afterword", 511, Gramsci, Antonio, *The Antonio Gramsci Reader*, 302 y Rama, Ángel, *La ciudad letrada*, 43, para más sobre los conceptos de "(lucha por el) poder interpretativo", e intelectuales "tradicionales" y "nuevos" respectivamente. De aquí en adelante las referencias a estos conceptos aluden a estos textos. Por otra parte, el término "clase media" necesita calificación dado que este sector social fue mayoritariamente incipiente y, por lo tanto, heterogéneo. La noción de Ángel Rama de los "nuevos intelectuales", mientras tanto, puede ser entendida en relación con el concepto de intelectuales "orgánicos" de Antonio Gramsci (Gramsci, Antonio, *The Antonio Gramsci Reader*, 302), quien utiliza el vocablo "orgánico" para diferenciar a los intelectuales provenientes de las clases trabajadoras de aquellos —intelectuales "tradicionales"— de las clases profesionales. Ver Forgacs, David, ed., *The Antonio Gramsci Reader*, 425, para una explicación concisa de estos términos.
4. De ahora en adelante toda mención de las nociones de "revolución" y "espíritu nuevo" corresponde a Mariátegui, José Carlos, "Arte, revolución y decadencia", 121.
5. De aquí en adelante las referencias a lo "nacional–popular" aluden a la definición de Gramsci (Gramsci, Antonio, *The Antonio Gramsci Reader*, 364–370) de este concepto. La elección del vocablo "nacional" de Gramsci y Mariátegui proviene tanto de su concepción del proletariado, aliado con el campesinado, como constituyendo la mayoría moral, como de su convicción marxista en su misión revolucionaria para volcar un orden político y socioeconómico liberal–capitalista.
6. Ver D'Allemand, Patricia, *Hacia una crítica*, 25–57.
7. Una selección de estos ensayos se encuentra en Mariátegui, José Carlos, *Peruanicemos*.
8. Véase Forgacs, David, ed., *The Antonio Gramsci Reader*, 426.
9. Ver Gramsci, Antonio, *The Antonio Gramsci Reader*, 197, para más sobre este "arte de gobernar".
10. En relación a este punto, véase Mariátegui, José Carlos, "El proceso de la literatura" (en adelante abreviado como "El proceso") en *Siete ensayos de interpretación de la realidad peruana* (en adelante referido como *Siete ensayos*).
11. Como lo sugiere el ensayo "Arte", Mariátegui deliberadamente intenta construir estos mitos a partir de 1926. La culminación de este proceso en el cual las concepciones y preocupaciones políticas parecen tomar prioridad sobre las preocupaciones poéticas, puede verse en su editorial de *Amauta*, publicado en

septiembre de 1928 (Mariátegui, José Carlos, "Aniversario"), y los ensayos–capítulos de *Siete ensayos*, publicados en noviembre de 1928.

12 Una lectura superficial de los textos de Mariátegui, antes y después de 1926, evidencia la influencia formativa de Nietzsche en sus concepciones (ver "El hombre", de 1925, y el Epígrafe y el Prólogo, o "Advertencia", de *Siete ensayos*). La frase "[l']esprit nouveau" de Breton, mientras tanto, resuena en el concepto y en los llamados de Mariátegui para un "espíritu nuevo", señalando su admiración por este personaje. Mariátegui también rinde homenaje a Breton en "Arte".

13 En otras palabras, refleja, así como también puede haber reforzado, la convergencia y divergencia de concepciones y prácticas políticas y poéticas diversas durante el Oncenio, de esta manera haciendo referencia a las condiciones socioeconómicas y culturales contradictorias que las sostuvieron. La noción gramsciana de "hegemonía", vale la pena mencionar aquí, es usada por Mirko Lauer (Lauer, Mirko, *9 libros*, 9) para destacar las corrientes de influencia y los lazos de dependencia que infundieron las concepciones culturales y prácticas simbólicas en este tiempo, determinando su diversidad y cambiando el equilibrio de poder en y entre comunidades, o hegemonías, intelectuales. Aunque Lauer no desarrolla totalmente el concepto de hegemonía intelectual, o cultural, y lo utiliza en relación al movimiento vanguardista —para subrayar la dominación del hispanismo y modernismo en éste último—, más que al campo intelectual en general, esto sin embargo basta para destacar la influencia de algunas tradiciones culturales sobre el imaginario intelectual de entonces, y para evaluar el impacto que éstas pueden haber tenido en las prácticas poéticas de los años 1920 en el Perú.

14 La noción de "heterogeneidad (cultural)" de Cornejo Polar (*Escribir*) está arraigada en una lectura atenta de los géneros y textos populares —e.g., la crónica, poesía o canción. Imprecisos, o difusos, en forma y contenido, éstos reflejan, o refractan, para Cornejo Polar, las realidades e identidades socioculturales mixtas de sus contextos. Esto tiene su premisa en la reciprocidad del texto y el contexto, una interdependencia inducida por su condición compartida de diversidad sociocultural. Por consiguiente, proporciona un importante concepto para comprender la actual, o potencial, relación entre el, y el papel del, texto y contexto, dentro y fuera del Perú. Revela, por ejemplo, que algunos textos y contextos se encuentran unidos inextricablemente, específicamente, que la heterogeneidad cultural, o pluralidad de referentes culturales, de los últimos penetra en los primeros de modos diversos, transformándolos tanto como a sus contextos cuando éstos son leídos a través de ellos, o como "textos".

15 Rodrigo Quijano (Quijano, Rodrigo, "Modernistas") señala que la Guerra del Pacífico interrumpió el desarrollo económico iniciado por el auge del guano durante los años de 1850, dejando así al Perú a la zaga de otros países en la región, tales como Argentina y Chile, en la carrera hacia la modernización de este tiempo, y conservando muchas de sus estructuras coloniales. Éstas, añade, se convirtieron en una fuente de lamento y sátira para César Vallejo en su primera colección de poemas, *Los heraldos negros*, de 1918.

16 Véase Kristal, Efraín, *Una visión*, 177–180.

17 Ver Stein, Steve, "Los contornos", 14 y Basadre, Jorge, *Historia*, 222; 246 respectivamente para estas cifras.
18 Véase Flores Galindo, Alberto, *Buscando un Inca* y Miller, Nicola, *In the Shadow*, 66–69 para más detalles sobre estas concesiones.
19 Ver Quijano, Rodrigo, "Modernistas", 69–70.
20 Véase Flores Galindo, Alberto y Manuel Burga, *Apogeo*, 126.
21 Ver Flores Galindo, Alberto y Manuel Burga, *Apogeo*.
22 Véase Elmore, Peter, *Los muros*.
23 La imagen de una sociedad opulenta y despreocupada fue propagada por periódicos y revistas, tales como *Mundial* y *Variedades*, que hicieron crónica del conspicuo consumo de las clases dirigentes y sus ostentosas reuniones sociales en los recientemente construidos espacios públicos de Lima, en los cuales había un número creciente de teatros, cines y clubes sociales. Fanni Muñoz Cabrejo (Muñoz Cabrejo, Fanni, *Diversiones*) proporciona muchos datos para comprender las actividades de ocio de la burguesía, y sus homólogos subalternos, durante los años de 1920.
24 Véase Flores Galindo, Alberto, *La tradición*.
25 El limitado crecimiento económico dio a las mujeres oportunidades en la esfera pública, pero cualquier influencia ganada por ellas fue regulada por la rígida y penetrante ideología del patriarcado. Hacia el final del siglo XIX, ésta había sido fuertemente modulada por el lenguaje positivista de la ciencia. María Emma Mannarelli (Mannarelli, María Emma, *Limpias*, 31–65; 117–164) ha descubierto el grado en el cual la ginecología e higiene controlaron la vida de la mujer en esta época, reforzando y regulando su papel reproductivo. La educación fue otro mecanismo de exclusión de la esfera pública, las mujeres intelectuales coincidiendo con ginecólogos varones en sus lecturas biológicas del papel de la mujer, empleando la moralidad y la medicina para enfatizar la monogamía y la reproducción respectivamente. La educación física para las mujeres también adquirió importancia en este tiempo. Cualquier ventaja adquirida por el trabajo y la educación fue entonces paradójicamente socavada por aquellas que más los promovieron. En una sociedad fracturada que experimentaba la reconstrucción, los papeles biológicos femeninos, y una elisión entre los conceptos de Familia y Nación, fueron respaldados tanto por hombres como por mujeres a través de las agrupaciones de clase y étnicas.
26 Como madres y profesoras, las mujeres, independientemente de su clase y origen étnico, conspiraron de este modo en mantener su propia exclusión de, o marginalización en, la esfera pública.
27 La concepción de Rama de los "nuevos intelectuales" en América Latina se encuentra arraigada en una lectura de clase de éstos, que resalta su posición en las clases medias, aunque emergentes, para atribuirles un papel como mediadores entre estas clases y aquellas a ambos lados de éstas. Esto contrasta con la concepción que Lauer (Lauer, Mirko, *Antología*, xix-xx) y Flores Galindo (Flores Galindo, Alberto, *La agonía*) tienen acerca de los intelectuales peruanos durante la década de 1920, que toma en cuenta sus diversas afiliaciones culturales, o la de Miller (Miller, Nicola, *In the Shadow*), que subraya sus ambivalentes rela-

ciones políticas con la sociedad civil y el estado. Rama convierte a sus "nuevos intelectuales" en un grupo demasiado homogéneo, una agrupación unida por un sentido común de propósito político y artístico oposicionista debido a una conciencia compartida de clase.

28 Ver Basadre, Jorge, *Historia*.
29 Para Pierre Bourdieu el "campo intelectual" comprende un sistema de instituciones y relaciones académicas, forjado por intelectuales que, oponiéndose o cooperando el uno con el otro, también cuestionan y construyen formas de "capital cultural" y "distinción", es decir, valores y estatus socioculturales. Aunque la idea de un campo intelectual en el Perú de la década de 1920 puede parecer exagerada, debido a la naturaleza incipiente de la comunidad intelectual y de sus instituciones en esta época, proporciona, sin embargo, una hipótesis útil para analizar y evaluar la diversidad de, y el desacuerdo entre, los intelectuales peruanos de este tiempo.
30 Roland Barthes (Barthes, Roland, "Writing") asocia un modo de escribir "intelectual" (43) con el semi–literario, o poético, y retórico, o político, "estilo" (32) del "escritor–guionista" (43) medio–institucionalizado.
31 Véase Flores Galindo, Alberto, *La agonía*, 97–99 y Lauer, Mirko, *Antología*, xix–xx. Los ferrocarriles y las carreteras, en particular éstas últimas, fueron esenciales para el proyecto de modernización de Leguía, previstos no sólo para el desarrollo económico y la integración social, sino también para la centralización política, a pesar de que ellos, así como la prensa, que también creció prodigiosamente en esta época, también sirvieron para consolidar un movimiento de oposición popular. Entre los intelectuales y poetas de provincia que viajaron hacia y desde Lima por estas carreteras, además de las revistas que también las recorrieron, figuraban Vallejo, de La Libertad, Alberto Hidalgo, de Arequipa, y Gamaliel Churata de Puno.
32 Ver Lauer, Mirko, *Antología*, xxxiii.
33 Esta posición y este papel estrecharon la brecha que había estado creciendo entre la costa y la sierra, así como entre hispanistas e indigenistas, desde la temprana época colonial y que, como anota Miller (Miller, Nicola, *In the Shadow*, 153), había producido un punto muerto cultural a inicios de la década de 1920.
34 Flores Galindo (Flores Galindo, Alberto, *La agonía*) resalta la importancia de los círculos intelectuales en Lima, sobre todo el de *Amauta* que se reunió con regularidad a partir de 1926 en casa de Mariátegui, y en las capitales regionales durante esta época, para promover una conciencia política y artística común entre intelectuales metropolitanos y provinciales, y aquellos del extranjero. Significativamente, las reuniones políticas de trabajadores —e.g., el festival anual en Vitarte— a las cuales también asistieron los intelectuales, sirvieron para el mismo propósito.
35 Véase Miller, Nicola, *In the Shadow*, 65–70.
36 Miller (Miller, Nicola, *In the Shadow*, 67) ilustra esto citando el ejemplo de José Santos Chocano, considerado por muchos hoy como un mediocre modernista, condecorado con el título de Poeta Laureado en 1922.

37 Los tratos de Mariátegui con Leguía son un buen ejemplo de esto. Aunque recibió una subvención del gobierno para viajar a Europa entre 1919–1923, fue detenido dos veces en 1924 y 1927, y su revista *Amauta* (1926–1930) y la empresa de publicación afiliada a ésta, Editorial Minerva, fueron cerradas durante seis meses a partir de junio de 1927 (Miller, Nicola, *In the Shadow*, 68).

38 Flores Galindo (Flores Galindo, Alberto, *La agonía*, 85–88) enfatiza la importancia de la prensa como un espacio para la resistencia política y cultural de intelectuales provinciales de la época.

39 Ver Bourdieu, Pierre, "Social Space", 111. Toda referencia a "(poder) simbólico" se relaciona con esta noción de Bourdieu respecto a éste último.

40 Tal y como se menciona anteriormente, este conflicto entre (contra–)hegemonías se hizo más acentuado después de la formación de Apra en 1924 y del Partido Socialista Peruano en 1928.

41 Esto fue agravado por la aparición de otro partido político, *Unión Revolucionaria*, en 1931, que, bajo el liderazgo del coronel mestizo Luis Miguel Sánchez Cerro, ganó apoyo popular y el respaldo de una facción de civilistas hasta ese momento aliados a Leguía y subió al poder durante las elecciones de 1931, luego de un golpe militar en 1930. Efraín Kristal (Kristal, Efraín, *Una visión*) ofrece muchos datos para comprender las luchas por el poder entre civilistas durante el ascenso de Sánchez Cerro al poder. La transición entre el dominio élite y popular, o populista, iniciada por Leguía e impulsada por una alianza subalterna e intelectual de izquierda, no tan fuerte como, quizás, entre 1919–1923, cuando las líneas políticas eran borrosas, y la negociación, más que la polarización, marcaba las relaciones políticas, duraría otros treinta y ocho años. Sólo entonces, en 1968, una coalición de izquierda, encabezada por un general militar —Juan Velasco Alvarado—, podría expulsar a la oligarquía de sus escaños políticos y tierras rurales, y establecer una nueva hegemonía en el Perú.

42 Para mayor referencia sobre esta revista, véase Flores Galindo, Alberto, *La agonía*.

43 Podría decirse, entonces, que estas concepciones políticas y poéticas fueron formadas por, y dieron forma a, variadas nociones de nación, y diversos nacionalismos, que tuvieron que ser negociados si los proyectos oligárquicos u oposicionistas de construcción de la nación de la posguerra se hicieran efectivos.

44 Para una revisión del pensamiento de González Prada acerca de la política y las artes, véase Denegri, Francesca, "Manuel González Prada". Ver Kristal, Efraín, *Una visión* y Manrique, Nelson, *La piel,* para lecturas críticas de su trabajo.

45 Mariátegui hace uso abundante de estos significantes en "Arte", "El hombre" y en el candente intercambio epistolar, o polémica, con Víctor Raúl Haya de la Torre (ver Luna Vegas, Ricardo, *Mariátegui*, 56; 58; 59).

46 Ver Luna Vegas, Ricardo, *Mariátegui*, 63.

47 La deuda intelectual de Mariátegui a Nietzsche (e.g., Nietzsche, Friedrich, "On Truth") probablemente se desarrolló a través de su contacto con el movimiento vanguardista europeo. Imbuido por un escepticismo de posguerra hacia el racionalismo científico, y la política y las artes liberales, o burgueses, inspirado, o reforzado, por el pensamiento de Nietzsche, el movimiento vanguardista estuvo orientado tanto a interrogar como a transformar, o reconstruir, un viejo orden

mundial y una visión del mundo decadente, o ilusorio. Mariátegui rinde homenaje a Nietzsche en la primera página de su seminal *Siete ensayos* de 1928, mientras que ensayos —e.g., "El hombre"— revelan conceptos y vocablos nietzscheanos, siendo los ejemplos más obvios los de "escepticismo", "super–humana", "voluntad de creer" y "nihilismo".

48 Mariátegui refirió a esta fase de transición en su formación intelectual como su "edad de piedra". Esta etapa, entre 1909–1919, trascendió su participación en el grupo y la revista *Colónida* (1916). Mayor información sobre este período puede encontrarse en Portocarrero Grados, Ricardo, "Introducción" o en "El proceso" en *Siete ensayos*. A pesar de todas las preguntas, incluidas aquellas planteadas por el propio Mariátegui, sobre los méritos estéticos de *Colónida*, o la postura artística de la revista, es decir, su preocupación, semi–romántica, por la renovación espiritual a través del arte, como un preludio de la reconstrucción social y política, este grupo probablemente lo hizo más receptivo a una estética vanguardista y el potencial creativo del lenguaje poético. Esto también puede haber dado forma a sus ideas acerca del corolario entre la política marxista y la poética vanguardista posteriormente. Para mayor información acerca de la influencia de Europa, en particular de los surrealistas —e.g., Breton—, en sus concepciones políticas y poéticas, véase Núñez, Estuardo, "José Carlos Mariátegui".

49 Los llamados de Mariátegui para una "verdadera" revolución, es decir, marxista, y vanguardista, distinguiéndola como tal de la revolución manipulada, o reforma, abogada por sus rivales, los apristas, o llevada a cabo por sus adversarios "modernizadores", los civilistas positivistas, se pueden ver en "Arte".

50 La noción de Trotski de una "revolución permanente" fue adoptada y promovida por marxistas idealistas en Italia, como Gramsci, quien entendió sus dimensiones culturales, y conceptuales. La adhesión implícita de Mariátegui a este concepto, tal como fuera entendido por Gramsci, puede haber provenido de una lectura de éste y podría decirse que determina su noción de una "verdadera" revolución.

51 Estos ideólogos modernos fueron probablemente inspirados por Bergson, así como por Nietzsche. Mariátegui se diferencia de ellos al añadir una dosis de misticismo o espiritualismo hispano, incluso pre–colombino, a su mezcla de política marxista, poética vanguardista y filosofía relativista.

52 Estos vocablos —"mito", etc.— aparecen en "El hombre".

53 En otras palabras, Mariátegui evoca el sentido de una era inminente en la cual las concepciones y las prácticas políticas, o marxistas, han sido revolucionadas por una poética vanguardista radical, galvanizada por las primeras, y que juntas darán lugar al cambio integral.

54 Las referencias aquí, y de ahora en adelante, a las palabras–conceptos "revolucionario", "decadente", o "decadencia", y "revolución" vienen del ensayo "Arte". En "La imaginación y el progreso", de 1924, en *El alma matinal*, Mariátegui presenta argumentos fuertes para el papel central de la imaginación para moldear ideales y promover un cambio del pensamiento y de las prácticas políticos, promoviendo con ello un futuro de cambio ("progreso"). Cita las cualidades de liderazgo de Bolívar y su propuesta de unidad latinoamericana como ejemplos

convincentes del papel creativo de la imaginación, o del idealismo, en el desarrollo personal y político.
55 Ver "Arte", 124–125.
56 El vocablo "crisis" también aparece en "Arte". De aquí en adelante las referencias a estas palabras–nociones corresponden a este texto.
57 Estos artículos acerca de Adán, "Defensa" y "El anti–soneto", ambos publicados en *Amauta* en 1928, son, principalmente el primero, entonces en buena medida una declaración pública de una poética y política de cambio, o revolución, y una poética de la política. Algunos de estos juicios sobre el trabajo de Adán como representativo de esta nueva poética son también expuestos en el Epílogo a la novela de Adán, *La casa de cartón*, también publicada en 1928 (véase Mariátegui, José Carlos, "Colofón"). Para mayor referencia sobre esta obra literaria, véase Moore, Melisa, "Fugitive Signs".
58 Como Mariátegui sugiere en la primera línea de este ensayo (Mariátegui, José Carlos, "Defensa", 155) la poética de Adán del "disparate puro" constituye uno de los tres géneros de poesía designados por él, en "El proceso", como emblemáticos de la nueva poesía en el Perú. Los otros dos son los de la "lírica pura" (306) y la "épica revolucionaria" (306).
59 Todos los vocablos entre comillas, excepto el de "moderados", aparecen en Mariátegui, José Carlos, "Defensa", 155.
60 Consulte Mariátegui, José Carlos, "Defensa", 155, para ver las palabras entre comillas.
61 Todos los términos entre comillas, menos los de "verdadera tradición", se encuentran en Mariátegui, José Carlos, "El anti–soneto", 157. Los vocablos "verdadera tradición" vienen de Mariátegui, José Carlos, "Defensa", 155. Del ensayo "El anti–soneto" se deduce, pues, que el anti–soneto también defenderá contra la tendencia, o la tentación, entre intelectuales y artistas de todos los matices, de volver a otras formas tradicionales poéticas, incluyendo aquellas vanguardistas, como la referencia a los poetas mexicanos del movimiento y la revista *Contemporáneos* (1928–1931) indica. Esto podría ser interpretado como un eco de la "llamada al orden" de Apollinaire luego de la anarquía, o el desorden, poético de las concepciones y prácticas dadaístas, la mención de éstas últimas en este ensayo avalando esta sugerencia.
62 Mariátegui, José Carlos, "El anti–soneto", 156–157.
63 Esta cita se encuentra en Mariátegui, José Carlos, "Defensa", 155. Las dimensiones políticas de la poética aparentemente apolítica de Adán también son destacadas por Mariátegui en su reseña de *La casa de cartón* (ver Mariátegui, José Carlos, "Colofón").
64 El entendimiento de Mariátegui respecto a la dialéctica y la yuxtaposición como principios de organización políticos y filosóficos, y poéticos respectivamente, y, en el caso de ésta última —que es inherente a la metáfora—, como un modo de representación, estuvo claramente reforzado por la lectura prolífica sobre y un compromiso personal con las concepciones y prácticas textuales marxistas y vanguardistas revolucionarias, tal y como se discute anteriormente.
65 Véase Mariátegui, José Carlos, "El proceso", 325 para la referencia a Portal.

66 Entre estos escritos acerca de las posibilidades renovadoras del marxismo, aquellos seleccionados por Aníbal Quijano (Quijano, Aníbal, *José Carlos Mariátegui*) son particularmente esclarecedores, tal y como lo es, desde luego, "El hombre", que ilumina la concepción y la representación textual político–poéticas de Mariátegui de una política indo–marxista creativa.

67 Ver Flores Galindo, Alberto, *La agonía* y Miller, Nicola, *In the Shadow*. Hacia 1926, particularmente en 1928, se hacía cada vez más evidente que el cambio sería más fácil de conseguir en el campo de las artes antes que en el campo político. La noción de una revolución poética, o estética, que precipitara y acompañara una revolución política es también expresada enérgicamente por Mariátegui en "Nacionalismo", del año 1925.

68 Véase Mariátegui, José Carlos, "Defensa", 155, para esta referencia a "proceso de disolución». Este entendimiento de la naturaleza auto–creativa y procesual del cambio se refleja en el título mismo de su capítulo formativo, "El proceso", en *Siete ensayos*. La concepción y descripción del artista, o poeta Adán, como totalmente comprometido con este proceso reconstructivo, en los ensayos de Mariátegui sobre Adán, confirman las cualidades de manifiesto de estos ensayos. Como se ha sugerido anteriormente, éstos últimos, junto con su contribución a la polémica del año 1926 sobre una poética vanguardista, "Arte", delinean la fórmula de Mariátegui para una poética radical con implicaciones políticas revolucionarias.

69 Todos los vocablos entre comillas y entre paréntesis, incluyendo el de "desorden", figuran en Mariátegui, José Carlos, "Defensa", 155.

70 La referencia a "valores–signos" viene de Mariátegui, José Carlos, "El proceso", 348.

71 Aunque estos ensayos sobre Adán se centran en el trabajo de éste último, también están evidentemente inspirados por el de otros poetas y artistas vanguardistas, como sugieren las referencias al movimiento *estridentista* mexicano (1921–1927), en la última línea del primer ensayo (Mariátegui, José Carlos, "Defensa", 155), y al grupo *Contemporáneos*, junto con la revista vinculada a éste, hacia la mitad del segundo (Mariátegui, José Carlos, "El anti–soneto", 156). Al citar estos ejemplos, Mariátegui no sólo ubica a Adán en el contexto más amplio de la vanguardia internacional, sino también refuerza su radicalismo, pues, en comparación con algunos de los representantes de esta vanguardia, Adán y su perspectiva parecen, a él, más innovadores. A pesar de esto, sin embargo, Mariátegui es también consciente de que el trabajo de Adán debe ser continuado, ya que si bien ha desmantelado un tipo de soneto, el alejandrino, lo mismo debe ser hecho a otro, aquel del endecasílabo. Esta observación sólo confirma la concepción de Mariátegui del pensamiento y de la acción revolucionarios como prácticas, o procesos, continuos.

72 Ver Barthes, Roland, "Authors", 192 y Barthes, Roland, "Myth", 134, para una definición de los conceptos de "mensaje" y "significado" respectivamente.

73 Uno de estos ensayos, "Arte", de 1926, señala su intervención en la primera de estas polémicas, que se centró en la poética vanguardista.

74 Véase Barthes, Roland, "Myth", 143, para más detalles sobre la palabra–concepto "despolitizado/a".
75 Por ejemplo, el editorial de *Amauta* de septiembre de 1928 (Mariátegui, José Carlos, "Aniversario"). En buena medida, este texto marca un punto decisivo en la obra de Mariátegui, como los ensayos–capítulos de *Siete ensayos*, muchos de ellos orientados, podría decirse, a priorizar y promover los intereses y valores políticos indo–marxistas después de la formación de su Partido Socialista Peruano en octubre del mismo año.
76 Las múltiples revistas indigenistas de esta época —e.g., *Boletín Titikaka*, *Kosko* y *La Sierra*, de Puno, Cuzco y la provincia de Lima respectivamente— evidencian las divergentes posiciones indigenistas dentro y fuera de la hegemonía emergente de Mariátegui. *Kosko* representa, quizás, el mejor ejemplo de los intentos hechos por intelectuales provinciales y activistas políticos para oponerse a la hegemonía metropolitana de Mariátegui, en este caso declarándose a sí mismos comunistas más que socialistas. La disputa entre socialistas, comunistas y apristas indigenistas entre 1928–1930 continuó a lo largo de la siguiente década.
77 Véase Bourdieu, Pierre, "Social Space".
78 Como Ricardo Luna Vegas (Luna Vegas, Ricardo, *Mariátegui*, 44) observa, a pesar de su disputa con Haya en 1928, y el tono severo del editorial de *Amauta* de septiembre de aquel año, Mariátegui siguió publicando artículos de apristas en su revista.
79 Véase Flores Galindo, Alberto, "Aprismo", 33–35 y Flores Galindo, Alberto, *La agonía*, para más detalles al respecto.
80 Los intentos de Cornejo Polar (Cornejo Polar, Antonio, *Escribir*) y Lauer (Lauer, Mirko, *9 libros*) de entender el carácter cada vez más incierto de, y la relación conflictiva entre, las estructuras y prácticas sociales y simbólicas en, y más allá de, los años de 1920 en el Perú, son de particular relevancia y valor epistemológico porque parecen estar resueltos a responder a los llamados de Mariátegui para un modo crítico y creativo de reflexionar durante y sobre el Oncenio. Cornejo Polar y Lauer, entre otros —e.g., Flores Galindo y Manrique—, han seguido el camino de Mariátegui y han desarrollado lecturas de, y modos de leer, las contradictorias realidades peruanas quizás más matizados y reveladores que los suyos.
81 En otras palabras, el concepto y la condición, o el proceso, de hegemonía, o hegemonías, pueden ser vistos como reflejo y fortalecimiento de la diversidad y las divisiones socioeconómicas y culturales, o de una heterogeneidad conflictiva. La interpretación de Cornejo Polar de la heterogeneidad cultural, en términos tanto textuales como contextuales, hace eco de la noción de Bourdieu (ver Bourdieu, Pierre, "Social Space") de la interacción entre prácticas de representación y estructuras sociales, mientras que ambas interpretaciones desarrollan el pensamiento marxista sobre las relaciones dialécticas entre "superestructura" y "estructura".
82 Pues entre 1926–1928, en particular después de 1928, la hegemonía naciente de Mariátegui fue disputada casi tanto desde dentro como desde fuera, y casi tanto como estaba siendo defendida por concepciones y prácticas poéticas y políticas, por lecturas dialécticas de, y modos de leer, las realidades socioeconómicas y cul-

turales. Este proceso paradójico de cuestionamiento y construcción, por intelectuales y artistas afiliados, aunque también independientes, resueltos a forjar sus propios proyectos, fomentó y reforzó entonces la diversidad cultural dentro de la hegemonía alternativa de Mariátegui. Podría decirse que esto refleja la actitud y acción de Mariátegui frente a los modelos poéticos y políticos cosmopolitas con, o dentro de, los cuales trabajó, para formar versiones nacionales de estos mismos.

83 Como se ha indicado anteriormente, las nociones y narrativas, o los mitos, criollos de nación pueden ser vistos, y fueron vistos por Mariátegui, como minimizando, o enmascarando, las recientes contradicciones y las divisiones neo–coloniales de un proyecto y proceso liberal, o liberal–positivista, de formación de la nación y de modernización.

84 Véase Lauer, Mirko, *Antología*, vii–xxxix. Algunas de estas concepciones y prácticas, tal y como se ha mencionado anteriormente, viraron hacia la metáfora poética y otras hacia el mito político, mientras otras, como las de Mariátegui, intentaron conjugarlas. Adicionalmente, dependieron de categorías conceptuales, o interpretaciones de la dialéctica, diferentes, algunas incapaces de trascender un marco conceptual dualista.

85 Quiero agradecer al AHRC y a la Academia Británica en el Reino Unido por el generoso apoyo que me han proporcionado para las investigaciones que han fomentado este trabajo. También quiero dar las gracias a Margarita Forsberg por haber traducido este capítulo.

Bibliografía

Barthes, Roland. "Writing Degree Zero. Part One". En Sontag, Susan ed., *A Roland Barthes Reader*. London: Vintage, 2000. 31–61.

Barthes, Roland. "Authors and Writers". En Sontag, Susan ed., *A Roland Barthes Reader*. London: Vintage, 2000. 185–193.

Barthes, Roland. "Myth Today". En Lavers, Annette ed., *Mythologies*. London: Vintage, 2000. 109–159.

Basadre, Jorge. *Historia de la República del Perú*, Tomo XIII. Lima: Editorial Universitaria, 1970.

Basadre, Jorge. "Introduction". En Urquidi, Marjory ed., *Seven Interpretive Essays on Peruvian Reality*. Austin: University of Texas Press, 1993. vii–xxxiv.

Bourdieu, Pierre. "Intellectual Field and Creative Project". En Young, Michael F. D. ed., *Knowledge and Control. New Directions for the Sociology of Education*. London: Collier Macmillan, 1980. 161–188.

Bourdieu, Pierre. "Social Space and Symbolic Power". En Giddens, Anthony ed., *The Polity Reader in Social Theory*. Cambridge: Polity Press, 1994. 111–120.

Cornejo Polar, Antonio. *Escribir en el aire. Ensayo sobre la heterogeneidad sociocultural en las literaturas andinas.* Lima: Editorial Horizonte, 1994.

D'Allemand, Patricia. *Hacia una crítica cultural latinoamericana.* Berkeley/Lima: Latinoamericana Editores, 2001.

Denegri, Francesca. "Manuel González Prada". En Smith, Verity ed., *Encyclopedia of Latin American Literature.* London/Chicago: Fitzroy Dearborn Publishers, 1997. 378–379.

Elmore, Peter. *Los muros invisibles. Lima y la modernidad en la novela del siglo XX.* Lima: Mosca Azul Editores, 1993.

Flores Galindo, Alberto. "Aprismo y comunismo: 1930–1931". En *Cuadernos Socialistas* 2 (mayo 1979): 32–38.

Flores Galindo, Alberto. *La agonía de Mariátegui.* Madrid: Editorial Revolución, 1991.

Flores Galindo, Alberto. *Buscando un Inca. Identidad y utopía en los Andes.* Lima: Editorial Horizonte, 1994.

Flores Galindo, Alberto. *La tradición autoritaria. Violencia y democracia en el Perú.* Lima: SUR/APRODEH, 1999.

Flores Galindo, Alberto y Manuel Burga. *Apogeo y crisis de la República Aristocrática.* Lima: Rikchay Editores, 1979.

Forgacs, David. Ed., *The Antonio Gramsci Reader. Selected Writings 1916–1935.* London: Lawrence and Wishart, 1999.

Franco, Jean. "Afterword: The Twilight of the Vanguard and the Rise of Criticism". En Pratt, Mary Louise y Kathleen Newman eds., *Critical Passions. Selected Essays.* Durham/London: Duke University Press, 1999. 503–516.

Gramsci, Antonio. *The Antonio Gramsci Reader. Selected Writings 1916–1935.* London: Lawrence and Wishart, ed. de David Forgacs. 1999.

Kristal, Efraín. *Una visión urbana de los Andes. Génesis y desarrollo del indigenismo en el Perú 1848–1930.* Lima: Instituto de Apoyo Agrario, 1991.

Lauer, Mirko. Ed. *9 libros vanguardistas.* Lima: Ediciones El Virrey, 2001.

Lauer, Mirko. Ed. *Antología de la poesía vanguardista peruana.* Lima: Ediciones El Virrey/Hueso Húmero Ediciones, 2001.

Luna Vegas, Ricardo. *Mariátegui, Haya de la Torre y la verdad histórica.* Lima: Editorial Horizonte, 1988.

Mannarelli, María Emma. *Limpias y modernas. Género, higiene y cultura en la Lima del novecientos.* Lima: Centro de la Mujer Peruana Flora Tristán, 1999.

Manrique, Nelson. *La piel y la pluma. Escritos sobre literatura, etnicidad y racismo*. Lima: SUR/CIDIAG, 1999.
Mariátegui, José Carlos. "Aniversario y balance" (Editorial de Amauta 17). En Quijano, Aníbal, ed., *José Carlos Mariátegui. Textos básicos*. México D. F./Lima: Fondo de Cultura Económica, 1991. 125–128. [1928].
Mariátegui, José Carlos. *Siete ensayos de interpretación de la realidad peruana*. Lima: Editora Amauta, 1972.
Mariátegui, José Carlos. "El proceso de la literatura". En Mariátegui, José Carlos, *Siete ensayos de interpretación de la realidad peruana*. Lima: Editora Amauta, 1972. 229–351.
Mariátegui, José Carlos. "Arte, revolución y decadencia". En Salazar Bondy, Augusto ed., *José Carlos Mariátegui. Ensayos escogidos*. Lima: Editorial Universo, 1974. 121–125.
Mariátegui, José Carlos. "Nacionalismo y vanguardismo". En Mariátegui, José Carlos, *Peruanicemos al Perú*. Lima: Editora Amauta, 1978. 72–79.
Mariátegui, José Carlos. "Defensa del disparate puro". En Mariátegui, José Carlos, *Peruanicemos al Perú*. Lima: Editora Amauta, 1978. 155.
Mariátegui, José Carlos. "El anti–soneto". En Mariátegui, José Carlos, *Peruanicemos al Perú*. Lima: Editora Amauta, 1978. 156–157.
Mariátegui, José Carlos. *Peruanicemos al Perú*. Lima: Editora Amauta, 1978.
Mariátegui, José Carlos. "El hombre y el mito". En Mariátegui, José Carlos, *El alma matinal y otras estaciones del hombre de hoy*. Lima: Editora Amauta, 1987. 23–28.
Mariátegui, José Carlos. "La realidad y la ficción". En Quijano, Aníbal ed., *José Carlos Mariátegui. Textos básicos*. México D. F./Lima: Fondo de Cultura Económica, 1991. 389–391.
Mariátegui, José Carlos. "Colofón". En Adán, Martín, *La casa de cartón*. Lima: Peisa, 1997. 97–101.
Miller, Nicola. *In the Shadow of the State: Intellectuals and the Quest for National Identity in Twentieth–Century Spanish America*. London/New York: Verso, 1999.
Moore, Melisa. "Fugitive Signs: Mapping Metaphors and Meaning in *La casa de cartón*, by Martín Adán". En *Bulletin of Hispanic Studies* 84:5. Liverpool: Universidad de Liverpool, 2007. 625–643.
Muñoz Cabrejo, Fanni. *Diversiones públicas en Lima 1890–1920. La experiencia de la modernidad*. Lima: Red para el Desarrollo de las Ciencias Sociales en el Perú, 2001.

Nietzsche, Friedrich. "On Truth and Lies in a Nonmoral Sense". En Pearson, Keith Ansell y Duncan Large eds., *The Nietzsche Reader*. Oxford: Blackwell Publishing, 2006. 114–123.

Núñez, Estuardo. "José Carlos Mariátegui y la recepción del surrealismo en el Perú". En *Revista de Crítica Literaria Latinoamericana* 5 (1977): 57–66.

Portocarrero Grados, Ricardo. "Introducción a "Claridad"". En *Claridad, Edición en Facsímile*. Lima: Empresa Editora Amauta, 1994. 7–18.

Quijano, Aníbal. Ed. *José Carlos Mariátegui. Textos básicos*. México D. F./Lima: Fondo de Cultura Económica, 1991.

Quijano, Rodrigo. "Modernistas sin modernidad". En *Socialismo y Participación* 69 (marzo), 45–70.

Rama, Ángel. *La ciudad letrada*. Hanover: Ediciones del Norte, 1984.

Stein, Steve. "Los contornos de la Lima obrera". En Stein, Steve ed., *Lima obrera 1900–1930*, Tomo I. Lima: Ediciones El Virrey, 1986. 13–28.

Sobre los autores

Lior Ben David es abogado e historiador. Actualmente enseña historia latinoamericana y derecho en la Universidad de Tel Aviv. Además se desempeña como investigador (asistente legal) en el departamento legal del parlamento israelí (campo de legislación e investigación jurídica). Obtuvo su doctorado en la Universidad de Tel Aviv en diciembre 2012. Su tesis doctoral evaluó y comparó el trato al indígena y a la "cuestión indígena" tanto en el Derecho Penal y discurso criminológico mexicano como en el peruano, en la primera mitad del siglo XX.

Paulo Drinot enseña historia latinoamericana en el Institute of the Americas, University College London. Obtuvo su doctorado en la Universidad de Oxford. Es editor del libro *Che's Travels: The Making of a Revolutionary in 1950s Latin America* (Duke University Press, 2010), co-editor de los libros *Más allá de la dominación y la resistencia: Estudios de historia peruana, siglos XVI-XX* (Instituto de Estudios Peruanos, 2005), *The Great Depression in Latin America* (Duke University Press, 2014), *Comics and Memory in Latin America* (University of Pittsburgh Press, 2017), y *The Peculiar Revolution: Rethinking the Peruvian Experiment Under Military Rule* (University of Texas Press, 2017) y autor de los libros *Historiografía, identidad historiográfica y conciencia histórica en el Perú* (Universidad Ricardo Palma, 2006) y *The Allure of Labor: Workers, Race and the Making of the Peruvian State* (Duke University Press, 2011), publicado en castellano como *La seducción de la clase obrera: Trabajadores, raza y la formación del estado peruano* (Instituto de Estudios Peruanos/ Ministerio de Cultura, 2016) así como de varios artículos publicados en revistas peruanas y extranjeras.

Jaymie Patricia Heilman es Profesora Asociada en el Departamento de Historia y Clásicas de la Universidad de Alberta, en Edmonton, Canadá. Obtuvo su doctorado en la Universidad de Wisconsin, Madison, EEUU. Es autora del libro *Before the Shining Path: Politics in Rural Ayacucho, 1895-1980* (Stanford University Press, 2010) y coautora, con Manuel Llamojha Mitma, del libro *Now Peru is Mine: The Life and Times of a Campesino Activist* (Duke University Press, 2016)

WILLIE HIATT es Profesor Asociado en el Departamento de Historia de la Universidad de Long Island, el Campus de Post, en Brookville, Nueva York, Estados Unidos. Obtuvo su doctorado en 2009 en la Universidad de California, Davis. Es autor del libro, *The Rarified Air of the Modern: Airplanes and Technological Modernity in the* Andes (Oxford University Press, 2016). Su nuevo proyecto es una historia oral sobre los apagones durante la época del Sendero Luminoso.

PABLO F. LUNA es historiador (Universidad Denis Diderot, París 7 y EHESS - Paris) y economista (Universidad del Pacífico de Lima). Actualmente se desempeña como Profesor titular en la Universidad París Sorbona, Paris 4. Luego de haber trabajado sobre la Patria Nueva, el autor orientó sus investigaciones sobre los orígenes del liberalismo en el Perú y el mundo hispánico y en particular sobre la transformación del régimen de propiedad. Acaba de publicar, junto con Bernard Bodinier y Rosa Congost, *De la Iglesia al Estado. Las desamortizaciones de bienes eclesiásticos en Francia, España y América Latina* (Zaragoza, SEHA, 2010). Forma parte del Grupo de Investigaciones 2912 *Historia rural europea*, del CNRS de Francia.

MELISA MOORE dicta cursos de literatura y cultura hispanoamericana en el Departamento de Lenguas Modernas de la Universidad de Exeter, Reino Unido. Obtuvo su maestría en la Universidad de Cambridge y su doctorado en la Universidad de Londres. Escribió su tesis doctoral sobre el trabajo literario y antropológico de José María Arguedas, supervisada por William Rowe. Es autora del libro *En la encrucijada: Las ciencias sociales y la novela en el Perú. Lecturas paralelas de Todas las sangres de José María Arguedas* (Fondo Editorial Universidad Nacional Mayor de San Marcos, 2003). Su libro *José Carlos Mariátegui's Unfinished Revolution: Politics, Poetics, and Change in 1920s Peru* (Bucknell University Press / Rowman & Littlefield, 2014), se basa en un trabajo sobre el pensamiento político-poético de José Carlos Mariátegui y la intelectualidad peruana de los años 20, especialmente escritores y poetas vanguardistas como Martín Adán, Magda Portal y Ángela Ramos. Su nuevo proyecto consiste en investigar la creciente preocupación de Mariátegui por el 'problema del indio' desde 1923-1930, en el contexto del desarrollo del indigenismo en los campos políticos y culturales de Lima y Cusco durante estos años.

DAVID RENGIFO CARPIO actualmente se desempeña como docente de Ciencias Sociales en la Universidad San Ignacio de Loyola. Candidato a doctor en Historia por la universidad de Rennes 2, Francia. Su tesis doctoral estudia el rol que pudo jugar el teatro histórico en el proceso de construcción de la nación en el Perú desde mediados del siglo XIX a inicios del XX. Magíster en Historia y civilizaciones comparadas por la Universidad de Paris 7 Dennis Diderot, con la tesis "La sociedad teatral en Lima durante la Guerra del Pacifico y los inicios de la crisis de posguerra 1879-1888". Licenciado en Historia por la Universidad Nacional Mayor de San Marcos con la tesis "La función ideológica del teatro durante el leguiísmo: El reestreno de la ópera *Ollanta*, Lima 1920". Investiga las relaciones entre la Historia y el teatro del periodo republicano. Ha publicado artículos sobre el tema en revistas y libros de historia. Ha sido co–editor de las revistas de historia *Diálogos*, *Summa Historia* y *Tiempos*.

FIONA WILSON es Profesora Emérita de Estudios de Desarrollo Internacional, Universidad de Roskilde, Dinamarca y era Co-ordinadora del equipo de "Governance" del Instituto de Estudios de Desarrollo, en la Universidad de Sussex, Inglaterra, hasta noviembre 2010. Los últimos años su investigación se ha enfocado en los procesos de construcción de estado y ciudadanía en los Andes peruanos. Este estudio abarca los fundamentos de la sociedad pos-colonial del siglo XIX hasta el conflicto armado, e investiga la cristalización y cuestionamiento las formas interlocutoras de exclusión (etnia, género, clase) con las demandas por justicia social. Su trabajo se enfoca ahora en el surgimiento de nuevas formas de organización y autoridad en el sur del Perú.

www.ingramcontent.com/pod-product-compliance
Lightning Source LLC
Chambersburg PA
CBHW021835220426
43663CB00005B/261